Rechtsordnung und Wirtschaftsgeschichte

Herausgegeben von

Albrecht Ritschl, Mathias Schmoeckel und Günther Schulz

25

ARTIBUS INGENUIS J·C·B·M· 1·8·0·1

Felix Dressel

Die Handelskammer Hamburg und der Freihafen

Hamburgs Stellung im Norddeutschen Bund aus rechtshistorischer Sicht

Mohr Siebeck

Vorwort

Die vorliegende Arbeit wurde im Wintersemester 2022 von der Rechts- und Staatswissenschaftlichen Fakultät der Rheinischen Friedrich-Wilhelms-Universität Bonn als Dissertation angenommen. Sie untersucht die Rolle der Handelskammer Hamburg im Kontext der Verteidigung des Freihafens im Norddeutschen Bund.

Mein ganz besonderer Dank gilt an dieser Stelle zunächst meinem Doktorvater, Herrn Prof. Dr. Mathias Schmoeckel, dem ich die Anregung zu diesem interdisziplinären Thema verdanke. Professor Schmoeckel hat meine Arbeit von Beginn an mit großem Einsatz gefördert und stand jederzeit für ein inspirierendes Gespräch unterstützend zur Verfügung. Für seine herausragende Betreuung danke ich ihm sehr herzlich. Ebenso danke ich Herrn Prof. Dr. Tilman Repgen für die Begutachtung meiner Dissertation.

Mein Dank gilt auch der Friedrich Naumann Stiftung für die Freiheit, welche mir durch ein Promotionsstipendium die Anfertigung der Arbeit erst ermöglicht hat. Zudem danke ich der Kanzlei SOH Rechtsanwälte Steuerberater PartG mbB aus Essen für die sehr großzügige Bezuschussung der Druckkosten.

Dafür, dass ich auch unter erschwerten Pandemie-Bedingungen meine wissenschaftliche Arbeit fortsetzen konnte, danke ich auch Frau Enzel und dem gesamten Team der Commerzbibliothek Hamburg. Überdies danke ich Herrn Dr. Thomas Wambach, LL.M. (Cornell University), der mir als Mentor während dieser Zeit ebenfalls stets zur Seite stand.

Abschließend bedanke ich mich außerdem bei meinen Eltern. Nur durch sie war mir das Studium der Rechtswissenschaften in Deutschland und den USA sowie die Promotion möglich. Aufgrund ihrer kontinuierlichen Unterstützung meines akademischen Werdeganges widme ich ihnen diese Arbeit.

Inhaltsübersicht

Inhaltsverzeichnis

Kapitel 1

Einleitung

A. Hinführung zum Thema

Die Stadt Hamburg wird gemeinhin mit dem Hamburger Hafen und dem Welthandel in Verbindung gebracht. Hamburg lebt vom Handel und war schon immer auf diesen angewiesen. Die Lage an der Elbe und der Zugang zur Nordsee machen Hamburg zum idealen Umschlagsplatz für den weltweiten Seeverkehr, sodass Hamburg sogar der drittgrößte Hafen in Europa ist.[1] Doch nicht nur der Hafen als solcher zieht die Aufmerksamkeit auf sich, auch eine weitere Besonderheit hat jahrzehnte- wenn nicht gar jahrhundertelang wohl maßgeblich zu der wirtschaftlichen Prosperität der Stadt beigetragen: Der sogenannte Freihafen. Außerhalb Hamburgs dürfte das Konzept eines Freihafens – der verkürzt gesprochen eine kleine Freihandelszone innerhalb Deutschlands darstellt, in welche Waren eingebracht, ausgeführt, bearbeitet und eingelagert werden können, ohne dass Abgaben/Zölle anfallen[2] – oftmals unbekannt sein. Doch die Idee des Freihafens ist keinesfalls neu und wird im Rahmen des inzwischen vollzogenen Brexits sogar wieder in Betracht gezogen.[3]

Es gibt zahlreiche Momente in der Geschichte, in denen der Freihafen Hamburg in das Zentrum der Aufmerksamkeit gelangte. Besonders häufig wird hierbei die Zeit zwischen 1871 und 1888 betrachtet,[4] da sich Hamburg dort einem ganz erheblichen Druck seitens Preußens ausgesetzt sah, den Freihafenstatus – weitestgehend – aufzugeben. Selten wird hingegen die Epoche des Norddeutschen Bundes berücksichtigt. Doch gerade diese Zeit war – trotz der nur kurzen Existenz des Bundes zwischen 1867 und 1871 – auch für die späteren Entwicklungen und Entscheidungen von zentraler Rolle. Denn schon dort stellte sich die Frage, ob Hamburg überhaupt als Freihafen außerhalb des Zollvereinsgebiets bleiben durfte, oder nicht vielmehr gezwungen war, sich dem Zollverein anzu-

[1] https://www.hafen-hamburg.de/de/statistiken/top-20-containerhaefen/ zuletzt abgerufen am 25. September 2023.

[2] Zur Definition *Lehmann*, Der Hamburger Freihafen von der Gründung des Norddeutschen Bundes bis zum Zollanschluss (1967), S. 6; *Müller*, Die Auseinandersetzung über Hamburgs Zollanschluss an das Deutsche Reich 1833–1888 (1988), S. I.

[3] https://www.nzz.ch/wirtschaft/brexit-und-freeports-freihaefen-fuer-grossbritanniens-wirtschaft-ld.1630870 zuletzt abgerufen am 25. September 2023.

[4] Im Schwerpunkt etwa *Hübner*, Der Zollanschluß Hamburgs vom 15. Oktober 1888 (1925); *Müller*, Die Auseinandersetzung über Hamburgs Zollanschluss an das Deutsche Reich 1833–1888 (1988).

schließen und den Freihafenstatus aufzugeben. Und auch wenn es keinen so erheblichen Druck wie Ende der 1870er Jahren gegeben haben mag,[5] so wurde innerhalb Hamburgs dennoch ausführlich debattiert, ob ein gänzlich freiwilliger Anschluss an das Zollgebiet nicht vielleicht vorteilhafter wäre.[6] Die Beweggründe und Argumente finden sich dann ebenso auch in der Zeit des Deutschen Reichs nach 1871 wieder. Nicht zuletzt wurden sogar die Verfassungsbestimmungen zum Freihafen unverändert übernommen.[7] Deshalb ist es sehr lohnenswert, die Aufmerksamkeit dieser Epoche zu widmen.

Wie bereits angeklungen ist, war die Debatte um den Freihafen zu Zeiten des Norddeutschen Bundes sowohl auf Bundes-[8] als auch auf hamburgischer Ebene[9] sehr kontrovers. Auch innerhalb Hamburgs gab es Stimmen, die sich vehement für den Zollanschluss einsetzten. Am Ende konnten die Freihafenbefürworter jedoch obsiegen, wodurch Hamburg einen verfassungsrechtlich abgesicherten Freihafen[10] erhielt und weiterhin freien Handel mit der Welt betreiben konnte.

Doch wer machte hier seinen Einfluss geltend und verteidigte den Freihafen so erfolgreich? Plausibel erscheint, dass vornehmlich die Handelskammer Hamburg als Vertreterin der Kaufmannschaft in dieser Sache tätig wurde. Zu dieser Vermutung kann man alleine schon kommen, wenn man bei einer Stadtbesichtigung das Rathaus und die Handelskammer betrachtet: Beide Gebäude sind baulich unmittelbar miteinander verbunden. Es gibt sogar noch immer eine Verbindungstür zwischen beiden Gebäuden[11], sodass vielleicht sogar die Architektur die tatsächliche Nähe von Politik und Wirtschaft zum Ausdruck brachte.

Trotz der großen Bedeutung des Freihafens wird man bei der Suche nach juristischer Literatur zu den vielfältigen Rechtsfragen, die mit diesem Thema verbunden waren, sowie zu der Bedeutung der Handelskammer leider kaum fündig. Umso mehr lohnt es sich nun also, einen Blick durch die juristische Brille auf den Freihafen Hamburg im Norddeutschen Bund zu werfen und zu untersuchen, wie die Handelskammer Hamburg diesen verteidigte.

Gerade das Zusammenspiel aus Wirtschaft, Politik, deutscher wie hamburgischer (Stadt-)Geschichte, Verfassungsgeschichte und Freihandel macht dieses Themenfeld zu einem ganz besonderen Schmuckstück der hamburgischen und deutschen (Wirtschafts-)Rechtsgeschichte.

---

[5] Dazu *Müller*, Die Auseinandersetzung über Hamburgs Zollanschluss an das Deutsche Reich 1833–1888 (1988), S. 69 ff.

[6] Exemplarisch etwa *Verein für den Anschluss Hamburgs an den Zollverein* (Hrsg.), Neun Gutachten die künftige handelspolitische Stellung Hamburgs betreffend (1867); Zwanzig Gutachten in Bezug auf Hamburgs künftiges Verhältnis zum Zollverein (1867).

[7] S. Art. 34 Verfassung von 1871.

[8] Zur Debatte im Reichstag s. etwa Stenographischer Berichte über die Verhandlungen des Reichstages des Norddeutschen Bundes im Jahre 1867, Bd. 1 (1867), S. 492 ff.

[9] Zu Hamburg *Tuch*, Die Sonderstellung der deutschen Freihäfen (1878), S. 32 ff.

[10] S. Art. 34 Verfassung Norddeutscher Bund.

[11] *Handelskammer Hamburg* (Hrsg.), Kunstsinn und Kaufmannsgeist, Die Bau- und Kunstgeschichte der Handelskammer Hamburg (2005) Anhang „Aufriss – Haus der Handelskammer" Ziff. 12.

B. Gegenstand und Thesen der Arbeit

Die Handelskammer Hamburg – oder Commerzdeputation, wie sie noch bis 1867 hieß, nachfolgend aber einheitlich als Handelskammer bezeichnet wird – hatte nach Art. 93 der Verfassung Hamburgs aus dem Jahr 1860 die Aufgabe, die Interessen der Kaufmannschaft zu vertreten. Die Frage nach der Freihafenstellung hatte unmittelbare Konsequenzen für den hamburgischen Handel und war daher von größter Relevanz.[12] Aus diesem Grund befasste sich auch die Handelskammer eingehend mit dem Freihafen.[13] Die vorliegende Untersuchung soll daher der bereits aufgeworfenen Frage nachgehen, wie die Handelskammer den Freihafen in Hamburg verteidigte.

Dabei konzentriert sich die Darstellung auf das Wirken in Hamburg und bezieht die Entwicklungen auf der Bundesebene nur dort ein, wo es für das Verständnis der Ausgangssituation des Freihafens in Hamburg und dessen Bedrohungen notwendig erscheint. Flankiert wird die Untersuchung jeweils von den rechtlichen Rahmenbedingungen. Einerseits betrifft dies die Verfassung des Norddeutschen Bundes, welche in Art. 34 das Recht der Hansestädte vorsah, als Freihafen außerhalb des Zollvereins zu bleiben, bis sie selbst den Anschluss beantragen. Andererseits betrifft dies auch die einfachgesetzliche Umsetzung des Freihafens auf hamburgischer Ebene.

Demgegenüber kann es nicht Aufgabe der vorliegenden rechtshistorischen Untersuchung sein, die Vorteile der Freihafenstellung mit den Nachteilen aus ökonomischer Perspektive zu vergleichen und volkswirtschaftlich zu analysieren. Zwar werden die ökonomischen Argumente dargestellt, um die Entscheidungsfindung und das Handeln der Akteure nachvollziehbar zu machen. Eine Betrachtung der Argumente erfolgt jedoch ausschließlich aus einer fachfremden Perspektive und nur im Hinblick auf die Nachvollziehbarkeit bzw. Plausibilität der Entscheidung zugunsten des Freihafens vor dem Hintergrund der jeweils vorliegenden Informationen.

Zu der Frage, wie die Handelskammer Hamburg den Freihafen verteidigte, werden mehrere Thesen aufgestellt. Dabei orientiert sich der Gang der Untersuchung an der Überprüfung einer Hauptthese. Im Rahmen der Untersuchung dieser These erfolgt aber auch die Beantwortung drei weitere untergeordneter Thesen. Diese betreffen wichtige Einzelaspekte, die im Rahmen des Beweises der Hauptthese als Nebenprodukt behandelt werden können.

---

[12] Vgl. etwa nur die Debatte in Zwanzig Gutachten in Bezug auf Hamburgs künftiges Verhältnis zum Zollverein (1867); *Verein für den Anschluss Hamburgs an den Zollverein* (Hrsg.), Neun Gutachten die künftige handelspolitische Stellung Hamburgs betreffend (1867).

[13] SHWA, Safebestand der Commerzbibliothek, S/599 Protokolle 1866, S. 205 ff.

Hauptthese: Die Handelskammer Hamburg kann als prägende Gestalt der (verfassungs-)rechtlichen Debatte um den Freihafen Hamburg betrachtet werden.

1. Dies kann zum einen in Bezug auf die Frage gelten, ob Hamburg überhaupt ein verfassungsrechtlich abgesicherter Freihafen sein soll.
2. Dies kann zum anderen auch in Bezug auf die konkrete einfachgesetzliche Umsetzung des Freihafenkonzepts etwa im Hinblick auf die Grenzziehung und die notwendigen Einrichtungen zutreffen.

Diese Hauptthese stellt den Kern der vorliegenden Arbeit dar. Hierbei muss deutlich zwischen zwei Fragen – nachfolgend zusammen als Freihafenkomplex bezeichnet – differenziert werden. Der erste Teil der Hauptthese bezieht sich auf das „Ob" des Freihafens, also die Frage danach, ob der Zollanschluss nicht vorzugswürdig gegenüber der Beibehaltung des Freihafens erschien – nachfolgend als sogenannte Freihafenfrage bezeichnet. Juristisch betrachtet handelte es sich bei der Freihafenfrage also um die Erörterung, ob die in Art. 34 der Verfassung des Norddeutschen Bundes vorgesehene Möglichkeit, den Anschluss an den Zollverein zu beantragen, genutzt werden sollte, oder nicht. Diese rechtserhebliche Handlung in Form der unterlassenen Antragsstellung Hamburgs zur Zeit des Norddeutschen Bundes steht daher im Zentrum der Überprüfung des ersten Teils der Hauptthese. Hierbei soll dargelegt werden, wie die Handelskammer erreichte, dass der Senat – entgegen anderslautender Auffassungen – diesen in der Verfassung vorgesehenen Antrag nicht stellte und ob sie dahingehend als prägende Gestalt in der Debatte bezeichnet werden kann.

Der zweite Teil der Hauptthese bezieht sich auf das „Wie" des Freihafens. Dies betrifft die konkrete Ausgestaltung des Freihafens auf einfachgesetzlicher Ebene. Das fing bei der Grenzziehung des Freihafengebietes an und hörte bei der Schaffung der unterschiedlichsten Einrichtungen, wie Hauptzollamt und den sogenannten Zollvereinsniederlagen,[14] auf. Denn auch wenn die Freihafenfrage zugunsten des Freihafens entschieden worden war, so bedurfte es dennoch einer wirtschaftlich möglichst vorteilhaften Umsetzung desselben, um einen erfolgreichen Handel betreiben zu können. Es wird daher untersucht, inwieweit die Handelskammer auch die Debatte um die konkrete einfachgesetzliche Umsetzung des Freihafens prägte.

Die „Prägung" wird hierbei jedoch nicht formal als bloße Ergebnisorientierung betrachtet,[15] sodass die Hauptthese nur dann verifiziert werden könnte, wenn die Handelskammer in jedem Punkt erlangte, was sie erstrebte. Obgleich dies in einigen Punkten womöglich der Fall war, so wird die „Prägung" umfassender dahingehend zu verstehen sein, dass bspw. auch die Initiierung einer Debatte ggf. als prägende Gestaltungshandlung aufgefasst werden kann, selbst wenn in Einzelfragen nicht das ursprünglich präferierte Ergebnis gefunden wurde.

---

[14] S. dazu Abschnitt „Einfachgesetzlicher Regelungskomplex".

[15] S. hierzu auch Abschnitt „Methodische Überlegungen".

Bei der Untersuchung, wie die Handelskammer den Freihafen auf der Ebene des „Ob" und des „Wie" verteidigte bzw. inwieweit sie hierbei eine prägende Rolle einnahm, stellt sich jedoch zunächst die Frage, auf welcher Grundlage überhaupt ein solcher Einfluss ausgeübt werden konnte: War der Einfluss bereits institutionell bzw. rechtlich durch die Verfassung abgesichert oder musste die Handelskammer sich den Einfluss erst erkämpfen?

Zudem stellt sich auch die Frage, welche innere „wirtschaftspolitische" Überzeugung die Handelskammer bei ihrer Haltung zum Freihafen antrieb. War es pauschal bloß der Freihandelsgedanke oder auch konkret eine Güterabwägung hinsichtlich der wirtschaftlichen Auswirkungen einer Entscheidung für den Freihafen und gegen den Zollanschluss? Aus diesen Vorüberlegungen resultieren die folgenden drei untergeordneten Thesen:

Untergeordnete These I.: Die Handelskammer Hamburg hatte bereits aufgrund ihrer Stellung im Verfassungs- und Gesetzesgefüge der Stadt Hamburg einen rein institutionell bedingten maßgeblichen Einfluss auf das politische Geschehen.

Bei der Überprüfung dieser These wird untersucht, inwieweit die Verfassung der Stadt Hamburg Regelungen zur Handelskammer enthielt, welche derselben bereits *ipso iure* einen Einfluss eingeräumt haben. Gleiches gilt auch für das einfache Recht, welches die Aufgaben und Befugnisse der Handelskammer näher ausdifferenziert hat. Sollte sich bewahrheiten, dass die Handelskammer bereits aufgrund ihrer Stellung im Rechtsgefüge der Stadt Hamburg ganz allgemein die Möglichkeit zur Einflussnahme auf juristische/politische Entscheidungen hatte, so spricht dies zugleich auch für einen gewissen Einfluss im Rahmen der Freihafendebatte im speziellen und stützt damit auch die Hauptthese.

Untergeordnete These II.: Die Handelskammer Hamburg kann in der Freihafendebatte als Anhängerin des Freihandelskonzepts betrachtet werden.

Die Untersuchung soll außerdem zeigen, dass die Handelskammer Hamburg als Anhängerin des Freihandels im Freihafenkomplex betrachtet werden kann. Dies bedeutet, dass sich die Handelskammer gegen Handelsbeschränkungen und Zölle wandte und zugleich für einen möglichsten ungehinderten Handel eintrat. Dabei soll aber nicht die prinzipielle Ausrichtung der Handelskammer bewertet werden[16], sondern nur im Hinblick auf den Freihafenkomplex. Diese untergeordnete These dient sodann als Ausgangsüberlegung für die folgende:

Untergeordnete These III.: Die Handelskammer war in der Freihafenfrage zunächst ergebnisoffen und sprach sich nicht bloß aus einer prinzipiellen Überzeugung vom Freihandel gegen einen Zollanschluss aus.

---

[16] Allgemein zur Ausrichtung *Böhm*, Anwalt der Handels- und Gewerbefreiheit (1981).

Der Verdacht liegt nahe, dass sich die Handelskammer vor dem Hintergrund einer etwaigen freihändlerischen Grundüberzeugung – entsprechend der untergeordneten These II. – nicht ernsthaft und ergebnisoffen mit den Argumenten der Zollanschlussbefürworter auseinandersetzte, sondern sich pauschal zugunsten des Freihafens aussprach. So behauptet etwa *Böhm*, dass es sich bei der Befragung der Kaufleute durch die Handelskammer um eine bloße „Propaganda-Aktion" gehandelt habe.[17] In Abgrenzung zu dieser Auffassung wird mithin untersucht, ob die Handelskammer die Freihafenfrage nicht vielmehr differenziert und ergebnisoffen betrachtete. Dabei wird auch das ihr vorliegende statistische Material sowie die bei ihr eingereichten Gutachten zur Freihafenfrage dargestellt. Wäre die Entscheidung zugunsten des Freihafens nämlich sogar aus fachfremder Perspektive implausibel gewesen, wäre damit der Nachweis erbracht, dass sich die Handelskammer gerade nicht ergebnisoffen mit der Freihafenfrage auseinandersetzte, sondern die Argumente der Zollanschlussbefürworter vielmehr bewusst ignorierte.

Mithin handelt es sich bei der vorliegenden Arbeit also um eine Untersuchung der hamburgischen Wirtschaftsrechtsgeschichte unter besonderer Berücksichtigung der Verfassungsgeschichte des Norddeutschen Bundes sowie der Geschichte des Zollrechts.

C. Methodische Überlegungen

Im Hinblick darauf, ob die Handelskammer als prägende Gestalt der Debatte um den Freihafen gesehen werden kann, muss zunächst festgestellt werden, auf welche Weise man allgemein den Einfluss auf bestimmte (juristische) Entscheidungen misst. Hierfür hat namentlich die Politikwissenschaft einige Ansätze entwickelt.[18] Maßgeblich für die hier angestrebte Untersuchung der Rolle der Handelskammer ist der sogenannte entscheidungsgenetische Ansatz.[19] Hierbei wird versucht, den Entscheidungsprozess historisch-empirisch[20] nachzuvollziehen, um so zu ergründen, welcher Akteur seinen Einfluss erfolgreich geltend machen konnte und welche Bedeutung ihm zukam. Aus der Natur der Sache heraus kann man die Einflussnahme und das Agieren im Nachhinein selten *en détail* rekonstruieren,[21] jedoch dient dieser Ansatz als Ausgangspunkt der vorliegenden Untersuchung.

---

[17] *Böhm*, in: Hamburg, Geschichte der Stadt und ihrer Bewohner (1982), S. 505.

[18] Eine ausführlich erläuterte Übersicht zu den verschiedenen Modellen und den jeweiligen Herausforderungen bei *Hermann*, Der Einfluß der Industrie- und Handelskammern auf politische Entscheidungsprozesse (1979), S. 49 ff.; *Hermann*, Bausteine der Politik (2007), S. 135 ff.

[19] *Hermann*, Bausteine der Politik (2007), S. 136; vgl. auch *Stammer*, Verbände und Gesetzgebung (1965), S. 21.

[20] *Stammer*, Verbände und Gesetzgebung (1965), S. 21.

[21] *Hermann*, Bausteine der Politik (2007), S. 136 f.

Stammer wählt in seinem Werk „Verbände und Gesetzgebung" dazu einen umfangreichen empirischen Ansatz, der versucht, die Debatte und die verschiedenen Positionierungen anhand von Unterlagen, Protokollen, Gesprächen etc. nachvollziehbar zu machen.[22] Eine vergleichbare Vorgehensweise beschreibt auch *Brinkmann-Herz.*[23] Dieser Ansatz überzeugt im Grundsatz. In der vorliegenden Arbeit wird jedoch vorab in Anlehnung an die Überlegungen von *Bethusy-Huc*[24] zunächst die abstrakte Rolle der Handelskammer im Verfassungsgefüge sowie deren Organisation untersucht und anhand dieses Ergebnisses bereits ein erster Rückschluss auf die Rolle in der konkreten Freihafendebatte gezogen. Erst dann wird der Blick auf die konkrete Diskussion um den Freihafen gerichtet. Hierbei wird das Wirken der Handelskammer in den Mittelpunkt gestellt, aber insbesondere werden auch die Interessen der einzelnen Wirtschaftszweige nach den bei der Handelskammer eingegangenen Gutachten dargelegt. Die allgemeine öffentliche Debatte wird ebenfalls in angemessener Kürze aufgegriffen, wenngleich eine Übersicht über diese bereits mehrfach vorliegt.[25] Weitere wesentliche Akteure neben der Handelskammer werden dort eingehender beschrieben, wo diese entweder auch von der Handelskammer oder von den politischen Entscheidungsträgern berücksichtigt wurden. Denn wenn sich dort eine Rezeption – etwa in den Protokollen – findet, darf von einer hinreichenden Relevanz dieses Akteurs ausgegangen werden.[26]

Die Entscheidungsfindung innerhalb der Handelskammer, die publizistischen Aktivitäten, die Anfragen an den Senat und die Äußerungen innerhalb von Kommissionen sowie der Rezeption auf Seiten der Entscheidungsträger sollen hier anhand der (amtlichen) Dokumente/Protokolle und Veröffentlichungen nachvollziehbar gemacht werden. Dabei wird zugunsten der Nachvollziehbarkeit chronologisch vorgegangen werden und ein besonderer Schwerpunkt auf die Stellungnahmen der Handelskammer gelegt. Denn gerade die große Bedeutung von Stellungnahmen ist in der Verbandsforschung anerkannt.[27]

In jedem Fall ist die Beurteilung der Rolle eines Akteurs in Bezug auf ein bestimmtes Ergebnis stets mit besonderen Herausforderungen verbunden und

---

[22] *Stammer*, Verbände und Gesetzgebung (1965), S. 29.

[23] *Brinkmann-Herz*, Entscheidungsprozesse in den Aufsichtsräten der Montanindustrie: Eine empirische Untersuchung über die Eignung des Aufsichtsrates als Instrument der Arbeitnehmermitbestimmung (1972), S. 46 f.

[24] Vgl. dahingehend auch *Bethusy-Huc*, in: Die Willensbildung in der Agrarpolitik (1971), S. 230 f.

[25] Derartige Übersichten insbesondere bei *Tuch*, Die Sonderstellung der deutschen Freihäfen (1878), S. 32 ff.; *Hübner*, Der Zollanschluß Hamburgs vom 15. Oktober 1888 (1925), S. 64 ff.; *Müller*, Die Auseinandersetzung über Hamburgs Zollanschluss an das Deutsche Reich 1833–1888 (1988), S. 42 ff.

[26] S. zur öffentlichen Diskussion Abschnitt „Überblick über die sonstige öffentliche Diskussion".

[27] *Zeitner*, Die Beeinflussung des europäischen Gesetzgebungsprozesses durch Lobbying (2015), S. 51 ff.

weist trotz dieses umfangreichen Ansatzes aus sich heraus bereits Schwächen auf. Denn selbst dann, wenn das Ergebnis dem ursprünglichen Wunsch der untersuchten Institution entspricht, bedeutet dies noch nicht, dass dieses Ergebnis auch aufgrund des Wirkens der Institution herbeigeführt wurde. Es muss daher zwischen Kausalität und Korrelation unterschieden werden.[28] Hinzu kommt die Problematik, dass nicht sämtliche Vorgänge schriftlich dokumentiert sind und bei einer rechthistorischen Untersuchung auch eine Befragung der Beteiligten, um den Gang der Entscheidung transparenter zu machen, naturgemäß ausscheidet.[29] Vorteilhaft für den hiesigen Untersuchungsgegenstand ist dagegen der ungehinderte Zugang zu den internen, oftmals früher geheimen, Protokollen der maßgeblichen Institutionen – Senat, Bürgerschaft, Handelskammer –, sodass die Darstellung des Entscheidungsprozesses im Gegensatz zu Untersuchungen von aktuellen Gesetzgebungsvorhaben erleichtert ist.

D. Forschungsstand

Der Forschungsstand zur Freihafenstellung Hamburgs im Norddeutschen Bund aus juristischer Perspektive ist verhältnismäßig wenig entwickelt. Zwar gibt es zahlreiche Veröffentlichungen wissenschaftlicher wie auch nicht-wissenschaftlicher Art zum Thema Zollanschluss und Freihafen, jedoch gibt es keine juristischen Untersuchungen zum Freihafen vor dem Hintergrund der verfassungsrechtlichen und einfachgesetzlichen Bestimmungen im Hinblick auf die konkrete Rolle der Handelskammer.[30] Es fehlt daher an juristischer Literatur, welche die Vorgehensweise der Handelskammer und zugleich die rechtlichen Rahmenbedingungen beleuchtet und dabei auch den politischen sowie ökonomischen Kontext nicht aus dem Blick verliert.

Im Hinblick auf die Verfassung Hamburgs aus dem Jahr 1860 gibt es einige wenige Werke, welche sich mit dieser befassen, jedoch sind sie ebenfalls nicht auf die Handelskammer und deren Bedeutung ausgerichtet. Auch fehlt es hierbei oft an einer dogmatisch sauberen Arbeitsweise, welche jedenfalls einen Normbezug

[28] Vgl. auch *Hermann*, Der Einfluß der Industrie- und Handelskammern auf politische Entscheidungsprozesse (1979), S. 60.

[29] Zu den Schwierigkeiten allgemein *Hermann*, Bausteine der Politik (2007), S. 136 f.

[30] Wissenschaftlicher Natur sind bspw *Hübner*, Der Zollanschluß Hamburgs vom 15. Oktober 1888 (1925); *Delius*, Die Rechtsentwicklung zum heutigen Freihafen (1933); *Stein*, Zeitschrift des Vereins für Hamburgische Geschichte 1978; *Müller*, Die Auseinandersetzung über Hamburgs Zollanschluss an das Deutsche Reich 1833–1888 (1988); erzählender Natur bspw. *Böhm*, in: Hamburg, Geschichte der Stadt und ihrer Bewohner (1982); *Gutberlet*, Der Freihafen, Geschichte, Fakten und Geschichten (2000).

herstellt.[31] Überwiegend handelt es sich um darstellende Literatur zu den Vorschriften, ohne diese aber konkret zu benennen.[32]

Auch die zusammenfassende Literatur zum Wirken der Handelskammer über die Jahrhunderte hinweg[33], die insbesondere auf *Baasch*[34] zurückgeht, kann hier lediglich als Ausgangspunkt dienen. Zum einen bietet sie bloß einen groben Überblick, zum anderen hält sie heutigen wissenschaftlichen Standards nicht mehr stand, da die Darstellung inhaltlich zwar – soweit dies für den hier umrissenen Gegenstand beurteilt werden kann – weitestgehend korrekt ist, jedoch jedenfalls *Baasch* gänzlich auf Nachweise verzichtet und daher nicht umfangreich nachprüfbar ist. Die weiteren Arbeiten wie bspw. die von *Müller*[35] gehen lediglich am Rande und nur oberflächlich auf die Handelskammer und deren Bedeutung ein. Im Rahmen der hiesigen Arbeit soll diese Lücke jedenfalls für den Zeitraum des Norddeutschen Bundes geschlossen werden. Insbesondere sollen auch die internen Vorgänge in der Handelskammer für jeden Leser anhand der Originalakten nachvollziehbar dargelegt werden. Deshalb ist es wesentlicher Bestandteil der hiesigen Arbeit, die umfangreichen Protokolle der Handelskammer, welche sämtlich handschriftlich verfasst sind und nicht gedruckt oder digital zugänglich vorliegen, sorgfältig auszuwerten. Gleiches gilt im Übrigen auch für die Protokolle der Kommissionen, die im Rahmen der Freihafendebatte gebildet wurden. Auch diese – ebenfalls handschriftlichen – Protokolle wurden bis dato offenkundig noch nicht *en détail* im Hinblick auf das Wirken der Handelskammer ausgewertet. Ebenso fehlt es an einer dahingehenden Betrachtung der – erneut handschriftlichen – Protokolle der Senatssitzungen und der gedruckten Protokolle der Bürgerschaftssitzungen. Noch nicht hinreichend betrachtet wurden auch die Verhandlungsprotokolle der Unterredungen zwischen Preußen und Hamburg zur Begrenzung des Freihafengebietes.

Schließlich ist die wirtschaftliche Dimension der Freihafenfrage ganz zentral. Diese wird in den meisten Arbeiten zum Freihafen daher auch berücksichtigt.[36]

---

[31] Sehr ausführlich aber ohne konkreten Normbezug *v. Melle*, Das Hamburgische Staatsrecht (1891); ein guter Überblick bei *Thieme*, in: Recht und Juristen in Hamburg (1999).

[32] Exemplarisch *Studt/Olsen*, Hamburg, Die Geschichte einer Stadt (1951); *Fischer*, Unternehmerschaft und Selbstverwaltung (1964), S. 43.

[33] So bspw. *Böhm*, Anwalt der Handels- und Gewerbefreiheit (1981).

[34] *Baasch*, Die Handelskammer zu Hamburg 1665–1915, Bd. II. 2 (1915); *Baasch*, Die Handelskammer zu Hamburg 1665–1915, Bd. II. 1 (1915); *Baasch*, Geschichte Hamburgs 1814–1918, Bd. I (1924); *Baasch*, Geschichte Hamburgs 1814–1918, Bd. II (1925).

[35] *Müller*, Die Auseinandersetzung über Hamburgs Zollanschluss an das Deutsche Reich 1833–1888 (1988); s. aber auch *Hübner*, Der Zollanschluß Hamburgs vom 15. Oktober 1888 (1925).

[36] Exemplarisch *Rohgé*, Deutsche Zeit- und Streitfragen 1890, S. 25 ff.; *Lehmann*, Der Hamburger Freihafen von der Gründung des Norddeutschen Bundes bis zum Zollanschluss (1967), S. 17 ff.; *Stein*, Zeitschrift des Vereins für Hamburgische Geschichte 1978, S. 60 ff.; *Müller*, Die Auseinandersetzung über Hamburgs Zollanschluss an das Deutsche Reich 1833–1888 (1988), S. 42 ff.

Insbesondere *Lehmann* blickt aus volkswirtschaftlicher Perspektive auf die Freihafenfrage und bietet damit einen wertvollen Ausgangspunkt.[37] Die vorliegende Arbeit widmet sich zwar auch in angemessener Kürze der Volkswirtschaft Hamburgs und stützt sich insoweit auf *Lehmanns* Arbeit, Schwerpunkt sind jedoch insbesondere die Gutachten zur Freihafenfrage, welche seitens der Handelskammer von den einzelnen Kaufleuten angefordert und (teils) auch veröffentlicht wurden. Denn diese waren Grundlage der Entscheidung der Handelskammer zugunsten des Freihafens, sodass sie von herausgehobener Relevanz für die Beantwortung der Forschungsfrage sind. Eine umfassende und detaillierte Analyse der wichtigsten Gutachten ist in angemessener Tiefe jedoch noch nicht erfolgt, da die vorhandenen Arbeiten entweder zu knapp,[38] oder aber politisch gefärbt[39] sind.

E. Gang der Untersuchung

Um die Bedeutung der Handelskammer in Bezug auf die hier relevante Fragestellung hinreichend beurteilen zu können, soll zunächst die Verfassung Hamburgs analysiert werden. Dabei wird einerseits dargestellt werden, welche Stellen zentral für die politischen Entscheidungen sowie die Gesetzgebung waren und andererseits jeweils dargelegt werden, inwiefern die Handelskammer bereits aufgrund ihrer verfassungsrechtlichen Stellung die theoretische Möglichkeit hatte, ihren Einfluss auszuüben.[40]

Sodann folgt eine Darstellung im Hinblick darauf, welche Aufgaben die Handelskammer hatte und wie diese selbst organisiert war. Da sich die Binnenorganisation und das Verhältnis zu den hamburgischen Verfassungsinstitutionen in dem hier untersuchten Zeitraum im Umbruch befanden, wird auch diese Entwicklung aufgegriffen. Denn an dieser Debatte lässt sich gut ablesen, welches Selbstverständnis die Handelskammer hatte und wie sie insbesondere vom Senat in ihrer Bedeutung gesehen wurde. Schließlich wird noch eine Abgrenzung der Handelskammer zur Versammlung eines Ehrbaren Kaufmanns sowie zur Deputation für Handel und Schifffahrt vorgenommen, um ein vollständiges Bild der Handelskammer im staatlichen Organisationsgefüge zu erhalten.[41] Namentlich für die Verifizierung der untergeordneten These I. sind die Darlegungen in diesem Abschnitt von zentraler Bedeutung.

---

[37] *Lehmann*, Der Hamburger Freihafen von der Gründung des Norddeutschen Bundes bis zum Zollanschluss (1967).

[38] *Hübner*, Der Zollanschluß Hamburgs vom 15. Oktober 1888 (1925); *Stein*, Zeitschrift des Vereins für Hamburgische Geschichte 1978; *Müller*, Die Auseinandersetzung über Hamburgs Zollanschluss an das Deutsche Reich 1833–1888 (1988).

[39] So etwa *Tuch*, Die Sonderstellung der deutschen Freihäfen (1878).

[40] S. dazu Abschnitt „Hamburgs Verfassungssystem“.

[41] S. dazu Abschnitt „Die Handelskammer“.

In einem weiteren Schritt wird der historische Kontext des Norddeutschen Bundes sowie des Weges Hamburgs in den Norddeutschen Bund dargelegt. Denn nur auf diese Weise kann das Bewusstsein dafür geschärft werden, welche Bedeutung die Autonomie sowie der Freihafen für Hamburg hatten und wie Preußen zu Hamburg und dem Freihafen stand. Denn es wird sich zeigen, dass Hamburgs Weg in den Norddeutschen Bund ein beschwerlicher war und daher *prima facie* davon ausgegangen werden könnte, dass Preußen keinerlei Bedürfnis hatte, Hamburg in der Freihafenfrage entgegenzukommen. Denn der Freihafen war schon vor dem Anschluss an den Norddeutschen Bund häufiger Gegenstand der Debatte.[42] Die Kenntnis des historischen Kontextes ist zudem wichtig, um das Handeln der einzelnen Parteien besser einordnen zu können und auch den Grad der latenten Bedrohung Hamburgs durch Preußen zu erfassen. Im Anschluss hieran wird außerdem der Freihandel im 19. Jahrhundert näher dargelegt, um das Fundament für die Überprüfung der untergeordneten These II. zu legen.[43]

Darauffolgend wird der Blick auf den Freihafen selbst gerichtet. Zunächst werden hierbei die einschlägigen verfassungsrechtlichen Bestimmungen analysiert und ausgelegt. Denn diese stellen den Ausgangspunkt der späteren Debatte um die einfachgesetzliche Umsetzung des Freihafens dar und regelten zugleich die Möglichkeit des diskutierten Zollanschlusses. Hierbei wird auch die Entstehungsgeschichte des Normtextes bis zu dem Entwurf nachgezeichnet werden, der schließlich im Reichstag debattiert wurde. Daran anknüpfend wird ein Blick auf die Verfassungsverhandlungen zu dem entsprechenden Artikel geworfen, da auch im Reichstag ein Handelskammermitglied anwesend war. Auf diese Weise wird das Verständnis dafür geschärft, welche nationalen Bedenken – später auch innerhalb Hamburgs – gegen den Freihafen angeführt wurden. Insofern bedürfen der verfassungsrechtliche Regelungskomplex und dessen Zustandekommen einer besonderen Berücksichtigung.[44]

In einem weiteren Schritt soll die wirtschaftliche Dimension der Freihafenfrage betrachtet werden. Hierbei wird zunächst die allgemeine Handelsstatistik nach *Lehmann*[45] zur Hilfe genommen und skizziert, um einen allgemeinen Eindruck vom hamburgischen Handel zu erhalten. Sodann wird die Aufmerksamkeit auf die seitens der Handelskammer eingeholten Gutachten zu dieser Frage gerichtet. Denn diese Gutachten bildeten das Fundament für die Entscheidung der Handelskammer sowie womöglich des Senats auf der einen Seite aber auch der öffentlichen Debatte auf der anderen Seite. Die Darlegung wird dabei entsprechend der Gutachten nach Branchen differenziert stattfinden und zwischen Zollanschlussbefürwortern und -gegnern unterscheiden. Hieran schließt sich

[42] S. dazu Abschnitt „Kapitel 3: Hamburg“.

[43] S. dazu Abschnitt „Kapitel 4: Freihandel und Liberalismus in Deutschland“.

[44] S. dazu Abschnitt „Kapitel 5: Der Freihafen und die Verfassung des Norddeutschen Bundes“.

[45] *Lehmann*, Der Hamburger Freihafen von der Gründung des Norddeutschen Bundes bis zum Zollanschluss (1967).

dann die Betrachtung an, inwieweit es vor dem Hintergrund dieses Materials aus fachfremder Perspektive nachvollziehbar und plausibel erscheint, dass sich die Handelskammer zugunsten des Freihafens aussprach. Namentlich für die Begutachtung der untergeordneten These III. sind diese Ausführungen von großer Relevanz.[46]

Im Anschluss hieran werden sodann die internen Vorgänge der Handelskammer im Hinblick auf die Freihafenfrage näher dargestellt, um zu ermitteln, wie und warum diese überhaupt tätig wurde. Die Darlegung geht zunächst der Frage nach, wie die Handelskammer zu der Entscheidung kam, in dem Freihafenkomplex überhaupt tätig zu werden. Ebenso wäre auch denkbar gewesen, dass sie die politischen Entscheidungen bloß passiv beobachtet. Sodann folgt die Darlegung der Entscheidungsfindung in der Freihafenfrage selbst. Hier wird herausgearbeitet, wie die Handelskammer zu ihrer Positionierung zugunsten des Freihafens kam und inwieweit sie entsprechend der untergeordneten These III. als ergebnisoffen betrachtet werden kann. Abschließend folgt dann eine Analyse des Agierens der Handelskammer zur Verteidigung des Freihafens auf politischer Ebene sowie in der Öffentlichkeit.[47] Die Darstellung dient hierbei als Ausgangspunkt für die darauffolgende Untersuchung der Wirkung des Agierens der Handelskammer auf die Politik und ist damit zentral für die Begutachtung der Rolle in der Freihafenfrage insgesamt. Zudem dient dieser Teil der Arbeit auch insbesondere zur Verifizierung der untergeordneten These II.

Daran anknüpfend folgt die Darstellung der Rezeption des Wirkens der Handelskammer im Senat und in der Bürgerschaft anhand der handschriftlichen Senatsprotokolle sowie der gedruckten Bürgerschaftsprotokolle.[48] An dieser Stelle wird also der Effekt des Werbens für den Freihafen auf politischer Ebene in den Blick genommen, um dann die Rolle der Handelskammer in der Freihafenfrage beurteilen zu können.

Sodann widmet sich die Untersuchung der Rolle der Handelskammer im Hinblick auf das „Wie" des Freihafens, also der einfachgesetzlichen Umsetzung. Die Ausdehnung des Freihafens und die Schaffung verschiedener Einrichtungen – insbesondere Hauptzollamt und Zollvereinsniederlagen – waren hier von besonderer Bedeutung.

Zu sämtlichen einschlägigen Fragen äußerte sich die Handelskammer auf Aufforderung des Senats gutachterlich, sodass dieses Gutachten analysiert und mit dem tatsächlichen gesetzlichen Ergebnis abgeglichen werden können, um so bereits einen ersten Eindruck ihrer Bedeutung zu erhalten. Anschließend werden die ausschließlich handschriftlich vorliegenden Verhandlungsprotokolle einer gemeinschaftlichen Kommission von Senat und Bürgerschaft, an denen auch Handelskammermitglieder teilnahmen, ausgewertet, da sich diese Kommission

[46] S. dazu Abschnitt „Kapitel 6: Die wirtschaftliche Dimension der Freihafenfrage".

[47] S. dazu Abschnitt „Kapitel 7: Die Handelskammer und der Freihafen" sowie Abschnitt „Die öffentliche Verteidigung des Freihafens".

[48] S. dazu Abschnitt „Kapitel 8: Rezeption der Zollanschlussdiskussion ".

intensiv mit den Fragen und Vorschlägen der Handelskammer auseinandersetzte. Abschließend werden die Protokolle der Verhandlungen zwischen Preußen und dem hamburgischen Senat ausgewertet, da sich auch aus diesen indirekt ablesen lassen kann, inwieweit die Forderungen der Handelskammer Berücksichtigung fanden.[49]

[49] S. dazu Abschnitt „Kapitel 9: Die einfachgesetzliche Umsetzung des Freihafens".

Kapitel 2

Das politische System Hamburgs und die Handelskammer

A. Hamburgs Verfassungssystem

I. Vorbemerkung

Um ermitteln zu können, auf welchen Ebenen die Handelskammer bereits staatsrechtlich mit der Politik verwoben war, bedarf es zunächst einer Analyse des politischen Systems Hamburgs nach der Verfassung von 1860. Denn nur wenn festgestellt wurde, welche Institutionen auf welche Weise die maßgeblichen Entscheidungen trafen, kann auch der Blick auf die Einflussmöglichkeiten der Handelskammer geschärft werden. Es bedarf also einer Darstellung des Verfahrens der Entscheidungen, wobei der Schwerpunkt auf die Gesetzgebung gelegt wird. In diesem Kontext stellt sich dann auch die Frage der Wahl der jeweiligen Organe. Bei der Bürgerschaftswahl erhielt die Handelskammer bspw. feste Sitze. Aber auch im Senat war der Einfluss der Kaufmannschaft erheblich, sodass sich auch ein Blick auf diese Institution lohnt. In einem weiteren Schritt wird sodann die Verwaltungsorganisation beleuchtet werden. Denn die praktische Umsetzung der Gesetze fand in den betreffenden Deputationen statt.

Sodann wird der Blick auf die Handelskammer selbst gerichtet und gezeigt, welche Aufgaben die Handelskammer hatte, wie sie organisiert war und wie die Entscheidungen intern zustande kamen. Auch die Frage der prinzipiellen Bedeutung der Handelskammer im Verfassungsgefüge war gerade in der Zeit zwischen 1866/67 besonders virulent geworden, sodass es unabdingbar scheint, auch diese Debatte zu umreißen, um die Wahrnehmung der Handelskammer und ihre Kompetenzen zu verstehen.

II. Das politische System Hamburgs nach der Verfassung von 1860

1. Kurzüberblick über die Entstehungsgeschichte der Verfassung seit 1848

Die für die vorliegende Arbeit wesentliche Verfassungsgeschichte der Stadt Hamburg begann im Jahr 1848.[1] Die allgemeinen politischen Verhältnisse führten

[1] Zu den Verfassungskämpfen ab 1848 *v. Lehe/Ramm/Kausche*, Heimatchronik der Freien und Hansestadt Hamburg (1967), S. 154 ff.; *Wolffson*, Handbuch des öffentlichen Rechts der Gegenwart in Monographien, Bd. 3, Halbbd. 2, Abth. 3 (1884), S. 1 ff.

auch in Hamburg dazu, dass ein radikaler demokratischer Verfassungsentwurf, die sogenannte Konstituantenverfassung, vorgelegt wurde. Dieser schrieb allein der Bürgerschaft die gesetzgebende Gewalt zu, welche alle zwei Jahre durch allgemeine, direkte und geheime Wahlen gewählt werden sollte. Der Rat sollte rein exekutive Befugnisse als oberste Verwaltungsbehörde haben. Die Mitglieder waren nur auf je 6 Jahre gewählt. Die Bürgerschaft sollte die Aufsicht über den Rat erhalten, sodass hier ein System ähnlich der „checks and balances“ etabliert wurde.[2]

Diese Verfassung wurde jedoch nicht angenommen. Zu groß war der Machtverlust sämtlicher Institutionen. Als Konsequenz wurde die sogenannte Neunerkommission, bestehend aus fünf Mitgliedern der Bürgerschaft und vier Mitgliedern des Senats, gebildet, welche die Konstituantenverfassung überarbeiten sollte. Sie legte immer wieder neue Verfassungsentwürfe vor, die aber aus den verschiedensten Gründen ebenfalls nicht angenommen wurden.[3]

1859 wurde dann überraschend seitens der Bürgerschaft die Verabschiedung angeregt, jedoch wurden zunächst nur die Bestimmungen der Verfassung über die Bürgerschaft, den Bürgerausschuss und die Gesetzgebung sowie die diesbezüglichen Gesetze verabschiedet.[4] Im Dezember trat die neu gewählte Bürgerschaft zusammen und nach ausgiebigen Verhandlungen wurde die Verfassung im September 1860 in Gänze verabschiedete. Art. 126 Abs. 1 Verfassung 1860 legte jedoch fest, dass nach zehn Jahren eine Revision der Verfassung stattzufinden habe.

Dies führte dazu, dass 1879 eine neue Verfassung verabschiedet wurde, welche die Verfassung von 1860 in wenigen Teilen abänderte. Dies betraf insbesondere die Bestimmungen, welche die von Verwaltungsdeputationen und Gerichten entsandten Mitglieder der Bürgerschaft regelten. An deren Stelle sollte die Wahl durch die sogenannten Notablen erfolgen.[5]

---

[2] Eingehend zur Konstituantenverfassung und der gesamten Verfassungsgeschichte *v. Melle*, Das Hamburgische Staatsrecht (1891), S. 6 ff.

[3] *v. Melle*, Das Hamburgische Staatsrecht (1891), S. 15 ff.; zur Entstehungsgeschichte auch *v. Lehe/Ramm/Kausche*, Heimatchronik der Freien und Hansestadt Hamburg (1967), S. 160 ff.

[4] *v. Melle*, Das Hamburgische Staatsrecht (1891), S. 17.

[5] *v. Melle*, Das Hamburgische Staatsrecht (1891), S. 17.

2. *Die Bürgerschaft*

a) Wahl der Bürgerschaft

Die Verfassung von 1860 sicherte einem größeren Teil der Bevölkerung demokratische Teilhaberechte zu. Zwar hatte Hamburg auch vor 1860 eine Bürgerschaft, jedoch bestand diese lediglich aus der „Erbgesessenen Bürgerschaft“. Dies waren privilegierte Hamburger – namentlich Grundeigentümer, Mitglieder bürgerlicher Kirchenkollegien und Inhaber anderer Ämter.[6] Überdies konnten man nur dann in die Bürgerschaft gelangen, wenn man evangelisch-lutherisch war.[7] Dennoch war Hamburg sehr fortschrittlich, da es überhaupt eine ansatzweise demokratische Teilhabe durch die Bürgerschaft ermöglichte und sich nicht bloß dem Prinzip der Aristokratie verpflichtete und dem Senat die alleinige Herrschaft überließ. Insofern wählte Hamburg einen Hybrid zwischen Demokratie und Aristokratie.[8]

Mit der Verfassung von 1860 änderte sich dies jedoch zugunsten einer größeren demokratischen Mitbestimmung. Die Wahl der Bürgerschaft – *de facto* das Parlament Hamburgs – war nun allgemein und die Konfession unerheblich.[9] Die Bürgerschaft bestand gem. Art. 28 Verfassung 1860[10] aus 192 Mitgliedern und wurde gem. Art. 29 S. 1 in allgemeiner, direkter und geheimer Wahl gewählt.[11] Nach Art. 29 S. 1 wurden auf diese Weise aber lediglich 84 der 192 Mitglieder gewählt.

Ferner waren auch nicht alle Einwohner gleichermaßen zur Wahl zugelassen. Zu der Teilnahme an der Wahl waren nach Art. 29 S. 2 grundsätzlich nur diejenigen Bürger – im Sinne einer Staatsangehörigkeit – berufen, welche das 25. Lebensjahr vollendet hatten und eine Vermögens- oder Einkommensteuer bezahlen und zur Zeit der Ausschreibung der Wahl mit derselben nicht im Rückstand waren.[12] Weiterhin regelte Art. 31 sonstige Fälle, in denen Bürger vom Wahlrecht ausgeschlossen waren. Dies umfasste zB diejenigen, denen die staatsbürgerlichen Rechte entzogen worden waren, diejenigen, die sich in Straf- oder Untersuchungshaft befanden, oder diejenigen, die in Konkurs geraten waren. Nähere Details wurden gem. Art. 29 S. 3 durch das Wahlgesetz geregelt.[13] Aber auch

---

[6] *Thieme*, in: Recht und Juristen in Hamburg (1999), S. 20; *v. Melle*, Das Hamburgische Staatsrecht (1891), S. 111.

[7] *Thieme*, in: Recht und Juristen in Hamburg (1999), S. 21.

[8] In Bezug auf die alte Verfassung *v. Melle*, Das Hamburgische Staatsrecht (1891), S. 37.

[9] *Thieme*, in: Recht und Juristen in Hamburg (1999), S. 21.

[10] In dem nachfolgenden Kapitel beziehen sich alle Artikel auf die Verfassung 1860, soweit nicht anders bezeichnet.

[11] *Thieme*, in: Recht und Juristen in Hamburg (1999), S. 21.

[12] *v. Melle*, Das Hamburgische Staatsrecht (1891), S. 114 ff.; *Studt/Olsen*, Hamburg, Die Geschichte einer Stadt (1951), S. 175; *Thieme*, in: Recht und Juristen in Hamburg (1999), S. 21 f.

[13] Näher zur Wahlberechtigung *Studt/Olsen*, Hamburg, Die Geschichte einer Stadt (1951), S. 175.

Mitglieder des Senats konnten nach Art. 35 nicht in die Bürgerschaft gewählt werden. Hierin kommt die Gewaltenteilung zwischen Senat und Bürgerschaft zum Ausdruck. Eine Gewaltenverschränkung war damit nicht denkbar. Frauen waren von der Wahl ebenfalls ausgeschlossen.[14] Insgesamt waren damit wohl nur 5 % der Einwohner Hamburgs bis 1869 wahlberechtigt.[15]

Näher ausdifferenziert wurde das Wahlrecht insbesondere durch das 1859 erlassene Wahlgesetz[16] sowie das 1864 erlassene Gesetz betreffend die Staatsangehörigkeit und das Bürgerrecht.[17] Letzteres regelte die näheren Voraussetzungen für den Status als Bürger und damit indirekt auch das Wahlrecht. Dabei ist hervorzuheben, dass nach § 8 Abs. 1 Gesetz betreffend die Staatsangehörigkeit und das Bürgerrecht[18] all diejenigen zum Erwerb des Bürgerrechts verpflichtet waren, die volljährig waren, nicht unter polizeilicher Aufsicht standen, kein sogenanntes entehrendes Gewerbe betrieben sowie ein zu versteuerndes Vermögen oder Einkommen von 3.000 Mark Courant oder mehr besaßen. Damit war das Bürgerrecht also an Alter, Wohlstand und Unbescholtenheit geknüpft.

Grund für diese Pflicht zum Erwerb des Bürgerrechts war die abnehmende Zahl der Bürger, die von 1.916 Anträgen im Jahr 1859 auf 927 Anträge im Jahr 1865 gesunken war, während die Bevölkerung insgesamt aber anwuchs.[19] Grund für den „Bürgerschwund" waren vermutlich auf der einen Seite die anfallenden Kosten nach § 17 und auf der anderen Seite die wenigen Vorteile, die mit dem Bürgerrecht einhergingen. Vor 1864 war es bspw. noch notwendig, den Bürgerstatus innezuhaben, um ein Gewerbe betreiben zu dürfen.[20] Daher sah sich der Senat gezwungen, die Pflicht zum Erwerb des Bürgerrechts einzuführen, um zu gewährleisten, dass auch künftig ausreichend „geeignete" Bürger für die Wahlen zur Verfügung standen.[21] Ausnahmen von der Verpflichtung bestanden nach § 8 Abs. 2 lediglich für Geistliche sowie Militärs. Das Bürgerrecht konnte nach § 13 nur durch den Verlust der Staatsangehörigkeit sowie durch rechtskräftiges Urteil aufgehoben werden.

---

[14] *Eckardt*, Privilegien und Parlament, Die Auseinandersetzungen um das allgemeine und gleiche Wahlrecht in Hamburg, (1980), S. 29f; *Thieme*, in: Recht und Juristen in Hamburg (1999), S. 22.

[15] *Thieme*, in: Recht und Juristen in Hamburg (1999), S. 23.

[16] Abgedruckt in: Sammlung der Verordnungen der freien Hanse-Stadt Hamburg seit 1814, Bd. 28, Verordnungen von 1859 (1860), S. 108 ff.

[17] Die Bestimmungen der ersten Bürgerschaftswahl wurden von einem Konvent am 11.8.1859 beschlossen, s. hierzu *Eckardt*, Privilegien und Parlament, Die Auseinandersetzungen um das allgemeine und gleiche Wahlrecht in Hamburg, (1980), S. 26 ff.

[18] In dem nachfolgenden Abschnitt beziehen sich alle Paragraphen auf das Gesetz betreffend die Staatsangehörigkeit und das Bürgerrecht soweit nicht anders bezeichnet.

[19] Sog. Bürgerrechtszwang, s. *Eckardt*, Privilegien und Parlament, Die Auseinandersetzungen um das allgemeine und gleiche Wahlrecht in Hamburg, (1980), S. 30.

[20] *Eckardt*, Privilegien und Parlament, Die Auseinandersetzungen um das allgemeine und gleiche Wahlrecht in Hamburg, (1980), S. 29 f.

[21] *Thieme*, in: Recht und Juristen in Hamburg (1999), S. 23.

Der Grund für den geringen Teil der Bevölkerung, der sich an der Wahl beteiligten, lag in der Verfassung selbst: Nach Art. 34 S. 1 war der in die Bürgerschaft Gewählte zur Annahme der Wahl verpflichtet. Nur die Bürgerschaft selbst konnte durch Beschlussfassung von der Pflicht entbinden.[22] Weitere Ausnahmen waren in Art. 35 und 36 sowie bspw. in § 8 Abs. 2 Wahlgesetz 1859[23] enthalten: Für ehemalige Mitglieder des Senats, Geistliche sowie Professoren des Gymnasiums. Die Konsequenz einer Nichtannahme war identisch mit derer bei der Senatswahl: Der Gewählte verlor nach Art. 34 sein Bürgerrecht und konnte zudem kein Gewerbe mehr betreiben. *v. Melle* weist jedoch zutreffend darauf hin, dass es sich hierbei eher um einen moralischen Druck handelte: Der Gewählte konnten zur Mitwirkung in der Bürgerschaft oder zur Sitzungsteilnahme ohnehin faktisch[24] nicht gezwungen werden, wenngleich die Teilnahme nach § 32 Geschäftsordnung Bürgerschaft 1859 an sich verpflichtend war; überdies wird es nur selten zu einer unfreiwilligen Wahl gekommen sein.[25] Trotz dieser Zwangsregelung erhielten die Mitglieder der Bürgerschaft nach Art. 44 keine Diäten, sondern übten ihr Amt unentgeltlich aus.

Wählen sollten also nur diejenigen können, denen man auch zutraute, selbst Bürgerschaftsmitglied zu werden, also die für besonders staatsloyal und gebildet gehalten wurden.[26]

Die weiteren 108 Mitglieder der Bürgerschaft wurden in weitere zwei Gruppen unterteilt. Gem. Art. 30 Abs. 1 waren 48 von ihnen Grundeigentümer, die in geheimer Abstimmung von und aus den Eigentümern von werthaltigen Grundstücken gewählt wurden. Außerdem musste das 25. Lebensjahr vollendet sein.[27]

Die verbliebenen 60 Abgeordneten der Bürgerschaft entstammten gem. Art. 30 Abs. 2 den Gerichten, den Deputationen und Collegien, welche verfassungsmäßig den wichtigeren Zweigen der Verwaltung vorstanden und aus Älterleuten des zünftigen Gewerbes.[28] Die jeweiligen Gruppen hatten sodann auch die Abgeordneten der Bürgerschaft zu wählen.

Auf das für die hiesige Untersuchung relevante sogenannte Commercium, bestehend aus Altadjungierten und Commerzdeputierten, entfielen sechs Mitglieder der Bürgerschaft; in der Zeit nach 1866[29] waren es dann nur noch vier

---

22 *v. Melle*, Das Hamburgische Staatsrecht (1891), S. 126 f.

23 In Auszügen bei *Tilemann*, Die Hamburgische Bürgerschaft seit 1859, (1892).

24 Eine Ausnahme war nach § 37 Geschäftsordnung 1859 bei „beharrlicher Weigerung, die den Mitgliedern der Bürgerschaft obliegenden Verpflichtungen zu erfüllen" möglich, indem die Rechtsfolgen einer Verweigerung der Annahme der Wahl mit einer Mehrheit von 128 Stimmen eingeleitet werden konnten.

25 *v. Melle*, Das Hamburgische Staatsrecht (1891), S. 127.

26 So auch: *Eckardt*, Privilegien und Parlament, Die Auseinandersetzungen um das allgemeine und gleiche Wahlrecht in Hamburg, (1980), S. 29; *Thieme*, in: Recht und Juristen in Hamburg (1999), S. 26.

27 *v. Melle*, Das Hamburgische Staatsrecht (1891), S. 120 ff.

28 *v. Melle*, Das Hamburgische Staatsrecht (1891), S. 122 f.

29 Bekanntmachung No. 39 aus dem Jahr 1866 betreffend Änderung der Anlage No. 2 zum

Mitglieder.[30] Altadjungierte waren ehemalige Präsides der Handelskammer, welche von der Versammlung eines Ehrbaren Kaufmanns auf Lebenszeit gewählt wurden.[31] Die Commerzdeputierten waren die Mitglieder der Handelskammer.

Es ist darauf hinzuweisen, dass auf diese Weise der Einfluss der Handelskammer in der Bürgerschaft erleichtert wurde.[32] Doch bereits vor der Verfassung 1860 wurde bereits vielfach auf die Mitglieder der Erbgesessenen Bürgerschaft eingewirkt, ohne dass dies jedoch negativ betrachtet worden wäre. Vielmehr war der Einfluss der Handelskammer seitens des Senats sogar wohl als wünschenswert betrachtet worden.[33]

Die Bürgerschaft wurde auf sechs Jahre gewählt und alle drei Jahre zur Hälfte erneuert, Art. 38. Nach § 54 Wahlgesetz 1859[34] wurde die Hälfte der Bürgerschaftsabgeordneten, welche nach drei Jahren aus der Bürgerschaft ausschieden, durch das Loos bestimmt. Wie die Neuwahl zu erfolgen hatte, war dezidiert in einem komplexen Verfahren im Wahlgesetz geregelt.

Diese Form des Wahlrechts blieb bis zum Jahre 1879 und der neuen Verfassung bestehen. In den dazwischenliegenden 19 Jahren gab es zahlreiche Bestrebungen, das Wahlrecht liberaler zu gestalten und eine allgemeine Wahl im eigentlichen Sinne zu ermöglichen.[35] Auch eine Wahlrechtsgleichheit im modernen Sinne war nicht zu verzeichnen: Denn wer als Bürger ein Wahlrecht hatte und zugleich bspw. auch noch Abgeordnete von Deputationen wählen durfte, hatte ein größeres Stimmgewicht.[36]

b) Aufgaben der Bürgerschaft

Nach Art. 6 stand die Staatsgewalt dem Senat und der Bürgerschaft gemeinschaftlich zu,[37] wobei die Legislative vom Senat und der Bürgerschaft und die Exekutive allein vom Senat ausgeübt wurde. Damit war die Bürgerschaft Teil des Gesetzgebungsorgans in Hamburg. Dies war im Kern auch der einzige Bereich, in dem die Bürgerschaft wirklich gleichberechtigt neben dem Senat stand.[38] Denn

---

Wahlgesetz vom 12. August 1859 Gesetzessammlung der Freien und Hansestadt Hamburg 1866, Bd. 1 (1867).

[30] Anlage No. 2 zum Wahlgesetz abgedruckt in: Sammlung der Verordnungen der freien Hanse-Stadt Hamburg seit 1814, Bd. 28, Verordnungen von 1859 (1860) in Verbindung mit Bekanntmachung No. 39 aus dem Jahr 1866 betreffend Änderung der Anlage No. 2 zum Wahlgesetz vom 12. August 1859.

[31] Hierzu s. Abschnitt „Das Verhältnis zur Versammlung eines Ehrbaren Kaufmanns“.

[32] Vgl. dazu *Fischer*, Unternehmerschaft und Selbstverwaltung (1964), S. 44 f.

[33] *Baasch*, Die Handelskammer zu Hamburg 1665–1915, Bd. II. 2 (1915), S. 585.

[34] In Auszügen bei *Tilemann*, Die Hamburgische Bürgerschaft seit 1859, (1892).

[35] Hierzu ausführlich *Bolland*, Die Hamburgische Bürgerschaft in alter und neuer Zeit (1959), S. 43 ff.

[36] *Schäfer*, in: Beiträge zum 300-jährigen Jubiläum des Staatsarchivs der Freien und Hansestadt Hamburg (2013), S. 161.

[37] *Studt/Olsen*, Hamburg, Die Geschichte einer Stadt (1951), S. 174.

[38] *v. Melle*, Das Hamburgische Staatsrecht (1891), S. 37.

trotz dieser formal gleichberechtigten Stellung der Bürgerschaft neben dem Senat, blieb sie doch in ihrer Bedeutung hinter diesem zurück und war von diesem abhängig. *v. Melle* sieht Art. 6 Verfassung 1860 sogar als bloße „Leerformel" an, da aus ihr keinerlei Hoheitsrechte abgeleitet werden könnten; auf diese komme es jedoch an.[39] Schließlich stand etwa die bedeutende Staatsrepräsentation ausschließlich dem Senat zu.[40] *Seelig* hingegen spricht der Bürgerschaft die eigentliche Macht in Hamburg zu, indem er sie als politisches Schwergewicht bezeichnet, da dem Senat lediglich bloß der Moment gehöre, in der Bürgerschaft jedoch die allmähliche politische Entfaltung und das Durchringen der verfassungsrechtlichen Idee von statten ging.[41]

Eine Kontrolle des Senats durch die Bürgerschaft, wie etwa im Sinne der Kontrolle der Exekutive durch den Bundestag, war nicht in größerem Maße vorgesehen, sodass die Bürgerschaft dem Senat bspw. nicht das Vertrauen entziehen konnte.[42] Es gab nur wenige Ausnahmen: So musste der Senat der Bürgerschaft nach Art. 63 die Abrechnung über Ausgaben und Einnahmen zur Prüfung vorlegen. Dadurch traf die Bürgerschaft sogar die Pflicht zu Prüfung.[43] Konsequenzen für den Fall des Dissenses sah die Verfassung hingegen nicht vor. Überdies hatte die Bürgerschaft an diversen Wahlen mitzuwirken, insbesondere bei der Wahl des Senats nach Art. 9.[44] Außerdem hatte die Bürgerschaft die jeweiligen bürgerlichen Mitglieder der Deputationen[45] zu wählen.[46] Ferner hatte sie nach Art. 54 aus ihrer Mitte den Bürgerausschuss zu wählen.[47]

Hinsichtlich der Sitzungen hatte die Bürgerschaft ein weitgehendes Selbstversammlungsrecht, da sie auf eigenen Beschluss zusammentreten konnte; wenngleich dieses Recht erst 1879 in der Verfassung explizit festgeschrieben wurde, war wohl anerkannt, dass dies möglich war – etwa über den Weg des § 44 Geschäftsordnung Bürgerschaft 1859 durch Vertagung.[48] Lediglich im Bereich des Art. 41 war eine Einberufung durch den Senat notwendig. Dies betraf jedoch nur den Fall der Erneuerung der Bürgerschaft alle drei Jahre.[49] Die innere Ordnung der Bürgerschaft wurde durch eine Geschäftsordnung geregelt, die nach Art. 62 per Gesetz erlassen wurde. v

Zuletzt ist noch auf den Vorstand der Bürgerschaft hinzuweisen, welcher aus dem Präsidenten, dem ersten sowie zweiten Vizepräsidenten und insgesamt vier

---

[39] *v. Melle*, Das Hamburgische Staatsrecht (1891), S. 49 f.

[40] *Seelig*, Hamburgisches Staatsrecht auf geschichtlicher Grundlage (1902), S. 99.

[41] *Seelig*, Hamburgisches Staatsrecht auf geschichtlicher Grundlage (1902), S. 88.

[42] *Thieme*, in: Recht und Juristen in Hamburg (1999), S. 23.

[43] *v. Melle*, Das Hamburgische Staatsrecht (1891), S. 144.

[44] *Thieme*, in: Recht und Juristen in Hamburg (1999), S. 24 f.

[45] S. dazu zugleich Abschnitt „Die Verwaltung".

[46] *Thieme*, in: Recht und Juristen in Hamburg (1999), S. 23 f.

[47] Zum Bürgerausschuss *Thieme*, in: Recht und Juristen in Hamburg (1999), S. 24.

[48] Wohl eher im Sinne einer Vertagung zu verstehen *v. Melle*, Das Hamburgische Staatsrecht (1891), S. 45.

[49] Ausführlich kritisch hierzu *v. Melle*, Das Hamburgische Staatsrecht (1891), S. 45.

Schriftführern bestand.[50] Dieser wurde nach den Maßgaben der §§ 8 ff. Geschäftsordnung Bürgerschaft gewählt. Dabei hatte insbesondere der Präsident nach § 12 Geschäftsordnung Bürgerschaft 1859 die Aufgabe, die Bürgerschaft zu repräsentieren, den Geschäftsgang zwischen Senat und Bürgerschaft zu organisieren sowie den Vorsitz in den Sitzungen zu übernehmen.[51]

c) Rolle im Gesetzgebungsverfahren

Bei der Gesetzgebung kam der Bürgerschaft tatsächlich eine zentrale Funktion zu. Gesetze erforderten nach Art. 61 einen übereinstimmenden Beschluss des Senates und der Bürgerschaft.[52] Für den Fall, dass diese Übereinstimmung einmal nicht erzielt werden konnte, enthielten Art. 70 ff. ein ausdifferenziertes Verfahren, welches die Einsetzung einer Deputation vorsah, die dem Vermittlungsausschuss unter dem Grundgesetz in den Grundzügen ähneln dürfte.[53] Um diese einzuberufen bedurfte es nach Art. 70 einer „beharrlichen Meinungsverschiedenheit“ sowie des Antrags der einen oder der anderen Seite. Sodann wurde die Deputation, bestehend aus neun Mitgliedern, die zu einem Drittel Senatsmitglieder und zu zwei Dritteln Mitglieder der Bürgerschaft waren, eingesetzt.[54]

Blieb das Vermittlungsverfahren erfolglos und betraf der „Streitgegenstand“ nicht die Auslegung der Verfassung und des Gesetzes im Sinne des Art. 71 Abs. 1 Nr. 1, so wurde eine sogenannte Entscheidungs-Deputation eingesetzt.[55] Die Entscheidungsdeputation ist eine Eigenheit des hamburgischen Rechts und war bereits seit dem 18. Jahrhundert in den Verfassungen vorgesehen.[56] Diese Entscheidungs-Deputation war nach Art. 72 Abs. 1 paritätisch aus Mitgliedern des Senats und der Bürgerschaft besetzt.[57]

Kam auch diese Deputation zu keinem Ergebnis, wurde nach Art. 74 Abs. 2 eine sogenannte Sub-Deputation gebildet.[58] Diese bestand – anders als die Entscheidungs-Deputation – nicht aus derselben Anzahl von Mitgliedern aus Senat und Bürgerschaft. Vielmehr wurden nun fünf Mitglieder der Entscheidungs-Deputation in die Sub-Deputation per Los gewählt, jedoch ohne Rücksicht auf die Zugehörigkeit zu Senat oder Bürgerschaft. Damit entschied letztendlich der Zufall, welche Position am Ende durchgesetzt wurde.[59] Dieses Verfahren stellte im Vergleich zu der vorherigen Verfassung eine Neuerung dar: In dieser wurde dem Senat ein Auflösungsrecht und der Bürgerschaft ein Selbstauflösungsrecht

[50] *v. Melle*, Das Hamburgische Staatsrecht (1891), S. 148 f.
[51] *v. Melle*, Das Hamburgische Staatsrecht (1891), S. 149.
[52] Vgl. *Studt/Olsen*, Hamburg, Die Geschichte einer Stadt (1951), S. 175.
[53] Hierzu *Thieme*, in: Recht und Juristen in Hamburg (1999), S. 27 f.
[54] Eingehend *v. Melle*, Das Hamburgische Staatsrecht (1891), S. 178 ff.
[55] Dazu *v. Melle*, Das Hamburgische Staatsrecht (1891), S. 180 ff.
[56] *v. Melle*, Das Hamburgische Staatsrecht (1891), S. 176.
[57] *Thieme*, in: Recht und Juristen in Hamburg (1999), S. 28.
[58] *v. Melle*, Das Hamburgische Staatsrecht (1891), S. 184 f.
[59] *Thieme*, in: Recht und Juristen in Hamburg (1999), S. 28.

zugesprochen. Konnte keine Einigung erzielt werden und musste die Bürgerschaft dann neu gewählt werden, war es an der neuen Bürgerschaft, die Entscheidung zu treffen. Auf diese Auflösungsrechte verzichtete man jedoch in der Verfassung von 1860.[60]

Die Gesetzesinitiative konnte gem. Art. 61 S. 2 sowohl vom Senat als auch von der Bürgerschaft ausgeübt werden.[61] Die Gegenstände der Gesetzgebung waren in Art. 62 festgeschrieben. Dazu gehörte insbesondere auch die Ratifikation von Handelsverträgen und sonstigen Staatsverträgen. Aber auch die „authentische Auslegung von Gesetzen" unterlag der Gesetzgebungskompetenz. Ebenso die Grenzregulierung und Enteignung von Privateigentum.[62]

Dem Senat stand überdies nach Art. 64 Abs. 3 die Kompetenz zu, aus seiner Mitte oder anderweitig zu ernennende Commissarien zu den Bürgerschaftsversammlungen zu entsenden. Diese durften dann nicht nur an den Beratungen teilnehmen, sondern ihnen war auch nach Art. 64 Abs. 3 S. 1 das Wort zu erteilen. Doch auch die Bürgerschaft konnte an den Senat mit dem Wunsch herantreten, Commissarien abzuordnen, um über bestimmte Gegenstände Auskunft zu erteilen. Zu dieser Abordnung war der Senat nach Art. 64 Abs. 3 S. 2 sodann auch verpflichtet.

d) Zusammensetzung der Bürgerschaft

Obwohl die Wahlen der Bürgerschaft im damaligen Sinne allgemein waren, ist dennoch eine deutliche Sozialstruktur innerhalb der Bürgerschaft auszumachen. Immerhin die Hälfte der 84 gewählten Abgeordneten waren Kaufleute und rund ein Drittel entstammte akademischen Berufen wie bspw. Juristen, Apotheker, Ärzte, Lehrer.[63] Mit den weiteren 108 von Institutionen gewählten Abgeordneten bzw. Grundeigentümern bestand die Bürgerschaft Anfang der 1860er Jahre sogar zu 62,5 % aus Kaufleuten. Der Einfluss der Kaufmannschaft war daher auch in der Bürgerschaft unverkennbar.[64]

3. Der Senat

a) Wahl und Zusammensetzung des Senats

Der Senat war neben der Bürgerschaft gem. Art. 6 das zweite zentrale Organ des hamburgischen Politiksystems. Er bestand nach Art. 7 aus 18 Personen, wobei

---

[60] Hierzu ausführlich *v. Melle*, Das Hamburgische Staatsrecht (1891), S. 49.

[61] *Thieme*, in: Recht und Juristen in Hamburg (1999), S. 27.

[62] *v. Melle*, Das Hamburgische Staatsrecht (1891), S. 134 ff.

[63] Unter Verweis auf die Arbeit von Cord *Eckardt*, Privilegien und Parlament, Die Auseinandersetzungen um das allgemeine und gleiche Wahlrecht in Hamburg, (1980), S. 29.

[64] *Eckardt*, Privilegien und Parlament, Die Auseinandersetzungen um das allgemeine und gleiche Wahlrecht in Hamburg, (1980), S. 29.

unter diesen mindestens neun Juristen oder Kameralisten sowie sieben Kaufleute zu sein hatten.[65]

Bei der Zusammensetzung des Senats zeigt sich nochmals deutlich, welche herausgehobene Stellung die Kaufmannschaft in Hamburg hatte. Sie stellten nicht nur – wie gezeigt – *in praxi* den Großteil der Bürgerschaftsabgeordneten, sondern mussten schon aufgrund der Verfassung selbst im Senat vertreten sein. Lediglich für zwei Senatoren war nicht näher präzisiert, welchem Berufsfeld sie angehören mussten.

Da das Amt als Senator mit der Tätigkeit als Rechtsanwalt oder Notar gem. Art. 13 unvereinbar war, durften diese Mitglieder ausschließlich ihrer Tätigkeit als Senatoren nachgehen. Die anderen Senatsmitglieder konnten in der Regel parallel ihren Beruf ausüben.[66]

Die Senatsmitglieder blieben nach Art. 10 Abs. 1 bis zu ihrem Lebensende im Amt. Wollte ein Senatsmitglied nach frühestens sechs Jahren ausscheiden, so konnte er gem. Art. 10 Abs. 2 die Entlassung verlangen, womit jedoch der Verlust der Pensionsansprüche einherging.[67] Anders bei Senatsmitgliedern, die das 70. Lebensjahr überschritten hatten. Diese behielten nach Abs. 3 immerhin zwei Drittel Ihrer Pension. Die Fälle, in denen ein Senatsmitglied austreten musste, wurden gem. Art. 11 durch das Gesetz bestimmt. War ein Senatsmitglied ausgeschieden, so musste die Stelle gem. Art. 12 regelmäßig innerhalb von 14 Tagen neu besetzt werden.

Der Senat wurde nach Art. 9 Abs. 1 von der Bürgerschaft gewählt. Wählbar war gem. Art. 8 Abs. 1 jeder zur Bürgerschaft wählbare Bürger. Ausgeschlossen waren jedoch Verwandte in direkter auf- oder absteigender Linie.[68]

Die Wahl selbst war ein komplexes und kompliziertes Verfahren, welches in Art. 9 sowie dem Gesetz über die Wahl und Organisation des Senates geregelt war.[69] Zentraler Aspekt war die Wahl der Senatsmitglieder durch die Bürgerschaft aus einem sogenannten „Wahlaufsatz" von zwei Personen gem. Art. 9 Abs. 1. Mithin konnte die Bürgerschaft nicht frei, sondern lediglich aus diesem vorab festgelegten Wahlaufsatz – dem „Zweiervorschlag"[70] – wählen.[71]

Der Wahlaufsatz wiederum wurde nach Abs. 2 von acht zur Verschwiegenheit verpflichteten Vertrauensmännern gewählt. Dazu mussten sich die acht Vertrauensmänner, hälftig Senatsmitglieder und Bürgerschaftsabgeordnete, zunächst

---

[65] *v. Melle*, Das Hamburgische Staatsrecht (1891), S. 55; *Studt/Olsen*, Hamburg, Die Geschichte einer Stadt (1951), S. 174.

[66] *Thieme*, in: Recht und Juristen in Hamburg (1999), S. 26.

[67] Vgl. *Thieme*, in: Recht und Juristen in Hamburg (1999), S. 25.

[68] *v. Melle*, Das Hamburgische Staatsrecht (1891), S. 56.

[69] Hierzu auch *Thieme*, in: Recht und Juristen in Hamburg (1999), S. 25; *v. Melle*, Das Hamburgische Staatsrecht (1891), S. 59 ff.

[70] *Thieme*, in: Recht und Juristen in Hamburg (1999), S. 25.

[71] *Wolffson*, Handbuch des öffentlichen Rechts der Gegenwart in Monographien, Bd. 3, Halbbd. 2, Abth. 3 (1884), S. 12; *Thieme*, in: Recht und Juristen in Hamburg (1999), S. 25.

auf vier geeignete Kandidaten einigen. Hierzu mussten die Vertrauensmänner nach Abs. 4 die ihnen geeignet erscheinenden Personen benennen. Über diese wurde sodann debattiert und schließlich wurden in einer geheimen Abstimmung vier Personen benannt. Um auf diesen sogenannten „engeren" Aufsatz zu gelangen, bedurfte es mindestens fünf Stimmen. Kam diese Mehrheit nicht zustande, folgte eine Neubesetzung der Vertrauensmänner.[72] Den neuen Vertrauensmännern wurde sodann von den alten Vertrauensmännern vertraulich mitgeteilt, ob man sich bereits auf einzelne Mitglieder des Wahlaufsatzes verständigen konnte. Kam auch diese neue Kommission nicht zu einem Ergebnis, so traten beide Vertrauensmänner-Kommissionen nach Abs. 8 zusammen und wählten die Kandidaten nacheinander, wobei die relative Mehrheit ausreichte, um auf den Wahlaufsatz zu gelangen. Dieses Verfahren wurde so oft wie nötig wiederholt.[73]

Der gewählte Senator war nach Abs. 12 zur Annahme der Wahl verpflichtet; andernfalls hätte er die Staatsbürgerrechte sowie die Möglichkeit, ein Gewerbe zu betreiben, verloren. Dieser sogenannte Amtszwang entstammte nach Auffassung von *v. Melle* der antiken Staatsauffassung, nach welcher der Einzelne nur Teil des Ganzen – also des Staates – sei. Daher durfte der Staat auch ohne Rücksicht auf Privatinteressen den Einzelnen verpflichten.[74]

Mag das Wahlverfahren in der heutigen Zeit merkwürdig anmuten, so war es in vergleichbarer Weise immerhin auch in Bremen und Lübeck vorhanden.[75] In der Praxis dürfte die Gefahr eines lustlosen Senators, der sich zur Annahme der Wahl genötigt sah, jedoch vernachlässigbar gewesen sein, da ein solcher wohl gar nicht erst in den Wahlaufsatz gewählt worden wäre.

b) Die Zuständigkeit des Senats

Gemeinhin wird der Senat zutreffend auch als Regierung bezeichnet.[76] Die Rolle im Gesetzgebungsverfahren wurde bereits im Kontext der Bürgerschaft dargelegt. Ergänzend sei darauf hingewiesen, dass der Senat die Gesetze nach Art. 61 Abs. 3 verkündete. *v. Melle* nimmt an, dass der Senat – trotz des Fehlens einer entsprechenden Bestimmung in der Verfassung – das verfassungsgemäße Zustandekommen des Gesetzes vor dessen Ausfertigung zu prüfen hatte.[77] Systematisch könnte dieses Ergebnis durch einen Verweis auf Art. 20 zu stützen sein. Hatte der Senat die gesetzliche Ordnung, mithin auch die verfassungsrechtliche, aufrechtzuerhalten, dann wäre es eine Verletzung seiner Pflichten, wenn er ein verfassungswidrig zustande gekommenes Gesetz ausfertigt. Dass der Senat auch die

---

[72] *v. Melle*, Das Hamburgische Staatsrecht (1891), S. 59.

[73] *v. Melle*, Das Hamburgische Staatsrecht (1891), S. 59 f.

[74] *v. Melle*, Das Hamburgische Staatsrecht (1891), S. 65 f.

[75] S. hierzu ausführlich *v. Melle*, Das Hamburgische Staatsrecht (1891), S. 62 ff.

[76] *Wolffson*, Handbuch des öffentlichen Rechts der Gegenwart in Monographien, Bd. 3, Halbbd. 2, Abth. 3 (1884), S. 11; *v. Melle*, Das Hamburgische Staatsrecht (1891), S. 41.

[77] *v. Melle*, Das Hamburgische Staatsrecht (1891), S. 86.

Vereinbarkeit mit der Geschäftsordnung zu prüfen hatte, kann hiermit jedoch nur schwerlich begründet werden.

Neben der Ausfertigung von Gesetzen hatte der Senat überdies nach Art. 61 Abs. 3 die Vollzugsverordnungen zu den Gesetzen zu erlassen. Hierunter fielen sowohl Rechtsverordnungen als auch Verwaltungsverordnungen.[78] Darüber hinaus hatte er gem. Art. 18 Abs. 1 die Wahlen zur Bürgerschaft auszuschreiben und diese einzuberufen.[79]

Daneben war der Senat vor allem Inhaber der vollziehenden Gewalt und wurde in Art. 19 sogar als „oberste Verwaltungsbehörde" bezeichnet.[80] Er übte hiernach die Aufsicht über sämtliche Zweige der Verwaltung aus und ihm stand die Oberaufsicht über sämtliche Justizbehörden zu.[81] Alle zentralen Verwaltungsangelegenheiten wurden also durch den Senat bestimmt. In der Regel oblag es dem Senat in den Grenzen von Art. 25 bzw. den einfachgesetzlichen Regelungen außerdem, die höheren Beamten zu ernennen.[82] Im Falle der Stimmengleichheit innerhalb einer Deputation bzw. Verwaltungseinheit[83] war er nach § 15 Abs. 1 Gesetz über die Organisation der Verwaltung ferner dazu berufen, die Letztentscheidung über die Sache zu treffen. Mithin liefen bei dem Senat sämtliche Fäden zusammen. Alleine schon aus diesem Grund ist die eingangs erwähnte Beobachtung, dass die formale Gleichstellung von Senat und Bürgerschaft in Art. 6 nicht der Verfassungswirklichkeit entsprach, zutreffend.

Der Senat hatte nach Art. 20 die gesetzliche Ordnung aufrecht zu erhalten und die Sicherheit des Staates im Innern wie nach außen zu wahren. Zum Zwecke des Letzteren stand dem Senat nach Art. 21 die „bewaffnete Macht", mithin die Befehlsgewalt über das Militär, zu. Gemäß Art. 27 Abs. 1 waren die Mitglieder des Senates sogar dem Staat dafür verantwortlich, dass durch ihre Amtsführung weder die Verfassung noch die gütigen Gesetze verletzt werden. Die Einzelheiten sollten in einem Gesetz festgeschrieben werden; dieses existierte aber nicht.[84]

Doch hatte der Senat nicht nur die Aufgabe, im Innern die Verwaltungsangelegenheiten zu lenken. Er war auch das zur Vertretung berufene Organ Hamburgs nach Außen und insbesondere zum übrigen Deutschland, Art. 22 Abs. 1.[85] Er leitete nach Art. 22 Abs. 2 die auswärtigen Angelegenheiten, führte diesbezüglich die Verhandlungen und schloss Handelsverträge sowie alle anderen Staatsverträge ab. Hierfür war jedoch immerhin die Zustimmung der Bürgerschaft einzuholen. Für die Frage der Kostenteilung in Bezug auf die Zollvereinsniederlagen[86], welche notwendig wurden, ermächtigte die Bürgerschaft den Senat

---

[78] *v. Melle*, Das Hamburgische Staatsrecht (1891), S. 86.

[79] *Studt/Olsen*, Hamburg, Die Geschichte einer Stadt (1951), S. 174.

[80] Vgl. auch *Thieme*, in: Recht und Juristen in Hamburg (1999), S. 26.

[81] Zu den Befugnissen *Studt/Olsen*, Hamburg, Die Geschichte einer Stadt (1951), S. 174.

[82] *v. Melle*, Das Hamburgische Staatsrecht (1891), S. 101.

[83] S. dazu Abschnitt „Die Verwaltung".

[84] *v. Melle*, Das Hamburgische Staatsrecht (1891), S. 80.

[85] *Studt/Olsen*, Hamburg, Die Geschichte einer Stadt (1951), S. 174.

[86] S. dazu ausführlich Abschnitt „Die Verhandlungen zwischen Hamburg und Preußen".

entsprechend dieser Vorschrift bspw. ausdrücklich dazu, eine Vereinbarung mit Preußen zu treffen.[87]

Die interne Organisation wurde in einer Geschäftsordnung festgelegt. Diese wurde jedoch nie offiziell beschlossen, oder gar publiziert,[88] obwohl nach Art. 62 Abs. 3 die Geschäftsordnung der Gesetzgebung unterlag und vorgesehen war, dass diese als Gesetz verkündet wird. So ist es vermutlich auch zu erklären, dass diese Passage in der Verfassung von 1879 nicht übernommen wurde. Jedoch stellte § 14 Gesetz über die Wahl und Organisation des Senates[89] klar, dass dem Senat die Geschäftsverteilung überlassen war. Es musste nach Abs. 2 lediglich jährlich eine Kommission gewählt werden, welche die Ämter und Geschäfte verteilte.

c) Die Bürgermeister

Der Bürgermeister wurde nach Art. 17 in geheimer Abstimmung aus der Mitte des Senats gewählt und war Vorsitzender des Senats.[90] Die Verfassung schrieb sowohl die Wahl des sogenannten ersten als auch die des sogenannten zweiten Bürgermeisters vor, welche nach Art. 17 Abs. 2 aber nicht länger als zwei Jahre im Amt sein durften.[91] Zutreffend bezeichnet *Thieme* die Bürgermeister aber lediglich als *primi inter pares*, da diese keine Richtlinienkompetenz hatten.[92]

4. Die Verwaltung

a) Nach der Verfassung von 1860

Die Bestimmungen zur Verwaltung sind im sechsten Abschnitt der Verfassung von 1860 bzw. in Art. 78 bis 94 zu finden. Die Staatsverwaltung wurde je nach Gegenstand in verschiedene Abteilungen unterteilt. Die Anzahl dieser Abteilungen wurde durch einfaches Gesetz bestimmt. Nach Art. 79 stand jeder einzelnen Abteilung ein Senatsmitglied vor, dem unter Umständen weitere Mitglieder beigeordnet wurden. Diese Regelung konkretisierte damit Art. 19. Denn auf diese Weise wurde die Verwaltung eng an den Senat gekoppelt.[93] Neben den Verwal-

---

[87] Verhandlungen zwischen Senat und Bürgerschaft im Jahre 1868 (1869), S. 133.

[88] *Wolffson*, Handbuch des öffentlichen Rechts der Gegenwart in Monographien, Bd. 3, Halbbd. 2, Abth. 3 (1884), S. 13 f.; Auszüge aus der Geschäftsordnung in: *v. Melle*, Das Hamburgische Staatsrecht (1891), S. 106.

[89] Abgedruckt in: Gesetze, welche zugleich mit der Verfassung der freien und Hansestadt Hamburg durch Senat und Bürgerschaft beschlossen und am 28. September 1860 publicirt sind (1860), S. 3.

[90] *Studt/Olsen*, Hamburg, Die Geschichte einer Stadt (1951), S. 175.

[91] Zum Bürgermeister *Thieme*, in: Recht und Juristen in Hamburg (1999), S. 26 f.

[92] *Thieme*, in: Recht und Juristen in Hamburg (1999), S. 27.

[93] Vgl. *Wiskemann*, Hamburg und die Welthandelspolitik von den Anfängen bis zur Gegenwart (1929), S. 191; *Jochmann*, in: Hamburg: Geschichte der Stadt und ihrer Bewohner, Vom Kaiserreich bis zur Gegenwart (1986), S. 85.

tungsabteilungen bestimmte das einfache Gesetz ferner, für welche Bereiche der Verwaltung sogenannte Deputationen bestehen sollten.[94] Diese Deputationen waren Verwaltungskörper, die aus Bürgern sowie Senatsmitgliedern bestanden und denen ein Senatsmitglied nach Art. 85 vorstand; in den nicht genannten Bereichen hatte mithin der Senat die alleinige Verwaltungskompetenz.[95] Diese Regelung war erneut Ausfluss von Art. 19 und zugleich für die damaligen Verhältnisse sehr fortschrittlich, da sie eine Bürgerbeteiligung vorsah, noch bevor *Freiherr von Stein* eine solche einführte.[96]

Die bürgerlichen Mitglieder der Deputationen wurden nach Art. 81 Abs. 1 iVm Art. 52 Abs. 1 von der Bürgerschaft gewählt.[97] Jedoch fand die Wahl ebenso wie die Senatswahl aus einem Wahlaufsatz statt. Dieser Wahlaufsatz bestand aus drei Personen und wurde von einem Verwaltungskollegium gebildet. Voraussetzung für die Wählbarkeit in eine Deputation war jedoch gem. Art. 82 gleichsam die Wählbarkeit zur Bürgerschaft.[98] Daher ist es systematisch auch nur konsequent, dass die Bürger zur Annahme der Wahl in eine Deputation nach Art. 83 verpflichtet waren.[99] Die Konsequenzen der Nichtannahme der Wahl waren dieselben wie bei der Wahl in die Bürgerschaft. Insofern wurde hier eine Gleichschaltung des Regelungskomplexes etabliert. Auch die Regelung des Art. 81, dass die nicht senatorischen Mitglieder ihre Aufgabe unentgeltlich ausüben, fügt sich in diese Annahme ein. Zugleich führte die Regelung jedoch dazu, dass die bürgerlichen Mitglieder nur untergeordnet in die Verwaltungstätigkeit eingebunden wurden, da sie ihren Hauptberufen nachgehen mussten.[100] Ausnahmen waren nur im Rahmen des Art. 84 und namentlich etwa aufgrund des Alters oder eines anderweitigen Sitzes in einer Deputation vorgesehen.

Bei Zweifeln an der Rechtmäßigkeit eines in einer jeweiligen Deputation gefassten Beschlusses war der Beschluss dem Senat vorzulegen, der sodann – gemäß der ihm auferlegten Verpflichtung, die Rechtmäßigkeit des Verwaltungshandelns zu überwachen – die letztinstanzliche Entscheidungskompetenz hatte, Art. 86, 88.[101]

Betrafen einzelne Angelegenheiten des Senats den Geschäftskreis der jeweiligen Deputationen, so waren sie nach Art. 90 außerdem berechtigt, dem Senat in dieser Sache eigene Vorschläge zu machen. Darüber hinaus waren sie sogar ver-

---

[94] Zum Begriff der Deputationen *Studt/Olsen*, Hamburg, Die Geschichte einer Stadt (1951), S. 176.

[95] *Thieme*, in: Recht und Juristen in Hamburg (1999), S. 29.

[96] *Thieme*, in: Recht und Juristen in Hamburg (1999), S. 28.

[97] *Thieme*, in: Recht und Juristen in Hamburg (1999), S. 23 f.

[98] *v. Melle*, Das Hamburgische Staatsrecht (1891), S. 201.

[99] *v. Melle*, Das Hamburgische Staatsrecht (1891), S. 202.

[100] Eingehend zu den Kompetenzverteilungen in den Deputationen *v. Melle*, Das Hamburgische Staatsrecht (1891), S. 209 ff.

[101] *v. Melle*, Das Hamburgische Staatsrecht (1891), S. 211.

pflichtet, Berichte und Gutachten über solche Gegenstände zu erteilen, die ihnen vorgelegt wurden.[102]

b) Nach dem Gesetz über die Organisation der Verwaltung von 1863

Aufgrund der zahlreichen Deputationen und Verwaltungseinheiten war die Verwaltung insgesamt sehr unübersichtlich geworden.[103] Um diese besser zu strukturieren wurde 1863 das Gesetz über die Organisation der Verwaltung erlassen.[104]

§ 1 dieses Gesetzes bestimmte die verschiedenen Abteilungen: Finanzen, Handel und Gewerbe, Bauwesen, Militärwesen, Unterrichtswesen, Justizwesen, Polizei und andere innere Angelegenheiten, Öffentliche Wohltätigkeit, Auswärtige Angelegenheiten. Die Deputationen wurden in § 2 festgelegt. Lediglich die Abteilungen Militärwesen, Justizwesen und Auswärtige Angelegenheiten erhielten keine Deputationen.

Nach § 11 Abs. 1 war es den jeweiligen Deputationen gestattet, für einzelne Zweige ihrer Verwaltungstätigkeit sogenannte Sektionen aus ihrer Mitte zu bilden. Diese Sektionen hatten dann die zugewiesenen Geschäfte zu führen. Nach § 13 Abs. 2 musste jede Deputation ein Protokoll über ihre Verhandlungen und Beschlüsse führen. Überdies enthielt das Gesetz einige Bestimmungen zur Frage der weiteren internen Organisation wie bspw. der Beschlussfassung bzw. der hierfür erforderlichen Mehrheiten (§ 14), Beschwerden (§ 16), Finanzen (§§ 17 ff.).[105]

Zentrales Instrument der Behörden war das Verordnungsrecht. So konnten nach § 26 Abs. 1 die Verwaltungsbehörden durch öffentliche Bekanntmachung erklären, dass Vorschriften, die sich auf ihren Geschäftskreis beziehen, anwendbar sind. Auch konnten sie Anordnungen erlassen, die notwendig für die Ausführung der ihren Geschäftskreis betreffenden Gesetze waren, sofern sie nicht im Widerspruch mit den Gesetzen selbst standen.

Die Deputationen standen zwar formell unter dem Vorstand der Verwaltungsabteilung, jedoch waren sie im Grunde selbständig. So verhandelten die Deputationen – vermittelt über das präsidierende Senatsmitglied – in Form von sogenannten Kommissorien unmittelbar mit dem Senat.[106]

Von besonderer Bedeutung für den vorliegenden Forschungsgegenstand ist insbesondere die Deputation für Handel und Schifffahrt. Auf diese wird im nächsten Abschnitt nochmals gesondert eingegangen.[107]

---

[102] *v. Melle*, Das Hamburgische Staatsrecht (1891), S. 208.

[103] *Thieme*, in: Recht und Juristen in Hamburg (1999), S. 29.

[104] Abgedruckt in: Gesetzessammlung der Freien und Hansestadt Hamburg 1866, Bd. 1 (1867), S. 101.

[105] Ausführlich *v. Melle*, Das Hamburgische Staatsrecht (1891), S. 209 ff.

[106] *v. Melle*, Das Hamburgische Staatsrecht (1891), S. 208.

[107] S. Abschnitt „Regelungsgehalt des Änderungsgesetzes aus dem Jahr 1866“.

B. Die Handelskammer

I. Die Handelskammer nach dem Änderungsgesetz aus dem Jahr 1866

1. Regelungsgehalt des Änderungsgesetzes aus dem Jahr 1866

Nach §43 Abs. 1 Bekanntmachung No. 38 vom 5. Dezember 1866[108] wurde die „Commerzdeputation" in „Handelskammer" unbenannt.[109] Art. 93 Verfassung 1860 sprach von einem Ausschuss zur Förderung der Interessen des Handels, erwählt von der Kaufmannschaft. Die Commerzdeputierten stellten nach §43 Abs. 2 Bekanntmachung No. 38 vom 5. Dezember 1866[110] die Mitglieder der Handelskammer. Eine Neuwahl war daher nicht notwendig.

Nach §43 Abs. 3 wurde der Handelskammer ein jährlicher Betrag von 25.000 Mark Courant zur Verfügung gestellt, wobei dieser Betrag den Staatsmitteln entstammte.[111] Er entsprach den Zahlungen bis 1856, die an die damalige Commerzdeputation aus Staatsmitteln geleistet wurden.[112] Historisch gesehen dürfte die Zahlung als eine Art Entschädigung für den 1814 entstandenen Verlust des Ertrags des Konvoizolls zu sehen sein; dieser fiel zuvor der Handelskammer zu. Überdies fiel auch der von der Admiralität zugewiesene Betrag weg.[113] Die finanzielle Situation verschlechterte sich durch das Änderungsgesetz insgesamt nur unwesentlich. Daneben erhielt sie ausweislich des Senatsvorschlags auch die „Einnahmen aus der Börsensperre, soweit dieselbe nicht in die Maklerwittwen-Casse flossen, die Einnahmen aus den Börsenanschlägen, den Schränken sowie den Briefkasten in der Börse wird der Handelskammer zur teilweisen Bestreitung ihrer finanziellen Bedürfnisse überwiesen".[114] Die Handelskammer hatte nun ca. 36.000 Mark Courant zur Verfügung.[115]

§44 regelte, dass die Handelskammer jeweils zwei ihrer Mitglieder in die Deputation für Handel und Schifffahrt, in die Deputation für indirecte Steuern, in die Deputation für das Post- und Telegraphenwesen, in die Bank-Deputation und schließlich drei ihrer Mitglieder in die Auswanderer-Deputation zu entsenden habe. Dort hatte sie sowohl Sitz als auch Stimme, d.h. sie konnte in all diese

[108] Abgedruckt in: Gesetzessammlung der Freien und Hansestadt Hamburg 1866, Bd. 1 (1867), S. 101 ff.

[109] *Handelskammer Hamburg* (Hrsg.), Wir handeln für Hamburg, 350 Jahre Handelskammer Hamburg (2015), S. 110.

[110] Soweit nicht abweichend bezeichnet, beziehen sich alle nachfolgenden Paragraphen in diesem Abschnitt auf die Bekanntmachung No. 38 vom 5. Dezember 1866.

[111] *Fischer*, Unternehmerschaft und Selbstverwaltung (1964), S. 46.

[112] *Baasch*, Die Handelskammer zu Hamburg 1665–1915, Bd. II. 2 (1915), S. 606 f.

[113] *Baasch*, Die Handelskammer zu Hamburg 1665–1915, Bd. II. 2 (1915), S. 608.

[114] Zitiert nach *Baasch*, Die Handelskammer zu Hamburg 1665–1915, Bd. II. 2 (1915), S. 610.

[115] *Baasch*, Die Handelskammer zu Hamburg 1665–1915, Bd. II. 2 (1915), S. 610.

wichtigen Deputationen Vertreter der Kaufmannschaft entsenden und ihre Interessen hier verteidigen.[116]

Die bedeutende Deputation für Handel und Schifffahrt bestand nach § 39 aus zwei Mitgliedern des Senats, einem bürgerlichen Mitglied der Finanz-Deputation, zwei Mitgliedern der Handelskammer und drei von der Bürgerschaft auf drei Jahre gewählten Mitgliedern, von welchen jährlich eines austrat.[117] Wie bereits zuvor dargelegt, war die Annahme der Wahl als Mitglied einer Deputation nach Art. 83 Verfassung 1860 vorgeschrieben.[118]

Die Deputation hatte also 8 Mitglieder, sodass die Handelskammer auf ein Stimmgewicht von einem Viertel kam. Dabei ist jedoch zu berücksichtigen, dass der Auffassung der Handelskammer und ihrer Mitglieder in der Praxis eine ganz erhebliche Bedeutung zukam, sodass der faktische Einfluss viel größer gewesen sein dürfte. Zwar sah das Gesetz vom 15.6.1863 noch sieben Handelskammermitglieder in der aus 15 Mitgliedern bestehenden Deputation für Handel und Schifffahrt vor. Dies war jedoch wohl damit zu erklären, dass die Handelskammer vollständig in der Deputation für Handel und Schifffahrt aufgehen sollte.[119] Insofern war auch nicht damit zu rechnen, dass die Handelskammer 1866 alle sieben Sitze behalten würde.

Aus diesen Darlegungen folgt, dass die Handelskammer die praktische Umsetzung der Gesetze selber mitgestalten konnte, da sie integraler Bestandteil aller wirtschaftliche relevanten Behörden und sowohl mit Sitz als auch Stimme ausgestattet war. Bereits im Jahr 1820 beschloss die Handelskammer in Bezug auf die Sitze in den verschiedenen Deputationen, dass ihre Vertreter nicht nur berechtigt, sondern sogar dazu verpflichtet waren, der Handelskammer Mitteilung über relevante Vorgänge innerhalb der Deputationen zu machen.[120]

Nach § 45 Abs. 1 sollte die Handelskammer nunmehr ihre Anträge im regelmäßigen Geschäftsgang nicht mehr direkt an den Senat, sondern an die Deputation für Handel und Schifffahrt richten.[121] Die Deputation hatte auch das Recht, von der Handelskammer Gutachten über von ihr bestimmte Gegenstände zu verlangen. Eine direkte Kommunikation sollte zwischen der Handelskammer und dem Senat im Regelfalle also nicht mehr stattfinden. Vielmehr sollte dies nach dem eindeutigen Wortlaut des § 45 Abs. 2 die Ausnahme bei dringlichen Fällen sein. Jedoch ist darauf hinzuweisen, dass diese Regelung wohl ein „zahnloser Tiger" war. Durch die Mitgliedschaft in den Deputationen, denen, wie

---

[116] Vgl. *Fischer*, Unternehmerschaft und Selbstverwaltung (1964), S. 44; s. auch *Handelskammer Hamburg* (Hrsg.), Wir handeln für Hamburg, 350 Jahre Handelskammer Hamburg (2015), S. 111.

[117] Vgl. dazu Abschnitt „Die Verwaltung".

[118] *v. Melle*, Das Hamburgische Staatsrecht (1891), S. 202.

[119] Vgl. *Baasch*, Die Handelskammer zu Hamburg 1665–1915, Bd. II. 2 (1915), S. 662.

[120] *Baasch*, Die Handelskammer zu Hamburg 1665–1915, Bd. II. 2 (1915), S. 581.

[121] *Handelskammer Hamburg* (Hrsg.), Wir handeln für Hamburg, 350 Jahre Handelskammer Hamburg (2015), S. 111.

dargestellt, ein Senatsmitglied voranstand, konnte die Handelskammer unmittelbar Kontakt mit Senatsmitgliedern aufnehmen, ohne jeweils den „Umweg" über die Deputation für Handel und Schifffahrt nehmen zu müssen.[122] Diese offene Einflussnahme wurde seitens *Baasch* sehr positiv hervorgehoben, indem er konstatiert, dass ohne das Eingreifen der Handelskammer vielfach sicherlich nicht dasjenige zustande gebracht worden wäre, was als „Mindestmaß des im Interesse des Handelsstandes Notwendigen" zu bezeichnen gewesen wäre.[123]

Schließlich ist festzustellen, dass das Änderungsgesetz keinesfalls zu einer klaren Trennung von Wirtschaft und Politik führte; vielmehr lag bloß ein vorsichtiger Versuch in diese Richtung vor.[124]

2. Die Auseinandersetzungen um das Änderungsgesetz

Nachdem die Verfassung im Jahr 1860 verabschiedet worden war, setzten Senat und Bürgerschaft eine Kommission ein, die sich mit der Revision der Verwaltungsorganisation nach dem Beschluss vom 2.6.1851 befassen sollte. Der Gesetzentwurf[125] wurde im Mai 1862 veröffentlicht,[126] und die maßgeblichen Regeln wurden 1863 unverändert übernommen[127]. Dieser sah im Hinblick auf die Handelskammer jedoch eine gänzlich andere Regelung vor als die soeben dargelegte aus dem Jahr 1866. Ihre Stellung war empfindlich geschwächt und der Weg zu dem Gesetz von 1866 ein beschwerlicher, der zugleich repräsentativ ist für das Verhältnis zwischen Handelskammer und Senat. Denn dieses war keineswegs stets ohne Spannung.[128] Nicht zuletzt durch dieses Gesetz versuchte der Senat nämlich, die Bedeutung der Handelskammer so weit wie möglich zu begrenzen.[129] Deshalb ist es aufschlussreich, diese Auseinandersetzungen hier nachzuvollziehen.

Es war zunächst vorgesehen, dass gem. §42 des Gesetzentwurfs die zwei Sekretäre der Deputation für Handel und Schifffahrt der Protokollist der Handelskammer und der Bibliothekar der Commerzbibliothek sein sollen.[130] Die Han-

---

[122] Vgl. *Baasch*, Die Handelskammer zu Hamburg 1665–1915, Bd. II. 2 (1915), S. 582; dazu auch *Fischer*, Unternehmerschaft und Selbstverwaltung (1964), S. 44.

[123] *Baasch*, Die Handelskammer zu Hamburg 1665–1915, Bd. II. 2 (1915), S. 662.

[124] *Fischer*, Unternehmerschaft und Selbstverwaltung (1964), S. 48.

[125] Abgedruckt in: Verhandlungen zwischen Senat und Bürgerschaft im Jahre 1862 (1863), S. 401.

[126] *Baasch*, Die Handelskammer zu Hamburg 1665–1915, Bd. II. 2 (1915), S. 662; Bericht der Kommission in Verhandlungen zwischen Senat und Bürgerschaft im Jahre 1862 (1863), S. 385 ff.

[127] *Baasch*, Die Handelskammer zu Hamburg 1665–1915, Bd. II. 2 (1915), S. 664.

[128] Vgl. *Handelskammer Hamburg* (Hrsg.), Wir handeln für Hamburg, 350 Jahre Handelskammer Hamburg (2015), S. 110.

[129] Vgl. *Handelskammer Hamburg* (Hrsg.), Wir handeln für Hamburg, 350 Jahre Handelskammer Hamburg (2015), S. 110.

[130] *Baasch*, Die Handelskammer zu Hamburg 1665–1915, Bd. II. 2 (1915), S. 662; *Handelskammer Hamburg* (Hrsg.), Repräsentanten der Hamburger Wirtschaft 1850–1950 (1984), S. 17.

delskammer hätte hierdurch einen Bedeutungsverlust erlitten, da diese beiden Personen nunmehr primär als Beamte der Deputation für Handel und Schifffahrt wahrgenommen worden wären.[131] Überdies bestimmte der Entwurf, dass allerlei Kosten, wie etwa das Gehalt der beiden Beamten, nicht mehr von der Handelskammer zu entrichten war, sondern gem. §42 des Gesetzentwurfs von der Deputation für Handel und Schifffahrt. Konsequenz hiervon wäre eine Reduzierung des jährlich ausgezahlten Betrages an die Handelskammer gewesen.[132] Die Änderungen gipfelten schließlich in der Festlegung, dass die Sekretäre der Deputation, welche ja der Handelskammer entstammten, nicht von dieser, sondern gem. §42 des Gesetzesentwurfs von der Deputation selbst gewählt werden sollten. Außerdem sollten auch die weiteren Commerz-Deputierten, also Handelskammermitglieder, in anderen Deputationen von der Deputation für Handel und Schifffahrt gewählt werden. Die Bedeutung der Handelskammer wurde mithin ganz erheblich beschränkt und zurückgedrängt.[133] Dennoch entschloss sie sich in einer Sitzung vom 31. Mai dazu, zunächst keinen Einspruch gegen das Gesetz zu erheben, da man dies zum damaligen Zeitpunkt für unzweckmäßig hielt; insbesondere wollte man zunächst die Umsetzung der finanziellen Fragen abwarten.[134]

In den folgenden Jahren entbrannte dann aber ein erbitterter Streit zwischen Handelskammer und Senat über die künftige Stellung derselben. Sie mündete in dem Änderungsgesetz von 1866, dessen Regelungen bereits beleuchtet wurden.[135] Nur ansatzweise können hier die umfassenden Diskussionen um dieses Änderungsgesetz wiedergegeben werden. Zweifelsfrei beleuchten sie aber eindrucksvoll die damalige Stellung der Handelskammer im Staat Hamburg und sind exemplarisch für ihr Selbstverständnis. Sie zeigen eindrücklich, welche Bedeutung die Handelskammer sich selbst zumaß und wie der Senat versuchte, diese Bedeutung einzugrenzen. Überdies fand die Debatte nur wenige Jahre vor dem Beitritt zum Norddeutschen Bund und der Diskussion um den Freihafenstatus statt, sodass sie alleine deshalb auch eine Bedeutung für die hier in Rede stehende Forschungsfrage besitzt. Die Einzelheiten der Debatte sind für den hiesigen Forschungsgegenstand jedoch von untergeordneter Relevanz. Mithin soll die Entwicklung lediglich kursorisch wiedergegeben werden. Eine ausführliche Darlegung der Entwicklung findet sich bei *Baasch*[136]. Der Struktur dieser Aufarbeitung folgt auch die hiesige Zusammenfassung der Ereignisse.

---

[131] *Baasch*, Die Handelskammer zu Hamburg 1665–1915, Bd. II. 2 (1915), S. 662.

[132] S. Erwägungen zu dem Gesetzentwurf in Verhandlungen zwischen Senat und Bürgerschaft im Jahre 1862 (1863), S. 395; *Baasch*, Die Handelskammer zu Hamburg 1665–1915, Bd. II. 2 (1915), S. 663.

[133] *Postel*, Kaufmännische Selbstverwaltung in Geschichte und Gegenwart: Versammlung eines Ehrbaren Kaufmanns 1517–1992 (1992), S. 68.

[134] *Baasch*, Die Handelskammer zu Hamburg 1665–1915, Bd. II. 2 (1915), S. 663.

[135] S. Abschnitt „Regelungsgehalt des Änderungsgesetzes aus dem Jahr 1866“.

[136] *Baasch*, Die Handelskammer zu Hamburg 1665–1915, Bd. II. 2 (1915), S. 661 ff.; s. außerdem *Handelskammer Hamburg* (Hrsg.), Wir handeln für Hamburg, 350 Jahre Handelskammer Hamburg (2015), S. 109 ff.

Schon bei der aufzustellenden Geschäftsordnung der Deputation für Handel und Schifffahrt wurde deutlich, dass der Handelskammer nur eine weit untergeordnete Rolle zukommen sollte. Es sollte dort heißen, dass die Funktion der Handelskammer in Bezug auf die Vertretung der kommerziellen Interessen nun auf die Deputation für Handel und Schifffahrt übergeht. Damit war die Handelskammer ihrer eigentlichen Funktion beraubt.[137] Es ist zweifelhaft, ob eine solche Bestimmung überhaupt mit Art. 93 Verfassung 1860 vereinbar gewesen wäre.[138] Diesen avisierten erheblichen Eingriff in die bisherigen Aufgabenbereiche konnte sie jedoch erfolgreich abwehren und so kam es nicht zu einem entsprechenden Passus.[139]

Es folgten weitere Versuche, die Handelskammer auf indirekte Weise zu einer Art „Subordination" oder „Sektion" der Deputation für Handel und Schifffahrt zu machen.[140] So wurde etwa der Betrag im Staatsbudget in der Rubrik „Deputation für Handel und Schifffahrt" aufgeführt.[141] Die Handelskammer sah sich nun gezwungen, eine Anzeige seitens der „Altadjungierten und Deputierten des Commerciums" an den Senat zu machen.[142] Hier wurde das Selbstverständnis der Handelskammer dargelegt und unmissverständlich deutlich gemacht, welche Aufgaben man sich im Verfassungsgefüge des Staates zuschrieb. Die Handelskammer beklagte, dass man entgegen ihrer in der Verfassung verankerten Stellung Versuche zur Kenntnis nehme, das Wirken der Handelskammer zu beschränken.[143] Sie sah sich als die „eigentliche Vertretung"[144] der Kaufmannschaft und zu mehr berufen, als lediglich Gutachten und Stellungnahmen abzugeben. Vielmehr sei es die Aufgabe der Handelskammer auch eigene Anträge und Anregungen einzubringen.[145] Daher sei es auch zwingend notwendig, dass der Handelskammer ein Konsulent zur Verfügung gestellt werde.[146] Denn aus der Doppelfunktion des Sekretärs und zugleich des Konsulenten der Handelskammer ergäben sich ganz erhebliche Schwierigkeiten.[147] Neben dieser Aufforderung legte sie sogar einen Gesetzesentwurf vor, welcher der Handelskammer einen Konsulenten, einen Schreiber und Kastellan zusicherte.[148] Dieser Argumentation

---

[137] *Baasch*, Die Handelskammer zu Hamburg 1665–1915, Bd. II. 2 (1915), S. 665.

[138] Vgl. zur verfassungsmäßigen Stellung der Handelskammer *Baasch*, Die Handelskammer zu Hamburg 1665–1915, Bd. II. 2 (1915), S. 667.

[139] *Baasch*, Die Handelskammer zu Hamburg 1665–1915, Bd. II. 2 (1915), S. 666.

[140] *Postel*, Kaufmännische Selbstverwaltung in Geschichte und Gegenwart: Versammlung eines Ehrbaren Kaufmanns 1517–1992 (1992), S. 68.

[141] *Baasch*, Die Handelskammer zu Hamburg 1665–1915, Bd. II. 2 (1915), S. 667.

[142] Schreiben abgedruckt in: SHWA, Safebestand der Commerzbibliothek, S/599 Protokolle 1864 Anl. No. 381, S. 3 ff.

[143] SHWA, Safebestand der Commerzbibliothek, S/599 Protokolle 1864 Anl. No. 381, S. 5; *Baasch*, Die Handelskammer zu Hamburg 1665–1915, Bd. II. 2 (1915), S. 669.

[144] SHWA, Safebestand der Commerzbibliothek, S/599 Protokolle 1864, S. 6.

[145] *Baasch*, Die Handelskammer zu Hamburg 1665–1915, Bd. II. 2 (1915), S. 669.

[146] SHWA, Safebestand der Commerzbibliothek, S/599 Protokolle 1864 Anl. No. 381, S. 6.

[147] *Baasch*, Die Handelskammer zu Hamburg 1665–1915, Bd. II. 2 (1915), S. 670.

[148] Gesetzentwurf abgedruckt in: SHWA, Safebestand der Commerzbibliothek, S/599 Pro-

stimmte der Senat in seinem Antwortschreiben vom 29. Juli 1864 jedoch nicht zu und lehnte eine Änderung des Gesetzes strikt ab.[149] Der Senat sah es als kritisch an, einen der Deputation für Handel und Schifffahrt nicht zugehörigen, außenstehenden Konsulenten zuzulassen.[150] Schließlich verwies der Senat auch darauf, dass die Handelskammer ursprünglich keine Zweifel gegen § 43 Gesetz über die Organisation der Verwaltung geltend gemacht habe.[151]

Die Auseinandersetzung ging schließlich so weit, dass der altgediente Protokollist *Soetbeer*, welcher nun eigentlich Sekretär der Deputation für Handel und Schifffahrt werden sollte, diese Stelle ablehnte und sich damit offen gegen den Senat stellte.[152] Dies geschah sogar mit Billigung der Handelskammer.[153] In der Folge wurde der Konflikt um den Konsulenten von ihr aber nicht mehr weiterverfolgt. Vielmehr beantragte sie mit Schreiben vom 21. November 1864[154] nun die Umbenennung von „Commerzdeputation" in „Handelskammer". Hiermit wollte man sowohl die „Wirksamkeit, als auch die Kompetenz nach allen Seiten hin deutlich machen"[155].[156] Diese beiden Aspekte wurden sodann auch näher ausdifferenziert und seitens der Handelskammer dargelegt.

Der Senat überwies dann zwar das Budget, jedoch ohne die Anteile für die Protokollisten. Diese wurden an die Deputation für Handel und Schifffahrt überwiesen. Damit schaffte der Senat vollendete Tatsachen, ohne weitere Verhandlungen und Kompromisse abzuwarten.[157] Die Handelskammer reagierte sofort mit der Veröffentlichung des gesamten Schriftwechsels zwischen ihr und dem Senat.[158] Überdies legten elf Mitglieder der Deputation für Handel und Schifffahrt Verwahrung gegen das Budget ein.[159] Auch in der Versammlung eines Ehr-

---

tokolle 1864 Anl. No. 381, S. 9 ff. *Baasch*, Die Handelskammer zu Hamburg 1665–1915, Bd. II. 2 (1915), S. 670.

[149] Abgedruckt in: SHWA, Safebestand der Commerzbibliothek, S/599 Protokolle 1864 Anl. No. 381, S. 11 ff.

[150] *Baasch*, Die Handelskammer zu Hamburg 1665–1915, Bd. II. 2 (1915), S. 671.

[151] *Baasch*, Die Handelskammer zu Hamburg 1665–1915, Bd. II. 2 (1915), S. 670.

[152] *Handelskammer Hamburg* (Hrsg.), Wir handeln für Hamburg, 350 Jahre Handelskammer Hamburg (2015), S. 110.

[153] *Baasch*, Die Handelskammer zu Hamburg 1665–1915, Bd. II. 2 (1915), S. 675; *Handelskammer Hamburg* (Hrsg.), Wir handeln für Hamburg, 350 Jahre Handelskammer Hamburg (2015), S. 110.

[154] Abgedruckt in: SHWA, Safebestand der Commerzbibliothek, S/599 Protokolle 1864 Anl. No. 381, S. 27 f.

[155] SHWA, Safebestand der Commerzbibliothek, S/599 Protokolle 1864 Anl. No. 381, S. 28.

[156] *Baasch*, Die Handelskammer zu Hamburg 1665–1915, Bd. II. 2 (1915), S. 677; zur Bedeutung der Umbenennung *Postel*, Kaufmännische Selbstverwaltung in Geschichte und Gegenwart: Versammlung eines Ehrbaren Kaufmanns 1517–1992 (1992), S. 69.

[157] *Baasch*, Die Handelskammer zu Hamburg 1665–1915, Bd. II. 2 (1915), S. 678.

[158] Druckschrift in SHWA, Safebestand der Commerzbibliothek, S/599 Protokolle 1864 Anl. No. 381.

[159] *Baasch*, Die Handelskammer zu Hamburg 1665–1915, Bd. II. 2 (1915), S. 678; *Postel*,

bahren Kaufmanns wurde das Gesetz im Jahresbericht angesprochen.[160] Die Kaufmannschaft wurde sogar explizit darauf hingewiesen, dass sich die Handelskammer zwar vehement gegen die einschneidenden Regelungen wandte, jedoch von einer Fortsetzung absehen werde, wenn die Kaufmannschaft einen entsprechenden Willen äußere, dass es keiner selbständigen Vertretung der Interessen der Kaufmannschaft mehr bedürfe. Hierzu kam es jedoch – wenig überraschend – nicht.[161]

In der Folgezeit verhandelten die Handelskammer und der Senat zwar wieder, jedoch wurden die Gehälter weiterhin – trotz diverser Versuche seitens der Handelskammer – nicht ausgezahlt. Dies führte sogar dazu, dass die Commerzbibliothek beinahe schließen musste.[162] Endlich teilte der Senat mit, dass er zu einem Entgegenkommen bereit sei[163] und sich an den Vorschlägen der Handelskammer im Hinblick auf ihre Stellung im Staat orientieren werde.[164] Für die finalen – bereits dargestellten – Regelungen verlangte der Senat jedoch einige Zugeständnisse, wie etwa das Eigentum an dem Börsengebäude sowie den hieraus fließenden Einnahmen, die Überlassung der Börsengelder und Überweisung der Konsulatsangelegenheiten an die Deputation für Handel und Schifffahrt.[165] Schließlich wurde das Gesetz am 5. Dezember 1866 verkündet.

II. Die innere Ordnung der Handelskammer und das Verhältnis zur Versammlung eines Ehrbaren Kaufmanns

1. Geschäftsordnung der Handelskammer aus dem Jahr 1861

Schließlich ist der Blick auf die innere Ordnung der Handelskammer und namentlich ihre Geschäftsordnung zu richten. Seit 1791 hatte die Handelskammer eine Geschäftsordnung, die weitgehend unverändert blieb und jeweils zu Beginn des neuen Geschäftsjahres von dem Präses unterschrieben wurde.[166] Im Jahr 1844 wurde jedoch vom Präses *Geffken* eine neue Geschäftsordnung angeregt, welche noch im Januar verabschiedet wurde. Sie wurde dann im Jahr 1861 erneut revi-

---

Kaufmännische Selbstverwaltung in Geschichte und Gegenwart: Versammlung eines Ehrbaren Kaufmanns 1517–1992 (1992), S. 68; *Handelskammer Hamburg* (Hrsg.), Wir handeln für Hamburg, 350 Jahre Handelskammer Hamburg (2015), S. 110.

[160] *Postel*, Kaufmännische Selbstverwaltung in Geschichte und Gegenwart: Versammlung eines Ehrbaren Kaufmanns 1517–1992 (1992), S. 68.

[161] *Baasch*, Die Handelskammer zu Hamburg 1665–1915, Bd. II. 2 (1915), S. 680.

[162] SHWA, Safebestand der Commerzbibliothek, S/599 Protokolle 1865, S. 187; *Baasch*, Die Handelskammer zu Hamburg 1665–1915, Bd. II. 2 (1915), S. 682 f.

[163] SHWA, Safebestand der Commerzbibliothek, S/599 Protokolle 1865, S. 205.

[164] *Baasch*, Die Handelskammer zu Hamburg 1665–1915, Bd. II. 2 (1915), S. 683.

[165] *Baasch*, Die Handelskammer zu Hamburg 1665–1915, Bd. II. 2 (1915), S. 684 f.; *Postel*, Kaufmännische Selbstverwaltung in Geschichte und Gegenwart: Versammlung eines Ehrbaren Kaufmanns 1517–1992 (1992), S. 69.

[166] *Baasch*, Die Handelskammer zu Hamburg 1665–1915, Bd. II. 2 (1915), S. 588.

diert. Auf diese Fassung der Geschäftsordnung[167] (nachfolgend: GOHK) beziehen sich auch die folgenden Ausführungen.

Die Handelskammer trat nach § 1 Abs. 1 GOHK regelmäßig wöchentlich zusammen. Sollten die Geschäfte es jedoch verlangen, oder der Präses es für notwendig erachten, war auch ein häufigeres Zusammenkommen möglich. Zu den Sitzungen wurde jeweils am Vortag geladen und im Falle wichtiger Tagesordnungspunkte wurden diese auch in dem Einladungsschreiben aufgeführt. Bezeichnend für die eigene Wahrnehmung ihrer Bedeutung war jedoch § 1 Abs. 3 GOHK: Dieser bestimmte, dass bei unentschuldigtem Fernbleiben eine Zahlung von 6 Mark Courant fällig wurden. Bei einer Verspätung von mehr als 5 Minuten war eine Zahlung von 1 Mark Courant fällig. Die Zahlungen kamen beide der Makler-Krankenkasse zugute.

Waren mindestens vier Mitglieder der Handelskammer anwesend, so war diese auch nach § 1 Abs. 4 GOHK beschlussfähig. Jede Sitzung begann nach § 2 Abs. 1 GOHK mit der Verlesung des Protokolls der vorangegangenen Sitzung sowie den eingegangenen Anträgen. Der Präses legte sodann die Gegenstände der laufenden Sitzung fest. Die Geschäftsordnung bestimmte, dass der Abstimmung regelmäßig eine Diskussion voranzugehen hatte. Obligatorisch war diese jedoch nach § 2 Abs. 1 GOHK, wenn ein Mitglied der Handelskammer beantragte, vor der Abstimmung eine solche zu führen. Insofern scheint es durchaus Beratungsgegenstände gegeben zu haben, die ohne Diskussion zur Abstimmung gestellt wurden. Dies deckt sich auch mit den recht knapp gehaltenen Protokollbänden. In Ausnahmefällen weisen jedoch auch die Protokolle eine ausführliche Debatte nach.[168] Dies ist sodann im Umkehrschluss ein klares Indiz für eine besonders intensive Diskussion. Im Anschluss an die Diskussion wurde abgestimmt, wobei nach § 2 Abs. 2 GOHK im Grundsatz die Mehrheit der Stimmen entschied. Im Falle der Stimmgleichheit galt der Antrag als abgelehnt und im Falle von Wahlen entschied letztlich das Los – eine bereits aus der Verfassung bekannte Lösung. Interessant ist hier eine Regelung, welche es den Handelskammermitgliedern im Grundsatz untersagte, auf ihre Stimme zu verzichten. Auch dies reiht sich nahtlos in den Regelungskomplex des § 1 GOHK ein: Ein Handelskammermitglied war dazu verpflichtet konstant und pünktlich an der Arbeit mitzuwirken. Hierzu zählte auch, dass es an den Abstimmungen teilnahm und nicht bloß passiv blieb. Nur aus „naheliegenden Gründen" war ein solcher Verzicht nach dem Wortlaut der Norm zulässig. Hierunter dürfte etwa eine mögliche Befangenheit fallen.

Sollte eine Sache derart streitig sein, dass die Handelskammermitglieder es für notwendig hielten, ihre abweichende Auffassung verschriftlich zu sehen, war ein Vermerk des abweichenden Votums in den Protokollen nach § 2 Abs. 3 GOHK einzutragen.

---

[167] Abgedruckt in: *Baasch*, Die Handelskammer zu Hamburg 1665–1915, Bd. II. 2 (1915), S. 590.

[168] SHWA, Safebestand der Commerzbibliothek, S/599 Protokolle 1866, S. 205.

§ 3 GOHK regelte die Wahl der Ämterverteilung auf Vorschlag des Präses. Hier ist insbesondere darauf hinzuweisen, dass diejenigen Handelskammermitglieder, welche in anderen Kommissionen oder Deputationen einen Sitz sowie eine Stimme hatten, der Handelskammer über Vorgänge, welche die Handelsinteressen berührten, zu unterrichten hatten. Insbesondere war sogar vorgesehen, dass das Mitglied die Handelskammer „vorgängig seiner Votierung" – also vor Abstimmung –zu befragen hatte. Dieses Vorgehen schien jedoch nicht obligatorisch zu sein, war diese Alternative doch nur „eventuell" in Betracht zu ziehen. Mithin verblieb dem Handelskammermitglied eine gewisse Eigenständigkeit. Durch diese Regelung sicherte sich die Handelskammer einen ungehinderten Informationsfluss und hatte die Gewissheit, alle relevanten Vorgänge der Verwaltung zu kennen. Denn wie bereits dargelegt, entsandte die Handelskammer in beinahe alle wirtschaftlich relevanten Institutionen ihre Mitglieder. Eine vergleichbare Regelung existierte nach § 4 GOHK auch für die Handelskammermitglieder, die in die Bürgerschaft entsandt worden waren. Auch diese hatten Beratungsgegenstände der Bürgerschaft, die eine wirtschaftliche Bedeutung hatten, in der Handelskammer zur Sprache zu bringen. Zusammen mit der vorgenannten Regelung konnte die Handelskammer auf diese Weise sicherstellen, nicht nur hinreichende Informationen aus der Verwaltung, sondern auch aus dem Legislativorgan zu erhalten. Die Gefahr einer überraschenden Entwicklung war auf diese Weise reduziert und bot der Handelskammer die Möglichkeit, rechtzeitig Stellung zu nehmen und ihren Einfluss geltend zu machen.

Zuletzt ist noch auf die gemeinsamen Sitzungen mit den Altadjungierten nach § 5 GOHK hinzuweisen. Unter den Altadjungierten waren die ehemaligen Präsides zu verstehen. Mit Ihnen wurden gemeinschaftliche Konferenzen abgehalten und auch gemeinschaftlich Beschlüsse gefasst. Es blieb jedoch der Handelskammer überlassen – bis zu sieben – Altadjungierte zu den Sitzungen hinzuzuziehen oder nicht.[169]

2. Das Verhältnis zur Versammlung eines Ehrbaren Kaufmanns

Das Verhältnis zur Versammlung eines Ehrbaren Kaufmann, oder auch Kaufmanns-Konvent, war lange Zeit ungeklärt und bedurfte dringend einer gesetzlichen Regelung. Insbesondere aufgrund des neuen Verwaltungsgesetzes wuchs das Bedürfnis nach einer klaren Zuständigkeitsabgrenzung zwischen den einzelnen Institutionen.[170] Jedoch sah es die Handelskammer nicht als zweckmäßig an, eine solche Regelung angesichts der gesamtdeutschen Umwälzungen zu fordern, sodass der Präses der Handelskammer am 12. April 1867 ein Sammelsurium drucken ließ[171], welches aus diversen Bestimmungen verschiedener Jahren be-

[169] § 6 Abs. 2 Bestimmungen in Bezug auf den Kaufmanns-Convent, die Handelskammer und die Börse.

[170] *Baasch*, Die Handelskammer zu Hamburg 1665–1915, Bd. II. 2 (1915), S. 691.

[171] Abgedruckt in: *Hamburger Handels Archiv* (Hrsg.), Sammlung der auf Schifffahrt und

stand und die jeweils maßgeblichen Regeln in Bezug auf den Kaufmannskonvent, die Handelskammer und die Börse enthielt.[172] Diese Veröffentlichung trug den Namen: „Die Bestimmungen in Bezug auf den Kaufmanns-Convent, die Handelskammer und die Börse. Auf Grund bestehender Verordnungen, herkömmlicher Praxis und älterer Aufzeichnungen im Commerz-Archiv im Auftrag der Handelskammer zusammengestellt" (nachfolgend Kaufmannsbestimmungen).[173]

Die Versammlung eines Ehrbaren Kaufmanns bestand aus Kaufleuten und Fabrikbesitzern, welche Geschäfte im Großen betrieben.[174] Von solchen war auszugehen, wenn die Betreffenden die Börse besuchten und ein eigenes Bankkonto hatten oder berechtigt waren, ein solches zu besitzen. Zudem waren auch Direktoren/Bevollmächtigte großer kommerzieller Unternehmen berechtigt, an den Versammlungen teilzunehmen.[175] Schließlich konnte gem. § 1 Kaufmannsbestimmungen auch bei der Handelskammer ein Antrag auf Zulassung zur Versammlung gestellt werden, wobei die Versammlung eines Ehrbaren Kaufmanns die Letztentscheidung über die Zulassung hatte, wenn diese durch die Handelskammer erfolgte und sodann beanstandet wurde.

Die Versammlungen eines Ehrbaren Kaufmanns wurden jedenfalls immer dann abgehalten, wenn gesetzlich vorgeschriebene Wahlen stattfanden. Überdies konnte auch die Handelskammer gem. § 2 Kaufmannsbestimmungen die Versammlung einberufen bzw. wenn mindestens 20 Mitglieder einen dahingehenden, zweckgebundenen Antrag beim Präses der Handelskammer eingereicht hatten. Inhaltlich befasste sich die Versammlung naturgemäß mit Themen, welche die Handelsinteressen berührten und entweder von der Handelskammer oder den Mitgliedern vorgebracht wurden; überdies nahm die Versammlung gem. § 3 Kaufmannsbestimmungen auch die Handelskammerberichte entgegen. Den Vorsitz der Versammlung führte gem. § 4 Kaufmannsbestimmungen der jeweilige Präses der Handelskammer.

Neben der Beratung von handelsrelevanten Themen hatte die Versammlung eines Ehrbaren Kaufmanns auch einige Wahlen vorzunehmen. Zuvörderst sei hier die Wahl zur Handelskammer zu nennen. Diese wurden gem. § 3 Nr. 2 Kaufmannsbestimmungen aus einem Wahlaufsatz von acht hamburgischen Kaufleuten erwählt, die hälftig von der Handelskammer und von den Altadjungierten vorgeschlagen wurden. Aus diesem Wahlaufsatz wurden gem. § 6 Kaufmanns-

Handel bezüglichen Hamburgischen Verträge, Verordnungen und Bekanntmachungen, welche in den Jahren 1867 und 1868 abgeschlossen oder erlassen sind (1867), S. 776 ff.

[172] *Baasch*, Die Handelskammer zu Hamburg 1665–1915, Bd. II. 2 (1915), S. 691.

[173] *Hamburger Handels Archiv* (Hrsg.), Sammlung der auf Schifffahrt und Handel bezüglichen Hamburgischen Verträge, Verordnungen und Bekanntmachungen, welche in den Jahren 1867 und 1868 abgeschlossen oder erlassen sind (1867), S. 776.

[174] Hierzu auch *Fischer*, Unternehmerschaft und Selbstverwaltung (1964), S. 46 f.

[175] Vgl. zu den Mitgliedern *Fischer*, Unternehmerschaft und Selbstverwaltung (1964), S. 47.

bestimmungen sodann sieben Mitglieder gewählt, wobei nur diejenigen Mitglieder des Kaufmanns-Konvents wählbar waren, die auch in die Bürgerschaft wählbar wären. Wie bereits erwähnt, wurden gem. § 3 Nr. 1 Kaufmannsbestimmungen auch die Altadjungierten von der Versammlung gewählt, sowie gem. § 3 Nr. 3 und Nr. 4 Kaufmannsbestimmungen die Mitglieder der Handelsgerichte und drei Mitglieder der Kommission für die hamburgische Seemannskasse.

III. Die Deputation für Handel und Schifffahrt

Die Deputation für Handel und Schifffahrt war die wohl wichtigste Verwaltungseinheit im Kontext des Freihafens. Sie wurde jedoch erst 1863 errichtet.[176] Nach § 40 Abs. 1 Bekanntmachung No. 38 vom 5. Dezember 1866 übernahm sie unter anderem sämtliche Geschäfte der bisherigen Schifffahrt- und Hafen-Deputation, soweit dieselben nicht den Strom-, Ufer-, und Deichbau betrafen. Insbesondere kam der Deputation die Aufgabe der Aufsicht über die Häfen zu.

Dabei konnte die Deputation nach § 40 Abs. 2 Bekanntmachung No. 38 vom 5. Dezember 1866 auch Kommissionen einsetzen und Sachverständige hinzuziehen. Ferner ist an dieser Stelle nochmals darauf hinzuweisen, dass die Deputation von der Handelskammer Gutachten anfordern konnte, zu deren Erstellung letztere nach § 45 Abs. 1 Bekanntmachung No. 38 vom 5. Dezember 1866 verpflichtet war.[177] Trotz der nunmehr eingetretenen Trennung zwischen Deputation und Handelskammer arbeiteten diese jedoch alleine aufgrund der personellen Verquickung zusammen. Das Gesetz sah diese Zusammenarbeit schließlich auch vor.

C. Zwischenfazit

Es wurde deutlich, dass die Handelskammer auf sämtlichen Ebenen des hamburgischen Politiksystems einen erheblichen (verfassungs-)rechtlichen Einfluss hatte. Sie war ein bedeutender Teil des Verfassungsgefüges.[178] Hinsichtlich der Bürgerschaft war dies bereits bedingt durch die festen Sitze, welche sie in dieser hatte. Zwar reichte die Anzahl nicht aus, um eine Mehrheit darzustellen, es darf jedoch nicht unterschätzt werden, dass alleine die Möglichkeit, das Wort zu ergreifen und damit Einfluss auf die Debatte zu nehmen, große Bedeutung hatte. Auch bestand so die theoretische Möglichkeit, über die Bürgerschaft Gesetzesinitiativen einzubringen. Dieses Vorgehen erwog die Handelskammer etwa im Konflikt um das Verwaltungsgesetz.[179] Gerade aufgrund der Bedeutung der Bür-

---

[176] *Fischer*, Unternehmerschaft und Selbstverwaltung (1964), S. 47.

[177] S. exemplarisch bspw. die Aufforderung im Hinblick auf die Begrenzung des Freihafens in SHWA, Safebestand der Commerzbibliothek, S/599 Protokolle 1867, S. 141 f.

[178] *Fischer*, Unternehmerschaft und Selbstverwaltung (1964), S. 44.

[179] *Baasch*, Die Handelskammer zu Hamburg 1665–1915, Bd. II. 2 (1915), S. 681.

gerschaft im Gesetzgebungsprozess oder aber bspw. bei der Wahl von Bürgerdeputationen hatte auch die Handelskammer mittelbar eine relevante Einflussmöglichkeit auf die Politik Hamburgs.

Im Senat hingegen war die Handelskammer nicht *ipso iure* vertreten. Da jedoch immerhin sieben Mitglieder des Senats Kaufleute sein mussten, war die Nähe zur Kaufmannschaft gewährleistet. So war es auch nicht ungewöhnlich, dass frühere Handelskammermitglieder später in den Senat gewählt wurden.[180] Dies war keineswegs von Verfassungs wegen ausgeschlossen. Die Bedeutung des Senats als Verfassungsorgan – etwa in der Gesetzgebung oder Verwaltung – ist deutlich geworden. Dass einige Handelskammermitglieder sich später in den Dienst des Staates stellten, bewirkte, dass die Verbindung zwischen Senat und Handelskammer noch enger wurde und damit auch hier eine weitere Möglichkeit zur Teilnahme an der Politik bestand.

Zuletzt ist noch auf die Verwaltung hinzuweisen. Der Einfluss der Handelskammer auf die Deputation für Handel und Schifffahrt war sicherlich nach dem Änderungsgesetz von 1866 geringer als noch nach dem Gesetz aus dem Jahr 1863. Dennoch blieb die Handelskammer trotz ihres erheblichen Widerstandes gegen das Gesetz aus dem Jahr 1863 bzw. ihres dominanten Geltungsanspruchs in der Deputation mit zwei Mitgliedern vertreten. Auch hier konnte sie weiterhin von Verfassungs wegen, ihren Einfluss geltend machen; einerseits in Bezug auf die Verwaltungstätigkeit und andererseits auch im Hinblick auf den Kontakt zu den Senatoren.[181] Dass die Handelskammer der Deputation für Handel und Schifffahrt nicht mehr einverleibt war, darf nicht als Verlust von Einflussmöglichkeiten fehlinterpretiert werden. Vielmehr stellte die Handelskammer hier unter Beweis, mit welchem Selbstbewusstsein sie auftrat und auch weiterhin als eigenständige Institution wahrgenommen werden wollte. Alleine die Debatte um das Änderungsgesetz und die Stellung der Handelskammer im System des Staates zeigt, welche Bedeutung sie sich nicht nur selbst zusprach, sondern ihr (letztendlich) auch vom Senat und der Bürgerschaft zuerkannt wurde. So wurde sie in ihrer Eigenständigkeit anerkannt und mit einem erheblichen finanziellen Betrag ausgestattet.[182]

Schließlich zeigen auch die Sitze in den anderen Deputationen, dass die Handelskammer in all jenen Verwaltungseinheiten, die eine unmittelbare wirtschaftliche Bedeutung hatten, einbezogen wurde und dort ihre Auffassung durch Sitz und Stimme vertreten konnte.

Zusammengefasst lässt sich also feststellen, dass für die Handelskammer bereits institutionell die Möglichkeit der Beeinflussung der hamburgischen Politik und Gesetzgebung bestand. Zwar hatte die Handelskammer keine alleinige Entscheidungskompetenz, jedoch immerhin ausreichend Einflussmöglichkeiten, um

[180] *Handelskammer Hamburg* (Hrsg.), Repräsentanten der Hamburger Wirtschaft 1850–1950 (1984), S. 15.

[181] Zum letzteren vgl. *Fischer*, Unternehmerschaft und Selbstverwaltung (1964), S. 44.

[182] S. dazu Abschnitt „Die Auseinandersetzungen um das Änderungsgesetz".

ihre Interessen zu Gehör zu bringen und die Entscheidungsträger von ihrer Ansicht zu überzeugen. Die Debatte um das Verwaltungsgesetz bestätigt dieses Urteil ebenfalls: Hätte die Handelskammer keinen nennenswerten Einfluss gehabt, so hätte es auch der Bestrebungen des Senats, diesen zu beschränken, gar nicht erst bedurft.

So kann im Ergebnis in Anlehnung an *Fischer* konstatiert werden, dass die Handelskammer nicht bloß verwalten, sondern vielmehr das große Ganze sehend beraten und inspirieren wollte[183] – und dies auch konnte.

[183] *Fischer*, Unternehmerschaft und Selbstverwaltung (1964), S. 45.

Kapitel 3

Hamburg und der Norddeutsche Bund

A. Vorbemerkungen

Um die unterschiedlichen Entscheidungen der untersuchten Akteure nachvollziehen und einordnen zu können, darf der gesamtdeutsche historische Kontext nicht aus dem Blickfeld geraten. Denn es ist zu vermuten, dass manche Entscheidungen weniger aus wirtschaftlicher Notwendigkeit denn aus politischem Kalkül oder gar allgemeiner Haltung zu Preußen getroffen wurden. Es ist mithin notwendig, einen Überblick über die politischen Entwicklungen in Deutschland zu erhalten, die schließlich zur Gründung des Norddeutschen Bundes führten. Nur vor diesem Hintergrund kann das Wirken der Handelskammer aber auch des Senats sachgerecht beurteilt werden. Dabei kommt es nicht nur auf dic Vorkommnisse in Hamburg selbst an, sondern in ganz Deutschland bzw. dem Norddeutschen Bund, da diese unmittelbaren Einfluss auf die Stellung Hamburgs hatten. So ist zu vermuten, dass Hamburg unter dem Eindruck der Kriege mit Dänemark und Österreich wesentlich vorsichtiger im Gebaren gegenüber Preußen war, auch wenn die Kriege Hamburg nicht unmittelbar betroffen hatten. Sie zeigten jedoch, dass Preußen seine Interessen auch militärisch durchzusetzen verstand.

Daher soll in einem ersten Schritt der historische Kontext, ausgehend vom Krieg gegen Dänemark bis zur Gründung des Norddeutschen Bundes, dargelegt werden. Diese Phase ist eine entscheidende in der deutschen Geschichte und daher selbst Gegenstand umfassender wissenschaftlicher Erörterungen. Es kann und soll daher kein Anspruch auf Vollständigkeit in jeder Detailfrage erhoben werden. Stattdessen beschränkt sich die Darstellung auf die wesentlichen Grundzüge der Entwicklungen, welche gesamtdeutsche Bedeutung hatten. Nach dieser gesamtdeutschen Darstellung wird der Blick konkret auf Hamburg gerichtet und ermittelt, wie Hamburg zu dem neuen Bund stand. Schließlich wird hierbei insbesondere die Rolle des Freihafens und dessen Bedeutung bei dem Anschluss an den Norddeutschen Bund berücksichtigt.

B. Historischer Kontext

Der Krieg mit Dänemark auf der einen und Österreich sowie Preußen auf der anderen Seite darf als einer der entscheidenden Ausgangspunkte für die Gründung des Norddeutschen Bundes aufgefasst werden und war für Hamburg schon allein aufgrund der geographischen Nähe bedeutsam. Hierbei handelte es sich um die Eskalation der sogenannten „Schleswig-holsteinischen Frage". Sowohl Schleswig als auch Holstein waren beides Herzogtümer, welche nach dem Londoner Protokoll aus dem Jahr 1852 in Personalunion unter dem dänischen König verbunden waren.[1] Mit dem Tod Friedrichs VII. am 15.11.1863 und der streitigen Berechtigung des Nachfolgers Christian IX. wurde die Frage um die Zugehörigkeit Schleswig und Holsteins wieder virulent, da einerseits Friedrich VIII. von Augustenburg – entgegen der Zusage seines Vaters[2] – eigene Ansprüche auf die Erbfolge in Schleswig und Holstein geltend machte, während andererseits Christian IX. einem Grundgesetz zustimmte, welches auch den Einschluss Schleswigs beinhaltete und damit das Londoner Protokoll verletzte.[3] Diese historische Gemengelage sorgte dafür, dass auch in der Öffentlichkeit ausführlich über die Frage des Verbleibs von Schleswig und Holstein debattiert wurde. Auf der einen Seite standen dänische Verfechter eines Nationalstaates mitsamt den Herzogtümern, auf der anderen Seite die deutsche Nationalbewegung, welche dieselben zu Deutschland zugehörig betrachtete und diese gegen eine Einverleibung in das dänische Königreich verteidigen wollte. Friedrich VIII. sicherte sich breite Unterstützung durch die Ankündigung, die Schleswig-Holsteiner zu „befreien", woraufhin eine Vielzahl von (neugegründeten) – teils radikalen[4] – Vereinen sich zum Beistand verpflichteten; sogar die Notwendigkeit eines Krieges wurde weithin verbreitet.[5] Die Frage um Schleswig und Holstein beflügelte auch die deutsche Nationalbewegung.[6] Sie war der Auslöser zahlreicher Kundgebungen, Vereinsgründungen und aktiver Beteiligung eines großen Teils der politischen Bevölkerung.[7] Neben den deutschen Großmächten Österreich und Preußen wurden

---

[1] Näher hierzu *Holborn*, Reform und Restauration, Liberalismus und Nationalismus (1790 bis 1871) (1970), S. 402 f.

[2] *Holborn*, Reform und Restauration, Liberalismus und Nationalismus (1790 bis 1871) (1970), S. 404.

[3] *Holborn*, Reform und Restauration, Liberalismus und Nationalismus (1790 bis 1871) (1970), S. 403; *Mommsen*, Das Ringen um den nationalen Staat, Die Gründung und der innere Ausbau des Deutschen Reiches unter Otto von Bismarck 1850 bis 1890 (1993), S. 156.

[4] *Engelberg*, Deutschland 1849–1871 (1959), S. 161.

[5] *Mommsen*, Das Ringen um den nationalen Staat, Die Gründung und der innere Ausbau des Deutschen Reiches unter Otto von Bismarck 1850 bis 1890 (1993), S. 157; *Nipperdey*, Deutsche Geschichte 1800–1866: Bürgerwelt und starker Staat (2013), S. 771.

[6] *Engelberg*, Deutschland 1849–1871 (1959), S. 159 f.; *Mommsen*, Das Ringen um den nationalen Staat, Die Gründung und der innere Ausbau des Deutschen Reiches unter Otto von Bismarck 1850 bis 1890 (1993), S. 158.

[7] *Nipperdey*, Deutsche Geschichte 1800–1866: Bürgerwelt und starker Staat (2013), S. 771.

jedoch auch die deutschen Mittelstaaten aktiv und zogen sowohl die Reichsexekution als auch die Okkupation in Betracht. Jedenfalls das Londoner Protokoll stand dem nicht entgegen, da der Deutsche Bund an dieses nicht gebunden war. Anders jedoch Preußen und Österreich, welche das Protokoll unterzeichnet hatten. Preußen übte sich jedoch zunächst in Zurückhaltung und forderte lediglich, dass die Londoner Protokolle eingehalten werden; der Grund hierfür war vornehmlich darin zu finden, dass *Bismarck* im Falle eines Bruchs mit den Protokollen ein Eingreifen Russlands sowie Englands wie 1848/49 fürchtete.[8]

Indem die mitteldeutschen Staaten hier die Initiative ergriffen, bewiesen sie, dass das sogenannte „dritte Deutschland" durchaus handlungsfähig war.[9] So wurden Bundestruppen zwecks Bundesexekution nach Holstein entsandt.[10] Diesen Entwicklungen begegnete man insbesondere in Preußen mit Skepsis. Österreich war daran gelegen, eine preußische Vormachtstellung im Norden zu verhindern. Zu diesem Zweck war es lediglich notwendig, die Bestrebungen der Mittelstaaten nicht zu behindern. Preußen hingegen befürchtete einen schwindenden Einfluss, sollten die Mittelstaaten den Norden nach ihren liberalen Vorstellungen im Sinne eines konstitutionellen Bundesstaates unter Friedrich VIII. gestalten.[11] Um dies zu verhindern, hätte *Bismarck* sogar Schleswig an Dänemark überlassen, um dann Holstein und Lauenburg annektieren zu können; zugleich wäre er auch etwa mit einer Herrschaft Friedrichs VIII. nur dann einverstanden gewesen, soweit dieser sich preußischen Bedingungen beugte.[12] Doch auch *Bismarck* wartete nach Erwägung diverser strategischer Optionen zunächst wie dargelegt ab und überließ dem nicht an das Londoner Protokoll gebundenen Deutschen Bund die faktische Führung. Dies änderte sich jedoch im November 1863, als sich *Bismarck* mit Österreich gegen Dänemark zusammenschloss und zwar – zum großen Unmut der Nationalbewegung – Christian IX. als rechtmäßigen Nachfolger anerkannte, diesen aber auch am 16. Januar 1864 aufforderte, das dänische Grundgesetz aufzuheben und den *status quo ante* wiederherzustellen.[13] Dieser Forderung konnte die dänische Regierung schlicht nicht Folge leisten und so kam es am 1. Februar 1864 schließlich zum Krieg, der mit der Erstürmung der Düppeler Schanzen am 18. April 1864 bereits seinen militärischen Abschluss

[8] *Nipperdey*, Deutsche Geschichte 1800–1866: Bürgerwelt und starker Staat (2013), S. 771.

[9] *Mommsen*, Das Ringen um den nationalen Staat, Die Gründung und der innere Ausbau des Deutschen Reiches unter Otto von Bismarck 1850 bis 1890 (1993), S. 159 f.

[10] *Engelberg*, Deutschland 1849–1871 (1959), S. 161; *Holborn*, Reform und Restauration, Liberalismus und Nationalismus (1790 bis 1871) (1970), S. 404.

[11] *Nipperdey*, Deutsche Geschichte 1800–1866: Bürgerwelt und starker Staat (2013), S. 771.

[12] *Mommsen*, Das Ringen um den nationalen Staat, Die Gründung und der innere Ausbau des Deutschen Reiches unter Otto von Bismarck 1850 bis 1890 (1993), S. 160 f.

[13] *Holborn*, Reform und Restauration, Liberalismus und Nationalismus (1790 bis 1871) (1970), S. 404; *Mommsen*, Das Ringen um den nationalen Staat, Die Gründung und der innere Ausbau des Deutschen Reiches unter Otto von Bismarck 1850 bis 1890 (1993), S. 162.

fand.[14] Neben dieser militärischen Intervention wurde jedoch parallel intensiv mit den europäischen Großmächten verhandelt, um sicherzugehen, dass diese nicht eingreifen. Schließlich kam es auch zu einer zweiten Londoner Konferenz am 25. April, auf der die zukünftigen Verhältnisse geregelt werden sollten. Da sich Dänemark jedoch sämtlichen Kompromissvorschlägen verweigerte und auch die sonstigen Verhandlungsparteien abweichende Vorstellungen von einer Neugestaltung der politischen Verhältnisse hatten, kam es zu einer erneuten militärischen Auseinandersetzung.[15] Erst am 1. August 1864 wurde ein Vorfrieden geschlossen und sodann in der Folge vereinbart, dass Dänemark die Herzogtümer Holstein, Schleswig und Lauenburg an Preußen und Österreich abzutreten hatte, wobei die Zukunft der Herzogtümer nur von Preußen und Österreich ohne Beteiligung des Deutschen Bundes verhandelt wurde.[16] Mit der Konvention von Gastein vom 14. August 1865 einigten sich die beiden Mächte auf eine gemeinsame Herrschaft über die Herzogtümer Schleswig und Holstein, wobei Schleswig unter preußischer und Holstein unter österreichischer Verwaltung stehen sollte; Lauenburg sollte hingegen in das preußische Staatsgebiet eingegliedert werden, wofür Preußen 2.5 Mio. Taler an Österreich zahlte.[17] Dabei hatte Preußen jedoch das Recht erhalten, etwa in Kiel Befestigungen und Marineanlagen zu betreiben.[18]

Diese gemeinsame Herrschaft war aber nicht nur angesichts der nationalen Bewegung nicht von langer Dauer. *Bismarck* etwa beabsichtigte die Annexion Schleswig-Holsteins bei gleichzeitiger Umgestaltung des Deutschen Bundes und war lediglich unschlüssig, auf welchem Wege er dieses Ziel erreichen konnte. Ein Krieg war nahezu unvermeidbar.[19] Preußen stellte sodann am 9. April 1866 an Österreich den Antrag, den Bund grundlegend zu reformieren und nach dem Vorbild der Reichsverfassung von 1848 ein Parlament zu bilden, welches aus allgemeinen Wahlen hervorging.[20] Diese Forderung war für Österreich nicht akzeptabel, entsprach aber den Wünschen der Liberalen in Deutschland.[21] Öster-

---

[14] *Nipperdey*, Deutsche Geschichte 1800–1866: Bürgerwelt und starker Staat (2013), S. 772.

[15] *Engelberg*, Deutschland 1849–1871 (1959), S. 164 f.; *Holborn*, Reform und Restauration, Liberalismus und Nationalismus (1790 bis 1871) (1970), S. 406.

[16] *Mommsen*, Das Ringen um den nationalen Staat, Die Gründung und der innere Ausbau des Deutschen Reiches unter Otto von Bismarck 1850 bis 1890 (1993), S. 163.

[17] *Holborn*, Reform und Restauration, Liberalismus und Nationalismus (1790 bis 1871) (1970), S. 410; *Mommsen*, Das Ringen um den nationalen Staat, Die Gründung und der innere Ausbau des Deutschen Reiches unter Otto von Bismarck 1850 bis 1890 (1993), S. 164.

[18] *Engelberg*, Deutschland 1849–1871 (1959), S. 166.

[19] Eingehend zu den verschiedenen Optionen *Holborn*, Reform und Restauration, Liberalismus und Nationalismus (1790 bis 1871) (1970), S. 408 f.; 413 f.

[20] *Holborn*, Reform und Restauration, Liberalismus und Nationalismus (1790 bis 1871) (1970), S. 413.

[21] *Mommsen*, Das Ringen um den nationalen Staat, Die Gründung und der innere Ausbau des Deutschen Reiches unter Otto von Bismarck 1850 bis 1890 (1993), S. 166 f.

reich wiederum stellte am 1. Juni 1866 den Antrag, die Frage der Zukunft von Schleswig und Holstein dem Bundestag zu überlassen,[22] woraufhin Preußen Österreich vorwarf, die Gasteiner Konvention zu verletzen. Diese sah vor, dass die Zukunft Schleswig-Holsteins in gegenseitiger Verständigung geklärt werde. Da keine Resonanz auf diesen Vorwurf Preußens erfolgte, besetzten am 7. Juni 1866 preußische Truppen Holstein.[23] Statt sich den Truppen jedoch entgegenzustellen, zog sich Österreich mit seinen Truppen zurück und überzeugte den Deutschen Bund von der Widerrechtlichkeit der preußischen Maßnahme, sodass dieser die Bundesexekution gegen Preußen beschloss. Preußen wiederum erklärte daraufhin, dass es den Deutschen Bund nunmehr als nichtig betrachte, machte den deutschen Staaten jedoch zugleich das Angebot, einen neuen Bund zu gründen.[24] Damit war der Kriegsbeginn zwischen Preußen und Österreich besiegelt. Während Preußen nur einige norddeutsche Staaten auf seiner Seite hatte,[25] sah sich Österreich in der Gesellschaft der meisten deutschen Staaten[26].

Trotz des Bündnisvertrages mit Italien vom 8. April 1866, in welchem Italien Preußen für drei Monate den Beistand gegenüber Österreich zusicherte und dafür 120 Millionen Francs erhielt,[27] war Preußens Ausgangslage insbesondere auch aufgrund des Bündnisses Österreichs mit Frankreich wenig aussichtsreich. Zugunsten Preußens wirkte sich jedoch aus, dass die süddeutschen Staaten militärisch nicht unmittelbar mit Österreich zusammenarbeiteten, sondern unabhängig agierten, was dem straff organisierten und mit modernen Zündnadelgewehren ausgestatteten Preußen erheblich zugutekam.[28] Darüber hinaus verstand es der Generalstabschef *Helmuth von Moltke*, neue strategische Ansätze erfolgreich umzusetzen.[29] Die Schlacht von Königgrätz am 3. Juli 1866 verlief sodann zugunsten Preußens. Österreich verlor hier etwa ein Viertel seiner Armee und zog den Rest zurück.[30] Diese Schlacht führte schließlich zum Vorfrieden von Nikolsburg, der am 26. Juli 1866 abgeschlossen wurde, und der nicht zuletzt auch ein

---

[22] *Holborn*, Reform und Restauration, Liberalismus und Nationalismus (1790 bis 1871) (1970), S. 414; *Mommsen*, Das Ringen um den nationalen Staat, Die Gründung und der innere Ausbau des Deutschen Reiches unter Otto von Bismarck 1850 bis 1890 (1993), S. 165.

[23] *Engelberg*, Deutschland 1849–1871 (1959), S. 183.

[24] *Holborn*, Reform und Restauration, Liberalismus und Nationalismus (1790 bis 1871) (1970), S. 414 f.; *Mommsen*, Das Ringen um den nationalen Staat, Die Gründung und der innere Ausbau des Deutschen Reiches unter Otto von Bismarck 1850 bis 1890 (1993), S. 167.

[25] *Engelberg*, Deutschland 1849–1871 (1959), S. 184; *Holborn*, Reform und Restauration, Liberalismus und Nationalismus (1790 bis 1871) (1970), S. 415.

[26] *Holborn*, Reform und Restauration, Liberalismus und Nationalismus (1790 bis 1871) (1970), S. 414 f.; *Mommsen*, Das Ringen um den nationalen Staat, Die Gründung und der innere Ausbau des Deutschen Reiches unter Otto von Bismarck 1850 bis 1890 (1993), S. 167.

[27] *Engelberg*, Deutschland 1849–1871 (1959), S. 177.

[28] Eingehend auch zu den weiteren strategischen Vorteilen Preußens *Holborn*, Reform und Restauration, Liberalismus und Nationalismus (1790 bis 1871) (1970), S. 416.

[29] Zu Moltke und seiner Strategie vgl. *Engelberg*, Deutschland 1849–1871 (1959), S. 184 f.

[30] *Holborn*, Reform und Restauration, Liberalismus und Nationalismus (1790 bis 1871) (1970), S. 420.

Eingreifen Frankreichs verhinderte.[31] Inhaltlich bestimmten die Präliminarien – und der darauffolgende Friedensvertrag von Prag vom 23. August 1866 – unter anderem, dass der Deutsche Bund aufgelöst und der Norddeutsche Bund ohne Beteiligung Österreichs gegründet werden soll. Die Rechte an den Herzogtümern Lauenburg, Schleswig sowie Holstein gingen allesamt an Preußen, und Österreich musste eine Kriegskostenentschädigung von 40 Mio. Talern an Preußen zahlen sowie Venetien an Italien abtreten.[32] Im Gegensatz zum Preußischen König Wilhelm I. wollte *Bismarck* Österreich trotz des militärischen Sieges nicht allzu schlecht behandeln. Strategisch gesehen befürchtete er eine Allianz zwischen Frankreich und Österreich, die sich am Ende zu Ungunsten *Bismarcks* und Preußens entwickelt hätte. Daher war er an einem möglichst guten Verhältnis zu Österreich interessiert.[33] Dies zeigte sich etwa daran, dass Preußen den ehemaligen Verbündeten Österreichs, das Königreich Sachsen, unangetastet ließ.[34]

Die freie Stadt Frankfurt am Main hingegen wurde von Preußen besetzt. Dass sich Preußen nicht auch weiter in den Süden ausdehnte, lag primär an den Bedenken Napoleons III., der die Mainlinie als unantastbar betrachtete und mithin den süddeutschen Staaten eine international unabhängige Existenz zugesichert wurde. Da *Bismarck* wohl dennoch ein Eingreifen Frankreichs befürchtete, schloss er ein geheimes Schutz- und Trutzbündnis mit den süddeutschen Staaten und sah auch deshalb von weitergehenden Repressalien ab.[35] Dabei nutzte *Bismarck* insbesondere die anti-französische Stimmung der süddeutschen Staaten aus, die weiterhin eine Gefährdung durch Frankreich befürchtete.[36] Die Bestimmungen des Vorfriedens wurden sodann weitestgehend durch die Bestimmungen des Prager Friedens vom 23. August 1866 bestätigt, welcher insbesondere regelte, dass Nordschleswig an Dänemark angeschlossen würde, sofern eine dahingehende Volksabstimmung vorgenommen wird.[37] Das Königtum Hannover, das Kurfürstentum Hessen, das Herzogtum Hessen-Nassau und die Freie Reichsstadt Frankfurt wurden Preußen unterstellt.[38] Insbesondere die Annexion des

---

[31] *Mommsen*, Das Ringen um den nationalen Staat, Die Gründung und der innere Ausbau des Deutschen Reiches unter Otto von Bismarck 1850 bis 1890 (1993), S. 167 f. u. 173.

[32] *Engelberg*, Deutschland 1849–1871 (1959), S. 185 f.; zum Friedensvertrag von Prag *Polzin*, in: Aufbruch zur Demokratie: die Weimarer Reichsverfassung als Bauplan für eine demokratische Republik (2020), S. 337.

[33] *Mommsen*, Das Ringen um den nationalen Staat, Die Gründung und der innere Ausbau des Deutschen Reiches unter Otto von Bismarck 1850 bis 1890 (1993), S. 173.

[34] *Holborn*, Reform und Restauration, Liberalismus und Nationalismus (1790 bis 1871) (1970), S. 421 f.

[35] *Holborn*, Reform und Restauration, Liberalismus und Nationalismus (1790 bis 1871) (1970), S. 422 f.; *Mommsen*, Das Ringen um den nationalen Staat, Die Gründung und der innere Ausbau des Deutschen Reiches unter Otto von Bismarck 1850 bis 1890 (1993), S. 169.

[36] *Mommsen*, Das Ringen um den nationalen Staat, Die Gründung und der innere Ausbau des Deutschen Reiches unter Otto von Bismarck 1850 bis 1890 (1993), S. 173.

[37] *Mommsen*, Das Ringen um den nationalen Staat, Die Gründung und der innere Ausbau des Deutschen Reiches unter Otto von Bismarck 1850 bis 1890 (1993), S. 170.

[38] *Holborn*, Reform und Restauration, Liberalismus und Nationalismus (1790 bis 1871)

Königreichs Hannover führte jedoch zu einem ganz erheblichen Widerstand in der Bevölkerung und auch der abgesetzte König Georg V. anerkannte dieses Vorgehen nicht. Zusammen mit der „Welfenpartei" versuchte er die Eigenständigkeit Hannovers zu wahren, scheiterte jedoch im Ergebnis mit diesem Vorhaben.[39]

Ebenso konfliktreich ging die Eingliederung Frankfurts vonstatten. Diese hatte sich im Krieg als besonders preußenfeindlich hervorgetan und wurde daher mit einer Summe von fünfeinhalb Millionen Gulden belegt. Da diese Zahlung – später wurde nochmals eine Erhöhung angedroht[40] – von Frankfurt nicht aufzubringen war, folgten erhebliche Sanktionen. Nach einschneidenden Repressalien und eines sich anschließenden Votums gegen den Anschluss an Preußen sowie der Forderung Preußens, daraufhin eine Liste sämtlicher Mitglieder städtischer Körperschaften und ihres Vermögens offenzulegen, beging der Oberbürgermeister angesichts dieses Interessenkonflikts schließlich Selbstmord.[41] Am 8. Oktober 1866 wurde die Stadt letztlich in das preußische Reich eingegliedert. Spätestens jetzt hatte Preußen erheblich an wirtschaftlicher, militärischer und politischer Macht gewonnen. *De facto* hatte Preußen eine Hegemonialstellung; das trifft alleine schon deshalb zu, weil Preußen vier Fünftel vom Geltungsbereich des Norddeutschen Bundes zustand.[42] Österreich hingegen verlor seinen Einfluss in Deutschland.

Bereits vor Ausbruch des preußisch-österreichischen Krieges hatte *Bismarck* in einem Schreiben an die deutschen Fürstenhöfe zu verstehen gegeben, wie er sich den neu zu gründenden Norddeutschen Bund vorstellte. Und bereits unmittelbar nach Abschluss der Friedensverhandlungen mit Österreich wurden die ersten Entwürfe einer Verfassung für den Norddeutschen Bund ausgearbeitet, um keine wertvolle Zeit zu verlieren, die möglicherweise von Frankreich für eine militärische Auseinandersetzung ausgenutzt werden konnte; den Verfassungsentwurf arbeitete *Friedrich v. Savigny* aus.[43] *Holborn* erkennt, dass *Bismarck* es verstand, auf der einen Seite den Liberalismus und Nationalismus als Druckmittel gegenüber den Fürsten zu verwenden, um diese zu Zugeständnissen zu bewegen und auf der anderen Seite den Liberalen drohte, durch ein Bündnis mit den Fürsten ihre Interessen zu missachten.[44] So schlossen zunächst die verbündeten

---

(1970), S. 422; *Mommsen*, Das Ringen um den nationalen Staat, Die Gründung und der innere Ausbau des Deutschen Reiches unter Otto von Bismarck 1850 bis 1890 (1993), S. 170.

[39] *Mommsen*, Das Ringen um den nationalen Staat, Die Gründung und der innere Ausbau des Deutschen Reiches unter Otto von Bismarck 1850 bis 1890 (1993), S. 174.

[40] *Mommsen*, Das Ringen um den nationalen Staat, Die Gründung und der innere Ausbau des Deutschen Reiches unter Otto von Bismarck 1850 bis 1890 (1993), S. 174.

[41] *Mommsen*, Das Ringen um den nationalen Staat, Die Gründung und der innere Ausbau des Deutschen Reiches unter Otto von Bismarck 1850 bis 1890 (1993), S. 173 f.

[42] *Mommsen*, Das Ringen um den nationalen Staat, Die Gründung und der innere Ausbau des Deutschen Reiches unter Otto von Bismarck 1850 bis 1890 (1993), S. 176.

[43] *Mommsen*, Das Ringen um den nationalen Staat, Die Gründung und der innere Ausbau des Deutschen Reiches unter Otto von Bismarck 1850 bis 1890 (1993), S. 180 f.

[44] *Holborn*, Reform und Restauration, Liberalismus und Nationalismus (1790 bis 1871) (1970), S. 428.

norddeutschen Staaten am 18. August 1866 einen Bundesvertrag mit Preußen, in dem sie die gegenseitige Unverletzlichkeit sowie die Absicht zur Schaffung einer neuen Verfassung bekundeten; später traten auch Sachsen sowie Hessen-Darmstadt mit den Gebieten nördlich des Mains und zwei thüringische Fürstentümer bei.[45]

In dem sogenannten Augustbündnis vom 18. August 1866 vereinbarten dann 23 norddeutsche Staaten – unter ihnen auch Hamburg –, dass sie ein militärisches Bündnis bilden, die Integrität der Staaten anerkennen und die innere und äußere Sicherheit der Staaten verteidigen werden. Der preußische König erhielt nach Art. 4 des Vertrages den Oberbefehl über die Truppen. Neben diesem primär militärischen Teil enthielt Art. 2 die Bestimmung, dass der Zweck des Bündnisses durch eine Bundesverfassung auf der Basis der Preußischen Grundzüge vom 10. Juni 1866[46] sichergestellt werden soll, wobei ein gemeinschaftlich zu berufendes Parlament Mitwirkungsrechte haben sollte. Dieses Parlament sollte dabei nach dem „Reichsgesetz über die Wahlen zum Volkshause" gewählt werden, welches jedem „unbescholtenen" Mann über 25 Jahren das Wahlrecht zugestand und damit ein ganz erhebliches demokratisches Element statuierte.[47]

C. Hamburgs Weg in den Norddeutschen Bund und die Stellung gegenüber Preußen

Nachdem die schleswig-holsteinische Frage geklärt worden war, musste auch Hamburg seine Position zu Österreich und Preußen finden. Ausgangspunkt für die Haltung Hamburgs gegenüber Preußen könnte etwa die Handelskrise im Jahr 1857 gewesen sein. Hier machte sich Österreich sehr verdient, indem es Hamburg mit 10 Millionen Mark Banco half.[48] Ein zuvor an Preußen gerichteter Antrag war hingegen fruchtlos geblieben. Von dieser Seite erhielt Hamburg keine Unterstützung.[49] Dieser Umstand gelangte auch an die Öffentlichkeit und wurde vielfach in der Presse diskutiert.[50] Selbstredend sorgte die fehlende Unterstützung nicht dafür, dass das Ansehen Preußens in Hamburg stieg. Im Gegenteil: Die Beziehung zu Österreich wurde intensiviert. *Wohlwill* stellt aber dennoch fest,

---

[45] *Holborn*, Reform und Restauration, Liberalismus und Nationalismus (1790 bis 1871) (1970), S. 429.

[46] Zu den Grundzügen *Schönhoff*, Hamburg im Bundesrat: Die Mitwirkung Hamburgs an der Bildung des Reichswillens 1867 – 1890 (1967), S. 12 f.

[47] *Polzin*, in: Aufbruch zur Demokratie: die Weimarer Reichsverfassung als Bauplan für eine demokratische Republik (2020), S. 338.

[48] *Baasch*, Geschichte Hamburgs 1814–1918, Bd. I (1924), S. 187; *Budach*, Hamburg und der Norddeutsche Bund (1935), S. 7; *Böhm*, in: Hamburg, Geschichte der Stadt und ihrer Bewohner (1982), S. 492.

[49] *Böhm*, Anwalt der Handels- und Gewerbefreiheit (1981), S. 53.

[50] *Baasch*, Geschichte Hamburgs 1814–1918, Bd. I (1924), S. 187 f.

dass auch in den nachfolgenden Jahren wohl keine deutliche Mehrheit für Österreich zu verzeichnen war; vielmehr war das Meinungsbild vielfältig und auch zugunsten Preußens waren einige Stimmen in der Bevölkerung zu vernehmen.[51]

In der Frage des schleswig-holsteinischen Krieges konnte Hamburg zunächst noch vermeiden, zugunsten der einen oder anderen Großmacht Stellung zu beziehen. Vielmehr konnte es Österreich und Preußen in ihrem Vorhaben der Bundesexekution unterstützen,[52] denn diesbezüglich waren die beiden Parteien sich einig. Hamburg bereitete sich entsprechend vor, indem die Einquartierung sichergestellt wurde.[53] Während der Senat ganz auf der Linie der beiden Großmächte war, wies jedenfalls die Bürgerschaft darauf hin, dass im Grunde die gesetzliche Erbfolge – und damit der Anspruch Friedrich VIII. – gesichert werden sollte.[54] Doch auch der Senator und spätere Bürgermeister *Versmann* schrieb in sein Tagebuch, dass er diese Lösung bevorzugte.[55] Zu Schleswig-Holstein selbst pflegte Hamburg ein enges Verhältnis und die hamburgische Öffentlichkeit sehnte den Zeitpunkt der Emanzipierung von Dänemark herbei.[56] Das Meinungsbild hinsichtlich der Zukunft der Herzogtümer war in der Presse jedoch sehr uneinheitlich. So traten manche Zeitungen für eine Annexion ein, während andere die deutsche Einigung in den Vordergrund rückten.[57] Gleiches gilt auch für die Beurteilung der Gasteiner Konvention: Auch hier war das Meinungsbild sehr durchwachsen und einige Stimmen hoben hervor, dass es wohl eher ein Kompromiss bzw. eine Übergangslösung sei.[58]

Zwar war Hamburg mit der Politik Österreichs und Preußens einverstanden, dennoch wuchs der Unmut gegenüber Preußen: Ohne Ankündigung wurden preußische Truppen nach Hamburg verlegt, woraufhin die Bürgerschaft den Senat streng aufforderte, die Rechte der Stadt zu verteidigen.[59] Zwar entschuldigte sich Preußen umgehend für dieses Vorgehen,[60] dennoch erschien Preußen erneut als rücksichtslos. Die neutrale Haltung im Sinne der beiden Großmächte behielt

---

[51] *Wohlwill*, Bürgermeister Petersen (1900), S. 95 ff.

[52] *Wohlwill*, Die hamburgischen Bürgermeister Kirchenpauer, Petersen, Versmann (1903), S. 93.

[53] *Baasch*, Geschichte Hamburgs 1814–1918, Bd. I (1924), S. 190 f.

[54] Verhandlungen zwischen Senat und Bürgerschaft im Jahre 1864 (1865), S. 7; *Wohlwill*, Die hamburgischen Bürgermeister Kirchenpauer, Petersen, Versmann (1903), S. 92; *Baasch*, Geschichte Hamburgs 1814–1918, Bd. I (1924), S. 190.

[55] *Wohlwill*, Die hamburgischen Bürgermeister Kirchenpauer, Petersen, Versmann (1903), S. 92.

[56] *Wohlwill*, Die hamburgischen Bürgermeister Kirchenpauer, Petersen, Versmann (1903), S. 91 f.

[57] Eingehend zur Presseberichterstattung *Budach*, Hamburg und der Norddeutsche Bund (1935), S. 6.

[58] *Budach*, Hamburg und der Norddeutsche Bund (1935), S. 6 f.

[59] Verhandlungen zwischen Senat und Bürgerschaft im Jahre 1864 (1865), S. 13; *Baasch*, Geschichte Hamburgs 1814–1918, Bd. I (1924), S. 191.

[60] *Jansen/Samwer*, Schleswig-Holsteins Befreiung (1897), S. 214.

Hamburg trotzdem auch in der Folgezeit bei und bot überwiegend wenig Anlass zum Anstoß.[61]

Kritischer wurde jedoch das Jahr 1866. Einem Krieg zwischen den beiden Großmächten blickte man in den Hansestädten besorgt entgegen; denn allzu nahe lag die Befürchtung, die Selbständigkeit zu verlieren.[62] Auch die Presse äußerte sich einheitlich gegen den Krieg und machte vor allem Preußen für die Umstände verantwortlich.[63] Nach der Besetzung Holsteins durch preußische Truppen waren es auch die Hansestädte, die gegen die Entsendung von Bundestruppen stimmten;[64] hierin war jedoch noch kein Bekenntnis zugunsten Preußens zu sehen. Vielmehr entsprach es geltendem Bundesrecht, sodass Hamburg auch weiterhin seine neutrale Position beibehalten konnte, die wohl auch in der Öffentlichkeit vorherrschend war.[65] Denn man sah es zunächst als nicht ausgeschlossen an, dass der alte Bund auch nach dem Krieg fortexistieren könnte.[66]

Spätestens jedoch mit der Aufforderung Preußens vom 16. Juni 1866 durch seinen Gesandten *v. Richthofen* an Hamburg, sich dem neuen Bund anzuschließen und das Kontingent Preußen zu unterstellen,[67] wurde eine eindeutige Stellungnahme notwendig. Dieselbe Note wurde im Übrigen auch an die anderen Hansestädte versandt.[68] Nur wenig später wurde diese Forderung durch eine weitere offizielle Note intensiviert, in welcher *v. Richthofen* nun forderte, dass Hamburg nicht mehr an den Bundestagsverhandlungen in Frankfurt teilnehmen solle, da dort die „Preußenfeinde" vorherrschten.[69] Dass Hamburg wohl nicht unmittelbar sämtlichen Forderungen nachkommen würde, erkannte man auch in Preußen.[70] Wenngleich *Bismarck* zwar zu erkennen gab, dass er auch mit einer „befreundeten Neutralität"[71] zufrieden sei und man den Hansestädten die Garantien für ihre Zukunft gewähren würde[72], war Hamburg nun vor die Wahl

[61] *Baasch*, Geschichte Hamburgs 1814–1918, Bd. I (1924), S. 194 f.

[62] Unter Verweis auch auf die Presseberichterstattungen *Baasch*, Geschichte Hamburgs 1814–1918, Bd. I (1924), S. 195.

[63] *Budach*, Hamburg und der Norddeutsche Bund (1935), S. 7.

[64] *Wohlwill*, Bürgermeister Petersen (1900), S. 94; *Wohlwill*, Die hamburgischen Bürgermeister Kirchenpauer, Petersen, Versmann (1903), S. 97.

[65] *Wohlwill*, Die hamburgischen Bürgermeister Kirchenpauer, Petersen, Versmann (1903), S. 97; *Baasch*, Geschichte Hamburgs 1814–1918, Bd. I (1924), S. 195; *Böhm*, in: Hamburg, Geschichte der Stadt und ihrer Bewohner (1982), S. 496 f.

[66] *Wohlwill*, Die hamburgischen Bürgermeister Kirchenpauer, Petersen, Versmann (1903), S. 100.

[67] *Wohlwill*, Bürgermeister Petersen (1900), S. 95; *Wohlwill*, Die hamburgischen Bürgermeister Kirchenpauer, Petersen, Versmann (1903), S. 98; *Baasch*, Geschichte Hamburgs 1814–1918, Bd. I (1924), S. 196.

[68] *Lange*, Bismarck und die norddeutschen Kleinstaaten im Jahre 1866 (1930), S. 121.

[69] *Wohlwill*, Bürgermeister Petersen (1900), S. 96.

[70] *Baasch*, Geschichte Hamburgs 1814–1918, Bd. I (1924), S. 196; *Lange*, Bismarck und die norddeutschen Kleinstaaten im Jahre 1866 (1930), S. 122.

[71] *Baasch*, Geschichte Hamburgs 1814–1918, Bd. I (1924), S. 197.

[72] *Baasch*, Geschichte Hamburgs 1814–1918, Bd. I (1924), S. 198.

zwischen den beiden Großmächten gestellt: Wer den Krieg gewinnen würde, war zu diesem Zeitpunkt noch nicht absehbar, doch erschien schon aufgrund der geographischen Nähe zu Preußen eine „friedliche Annexion" der Stadt nicht abwegig.[73] Die eingesetzte Senatskommission kam schließlich zu dem Ergebnis, dass es wohl nicht im Interesse Hamburgs wäre, wenn man der Aufforderung Preußens nachkomme und sich dem neu zu gründenden Bund anschlösse.[74]

So mag es zur allgemeinen Beruhigung beigetragen haben, dass *Bismarck* noch am 21. Juni 1866 in einem Schreiben verdeutlichte, dass er die freie Stellung der Hansestädte bei einem preußischen Sieg nicht anzutasten beabsichtige und auch den Freihafenstatus bzw. vergleichbare Einrichtungen akzeptieren werde, sofern die Hansestädte sich jedenfalls von den Preußengegnern distanzierten; andernfalls müsse Preußen „Maßregeln ergreifen".[75] Dieses Schreiben präjudizierte wohl die späteren Entwicklungen. Es zeigt sich deutlich, dass *Bismarck* schon in diesem frühen Stadium grundsätzlich bereit war, die Freihafenstellung Hamburgs und der anderen Hansestädte unangetastet zu lassen. So soll Bismarck Hamburg sogar als Juwel des Bundes betrachtet haben.[76] Der Bedeutung des Zugeständnisses war er sich sicherlich bewusst und es bedurfte keiner expliziten Ankündigung, dass diese Stellung beseitigt würde, sollte sich Hamburg Österreich zuwenden und Preußen am Ende siegen. Dem Schreiben ist klar der drohende Unterton zu entnehmen, der Hamburg unmissverständlich vergegenwärtigte, auf welche Seite es sich zu schlagen hatte. Denn nur dann durfte mit der Beibehaltung der (Handels-)Freiheit gerechnet werden. Dass *Bismarck* Hamburg hier entgegenkam, dürfte auch daran gelegen haben, dass von dieser Seite zwar nicht sofort der Beistand erklärt wurde, jedoch auch keine militärischen Aggressionen zu erwarten waren.[77] Zugleich unternahm jedoch auch Österreich am 23./24. Juni Bemühungen, Hamburgs Gunst zu gewinnen und versprach eine vorteilhafte Politik im Sinne der Hansestädte, wenn diese nur weiterhin am Bund festhielten.[78] Doch wie später zu sehen sein wird, kam es nur wenige Tage später zum Bruch mit Österreich.

Dass Preußen im Falle der Ablehnung seiner Forderungen auch eine gewaltsame Auseinandersetzung mit Hamburg keineswegs fürchtete, beweist das Vor-

---

[73] *Baasch*, Geschichte Hamburgs 1814–1918, Bd. I (1924), S. 196; *Lange*, Bismarck und die norddeutschen Kleinstaaten im Jahre 1866 (1930), S. 123.

[74] *Lange*, Bismarck und die norddeutschen Kleinstaaten im Jahre 1866 (1930), S. 121; *Schönhoff*, Hamburg im Bundesrat: Die Mitwirkung Hamburgs an der Bildung des Reichswillens 1867 – 1890 (1967), S. 13.

[75] In Auszügen wörtlich bei *Baasch*, Geschichte Hamburgs 1814–1918, Bd. I (1924), S. 198; *Lange*, Bismarck und die norddeutschen Kleinstaaten im Jahre 1866 (1930), S. 123; *Budach*, Hamburg und der Norddeutsche Bund (1935), S. 8; *Müller*, Die Auseinandersetzung über Hamburgs Zollanschluss an das Deutsche Reich 1833–1888 (1988), S. 28.

[76] Jedoch ohne Nachweis *Becker*, in: Städtewesen und Bürgertum als Geschichtliche Kräfte (1953), S. 228.

[77] *Becker*, in: Städtewesen und Bürgertum als Geschichtliche Kräfte (1953), S. 227.

[78] *Lange*, Bismarck und die norddeutschen Kleinstaaten im Jahre 1866 (1930), S. 137.

gehen *v. Richthofens*, wenngleich zweifelhaft ist, ob *Bismarck* am Ende tatsächlich eine militärische Auseinandersetzung gesucht hätte. Jener bereitete nämlich verschiedene Maßnahmen vor: Er zog eine militärische Invasion mit 5.000 Mann in Erwägung – später nur noch 3.000 und schließlich nur die Besetzung von Posten, da nicht mit einem Widerstand gerechnet wurde[79] –, wollte das Kontingent auflösen und diverse Vorräte wie Waffen etc. beschlagnahmen; der Senat sollte entmachtet und ein preußischer Zivilkommissar eingesetzt werden bei zeitgleicher Beschlagnahmung der öffentlichen Finanzen.[80] Die Bürgerschaft sollte zwar weiter tagen, jedoch unter preußischer Aufsicht. Aber auch *v. Richthofen* ging davon aus, dass selbst wenn es hierzu kommen sollte, der Freihafenstatus im Interesse der Förderung des Handels beibehalten wird.[81]

Dass der Freihafenstatus beibehalten werden sollte, ist dabei sehr bemerkenswert. Zwar zog Preußen also durchaus in Erwägung, Hamburg im Falle der Ablehnung der Forderungen zu annektieren und der Selbständigkeit zu berauben, der Freihafenstatus als solcher wurde aber nicht angetastet. Es scheint, als hätten auch *Bismarck* und *v. Richthofen* erkannt, dass ein Freihafensystem im Interesse des Handels der Stadt und Deutschlands war. Angesichts dieser Vorschläge, die für den Falle einer Verweigerung Hamburgs wohl allein die Interessen Preußens und unter Umständen des Norddeutschen Bundes berücksichtigten, kamen also auch *Bismarck* und *v. Richthofen* zu dem Ergebnis, dass das Freihafensystem offenkundig vorzugswürdig für die Handelsverhältnisse sei.

Doch zunächst erklärte Hamburg seine Zustimmung nicht, sodass die Gefahr einer Annexion zunehmend wuchs. Im Senat wollte man nicht den Eindruck erwecken, dass man sich nicht mehr an die Bundesverfassung gebunden fühlte und gegenüber den Verbündeten im Bund nun feindselig eingestellt war.[82] So erklärte *Merck* am 23. Juni, dass sich Hamburg dem Bunde verpflichtet und verbunden fühle. Daher sei es unmöglich, militärisch gegen Feinde Preußens vorzugehen, die sich gegenüber Hamburg nichts zuschulden hätten kommen lassen.[83] Eine konsequente Neutralität könne Preußen zugesagt werden, sodass man sich an preußenfeindlichen Beschlüssen nicht beteiligen werde.[84] Die Situation wurde dann dahingehend verschärft, dass Lübeck nunmehr die Annahme des

---

[79] *Baasch*, Geschichte Hamburgs 1814–1918, Bd. I (1924), S. 201; *Lange*, Bismarck und die norddeutschen Kleinstaaten im Jahre 1866 (1930), S. 126.

[80] Zu den Absichten Richthofens auch *Lange*, Bismarck und die norddeutschen Kleinstaaten im Jahre 1866 (1930), S. 122; *Schönhoff*, Hamburg im Bundesrat: Die Mitwirkung Hamburgs an der Bildung des Reichswillens 1867 – 1890 (1967), S. 14 f.

[81] Vgl. hierzu auch *Wohlwill*, Die hamburgischen Bürgermeister Kirchenpauer, Petersen, Versmann (1903), S. 99 f.; eingehend zu den Vorschlägen *Baasch*, Geschichte Hamburgs 1814–1918, Bd. I (1924), S. 199; zur Haltung Bismarcks zu den Freihäfen *v. Lehe/Ramm/Kausche*, Heimatchronik der Freien und Hansestadt Hamburg (1967), S. 177.

[82] *Wohlwill*, Die hamburgischen Bürgermeister Kirchenpauer, Petersen, Versmann (1903), S. 98.

[83] *Baasch*, Geschichte Hamburgs 1814–1918, Bd. I (1924), S. 201.

[84] *Baasch*, Geschichte Hamburgs 1814–1918, Bd. I (1924), S. 201.

Bündnisantrags erklärte und damit indirekt Druck auf Hamburg ausübte, es Lübeck gleichzutun.[85] Bremen wiederum schloss sich am 26. Juni an.[86]

Tatsächlich rechnete *v. Richthofen* zwar nicht mehr damit, dass es zu einem militärischen Widerstand von hamburgischer Seite kommen würde, jedoch hielt er offenkundig die Annexion für unmittelbar bevorstehend, da er am 24. Juni einen Entwurf der Ansprache zur Ernennung eines Zivilkommissars an *Bismarck* versandte.[87] Hamburg wies schließlich den Gesandten *Krüger* in Frankfurt entsprechend dem Wunsch Preußens und in Übereinstimmung mit den anderen Hansestädten an, sich an preußenfeindlichen Aktivitäten nicht zu beteiligen und auch an den Bundestagsverhandlungen nicht mehr teilzunehmen; das Kontingent wurde hingegen Preußen nicht unterstellt.[88] Diese strategische Linie wurde geschickt kommuniziert, indem Hamburg verlautbaren ließ, dass es keine Maßregeln unterstützen könne, welche zwischen den Kriegsparteien stünden und auch an Beratungen über dieselben nicht teilnehmen werde. Angesichts dessen, dass diese Beratungen aber ausschließlicher Gegenstand der Bundestagsverhandlungen seien, werde man diesen bis auf Weiteres fernbleiben.[89] Auf diese Weise fand Hamburg einen glücklichen Zwischenweg: Einerseits erfüllte es die Forderung Preußens, nicht mehr an den Bundestagsverhandlungen teilzunehmen. Auf der anderen Seite zerschnitt es jedoch auch nicht endgültig das Band zwischen Hamburg und Frankfurt, da es wegen der Begründung durchaus möglich erschien, dass Hamburg zu den Verhandlungen zurückkehren würde, sollte der Krieg beendet sein.[90] Preußen dürfte sich sicherlich einen klaren Bruch mit dem Bundestag gewünscht haben, war jedoch auch auf diese Weise zufriedengestellt. Am 26. Juni wurde sodann formal auf die Anfrage Preußens vom 16. Juni geantwortet und sich einverstanden erklärt, über die neuen Verhältnisse – und damit auch die neue Verfassung – zu verhandeln; es wurde aber auch die Hoffnung geäußert, nicht am Krieg teilnehmen zu müssen und damit Bedenken gegen die Kontingentstellung angemeldet.[91] Dennoch brach Österreich am 28. Juni

---

[85] *Baasch*, Geschichte Hamburgs 1814–1918, Bd. I (1924), S. 202; zu Lübeck und Bremen *Schönhoff*, Hamburg im Bundesrat: Die Mitwirkung Hamburgs an der Bildung des Reichswillens 1867 – 1890 (1967), S. 17 f.

[86] *Baasch*, Geschichte Hamburgs 1814–1918, Bd. I (1924), S. 203.

[87] *Baasch*, Geschichte Hamburgs 1814–1918, Bd. I (1924), S. 202.

[88] Protokolle der Deutschen Bundesversammlung vom Jahre 1866, Sitzung 1 bis 40 (1866), S. 384; *Wohlwill*, Bürgermeister Petersen (1900), S. 97; eingehend zur Abberufung *Lange*, Bismarck und die norddeutschen Kleinstaaten im Jahre 1866 (1930), S. 125.

[89] Teils wörtlich abgedruckt bei *Baasch*, Geschichte Hamburgs 1814–1918, Bd. I (1924), S. 202 f.

[90] Vgl. hierzu auch *Wohlwill*, Die hamburgischen Bürgermeister Kirchenpauer, Petersen, Versmann (1903), S. 100; so auch *Lange*, Bismarck und die norddeutschen Kleinstaaten im Jahre 1866 (1930), S. 125.

[91] Zur Debatte StA HH 111-1 1022323 Senatsprotokolle 1866 Bd. III, S. 66 ff.; hierzu und zur abweichenden Meinung Petersens *Wohlwill*, Die hamburgischen Bürgermeister Kirchenpauer, Petersen, Versmann (1903), S. 101; *Baasch*, Geschichte Hamburgs 1814–1918, Bd. I (1924), S. 204; *Lange*, Bismarck und die norddeutschen Kleinstaaten im Jahre 1866 (1930), S. 132.

seine diplomatischen Beziehungen mit Hamburg angesichts dieses Verhaltens ab.[92] Diese Entwicklung dürfte nicht zuletzt auch auf die gemeinsame Verhandlung der Hansestädte in Hamburg am 21. Juni zurückzuführen sein, bei welcher der lübecker Vertreter *Curtius* dafür plädierte, den Gesandten in Frankfurt abzuberufen, da dies eine unabdingbare Voraussetzung für eine günstige Beziehung mit Preußen sei, und die diplomatischen Beziehung mit dem Wiener Hofe abzubrechen.[93]

Im Hinblick auf das Kontingent ist im Übrigen zu berücksichtigen, dass *v. Richthofen* zuvor bereits deutlich machte, dass es gar nicht notwendig sei, das gesamte Kontingent zu mobilisieren; vielmehr reiche auch die Zusage, ein „Friedenskontingent" für Preußen vorzuhalten.[94] Dennoch wuchs der Druck auf alle Hansestädte, sich auch militärisch an den Vorgängen zu beteiligen. Auch Oldenburg wies schließlich darauf hin, dass es notwendig sei, dass sich die Hansestädte diesbezüglich entscheiden; dies veranlasste dann auch *Bismarck* dazu, von *v. Richthofen* zu verlangen, diplomatisch auf einen militärischen Anschluss hinzuwirken, nachdem er zunächst beabsichtigt hatte, mit der Schließung der Elb-/Wesermündung zu drohen und so Hamburg zum Einlenken zu zwingen.[95] Ebenso wie bei den vorangegangenen Fragen wurde der Druck auf Hamburg auch diesbezüglich weiter erhöht, sodass zunächst Bremen und dann auch Lübeck Ende Juni erklärten, Truppen bereitzustellen.[96] *v. Richthofen* erklärte sogar, dass die unveränderte Haltung des Senats nicht „geeignet sei, das Wohlwollen seiner Majestät des Königs, welches der Senat beanspruche, zu gewinnen"[97]. Die Debatte über den vollen Anschluss an Preußen zog sich noch einige weitere Tage hin, dabei stets vor dem Hintergrund einer möglichen Okkupation.[98] Wie bereits dargelegt, erklärte Hamburg noch am 26. Juni – ohne vorherige Beteiligung der Bürgerschaft – einige Einwände gegen die Bereitstellung von Truppen.[99]

---

[92] *Wohlwill*, Die hamburgischen Bürgermeister Kirchenpauer, Petersen, Versmann (1903), S. 101; wohl auf den Zugang am 29.6. abstellend *Lange*, Bismarck und die norddeutschen Kleinstaaten im Jahre 1866 (1930), S. 137.

[93] *Lange*, Bismarck und die norddeutschen Kleinstaaten im Jahre 1866 (1930), S. 124.

[94] *Baasch*, Geschichte Hamburgs 1814–1918, Bd. I (1924), S. 200.

[95] *Baasch*, Geschichte Hamburgs 1814–1918, Bd. I (1924), S. 203; *Lange*, Bismarck und die norddeutschen Kleinstaaten im Jahre 1866 (1930), S. 127.

[96] *Wohlwill*, Die hamburgischen Bürgermeister Kirchenpauer, Petersen, Versmann (1903), S. 101; *Baasch*, Geschichte Hamburgs 1814–1918, Bd. I (1924), S. 205; *Lange*, Bismarck und die norddeutschen Kleinstaaten im Jahre 1866 (1930), S. 134 f.

[97] Zit. nach *Baasch*, Geschichte Hamburgs 1814–1918, Bd. I (1924), S. 205; vgl. hierzu auch *Wohlwill*, Die hamburgischen Bürgermeister Kirchenpauer, Petersen, Versmann (1903), S. 101.

[98] Ausführlich hierzu *Lange*, Bismarck und die norddeutschen Kleinstaaten im Jahre 1866 (1930), S. 127 ff.; Darstellung anhand der Geheimprotokolle bei *Schönhoff*, Hamburg im Bundesrat: Die Mitwirkung Hamburgs an der Bildung des Reichswillens 1867 – 1890 (1967), S. 18 ff.

[99] *Lange*, Bismarck und die norddeutschen Kleinstaaten im Jahre 1866 (1930), S. 132 f.

Nach der Schlacht von Königgrätz wurde schließlich in der Bürgerschaftssitzung auf Veranlassung des Senats debattiert, der Brigadeverbindung mit Oldenburg, Lübeck und Bremen die Zustimmung zu erteilen. Denn Hamburg sei ohnehin gezwungen, „das angebotene Bündnis unter Erfüllung sämtlicher von Preußen gestellter Bedingungen anzunehmen [...], wenn es sich nicht der Gefahr feindseliger Behandlung aussetzen [wolle]“[100]. Diesem Antrag kam die Bürgerschaft sodann auch nach.[101] Hamburg schaffte es also erneut, „in letzter Sekunde“ Preußen zufriedenzustellen und damit zu verhindern, dass es seine Selbständigkeit verlor. Zweifelsfrei wurde auch dieses Mal seitens Preußen vernommen, dass es die äußeren Umstände waren, die Hamburg zu dem Schritt bewogen und weniger die intrinsische Verbundenheit mit Preußen.[102] Vergleichbares soll auch *Merck* einmal gesagt haben.[103] *Ex post* liegt also der Verdacht nahe, dass Hamburg sich der Bedeutung der Schlacht von Königgrätz bzw. der Überlegenheit Preußens kurz zuvor bewusst geworden war und erkannt hatte, dass es spätestens jetzt Preußen beitreten musste. Dies lässt sich schließlich auch der Begründung des soeben erwähnten Senatsantrages in der Bürgerschaft entnehmen. Dennoch weist *Baasch* darauf hin, dass die Tragweite der Schlacht „am 4. in Hamburg noch gar nicht zu übersehen war“.[104]

Auch *Lange* legt dar, dass die Entscheidung des Nachgebens wohl bereits vor dem 4. Juli getroffen worden war. Er stellt maßgeblich darauf ab, dass angesichts des Abbruchs der diplomatischen Beziehungen zu Österreich und angesichts der nicht absehbaren Unterstützung aus dem Ausland – namentlich Englands – wohl schon einige Tage vor dem 4. Juli feststand, dass ein Anschluss an Preußen unausweichlich ist.[105] Überdies weist er darauf hin, dass auch der innenpolitische Druck auf den Senat gehörig gewesen wäre, wenn er den Anschluss versagt und damit eine militärische Auseinandersetzung hervorgerufen hätte. Nicht zuletzt nennt er auch die absehbare Isolation im Hinblick auf die Schwesterstädte als mitentscheidend.[106] Lehnten die Vertrauensmänner noch am 30. Juni den Anschluss ab, so stellt *Lange* fest, dass *Kirchenpauer* und *Versmann* bereits in der Sitzung der Vertrauensmänner vom 2. Juli ihre Bereitschaft zum Anschluss sehr deutlich zu erkennen gaben.[107] Wenngleich auch hier noch immer keine Mehrheit zustande kam, so wurde aber in der Senatssitzung an demselben Tage beschlos-

[100] Verhandlungen zwischen Senat und Bürgerschaft im Jahre 1866 (1867), S. 299.

[101] Verhandlungen zwischen Senat und Bürgerschaft im Jahre 1866 (1867), S. 300.

[102] Vgl. zum allgemeinen Vorgehen Hamburgs unter Verweis auf Berichte Krügers *Budach*, Hamburg und der Norddeutsche Bund (1935), S. 53.

[103] So jedenfalls *Budach*, Hamburg und der Norddeutsche Bund (1935), S. 27.

[104] *Baasch*, Geschichte Hamburgs 1814–1918, Bd. I (1924), S. 207.

[105] *Lange*, Bismarck und die norddeutschen Kleinstaaten im Jahre 1866 (1930), S. 137.

[106] *Lange*, Bismarck und die norddeutschen Kleinstaaten im Jahre 1866 (1930), S. 138; zum öffentlichen Druck vgl. auch *Budach*, Hamburg und der Norddeutsche Bund (1935), S. 9.

[107] *Wohlwill*, Die hamburgischen Bürgermeister Kirchenpauer, Petersen, Versmann (1903), S. 102; *Lange*, Bismarck und die norddeutschen Kleinstaaten im Jahre 1866 (1930), S. 139; *Böhm*, in: Hamburg, Geschichte der Stadt und ihrer Bewohner (1982), S. 497.

sen, das Militär bereitzustellen und die Vertrauensmänner hierüber zu unterrichten.[108] In einer weiteren Zusammenkunft derselben wurde sodann entschieden, dass ein Antrag an die Bürgerschaft erst dann erfolgen sollte, sobald ein Bericht über das Ergebnis einer vertraulichen Sitzung der Bürgerschaftsfraktionen – *Wohlwill* nennt dies eine „Art von unoffizieller (sic) Bürgerschaftssitzung“[109] – mitgeteilt wurde.[110] Am 3. Juli fand diese dann statt; schon hier sprach sich die Mehrheit für den Anschluss aus,[111] bevor am 4. Juli in der Bürgerschaft sogar die Zweidrittelmehrheit erreicht wurde.[112]

Mag auch die herausragende Bedeutung für die spätere nationale Einigung in Hamburg und auch in Deutschland nicht derart sichtbar gewesen sein, wie *prima facie* anzunehmen ist, so war – wie gezeigt – jedenfalls auch für Hamburg absehbar, dass Preußen die militärische Oberhand gewonnen hatte und jedwedes weitere Zögern zulasten der Stadt gehen würde. Welcher Umstand am Ende den Ausschlag gab, ist nicht eindeutig festzustellen. *Lange*[113] ist jedoch dahingehend zuzustimmen, dass sich die finale Entscheidung insbesondere seit dem 2. Juli konkret abzeichnete und eine etwaige Kenntnis der militärischen Situation in Königgrätz lediglich ergänzende Bedeutung gewonnen haben dürfte.

Wie bereits festgestellt, entsprach dieses Ergebnis des Anschlusses auch den Vorstellungen *Bismarcks*. Denn dieser hätte womöglich die Stadt annektiert, wenn dies notwendig geworden wäre, wusste jedoch aber auch, dass eine Annexion Hamburg den Status als Märtyrer verschafft und endgültig das Band zu Preußen zerschnitten hätte.[114] Ob es also zu dieser Eskalation gekommen wäre, darf nochmals bezweifelt werden. Zweifellos hätte er jedoch den Druck auf Hamburg stetig erhöht, sodass der Anschluss lediglich eine Frage der Zeit war. Auf versöhnliche Weise erklärte *Merck* an *Richthofen* am 9. August, dass sich Preußen nun aber umso mehr auf Hamburg verlassen könne. Wörtlich heißt es:

> „Je schwieriger es dem Senate geworden sei, das frühere Bundesband zu lösen, desto mehr würde, nachdem dies einmal geschehen sei, die königliche Regierung darin eine Garantie finden, daß der Senat an einmal übernommenen Verpflichtungen treu festhalte“[115]

---

[108] StA HH 111-1 102232 Senatsprotokolle 1866 Bd. II, S. 104; *Lange*, Bismarck und die norddeutschen Kleinstaaten im Jahre 1866 (1930), S. 139 f.; ausführlich zu den internen Entwicklungen auch *Schönhoff*, Hamburg im Bundesrat: Die Mitwirkung Hamburgs an der Bildung des Reichswillens 1867 – 1890 (1967), S. 23 f.

[109] *Wohlwill*, Die hamburgischen Bürgermeister Kirchenpauer, Petersen, Versmann (1903), S. 102.

[110] *Lange*, Bismarck und die norddeutschen Kleinstaaten im Jahre 1866 (1930), S. 140.

[111] StA HH 111-1 102232 Senatsprotokolle 1866 Bd. II, S. 114.

[112] *Lange*, Bismarck und die norddeutschen Kleinstaaten im Jahre 1866 (1930), S. 140 ff.

[113] *Lange*, Bismarck und die norddeutschen Kleinstaaten im Jahre 1866 (1930), S. 137.

[114] *Baasch*, Geschichte Hamburgs 1814–1918, Bd. I (1924), S. 208.

[115] Wörtlich abgedruckt bei *Lange*, Bismarck und die norddeutschen Kleinstaaten im Jahre 1866 (1930), S. 143.

Die Verhandlungen in Berlin, beginnend im Herbst 1866, führte nunmehr *Daniel F. Krüger*. Er trat an die Stelle von *Friedrich Geffcken*, der aufgrund seiner strikten Haltung gegen *Bismarck* nach London versetzt wurde.[116] Demgegenüber war *Krüger* diplomatisch sehr geschickt und auch im Bundesrat sowie bei *Bismarck* und sogar am Hofe beliebt.[117] Gerade bei den schwierigen und kontroversen Verhandlungen in den folgenden Jahren konnte Hamburg also von seinen Fähigkeiten und Beziehungen sehr profitieren. *Krüger* stammte zwar aus Lübeck, jedoch wurde er als Gesandter sämtlicher Hansestädte tätig.[118] Im September wurde schließlich der Bündnisvertrag mit Preußen von allen beteiligten Regierungen ratifiziert und in das Amtsblatt Hamburgs aufgenommen.[119]

D. Zwischenfazit

Der geschichtliche Kontext zeigt, dass Hamburg sich dem Willen *Bismarcks* unterordnen musste. Nicht nur seine politischen Fähigkeiten, sondern insbesondere auch die militärische Macht Preußens führten dazu, dass er die Interessen Preußens durchzusetzen vermochte. Der Krieg mit Österreich hatte Hamburg anschaulich gezeigt, dass selbst Großmächte Preußen wenig entgegenzusetzen hatten. Das Schicksal der zahlreichen Kleinstaaten, die nach dem Sieg annektiert wurden, verdeutlichte dieses Ergebnis nochmals. Insofern war die Ausgangslage für Hamburg in den Verfassungsverhandlungen und auch sonstigen Verhandlungen primär ungünstig. Zwar hatte Hamburg für Preußen eine große wirtschaftliche Bedeutung,[120] jedoch führte dies nicht dazu, dass man Hamburg über Gebühr Freiheiten beließ, ohne eine Gegenleistung hierfür einzufordern. Exemplarisch sei hier nochmals auf die Kontingentstellung verwiesen: Sicherlich war Preußen nicht auf die militärische Unterstützung Hamburgs angewiesen. Dennoch legte es größten Wert darauf, dass sich auch Hamburg mit den eigenen Truppen beteiligte; seien diese auch nur vorgehalten.

Die Frage, wie groß der Verhandlungsspielraum seitens Hamburgs war, muss wohl dahingehend beantwortet werden, dass er eher klein war. Dazu trug bei, dass sich Hamburg nur sehr zögerlich auf die Seite Preußens gestellt hatte, während andere Hansestädte wesentlich zügiger den Anschluss erklärten. Auch das führte gewiss zu einem Misstrauen. Allzu nahe lag der Verdacht, dass sich Hamburg lediglich den Entwicklungen fügte. Die Motivation, Hamburg auf anderen Gebieten entgegenzukommen, dürfte also gering gewesen sein. Und dennoch war

---

[116] *Budach*, Hamburg und der Norddeutsche Bund (1935), S. 13 f.

[117] *Budach*, Hamburg und der Norddeutsche Bund (1935), S. 14.

[118] *Budach*, Hamburg und der Norddeutsche Bund (1935), S. 14.

[119] StA HH 111-1 1022323 Senatsprotokolle 1866 Bd. III, S. 458/463 f.

[120] Vgl. *Wohlwill*, Die hamburgischen Bürgermeister Kirchenpauer, Petersen, Versmann (1903), S. 115; *Lange*, Bismarck und die norddeutschen Kleinstaaten im Jahre 1866 (1930), S. 121.

Bismarck daran gelegen, im Grundsatz ein positives Verhältnis zu Hamburg zu pflegen, letztlich auch, um der Stadt keinen Märtyrerstatus zukommen zu lassen.[121] Dieser Umstand wirkte zugunsten Hamburgs und seines Einflusses auf die Gestaltung der künftigen Verhältnisse.

Diese Einschätzung dürfte zwar auch auf die Freihafenfrage übertragbar sein, jedoch ist hier zu beachten, dass Preußen bereits hinreichend deutlich gemacht hatte, dass die Beibehaltung im Grunde möglich wäre.[122] Demnach war jedenfalls keine unmittelbare Bedrohung auszumachen; endgültig abgesichert war der Freihafen aber noch nicht.

---

[121] Vgl. *Baasch*, Geschichte Hamburgs 1814–1918, Bd. I (1924), S. 208.

[122] Vgl. zur Äußerung im Hinblick auf den Freihafen *v. Lehe/Ramm/Kausche*, Heimatchronik der Freien und Hansestadt Hamburg (1967), S. 177.

Kapitel 4

Freihandel und Liberalismus in Deutschland

Ohne Zweifel ist das Konzept des Freihafens und seiner Vorzüge auch eng verknüpft mit dem Gedanken des Freihandels und des Wirtschaftsliberalismus. Zudem dürfte auch die Handelskammer entsprechend der untergeordneten These II. eine Anhängerin dieser Prinzipien gewesen sein. Um ein besseres Verständnis für diese Positionen zu erlangen und die These nachzuprüfen, soll im Folgenden ein Überblick über eben jene Grundlinien gegeben werden.[1] Dabei kann jedoch der Freihandel nicht vom politischen Liberalismus getrennt werden, da beides eng miteinander zusammenhängt.[2] Deshalb sollen zunächst die Grundvorstellungen des Liberalismus dargelegt werden und hierbei auch das Staatsverständnis eine Berücksichtigung finden bevor auf die Freihandelstheorie und deren Vertreter eingegangen wird.

Zunächst lohnt sich ein Blick auf die Lehren *John Lockes*, der sicherlich prägend für die Idee des Liberalismus und die dahinterstehenden Ideale war. Er fasste das Individuum als von Natur aus frei auf, welches nicht nur Eigentum an seiner Person, sondern auch Eigentum an seiner Arbeit/Handlung und daher auch an den Produkten seiner Arbeit habe.[3] Der Staat müsse hingegen die genannten Rechte der Individuen schützen und dürfe in diese Rechte nur ausnahmsweise eingreifen.[4] In diesem Kontext bedarf auch *Adam Smith* der Beachtung, der das ökonomische Verständnis bis heute prägt.[5] Dieser war der Auffassung, dass jedes Individuum dem nachgehen solle, was es am besten könne;[6] auf diese Weise würde sowohl die Produktqualität als auch die Warenverfügbarkeit gesteigert werden. Der Preis hierfür entsteht dabei durch das freie Spiel von

---

[1] Eingehend insbesondere *Schmoeckel/Maetschke*, Rechtsgeschichte der Wirtschaft seit dem 19. Jahrhundert (2016), S. 44 ff.

[2] Vgl. *Osterhammel*, Zeitschrift der Bundeszentrale für politische Bildung 2018, S. 13.

[3] Ausführlich dazu *Euchner*, John Locke zur Einführung (2011), S. 81 ff./88 ff.; *Schaal/Heidenreich*, Einführung in die Politischen Theorien der Moderne (2016), S. 106; *Schmoeckel/Maetschke*, Rechtsgeschichte der Wirtschaft seit dem 19. Jahrhundert (2016), S. 46 f.

[4] *Schaal/Heidenreich*, Einführung in die Politischen Theorien der Moderne (2016), S. 107; *Schmoeckel/Maetschke*, Rechtsgeschichte der Wirtschaft seit dem 19. Jahrhundert (2016), S. 46 f.

[5] Ausführlich zu den Lehren von Smith *Brühlmeier*, Die Rechts- und Staatslehre von Adam Smith und die Interessentheorie der Verfassung (1988), S. 31 ff.

[6] *Smith*, Der Wohlstand der Nationen (2018), S. 11.

Angebot und Nachfrage (*invisible hand*).[7] Der Einzelne wäre am besten in der Lage, sich selbst zu versorgen und durch die Fähigkeit zu lernen, auch seine Selbständigkeit zu erreichen.[8] Der Staat hingegen hatte nach seinem Dafürhalten lediglich die Aufgabe, den Bürger zu schützen und die hierfür notwendigen Einrichtungen wie Polizei, Justiz und Landesverteidigung zu unterhalten.[9] Auch in Deutschland hielten die Ideale des Liberalismus Einzug, wobei exemplarisch *John Prince Smith* als Abgeordneter des preußischen Landtages und Begründer des „Kongress Deutscher Volkswirte" sowie der deutschen Freihandelsbewegung zu nennen ist.[10]

Im 19. Jahrhundert entwickelte sich sodann aus dem Wirtschaftsliberalismus, bezogen auf das staatliche Wirtschaftssystem, zunehmend die Idee, auch den Freihandel zwischen Staaten zu ermöglichen. Dieser Idee entstammt etwa der Deutsche Zollverein, welcher die Zölle an den Binnengrenzen abschaffte.[11] Es war die logische Umsetzung etwa der Lehre *Smiths*, dass ein Freihandel auf internationaler Ebene, statt nur auf nationaler Ebene, zu noch größerem Wohlstand führte.[12] Die Freihändler waren der Auffassung, dass sich Märkte selber regulieren können und der Staat ebenso hohe Einnahmen generieren könnte, wenn er die Beschränkungen abbaute, da dann das Wirtschaftswachstum insgesamt vergrößert und die prozentual geringere Abschöpfung des Staates in der Summe dennoch mindestens identisch wäre.[13] Im Hinblick auf den internationalen Freihandel kam insbesondere *David Ricardo* eine besondere Bedeutung zu, der die Vorteile eines solchen besonders hervorhob.[14]

Nicht zuletzt führte dieses Denken auch zu dem sogenannten Cobden-Chevalier-Vertrag zwischen Frankreich und Großbritannien im Jahr 1860, welcher den freieren Handel zwischen diesen beiden Staaten ermöglichte.[15] Allein auf

---

[7] *Schmoeckel/Maetschke*, Rechtsgeschichte der Wirtschaft seit dem 19. Jahrhundert (2016), S. 49.

[8] *Schmoeckel/Maetschke*, Rechtsgeschichte der Wirtschaft seit dem 19. Jahrhundert (2016), S. 50.

[9] *Schmoeckel/Maetschke*, Rechtsgeschichte der Wirtschaft seit dem 19. Jahrhundert (2016), S. 50.

[10] Zu Smith *Raico*, Die Partei der Freiheit, Studien zur Geschichte des deutschen Liberalismus (1999), S. 49 ff.; *Doering*, Mythos Manchestertum, Ein Versuch über Richard Cobden und die Freihandelsbewegung anlässlich der 200. Wiederkehr des Geburtstages von Richard Cobden am 3. Juni 1804 (2004), S. 14.

[11] *Schmoeckel/Maetschke*, Rechtsgeschichte der Wirtschaft seit dem 19. Jahrhundert (2016), S. 455.

[12] *Schmoeckel/Maetschke*, Rechtsgeschichte der Wirtschaft seit dem 19. Jahrhundert (2016), S. 456.

[13] *Osterhammel*, Zeitschrift der Bundeszentrale für politische Bildung 2018, S. 11.

[14] Hierzu *Schmoeckel/Maetschke*, Rechtsgeschichte der Wirtschaft seit dem 19. Jahrhundert (2016), S. 456.

[15] *Cameron*, Geschichte der Weltwirtschaft, Von der Industrialisierung bis zur Gegenwart (1992), S. 89; *Ambrosius*, in: Moderne Wirtschaftsgeschichte, Eine Einführung für Historiker und Ökonomen (1996), S. 310; *Schmoeckel/Maetschke*, Rechtsgeschichte der Wirtschaft seit dem 19. Jahrhundert (2016), S. 457 f.

britischer Seite wurden hierdurch 371 Zölle abgeschafft.[16] Der Namensgeber *Richard Cobden* war ebenfalls ein vehementer Vertreter der Freihandelspolitik und wandte sich insbesondere gegen die Getreidezölle,[17] welche England in der ersten Hälfte des 19. Jahrhunderts erhebliche wirtschaftliche Probleme bereiteten.[18] Denn diese sollten zum Schutze der heimischen Agrarindustrie angehoben werden. Das aber führte dazu, dass die Getreidepreise stiegen und damit auch das alltägliche Leben teurer wurde. Hiergegen wandten sich Politiker wie *Cobden*, die dafür plädierten, die Zölle abzuschaffen und dem Handel sowie den Marktkräften ihren freien Lauf zu lassen.[19] Zudem ist es wohl auch *Cobden* zu verdanken, dass die – bis heute in der Handelspolitik übliche[20] – sogenannte Meistbegünstigungsklausel in den Vertrag aufgenommen wurde, welche maßgeblich zu einer weltweiten Verbreitung des Freihandels beitrug, indem sie vorschrieb, dass alle Zollsenkungen, die zugunsten an dem Vertrag nicht beteiligter Staaten eingeführt wurden, auch zugunsten der Vertragsparteien wirken.[21] In den folgenden Jahren wurden schließlich 56 derartiger bilateraler Handelsverträge in Europa geschlossen, sodass ein weitreichendes Handelssystem etabliert wurde.[22]

Ende des 19. Jahrhunderts wiederum kehrten die meisten europäischen Staaten angesichts billig importierten Getreides aus dem außereuropäischen Ausland dann jedoch – mit Ausnahme Englands – wieder zu einer protektionistischen Handelspolitik zurück, welche auch *Bismarck* verfolgte.[23]

---

[16] *Doering*, Mythos Manchestertum, Ein Versuch über Richard Cobden und die Freihandelsbewegung anlässlich der 200. Wiederkehr des Geburtstages von Richard Cobden am 3. Juni 1804 (2004), S. 13.

[17] Eine Rede Cobdens gegen die Getreidezölle wörtlich abgedruckt bei *Brinkmann*, Richard Cobden und das Manchestertum (1924), S. 132 ff.

[18] Zu Cobdens Leben und auch den Getreidezöllen s. *Doering*, Mythos Manchestertum, Ein Versuch über Richard Cobden und die Freihandelsbewegung anlässlich der 200. Wiederkehr des Geburtstages von Richard Cobden am 3. Juni 1804 (2004), S. 9 ff.; vgl. auch *Cameron*, Geschichte der Weltwirtschaft, Von der Industrialisierung bis zur Gegenwart (1992), S. 86.

[19] *Osterhammel*, Zeitschrift der Bundeszentrale für politische Bildung 2018, S. 12.

[20] *Doering*, Mythos Manchestertum, Ein Versuch über Richard Cobden und die Freihandelsbewegung anlässlich der 200. Wiederkehr des Geburtstages von Richard Cobden am 3. Juni 1804 (2004), S. 13.

[21] *Ambrosius*, in: Moderne Wirtschaftsgeschichte, Eine Einführung für Historiker und Ökonomen (1996), S. 310; *Doering*, Mythos Manchestertum, Ein Versuch über Richard Cobden und die Freihandelsbewegung anlässlich der 200. Wiederkehr des Geburtstages von Richard Cobden am 3. Juni 1804 (2004), S. 13; *Schmoeckel/Maetschke*, Rechtsgeschichte der Wirtschaft seit dem 19. Jahrhundert (2016), S. 457.

[22] *Osterhammel*, Zeitschrift der Bundeszentrale für politische Bildung 2018, S. 14.

[23] *Böhm*, in: Hamburg, Geschichte der Stadt und ihrer Bewohner (1982), S. 507 ff.; *Müller*, Die Auseinandersetzung über Hamburgs Zollanschluss an das Deutsche Reich 1833–1888 (1988), S. 63 f.; s. hierzu ausführlich auch *Schmoeckel/Maetschke*, Rechtsgeschichte der Wirtschaft seit dem 19. Jahrhundert (2016), S. 463 ff.

Kapitel 5

Der Freihafen und die Verfassung des Norddeutschen Bundes

A. Vorbemerkungen

Bevor der Blick auf die wirtschaftliche Dimension der Freihafenfrage sowie das konkrete Wirken der Handelskammer gerichtet wird, bedarf es einer sorgfältigen Analyse des rechtlichen Rahmens. Denn die nachfolgende Debatte darum, ob der Anschluss an den Zollverein oder aber die Beibehaltung des Freihafens vorteilhafter wäre, spielte sich innerhalb des Regelungskomplexes der Verfassung des Norddeutschen Bundes ab. Und auch die einfachgesetzlichen Regelungen zur Umsetzung des Freihafens hatten sich in den verfassungsrechtlichen Grenzen zu bewegen.

Der verfassungsrechtliche Rahmen war aus hamburgischer Sicht im Grunde positiv zu bewerten, da er Hamburg ein großes Maß an Flexibilität zubilligte. Wie diese Regelung aussah, welche Handlungsoptionen Hamburg angesichts der Regelung hatte und wie diese günstige Ausgestaltung zustande kam, ist daher Gegenstand dieses Abschnittes.

B. Definition des Freihafens

Ein Freihafen bezeichnet im Grundsatz ein abgegrenztes Gebiet innerhalb eines Zollgebietes, in welchem ein freier Warenverkehr möglich ist. Waren, die hier aus dem Ausland eintreffen, werden nicht verzollt (vgl. auch § 59 Zoll-Ordnung[1]) und können zollfrei eingelagert und unter Umständen sogar weiterverarbeitet bzw. veredelt werden. Werden diese Waren aus dem Freihafengebiet später weiterverschifft, fallen ebenfalls keine Zölle an und ein ungestörter Freihandel wird ermöglicht.[2] Dies bot den Vorteil, dass die importierten Waren, so lange zollfrei eingelagert werden konnten, bis der Importeur einen Abnehmer gefunden hatte.[3]

---

[1] Abgedruckt in: Gesetzessammlung der Freien und Hansestadt Hamburg 1868, Bd. 4, Abt. 3 (1869), S. 35 ff.

[2] Zur Definition *Lehmann*, Der Hamburger Freihafen von der Gründung des Norddeutschen Bundes bis zum Zollanschluss (1967), S. 6; *Müller*, Die Auseinandersetzung über Hamburgs Zollanschluss an das Deutsche Reich 1833–1888 (1988), S. I.

[3] *Müller*, Die Auseinandersetzung über Hamburgs Zollanschluss an das Deutsche Reich 1833–1888 (1988), S. 48.

Außerdem konnten sämtliche Arbeiten im Freihafen wie Löschung, Beladung, Besichtigung oder Umschlagen gänzlich ohne jegliche Abgaben oder Zollformalitäten vorgenommen werden.[4]

In Abgrenzung zum Freihandel existiert ein Freihafen also nicht schon dann, wenn der Staat keine Steuern erhebt, sondern erst dann, wenn ein bestimmtes Gebiet innerhalb einer territorialen Einheit von der Pflicht zur Zollerhebung ausgenommen ist.[5]

Das gesamte hamburgische Staatsgebiet war zunächst weitgehend ein Freihafen, mitsamt der Wohnstadt, bis im Jahre 1888 – nach dem Zollanschluss – lediglich ein sogenannter „Freihafenbezirk" in der Speicherstadt übrigblieb.[6] Die Regularien des Zollvereins, also namentlich das Zollgesetz, die Zoll-Ordnung, der Zolltarif und auch das Zollstrafgesetz, fanden im Bereich des Freihafens also keine Anwendung.[7]

C. Regelungsgehalt in der Verfassung

Im Verfassungstext vom 26. Juni 1867, dem die Bürgerschaft im Mai 1867 die Zustimmung erteilt hatte,[8] hieß es in Art. 34 wörtlich:

> „Die Hansestädte Lübeck, Bremen und Hamburg mit einem dem Zweck entsprechenden Bezirke ihres oder des umliegenden Gebietes bleiben als Freihäfen außerhalb der gemeinsamen Zollgrenze, bis sie ihren Einschluß in dieselbe beantragen."

Die Ausgangssituation für die Stadt Hamburg war also denkbar günstig. Sie konnte ihren Freihafenstatus beibehalten, bis sie selbst den Beitritt in die Zollunion beantragte. Dem Verfassungstext nach musste Hamburg also nicht befürchten, den Status als Freihafen und die dahingehende Selbständigkeit zu verlieren. Dies schloss jedoch nicht aus, dass sowohl aus dem Innern Hamburgs als auch aus Preußen Druck auf Hamburg ausgeübt werden konnte, den betreffenden Antrag zu stellen. Von Preußen bzw. Bismarck wurde insbesondere im Laufe der 1870er Jahre der Druck mittels Schutzzöllen und diversen anderen Repres-

---

[4] *Meinert*, Der Freihafen Hamburg, Eine Wirtschafts- und verkehrsgeographische Untersuchung (1974), S. 26.

[5] *Rohgé*, Deutsche Zeit- und Streitfragen 1890, S. 21.

[6] *Stein*, Zeitschrift des Vereins für Hamburgische Geschichte 1978, S. 55; zum Zollanschlussvertrag 1881 *Müller*, Die Auseinandersetzung über Hamburgs Zollanschluss an das Deutsche Reich 1833–1888 (1988), S. 159 ff.

[7] Zollgesetz abgedruckt in: Gesetzessammlung der Freien und Hansestadt Hamburg 1868, Bd. 4, Abt. 3 (1869), S. 25 ff.; Zolltarif abgedruckt in: StA HH 111-1 VII Lit. K no. 13 Vol. 1 Fasc. 2 Verein für Handelsfreiheit Jahresbericht 1864 (1864), Kap. Tarif des Zollvereins.

[8] Verhandlungen zwischen Senat und Bürgerschaft im Jahre 1867 (1868), S. 220.

salien erhöht.[9] Das Ergebnis war ein weitgehender Zollanschluss im Jahre 1888.[10] Dass es zu dieser Entwicklung kommen würde, lässt sich schon dem Verfassungstext entnehmen. Denn die Festlegung eines Mechanismus zum Anschluss an den Zollverein impliziert, dass ein solcher Anschluss in Betracht gezogen wurde und im Grunde auch gewünscht war.[11] Dieses Ergebnis wird auch durch Art. 33 der Verfassung bestätigt, welcher ein einheitliches Zollgebiet für das Gebiet des Norddeutschen Bundes vorschreibt. Neben dem Antrag der Hansestädte war, jedenfalls ausgehend von der Verfassung, kein formeller Zustimmungsbeschluss des Bundesrats erforderlich. Der Anschluss erfolgte im Grundsatz also rein einseitig. Eine solche einseitige Gestaltungsbefugnis kommt jedoch lediglich dort in Betracht, wo keine abweichenden Interessen der anderen Partei anzunehmen sind. So lagen auch die Dinge hinsichtlich der Freihafenstellung. Der Norddeutsche Bund hatte politisch gesehen keinerlei Interessen daran, dass Hamburg den Sonderstaus länger als notwendig beibehält. Soweit wirtschaftliche Interessen auch des Norddeutschen Bundes für die Beibehaltung gesprochen haben sollten, indem er mittelbar von der wirtschaftlichen Prosperität der Stadt profitierte, konnte er sich jedoch darauf verlassen, dass Hamburg keinen Antrag stellen würde, solange dies für Hamburg selbst wirtschaftlich nachteilig gewesen wäre. Es verwundert daher nicht, dass *Bismarck* zu Curtius, Bürgermeister von Hamburg, 1867 sagte: „Preußen läge auf den Beitritt der Hansestädte oder einer derselben großen Wert und werde dazu in jeder Weise bereitwillig die Hand bieten."[12] Auch dies verdeutlicht nochmals, dass der Anschluss politisch im Interesse des Norddeutschen Bundes war und mithin keine weiteren Voraussetzungen an einen solchen gestellt werden mussten. Insofern entsprach diese einseitige Regelungsbefugnis den Interessen aller beteiligten Parteien. Bismarck stellte überdies auch später im Jahre 1881 fest, dass der Freihafenstatus bloß übergangsweise konzipiert worden war:

> „Ich erinnere mich, dass damals im Jahre 1867, wie hierüber verhandelt worden ist, gar kein Zweifel darüber bestand, dass die Freihafeneinrichtung, die zum Vorteil Hamburgs getroffen werden sollte, eine provisorische sei, durch die ein Uebergangsstadium – als solches betrachtete man es damals ganz zweifellos von beiden Seiten – geschaffen werden sollte, und dass schon damals Anschläge gemacht wurden (...)"[13]

Letztlich sollte durch den Anschluss der Hansestädte ja nur der Zustand hergestellt werden, der auch zwischen den restlichen Mitgliedern des Norddeutschen Bundes bestand und in Art. 33 der Verfassung auch niedergeschrieben war.

---

[9] Ausführlich dazu *Müller*, Die Auseinandersetzung über Hamburgs Zollanschluss an das Deutsche Reich 1833–1888 (1988), S. 61 ff.

[10] S. dazu *Müller*, Die Auseinandersetzung über Hamburgs Zollanschluss an das Deutsche Reich 1833–1888 (1988), S. 159 ff.

[11] Dahingehend auch *Baasch*, Geschichte Hamburgs 1814–1918, Bd. I (1924), S. 209.

[12] Wörtlich abgedruckt bei *Budach*, Hamburg und der Norddeutsche Bund (1935), S. 50.

[13] Stenographische Berichte über die Verhandlungen des Reichstages, V. Legislaturperiode, I. Session 1881/82 (1882), S. 56.

Ergänzend zu Art. 34 heißt es in Art. 78:

„Veränderungen der Verfassung erfolgen im Wege der Gesetzgebung, jedoch ist zu denselben im Bundesrathe eine Mehrheit von zwei Dritteln der vertretenen Stimmen erforderlich.“

Insofern war die Freihafenstellung Hamburgs abgesichert[14] und konnte im Grundsatz nicht einseitig durch den Bund aufgehoben werden. Einerseits wegen des Antragserfordernisses nach Art. 34 und andererseits wegen Art. 78 der Verfassung.

Ergänzend ist noch darauf hinzuweisen, dass Hamburg – sowie alle anderen außerhalb des Zollvereins liegenden Gebiete – nach Art. 38 verpflichtet war, ein sogenanntes Aversum, also einen Beitrag zu den Bundesausgaben als Ausgleich bzw. Entschädigung für die Freihafenstellung, zu zahlen.[15]

D. Zustandekommen des Verfassungstextes

I. Der Weg zum finalen Entwurf

Die Entstehungsgeschichte des Art. 34 der Verfassung des Norddeutschen Bundes ist zunächst etwas weniger aufregend und kontrovers, als man vielleicht vermuten mag, fügt sich aber in das Bild des historischen Kontextes. So hätte man davon ausgehen können, dass es erst erheblicher Überredungsarbeit bedurfte, um *Bismarck* von den Vorzügen des Freihafens zu überzeugen. Dies war jedoch wie gezeigt gerade nicht der Fall und zeichnete sich bereits im Sommer 1866 ab, als er seine grundsätzliche Bereitschaft zur Beibehaltung des Freihafens erklärte.[16] Zudem teilte *Bismarck* späte im Jahr 1889 seinem Justizrat *Philipp* mit, dass er rückblickend froh sei, dass Hamburg keine preußische Stadt wurde, sondern seine Handelsinteressen erfolgreich verteidigt habe.[17] Schon die Grundzüge einer neuen Bundesverfassung vom 10. Juni 1866 sahen in Art. 5 vor, dass die Errichtung von Freihäfen möglich sein soll. Damit stand bereits zum Zeitpunkt, als die Augustverträge unterzeichnet wurden, fest, dass auch in der zu verabschiedenden Verfassung des Norddeutschen Bundes die prinzipielle Beibehaltung des Freihafenstatus möglich war.[18] Dennoch blieben noch einige Fragen ungeklärt und namentlich die Anforderungen an eine Aufhebung des Freihafenstatus waren nicht abschließend geregelt.

---

[14] *Seydel*, Commentar zur Verfassungs-Urkunde für das Deutsche Reich (1873), S. 167.

[15] Ausführlich zum Aversum *Hahn*, Geschichte des Deutschen Zollvereins (1984), S. 106 ff.; *Müller*, Die Auseinandersetzung über Hamburgs Zollanschluss an das Deutsche Reich 1833–1888 (1988), S. 37 f.

[16] S. dazu Abschnitt „Hamburgs Weg in den Norddeutschen Bund und die Stellung gegenüber Preußen“.

[17] *Philipp*, Bismarck Gespräche (1928), S. 107.

[18] *Hübner*, Der Zollanschluß Hamburgs vom 15. Oktober 1888 (1925), S. 27.

Hübner rekurriert in seiner Darstellung der Entstehung der Regelung auf ein Promemoria von *Lothar Bucher* vom 6. Mai 1880.[19] Auch die vorliegende Arbeit folgt dieser Struktur. So diktierte der Ministerpräsident *Otto von Bismarck* am 8. Dezember 1866:

„Außerhalb der gemeinschaftlichen Zollgrenze bleiben: 1) Die Freien und Hansestädte Lübeck, Bremen und Hamburg, vorbehaltlich der Einschliessung von einzelnen Theilen ihrer Gebiete."[20]

Dieser erste Entwurf dürfte den Vorstellungen Bismarcks am meisten entsprochen haben. Denn dieser beinhaltete nicht das Erfordernis eines Antrags der Hansestädte. Somit wäre es prinzipiell wohl auch möglich gewesen, gegen den Willen, aber mit einer gewissen Mehrheit die Städte jedenfalls in Teilen an das Zollgebiet anzuschließen. Dieser Entwurf wurde jedoch bereits am 9.Dezember folgendermaßen abgeändert:

„Ausserhalb der gemeinschaftlichen Zollgrenze können bleiben: 1) Die Freien und Hansestädte Lübeck, Bremen und Hamburg mit einem den Verhältnissen entsprechenden Bezirk ihres oder des umliegenden Gebiets."[21]

Diese Version überlässt es dem Wortlaut nach, den Hansestädten, sich dem Zollgebiet anzuschließen oder nicht. Soweit es hier „können" heißt, impliziert dies, dass sie einerseits nicht außerhalb des Zollgebiets verbleiben müssen und andererseits – weniger selbstverständlich – selbst über ihren Anschluss entscheiden können. Denn der Verbleib außerhalb des Zollgebietes ist als Zugeständnis an die Freihäfen zu verstehen, widerspricht die Regelung doch eigentlich dem einheitlichen Zoll- und Handelsgebiet nach Art. 5 der Grundzüge einer neuen Bundesverfassung und dem späteren Art. 33 der Verfassung. Streng genommen könnte man diesen Entwurf jedoch auch dahingehend interpretieren, dass die Hansestädte zwar zunächst außerhalb des Zollgebietes verbleiben können – aber nicht müssen – ihr Einschluss jedoch nicht von ihrer Zustimmung oder ihrem Antrag abhängt, sondern auch oktroyiert werden kann. Hierfür sprechen auch Art. 2 sowie Art. 6 Abs. 1 der Grundzüge einer neuen Bundesverfassung, da diese die Zoll- und Handelsgesetzgebung der Bundesgewalt unterstellten und für die Wirksamkeit der Beschlüsse eine Mehrheit des Bundestages mit Mehrheit der Volksvertretung erforderlich und ausreichend war. Auch der Senat sah dieses Risiko in der Sitzung vom 5. Dezember 1866 und wollte daher einen entsprechenden Zusatz aufnehmen lassen, dass ein Einschluss gegen den Willen nicht möglich sei.[22]

---

[19] Zit. nach *Hübner*, Der Zollanschluß Hamburgs vom 15. Oktober 1888 (1925), S. 24 f.; übereinstimmend auch abgedruckt bei *Becker*, in: Städtewesen und Bürgertum als Geschichtliche Kräfte (1953).

[20] *Hübner*, Der Zollanschluß Hamburgs vom 15. Oktober 1888 (1925), S. 24 f.

[21] *Hübner*, Der Zollanschluß Hamburgs vom 15. Oktober 1888 (1925), S. 25.

[22] StA HH 111-1 102234 Senatsprotokolle 1866 Bd. IV, S. 407.

Es kann wohl nicht aufgeklärt werden, ob auf diese Weise seitens Preußen ursprünglich versucht wurde, einen späteren „erzwungen" Einschluss der Hansestädte zu ermöglichen. Sicherlich wäre es hier zu einem Konflikt im Hinblick auf die Auslegung der Verfassung gekommen, doch wäre diese „preußenfreundliche" Auslegung jedenfalls nicht gänzlich abwegig gewesen. Legt man den Normtext hingegen überzeugender „hamburgfreundlich" dahingehend aus, dass das Wort „können" eine einseitige Eingliederung seitens des Bundes verhindern soll, so nähert er sich bereits der finalen Version an. Ergänzend sei noch darauf hingewiesen, dass die Handelskammer wohl eher von einer „preußenfreundlichen" Auslegung ausging und befürchtete, dass eine spätere Eingliederung durch die Bundesgewalt möglich wäre.[23]

Im Dezember 1866 trat sodann eine Gesandtenkonferenz zu einer vertraulichen Besprechung zusammen, welche die neue Bundesverfassung debattieren sollte.[24] Hier wurden die Gesandten zunächst von *Bismarck* begrüßt, der eingangs darauf hinwies, dass die einzelnen Staaten einen Teil ihrer Unabhängigkeit aufzugeben hätten, um die Sicherheit und die nationalen Interessen zu gewährleisten. Dabei kam er sogar direkt auf die freien Städte zu sprechen und zeigte sich davon überzeugt, dass diese zum Wohle, zur Sicherheit und der Machtstellung Deutschlands ihre Partikularinteressen hintanstellen würden.[25] Damit machte *Bismarck* unmissverständlich klar, was er von den Gesandten erwartete: Die Bereitschaft, eigene Interessen den nationalen Interessen unterzuordnen. Dennoch betonte er zugleich, dass die Eingriffe auf die „allseitig erkannten Bedürfnisse beschränkt" worden seien;[26] was hierunter zu verstehen ist, dürfte zwischen den Teilnehmern jedoch durchaus unterschiedlich betrachtet worden sein. Auf dieser Konferenz wurden die Entwürfe *Bismarcks* „druckfrisch" verteilt.[27] Der hamburgische Gesandte *Kirchenpauer*, fragte – vorausschauend – ob im Falle einer Verfassungsänderung, welche die Rechte einzelner Staaten tangierten, die Zustimmung der betreffenden Staaten notwendig sei, oder ob eine Zweidrittelmehrheit ausreiche.[28] Offenbar konnte es *Kirchenpauer* noch immer nicht aus-

---

[23] SHWA, Safebestand der Commerzbibliothek, S/599 Protokolle 1866 Anlage No. 363 S. 1.

[24] Ausführlich zu diesen *Schönhoff*, Hamburg im Bundesrat: Die Mitwirkung Hamburgs an der Bildung des Reichswillens 1867 – 1890 (1967), S. 29 ff.; *Böhm*, in: Hamburg, Geschichte der Stadt und ihrer Bewohner (1982), S. 499.

[25] Stenographischer Berichte über die Verhandlungen des Reichstages des Norddeutschen Bundes im Jahre 1867, Bd. 2 (1867), S. 18 f.

[26] Stenographischer Berichte über die Verhandlungen des Reichstages des Norddeutschen Bundes im Jahre 1867, Bd. 2 (1867), S. 19.

[27] *Wohlwill*, Die hamburgischen Bürgermeister Kirchenpauer, Petersen, Versmann (1903), S. 104.

[28] *Wohlwill*, Die hamburgischen Bürgermeister Kirchenpauer, Petersen, Versmann (1903), S. 105; *Hübner*, Der Zollanschluß Hamburgs vom 15. Oktober 1888 (1925), S. 27; *Schönhoff*, Hamburg im Bundesrat: Die Mitwirkung Hamburgs an der Bildung des Reichswillens 1867 – 1890 (1967), S. 37.

schließen, dass trotz der möglicherweise eindeutigen Verfassungsbestimmung zum Freihafen eben jene nach Verabschiedung zulasten der Hansestädte geändert würde. Dies zeugt einerseits von einem gewissen Misstrauen gegenüber den anderen Staaten des Norddeutschen Bundes und andererseits auch von einer großen Weitsichtigkeit. *Bismarck* riet ihm sodann, diese Frage nicht weiter zu verfolgen und sich mit dem Zugeständnis zufrieden zu geben.[29] Die Gesandtenkonferenz einigte sich am 7. Februar 1867 sodann auf den finalen Wortlaut, der insbesondere den Zusatz „Hansestädte" enthielt:[30]

> „Die Hansestädte Lübeck, Bremen und Hamburg mit einem Zwecke entsprechenden Bezirke ihres oder des umliegenden Gebietes bleiben als Freihäfen außerhalb der gemeinschaftlichen Zollgrenze, bis sie ihren Einschluss in dieselben beantragen."

Die Änderungen, zu deren Zustandekommen die Protokolle – abgesehen von dem Zusatz der „Hansestädte"[31] – schweigen, enthalten im Kern zwei wichtige Aspekte. Zum einen wohl eher klarstellungshalber die Feststellung, dass der Einschluss in das gemeinschaftliche Zollgebiet einen Antrag der Hansestädte erfordert. Die verbliebenen Unsicherheiten, die der zuvor erörterte Entwurf durch das Wort „können" enthielt, waren damit aufgelöst. Vor dem Hintergrund, dass sowohl die Frankfurter Reichsverfassung als auch der Verfassungsentwurf des Dreikönigsbündnisses zwar die Beibehaltung der Freihäfen vorsah, deren zukünftiges Bestehen jedoch in das Ermessen des Bundes stellten, war also viel gewonnen.[32] Die von *Kirchenpauer* angesprochene Unsicherheit blieb hingegen weiterhin bestehen, da der spätere Art. 78 eine Zweidrittelmehrheit für eine Verfassungsänderung ausreichen ließ. Ob im Rahmen einer Verfassungsauslegung nicht trotz einer entsprechenden Mehrheit vor dem Hintergrund des Art. 34 die Zustimmung Hamburgs notwendig gewesen wäre, kann hier dahinstehen.

Zum anderen orientierte sich nunmehr der konkrete Freihafenbezirk nicht mehr an den „Verhältnissen", sondern am „Zwecke". Sinn dieser Modifikation dürfte womöglich gewesen sein, dass „Verhältnisse" auch und insbesondere geographisch verstanden werden könnte, sodass man unter Umständen davon ausgehen könnte, dass die konkrete Ausdehnung daran angelehnt war, welcher Bezirk sich von seiner Lage her anbot, einen Freihafen zu bilden. Außerdem wäre es auch denkbar, die Ausdehnung anhand der Bedeutung des Freihafens im Ver-

---

[29] *Schönhoff*, Hamburg im Bundesrat: Die Mitwirkung Hamburgs an der Bildung des Reichswillens 1867 – 1890 (1967), S. 37.

[30] Stenographischer Berichte über die Verhandlungen des Reichstages des Norddeutschen Bundes im Jahre 1867, Bd. 2 (1867), S. 23; *Hübner*, Der Zollanschluß Hamburgs vom 15. Oktober 1888 (1925), S. 26.

[31] Stenographischer Berichte über die Verhandlungen des Reichstages des Norddeutschen Bundes im Jahre 1867, Bd. 2 (1867), S. 19 f.

[32] *Wohlwill*, Die hamburgischen Bürgermeister Kirchenpauer, Petersen, Versmann (1903), S. 110; *Hübner*, Der Zollanschluß Hamburgs vom 15. Oktober 1888 (1925), S. 27; vgl. auch *Wiskemann*, Hamburg und die Welthandelspolitik von den Anfängen bis zur Gegenwart (1929), S. 194.

gleich zu den anderen Freihäfen zu verstehen. Je bedeutender die Verhältnisse, also der Umfang des Handels vor Ort war, desto größer durfte auch der Freihafenbezirk sein. Schließlich wäre es ebenso vorstellbar, soziale Aspekte unter den Begriff der „Verhältnisse" miteinzubeziehen und ihnen ggf. den Vorrang einzuräumen. Mag die Frage der Definition bloß theoretischer und akademischer Natur sein, so wurde durch die Zweckbindung jedenfalls etwas mehr Klarheit geschaffen. Die Ausdehnung des Freihafenbezirkes orientiert sich mithin an keinen anderen Kriterien, die man möglicherweise in „Verhältnisse" hätte hineinlesen können. Es sollte lediglich darauf ankommen, was für den Freihafen – also seinen Erfolg – zweckdienlich erscheint. Mithin dürfte diese Änderung im Sinne einer Präzisierung ebenfalls ganz im Interesse der Hansestädte gewesen sein.

II. Die Verfassungsverhandlungen im Reichstag

Das Ziel, den Freihafenstatus beibehalten zu können und nach Belieben den Anschluss an den Zollverein zu beantragen, wurde mit dem vorgelegten Entwurf erreicht. Hamburg konnte also auf die dahingehende Unterstützung *Bismarcks* vertrauen. Es hatte wenig zu befürchten. Und dennoch: Im Parlament war der Artikel nicht unumstritten und es galt daher, diesen auch während der Verhandlungen gegen abweichende Anträge zu verteidigen.[33] Angesichts verschiedener Änderungsanträge bei den Verfassungsverhandlungen schien der Status keineswegs endgültig gesichert gewesen zu sein. Die im Reichstag vorgebrachten Argumente finden sich später im Übrigen auch in der hamburgischen Zollanschlussdiskussion wieder. Insofern lohnt ein Blick auf die Debatte, um zu verstehen, welche Interessen vom nationalen Standpunkt gegen den Freihafen vorgebracht wurden und wie man diesen seitens der Hansestädte begegnete.

Für Hamburg waren der Senator *Dr. iur. Kirchenpauer*[34], das Handelskammermitglied *De Chapeaurouge*[35], der Reeder *Sloman*[36] und der Lehrer *Dr. Rée*[37] anwesend. Artikel 31 des Verfassungsentwurfs – entspricht dem finalen Art. 34 – wurde in der 24. Sitzung am 1. April 1867 verhandelt. Bevor die Versammlung jedoch auf den eigentlichen Gegenstand der Tagesordnung zu sprechen kam, wurde über die in Rede stehende Abtretung Luxemburgs an Frankreich debat-

[33] Bspw. Freihafenstatus nur vorbehaltlich keiner abweichenden Bundesgesetze: Stenographischer Berichte über die Verhandlungen des Reichstages des Norddeutschen Bundes im Jahre 1867, Bd. 1 (1867), S. 500.

[34] Stenographischer Berichte über die Verhandlungen des Reichstages des Norddeutschen Bundes im Jahre 1867, Bd. 1 (1867), S. IX.

[35] Stenographischer Berichte über die Verhandlungen des Reichstages des Norddeutschen Bundes im Jahre 1867, Bd. 1 (1867), S. XII.

[36] Stenographischer Berichte über die Verhandlungen des Reichstages des Norddeutschen Bundes im Jahre 1867, Bd. 1 (1867), S. XXII.

[37] Stenographischer Berichte über die Verhandlungen des Reichstages des Norddeutschen Bundes im Jahre 1867, Bd. 1 (1867), S. XX.

tiert.[38] Dieses Thema erhitze die Gemüter stark, was ein Grund dafür gewesen sein mag, dass die Diskussion zu Art. 31 verhältnismäßig knapp ausfiel. So stellte auch *Michaelis* fest, dass es nach dieser nationalen Frage schwerfalle, „über eine anscheinend so trockene Frage wie den Theil des Bundesverfassungs-Entwurfes über Zoll und Handelswesen, hier in dieser Versammlung zu sprechen".[39] Dieser Umstand mag am Ende sogar Hamburg zugutegekommen sein.

Der Abgeordnete *Braun* aus Hersfeld nahm ausdrücklich Bezug auf Art. 31 und konstatierte, dass er im Grunde einverstanden sei mit der avisierten Regelung. Jedoch ging er davon aus, dass das System der Freihäfen auf Dauer nicht beibehalten werde, da zu viele Beschwerlichkeiten in dem Warentransport zu erwarten seien, sobald Schleswig und Holstein dem Zollverein beigetreten wären. Zugleich forderte er jedoch auch, dass die preußische Regierung die Einrichtung zollvereinsländischer Häfen fördere.[40] Er befürchtete offenkundig, dass sonst der überseeische Handel lediglich von den Freihäfen dominiert würde, der Zollverein von diesem Handel jedoch nicht profitiere. Wohl aus diesem Grund verwies er auch darauf, dass Altona in den Zollverein aufgenommen werden sollte. Erst am 19. April 1888 wurde jedoch seitens Preußens beantragt, dass Altona sowie die Vorstadt St. Pauli in das deutsche Zollgebiet eingeschlossen werden, um damit Druck auf Hamburg und den gewünschten Zollanschluss auszuüben.[41] Nur am Rande sei erwähnt, dass der folgende Redner *Schleiden* aus dem 8. Wahlkreis, dem auch Altona angehörte[42], schon zu diesem Zeitpunkt mit aller Deutlichkeit darauf hinwies, dass Altona und Hamburg untrennbar zusammengehörten; er behauptete gar, dass fast kein Schiff aus Hamburg auslaufe, welches nicht jedenfalls einen Teil seiner Ladung aus Altona erhalten hätte und ein Anschluss schon aufgrund der geographischen Verwobenheit daher praktisch nicht umsetzbar sei.[43] Es verwundert mithin nicht, dass auch *Schleiden* Befürworter des Artikels war.

Zu diesem Artikel lagen dem Bundesrat zunächst keine weiteren Änderungsvorschläge vor. *Grumbrecht* aus Harburg erhielt als erster das Wort und erläuterte ausschweifend die Bedeutung des Freihafens für Hamburg. Dabei hob er zunächst hervor, dass Harburg selbst ein Freihafen gewesen sei und nun, da die Stadt diesen Status verloren habe, wirtschaftlich prosperiere. Dennoch – und

[38] Stenographischer Berichte über die Verhandlungen des Reichstages des Norddeutschen Bundes im Jahre 1867, Bd. 1 (1867), S. 487 ff.

[39] Stenographischer Berichte über die Verhandlungen des Reichstages des Norddeutschen Bundes im Jahre 1867, Bd. 1 (1867), S. 490.

[40] Stenographischer Berichte über die Verhandlungen des Reichstages des Norddeutschen Bundes im Jahre 1867, Bd. 1 (1867), S. 492.

[41] S. ausführlich hierzu *Müller*, Die Auseinandersetzung über Hamburgs Zollanschluss an das Deutsche Reich 1833–1888 (1988), S. 88.

[42] Stenographischer Berichte über die Verhandlungen des Reichstages des Norddeutschen Bundes im Jahre 1867, Bd. 1 (1867), S. XXI.

[43] Stenographischer Berichte über die Verhandlungen des Reichstages des Norddeutschen Bundes im Jahre 1867, Bd. 1 (1867), S. 492.

dieses Widerspruchs war er sich bewusst – plädierte er für die Beibehaltung des Freihafenstatus. Er hielt nämlich die gegenwärtige Zollpolitik des Zollvereins für unvereinbar mit den Handelsinteressen Hamburgs.[44] Dies werde sich jedoch ändern, wenn sich die Zollpolitik etwa nach englischem Vorbild entwickle. Hiermit war vermutlich die liberalere Ausrichtung Englands insbesondere im Hinblick auf die Zölle gemeint, da England 1860 einen Großteil seiner Zölle abschaffte und nur einige wenige für Luxusgüter wie Wein beibehielt.[45] *Grumbrecht* ging davon aus, dass ein Freihafen nichts anderes sei, als ein großes Entrepot (worunter man verkürzt gesprochen einen Lagerraum innerhalb des Zollvereins verstand, in den die Waren zollfrei verbracht/gelagert werden konnten; mithin kann man tatsächlich beinahe von einem Miniatur-Freihafen sprechen). Hieraus zog er den Schluss, dass es überflüssig sei, Entrepots im eigentlichen Sinne zu bauen.[46] Ferner sei auch der Vergleich mit London, wo das Entrepotsystem erfolgreich praktiziert werde, nicht zutreffend, da die Geschäftspartner der hamburgischen Händler (insbes. sogenannte Detaillisten, die bloß kleine Mengen kaufen) zahlreiche Waren kaufen wollten und daher von Händler zu Händler und Lager zu Lager zögen. Dies sei hingegen nicht möglich mit einem Entrepotsystem.

Von den Kritikern des Freihafens wurde die Rede später in zu erwartender Weise angegriffen: So sei *Gumbrecht* als Bürgermeister bloß daran gelegen, dass Harburg weiterhin von Hamburg profitiere – er sei, mit anderen Worten, befangen.[47] Dabei verliere er jedoch die gesamtdeutschen Interessen aus dem Auge.[48] Außerdem entstammten – so jedenfalls die Auffassung von *Gumbrechts* Gegnern – die von den Händlern gesuchten Waren entweder dem Zollvereinsgebiet wie Leder etc. oder seien ohnehin zollfrei wie bspw. Baumwolle. Mithin wäre es sogar nachteilig, wenn sich Hamburg dem Zollverein nicht anschließe, da sodann Entrepots für die zollvereinsländischen Waren notwendig würden.[49] Dies entsprach den späteren Zollvereinsniederlagen im Freihafengebiet, die zollrechtlich wie Zollvereinsgebiet behandelt wurden.[50] Ob diese Einwände überzeugend waren, sei hier dahingestellt und wird an späterer Stelle beurteilt werden.[51]

Auf die Ausführungen *Gumbrechts* meldete sich der Abgeordnete *Wiggers* aus Berlin zu Wort. Er stellte sich offen gegen die Hansestädte und ihre Sonderbehandlung. Er hielt ein einheitliches Zollvereinsgebiet für unabdingbar, räumte aber ein, dass es dann einer Ausnahme bedürfe, wenn dies im Interesse der Han-

[44] Stenographischer Berichte über die Verhandlungen des Reichstages des Norddeutschen Bundes im Jahre 1867, Bd. 1 (1867), S. 494.
[45] *Osterhammel*, Zeitschrift der Bundeszentrale für politische Bildung 2018, S. 13.
[46] Stenographischer Berichte über die Verhandlungen des Reichstages des Norddeutschen Bundes im Jahre 1867, Bd. 1 (1867), S. 494.
[47] Die Reichstagsverhandlung über die Freihafenstellung der Hansestädte (1867), S. 5.
[48] Die Reichstagsverhandlung über die Freihafenstellung der Hansestädte (1867), S. 5 f.
[49] Die Reichstagsverhandlung über die Freihafenstellung der Hansestädte (1867), S. 4 f.
[50] S. dazu ausführlich Abschnitt „Zollvereinsniederlagen“.
[51] S. Abschnitt „Nachvollziehbarkeit der Entscheidung“.

sestädte notwendig sei. Freilich ging er nicht vom Vorliegen einer solchen Notwendigkeit aus.[52] Zunächst stellte er sehr pointiert die gegensätzlichen Interessen von Gewerbe auf der einen Seite und Kaufleuten, die einen internationalen Handel verfolgten auf der anderen Seite dar. Während erstere den Verlust von Absatzgebieten bei einer Beibehaltung des Freihafenstatus befürchteten, wollten letztere eben jenen konservieren, um ungehindert Handel mit der Welt betreiben zu können. Auch *Wiggers* hielt den „Kompromiss" eines Entrepotsystems für wenig erfolgsversprechend: Denn um den Interessen der Freihafenanhänger zu genügen, bedürfte es eines derart großen Entrepot-Bezirks, dass die notwendigen Kontrollen unausführbar würden. Die Freihafenstellung sei lediglich bequemer für die Kaufleute, da diese ihre Waren nicht in Entrepots, sondern bei sich selbst lagern und vor Ort verarbeiten könnten.[53] Dennoch sei zu bedenken, dass etwa die holländischen, englischen, französischen und belgischen Seeplätze keine Freihäfen seien, sondern vielmehr ein Entrepotsystem aufwiesen, sodass sich die Frage stellt, warum für Hamburg ein solches unpassend sei.[54] Entscheidend sei aber das nationale Interesse: So wäre es anderen Seeplätzen im Falle der Beibehaltung des Freihafenstatus unmöglich, mit den Freihäfen zu konkurrieren. Dies würde – aufgrund der Monopolstellung als Freihafen – schließlich auch den für sich in Anspruch genommenen Freihandelsprinzipien widersprechen.[55] Auch der Export von zollvereinsländischen Waren sowie der Binnenhandel würden schließlich von einem Anschluss Hamburgs an den Zollverein profitieren, da Hamburg als Vermittlerin innerhalb des Zollvereins anzusehen wäre. Konsequenterweise votierte *Wiggers* daher gegen den streitgegenständlichen Artikel.[56] Lediglich übergangsweise – etwa für drei Jahre – solle der Freihafenstatus gewährt werden.

Erst jetzt trat ein hamburgischer Vertreter ans Rednerpult. Es war jedoch weder der Bürgermeister noch das Handelskammermitglied. Vielmehr war es der Abgeordnete *Sloman*. Wenngleich *Sloman* nicht offizieller Gesandter der Handelskammer war, so handelte er doch ganz im Interesse derselben. Der Präses der Handelskammer hatte in der Sitzung vom 18. Februar 1867 geäußert, dass mit der Wahl von *Sloman* und dem Handelskammermitglied *De Chapeaurouge* die hamburgischen Interessen „die beste Vertretung" gefunden hätten.[57] *Sloman* konstatierte vorab, er wisse, dass er dem Verdacht der Befangenheit ausgesetzt sei;

---

[52] Stenographischer Berichte über die Verhandlungen des Reichstages des Norddeutschen Bundes im Jahre 1867, Bd. 1 (1867), S. 495.

[53] Stenographischer Berichte über die Verhandlungen des Reichstages des Norddeutschen Bundes im Jahre 1867, Bd. 1 (1867), S. 495.

[54] Stenographischer Berichte über die Verhandlungen des Reichstages des Norddeutschen Bundes im Jahre 1867, Bd. 1 (1867), S. 495.

[55] Stenographischer Berichte über die Verhandlungen des Reichstages des Norddeutschen Bundes im Jahre 1867, Bd. 1 (1867), S. 495.

[56] Stenographischer Berichte über die Verhandlungen des Reichstages des Norddeutschen Bundes im Jahre 1867, Bd. 1 (1867), S. 496.

[57] SHWA, Safebestand der Commerzbibliothek, S/599 Protokolle 1867, S. 42.

daher bat er die Abgeordneten darum, vornehmlich die Interessen Deutschlands zu beachten und vor diesem Hintergrund die Frage des streitgegenständlichen Artikels zu beantworten.[58] Er legte zunächst nochmals dar, dass es in beinahe allen großen Handelsplätzen der Welt Einrichtungen gebe, die einen von Zollregularien unabhängigen Handel mit Waren ermöglichen; seien es Freihäfen, Entrepots oder Docks – und dies sogar in schutzzollaffinen Häfen wie Triest. Darüber hinaus stellte er fest, dass der Wohlstand des einen Handelspartners nicht immer zulasten des anderen gehen müsse. Im Gegenteil: Wären die genannten Einrichtungen nicht im Interesse der (Gesamt-)Staaten wie bspw. in England, würden diese allein aufgrund der öffentlichen Meinung nicht weiterhin bestehen können.[59] Diese Aussage war wichtig, denn auf diese Weise konnte er das Argument der Freihafengegner, der Wohlstand Hamburgs gehe zulasten des Zollvereins, entkräften. Mit anderen Worten trat er also deutlich der Auffassung entgegen, dass der Handel eine Art Nullsummenspiel ist. Er fokussierte sich vollkommen auf das Interesse ganz Deutschlands und versuchte auf diese Weise nicht nur an die Rücksicht auf Hamburg, sondern an die egoistischen Handelsinteressen der anderen Staaten zu appellieren. So sei es im Interesse aller Konsumenten, Händler, Handwerker etc., wenn Sie einen nahen Marktplatze hätten, an dem Sie günstig Waren einkaufen können. Denn wenn Hamburg den ganzen Zollverein als „Kunden“ habe, würden entsprechend größere Mengen eingekauft und daher geringere Preise anfallen.[60] Zugleich sei es außerdem eine logische Konsequenz, dass auch entsprechend viel (vornehmlich deutsche Produkte) exportiert werde. Je mehr Waren importiert würden, desto mehr würden auch exportiert. Denn mit Geld allein als Gegenleistung sei der Import nicht zu bewerkstelligen.[61] Abschließend folgten noch einige praktische Beispiele aus dem Handel,[62] die jedoch in der späteren Rezeption teils heftig angegriffen wurden.[63] Seine Rede schloss *Sloman* dann mit dem Hinweis darauf, dass Hamburg sehr wohl bereit sei, dem Norddeutschen Bund beizutreten, ein Bund jedoch stets aus zwei Parteien bestehe und daher auch eine Rücksichtnahme auf Hamburg notwendig sei.[64] Es folgten einige Bravo-Rufe und schlussendlich die pointierten Worte zugunsten des Freihafens:

---

[58] Stenographischer Berichte über die Verhandlungen des Reichstages des Norddeutschen Bundes im Jahre 1867, Bd. 1 (1867), S. 496.

[59] Stenographischer Berichte über die Verhandlungen des Reichstages des Norddeutschen Bundes im Jahre 1867, Bd. 1 (1867), S. 496.

[60] Stenographischer Berichte über die Verhandlungen des Reichstages des Norddeutschen Bundes im Jahre 1867, Bd. 1 (1867), S. 496.

[61] Stenographischer Berichte über die Verhandlungen des Reichstages des Norddeutschen Bundes im Jahre 1867, Bd. 1 (1867), S. 496.

[62] Stenographischer Berichte über die Verhandlungen des Reichstages des Norddeutschen Bundes im Jahre 1867, Bd. 1 (1867), S. 497.

[63] Zur Kritik an den Beispielen: Die Reichstagsverhandlung über die Freihafenstellung der Hansestädte (1867), S. 6 ff.

[64] Stenographischer Berichte über die Verhandlungen des Reichstages des Norddeutschen Bundes im Jahre 1867, Bd. 1 (1867), S. 497.

„Sie können unsere große Handelsstellung mit einem Federstrich vernichten – aber viele Tinte umsonst verschreiben und doch nicht das Werk wieder aufrichten, das Jahrhunderte lang Mühe und Ausdauer gekostet hat.“[65]

Auch hierauf folgten wieder Bravo-Rufe. Angesichts dessen, dass alleine zu *Slomans* Rede drei Mal Bravo-Rufe/Zustimmung/Heiterkeit protokolliert wurden,[66] kann davon ausgegangen werden, dass seine Rede die beabsichtigte Wirkung nicht verfehlte. Unabhängig von der inhaltlichen Bewertung scheint er die Mitglieder des Bundesrates überzeugt zu haben. Umso mehr wundert es, dass dennoch ein Änderungsantrag von dem Abgeordneten *Evans* gestellt wurde, der das Antragserfordernis der Hansestädte nicht mehr vorsah und die Freihafenstellung lediglich als „vorläufig“ beibehielt. So heißt es dort:

„Die Hansestädte Lübeck, Bremen und Hamburg mit einem dem Zweck entsprechenden Bezirke ihres oder des umliegenden Gebietes bleiben als Freihäfen vorläufig außerhalb der gemeinschaftlichen Zollgrenze, bis die Bundesgesetze darüber beschließen.“[67]

Er befürchtete insbesondere, dass die vorgesehene Regelung zulasten des Patriotismus gehe. Am liebsten hätte er sogar für die Streichung plädiert, erkannte jedoch, dass dieses Vorhaben nicht mehrheitsfähig war. Deshalb wollte er es immerhin der Bundesgesetzgebung überlassen, künftig über die Freihafenstellung zu entscheiden.[68] *Evans* lenkte mit dieser Argumentation also von den finanziellen und wirtschaftlichen Fragen ab und legte den Schwerpunkt auf die (vermeintlich) nationalen, patriotischen Interessen.

Auf diesen offenen Angriff hin meldete sich *Krüger*, Ministerresident und Bundeskommissar für Bremen[69], zu Wort. Er sah von einer Argumentation zugunsten einer konkreten Hansestadt ab und legte den Fokus auf die Darlegung, dass deren Stellung keinesfalls als beneidenswert zu betrachten sei. Denn die Städte seien von allen Seiten umgeben von anderen Staaten, welche die Handelswege kontrollierten. Nur durch die handelsorientierte Selbstverwaltung und ein gehöriges Maß an Handelsgeist, den er sodann mit dem militärischen Geist verglich, sei die Prosperität der Städte trotz der Widrigkeiten zu erklären. Wolle der Norddeutsche Bund die Stellung als Handelsmacht behalten, dürfe er den Hansestädten den Handel nicht vorschreiben, sondern müsse ihn „unter den Bedingungen hinnehmen, unter denen er sich entwickelt hat“.[70] Auch seine Rede wurde

[65] Stenographischer Berichte über die Verhandlungen des Reichstages des Norddeutschen Bundes im Jahre 1867, Bd. 1 (1867), S. 497.

[66] Stenographischer Berichte über die Verhandlungen des Reichstages des Norddeutschen Bundes im Jahre 1867, Bd. 1 (1867), S. 496 f.

[67] Stenographischer Berichte über die Verhandlungen des Reichstages des Norddeutschen Bundes im Jahre 1867, Bd. 1 (1867), S. 498.

[68] Stenographischer Berichte über die Verhandlungen des Reichstages des Norddeutschen Bundes im Jahre 1867, Bd. 1 (1867), S. 498.

[69] *Hansen*, Hamburg und die zollpolitische Entwicklung Deutschlands im 19. Jahrhundert (1913), S. 100.

[70] Stenographischer Berichte über die Verhandlungen des Reichstages des Norddeutschen Bundes im Jahre 1867, Bd. 1 (1867), S. 498.

sieben Mal durch Bravo-Rufe, Heiterkeit oder Zustimmungen unterbrochen.[71] Derartige Vermerke sind bei den Reden der Freihafengegner nicht zu verzeichnen. Auch verstand *Krüger* es, die Argumente der Gegner so zu wenden, dass sie für seine Position stritten: Warfen die Freihafengegner den Hansestädten Partikularismus vor, so erhob er denselben Vorwurf an den Norddeutschen Bund, da dieser seine eigenen Interessen an höheren Zolleinnahmen über das Wohlergehen des Handels stellte.[72] Mag man auch über den Inhalt und dessen Berechtigung streiten, so verstand es der Redner auf vorzügliche Weise, die Abgeordneten des Reichstages von seiner Position zu überzeugen. Abschließend hob er die patriotische Einstellung der Hansestädte hervor und endete mit den Worten:

„Diese Bemerkung wird genügen, um Ihnen die Ueberzeugung zu gewähren, daß Sie von Seiten der Hansestädte für alle großen nationalen Ziele das bereitwilligste Entgegenkommen finden werden, und nur den Wunsch habe ich noch auszusprechen, daß auch Sie, meine Herren, den durch die Hansestädte vertretenen Interessen des großen Handels, denen Sie aus leicht erklärlichen Gründen bisher fern gestanden haben, mit lebhafter Theilnahme sich zuwenden mögen. In diesem Geiste gegenseitiger Unterstützung und Anerkennung lassen Sie uns auch ferner zusammenwirken und der großen politischen und commerziellen Zukunft Deutschlands, der wir entgegengehen, uns würdig erweisen."[73]

Nach diesem rhetorisch bemerkenswerten Plädoyer wundert es nicht, dass es zu keinen weiteren umfassenden Beiträgen mehr kam. *Krüger* verzichtete vollkommen auf rein sachlich-inhaltliche Darlegungen und verstand es, die wesentlichen Interessen der Beteiligten derart geschickt darzulegen, dass es sehr verwunderlich gewesen wäre, wenn der Artikel keine Mehrheit gefunden hätte. Hier zeigt sich, dass das von *Budach* über ihn gefällte Urteil der Beliebtheit und des diplomatischen Geschicks[74] vollkommen zutreffend war.

Zu der Einsicht, dass der Artikel angenommen werde, schienen auch die anderen Abgeordneten gekommen zu sein. Nur noch *Meier*, ebenfalls aus Bremen, unterstrich nochmals knapp und unter mehrfacher Zustimmung des Auditoriums, dass auch er für die Beibehaltung des Freihafenstatus eintrete. Denn insbesondere der Freihandel sei der Garant für den wirtschaftlichen Erfolg der Hansestädte.[75] Sollte es jedoch eines Tages nicht mehr im Interesse Deutschlands sein, dass die Hansestädte ihren Status aufrechterhalten, so würde dieser Umstand enden.[76]

---

[71] Stenographischer Berichte über die Verhandlungen des Reichstages des Norddeutschen Bundes im Jahre 1867, Bd. 1 (1867), S. 498 f.

[72] Stenographischer Berichte über die Verhandlungen des Reichstages des Norddeutschen Bundes im Jahre 1867, Bd. 1 (1867), S. 499.

[73] Stenographischer Berichte über die Verhandlungen des Reichstages des Norddeutschen Bundes im Jahre 1867, Bd. 1 (1867), S. 499.

[74] *Budach*, Hamburg und der Norddeutsche Bund (1935), S. 14.

[75] Stenographischer Berichte über die Verhandlungen des Reichstages des Norddeutschen Bundes im Jahre 1867, Bd. 1 (1867), S. 500.

[76] Stenographischer Berichte über die Verhandlungen des Reichstages des Norddeutschen Bundes im Jahre 1867, Bd. 1 (1867), S. 499.

Obwohl der Abgeordnete *De Chapeaurouge* noch auf der Rednerliste stand, wurden die Schlussanträge angenommen. Dies ist wenig verwunderlich und dürfte auch im Interesse des Handelskammermitgliedes gewesen sein: Kein Gegner der Freihafenstellung hatte sich mehr auf die Rednerliste eintragen lassen.[77] Überdies erschien es offenkundig, dass die Mehrheit den Verfassungsartikel mittragen würde. So stellte auch *Meier* fest, dass der Artikel „die große Majorität haben [wird], trotz aller Ammendements“[78]. Es gab daher keine Veranlassung, noch einmal das Wort zu ergreifen. Das gilt umso mehr, als *Sloman* bereits im Sinne Hamburgs gesprochen und die Rede des Ministerresidenten *Krüger* angesichts der zahlreichen Zustimmungs-Rufe während derselben die Abgeordneten insbesondere auch auf emotionaler Ebene erreicht hatte. Diese Zustimmung war in beinahe noch größerem Maße während der wesentlich kürzeren Rede des Abgeordneten *Meier* zu vernehmen. Zu deren Schluss ist sogar ein „Allseitiges Bravo“ stenographiert.[79] Bedauerlicherweise kann dem stenographischen Bericht nicht entnommen werden, ob auch *De Chapeaurouge* bzw. die anderen hamburgischen Vertreter dem Antrag auf Abschluss der Aussprache zustimmten. Angesichts der breiten Unterstützung ihrer Position kann das jedoch unterstellt werden. Jeder weitere Wortbeitrag wäre womöglich nur Anlass gewesen, die Gegner des Freihafens zu Erwiderungen zu ermuntern und damit das Ergebnis zu gefährden.

E. Hamburgs Stellung im Zollverein und im Zollparlament

Preußen schloss namens des neu gegründeten Norddeutschen Bundes am 8. Juli 1867[80] mit den süddeutschen Staaten einen Vertrag zur Fortdauer des Zollvereins[81] nach dem Vertrag über die Fortdauer des Zoll- und Handelsvereins vom 16. Mai 1865, der folglich auch Wirkung gegenüber Hamburg – als Mitglied des Norddeutschen Bundes – entfaltete.[82] Hamburg erhielt eine Stimme im Bundesrat des Zollvereins und die Abgeordneten des Norddeutschen Reichstages waren

[77] Stenographischer Berichte über die Verhandlungen des Reichstages des Norddeutschen Bundes im Jahre 1867, Bd. 1 (1867), S. 499.

[78] Stenographischer Berichte über die Verhandlungen des Reichstages des Norddeutschen Bundes im Jahre 1867, Bd. 1 (1867), S. 499.

[79] Stenographischer Berichte über die Verhandlungen des Reichstages des Norddeutschen Bundes im Jahre 1867, Bd. 1 (1867), S. 500.

[80] Stenographischer Berichte über die Verhandlungen des Reichstages des Norddeutschen Bundes, I. Legislaturperiode, Session 1867, Bd. II, Anlagen zu den Verhandlungen des Reichstages von Nr. 1–74 (1867) Anl. No. 5.

[81] Ausführlich zur gesamten Geschichte des Zollvereins *Hahn*, Geschichte des Deutschen Zollvereins (1984).

[82] *Hansen*, Hamburg und die zollpolitische Entwicklung Deutschlands im 19. Jahrhundert (1913), S. 100; zu den Entwicklungen bis zu den neuen Zollvereinsverträgen *Hahn*, Geschichte des Deutschen Zollvereins (1984), S. 182 f.

zugleich auch Mitglieder des Zollparlaments.[83] Namentlich Art. 6 des Zollvereinigungsvertrages war von herausragender Bedeutung für die Hansestädte und später Gegenstand umfassender Debatten. Denn dieser bestimmte in Abs. 1 Ziff. 1, dass auf die Hansestädte, sowie einige weitere Orte – wie bspw. Mecklenburg-Schwerin – Art. 3 bis 5, 10 bis 20 sowie 22 des Vertrages „vorläufig" keine Anwendung finden. Außerdem heißt es in Abs. 2:

> „Sobald die Gründe aufgehört haben, welche die volle Anwendung des gegenwärtigen Vertrages aus den einen oder anderen der unter Nr. 1 genannten Staaten und Gebietstheile zur Zeit ausschließen, wird das Präsidium des Norddeutschen Bundes den Regierungen der übrigen vertragenden Theile Nachricht geben. Der Bundesrath des Zollvereins beschließt alsdann über den Zeitpunkt, an welchem die Bestimmungen der Artikel 3 bis 5 und 10 bis 20 in diesem Staate oder Gebietstheile in Wirksamkeit treten."

Aufgrund des Wortlautes dieser Bestimmung und insbesondere der Formulierung „vorläufig" könnte also angenommen werden, dass der Bundesrat des Zollvereins die Befugnis hatte, die Freihafenstellung der Hansestädte aufzuheben.[84] Damit bestand aber ein Widerspruch zwischen Regelungsgehalt der Bundesverfassung, der den Anschluss der Hansestädte von ihrem Antrag abhängig machte und dem Zollvertrag. Im Hinblick auf diese Bestimmungen wurden nach Abschluss des Vertrages auch einige Gebiete dem Zollgebiet angeschlossen.[85] Die Regelung differenzierte jedoch nicht zwischen den Hansestädten und sonstigen Gebieten, sodass es durchaus denkbar gewesen wäre, dass auch Hamburg dieses Schicksal blühte.[86]

Umso verwunderlicher ist es, dass der Bevollmächtigte *Kirchenpauer* den Entwurf des Vertrages passieren ließ, ohne inhaltliche Anmerkungen zu machen.[87] *Wohlwill* sieht hierin den Beweis dafür, dass *Kirchenpauer* wohl davon ausging, dass das Wort „vorläufig" eine bloß verkürzte Beschreibung der Bestimmungen der Bundesverfassung sei und darauf zurückzuführen wäre, dass die Gründe für die Ausnahmeregelung in dem Vertrag vielfältiger Natur seien, sodass sie allesamt auf diese Weise zusammengefasst wurden.[88] Keineswegs sei in Hamburg darin aber eine „tendenziöse Minderung des verfassungsmäßig gewährleisteten Reservatrechts"[89] erblickt worden. Auch *Hübner* kommt überzeugend zu dem Schluss, dass „vorläufig" lediglich die verkürzte Version von „bis sie ihren Ein-

---

[83] *Hansen*, Hamburg und die zollpolitische Entwicklung Deutschlands im 19. Jahrhundert (1913), S. 100; *Hübner*, Der Zollanschluß Hamburgs vom 15. Oktober 1888 (1925), S. 30.

[84] Vgl. *Becker*, in: Städtewesen und Bürgertum als Geschichtliche Kräfte (1953), S. 241.

[85] *Becker*, in: Städtewesen und Bürgertum als Geschichtliche Kräfte (1953), S. 241 m.w.N.

[86] *Becker*, in: Städtewesen und Bürgertum als Geschichtliche Kräfte (1953), S. 241.

[87] Ausschuss des Bundesrats für Zoll und Steuern vom 20.8.1867 zitiert nach *Wohlwill*, Die hamburgischen Bürgermeister Kirchenpauer, Petersen, Versmann (1903), S. 111; *Becker*, in: Städtewesen und Bürgertum als Geschichtliche Kräfte (1953), S. 241.

[88] *Wohlwill*, Die hamburgischen Bürgermeister Kirchenpauer, Petersen, Versmann (1903), S. 111 f.

[89] *Wohlwill*, Die hamburgischen Bürgermeister Kirchenpauer, Petersen, Versmann (1903), S. 112.

tritt in dieselbe beantragen" darstellt und damit Art. 34 der Bundesverfassung lediglich wiedergegeben werden sollte.[90] *Becker* hingegen kommt zwar ebenso zu dem Schluss, dass *Kirchenpauer* davon überzeugt gewesen sein dürfte, hier eine Kurzfassung des Art. 34 Bundesverfassung vor sich zu haben. Dennoch hätte er dann den Bundesrat oder die Verfasser des Art. 34 der Bundesverfassung um Stellungnahme bitten müssen, bevor er dem Art. 6 des Vertrages zustimmte; im Nachhinein könne sich Hamburg hierauf dann nicht mehr berufen.[91] *Becker* billigt dem Zollbundesrat mithin das Recht zu, den Zollausschluss ohne Mitwirkung des Reichstags neu zu regeln.[92]

Bei Beurteilung dieser Frage, die insbesondere in den 1880er Jahren virulent wurde und auch erst hier vollends zum Tragen kam, sind drei Aspekte gedanklich zu trennen, die teils durcheinander zu gehen scheinen: Zum einen die Frage der Vorläufigkeit der Stellung außerhalb des Zollvereins. Zum anderen die Frage der Veränderung dieses Status durch den Bundesrat und schließlich die Frage der Festlegung der Zolllinien.

Zu der Frage, ob der Freihafenstatus *an sich* ein vorläufiger sein sollte, wurde bereits festgestellt, dass jedenfalls *Bismarck* dies so sah.[93] Auch die Systematik streitet hierfür, da Art. 33 der Bundesverfassung ein einheitliches Zollsystem vorsah und damit Art. 34 eine Ausnahme darstellte. Hinzu kommt, dass die Formulierung, *bis sie den Eintritt beantragen* ausdrückt, dass dies ein zu erwartendes Phänomen darstellt und vor dem Hintergrund des Prinzips des Art. 33 als wünschenswert betrachtet wurde. Letztlich spricht auch das zu zahlende Aversum hierfür, da dies *de facto* eine Entschädigung für den Sonderstatus darstellte. Eine Entschädigung ist jedoch nur dort geboten, wo ein unerwünschter Zustand besteht. Insofern sollte der Freihafenstatus jedenfalls nicht unbegrenzt existieren.[94] *Hübner* stellt zwar fest, dass Hamburg den Zustand nicht als lediglich „vorläufig" betrachtet.[95] Anderseits anerkennt aber auch er, dass man auch in Hamburg einsah, dass die Stadt nicht „für alle Zeit ausserhalb der Zollgrenze bleiben solle"[96]. Diese Differenzierung erschließt sich nicht. Möglicherweise sollte hiermit zum Ausdruck gebracht werden, dass Hamburg nicht von einer bestimmten Zeitspanne ausging, aber dennoch begriff, dass es nicht ewig den Status beibehalten könne.[97] In den unterschiedlichsten Schattierungen geht wohl auch die

---

[90] *Hübner*, Der Zollanschluß Hamburgs vom 15. Oktober 1888 (1925), S. 31 f.

[91] *Becker*, in: Städtewesen und Bürgertum als Geschichtliche Kräfte (1953), S. 242.

[92] *Becker*, in: Städtewesen und Bürgertum als Geschichtliche Kräfte (1953), S. 241.

[93] Stenographische Berichte über die Verhandlungen des Reichstages, V. Legislaturperiode, I. Session 1881/82 (1882), S. 56.

[94] *Hübner*, Der Zollanschluß Hamburgs vom 15. Oktober 1888 (1925), S. 81.

[95] *Hübner*, Der Zollanschluß Hamburgs vom 15. Oktober 1888 (1925), S. 32.

[96] *Hübner*, Der Zollanschluß Hamburgs vom 15. Oktober 1888 (1925), S. 33; die provisorische Stellung in der Verfassung lediglich als nicht besonders betont ansehend *Hansen*, Hamburg und die zollpolitische Entwicklung Deutschlands im 19. Jahrhundert (1913), S. 101.

[97] Vgl. in diese Richtung gehend *Wohlwill*, Die hamburgischen Bürgermeister Kirchenpauer, Petersen, Versmann (1903), S. 113.

untersuchte Literatur im Ergebnis zutreffend davon aus, dass man sich auch in Hamburg dessen bewusst war.[98]

Hiervon zu trennen ist die Frage, ob das Wort „vorläufig“ in dem Vertrag zur Fortdauer des Zollvereins so zu verstehen ist, dass der Zollbundesrat auch unabhängig von dem Willen Hamburgs den Einschluss in den Zollverein festlegen kann. Offenkundig wäre diese Auslegung später im Interesse *Bismarcks* gewesen. Doch wäre es fernliegend, wenn man annähme, dass sich Hamburg einem Vertrag unterwirft, der ihm die Kompetenz entzieht, selbst den Anschluss zu bestimmen, wenn es nur wenige Monate zuvor für die Beibehaltung des Freihafenstatus gekämpft hat. Und auch wenn man hiervon ausginge und die Zustimmung als „Versehen“ betrachtet[99], bleibt außerdem noch die Frage, wie das Verhältnis des Vertrages zur Bundesverfassung zu beurteilen ist und ob ein Rangverhältnis zwischen den Normen angenommen werden kann.

Die Frage der Abgrenzung des Freihafengebietes und ob eine solche Begrenzung einseitig festlegbar ist, stellt also die dritte Frage in diesem Kontext dar. Diese war schließlich auch die entscheidende bei den Verhandlungen in den 1880er Jahren. Preußen war der Auffassung, dass angesichts fehlender abweichender Regelungen die Frage, welcher Bezirk ein „dem Zweck entsprechender sei“, dem Bundesrat nach Art. 34 in Verbindung mit Art. 7 Nr. 2 Reichsverfassung von 1871 obliegt.[100] Da diese Frage für den hiesigen Untersuchungsgegenstand jedoch von untergeordneter Relevanz ist, soll diese nicht näher beleuchtet werden und es wird auf die dahingehende Literatur verwiesen.[101] Jedenfalls die Begrenzung des Freihafens im Norddeutschen Bund wurde aber nicht einseitig vorgegeben, sondern im Rahmen von Verhandlungen mit Hamburg festgelegt.[102]

F. Zwischenfazit

Der Weg zum finalen Wortlaut der Verfassung zeigt, dass nicht von Beginn an gesichert war, dass die Initiative für einen Zollanschluss von Hamburg ausgehen musste. Vielmehr bestand jedenfalls nach den ersten Entwürfen sowie den Grundzügen einer neuen Bundesverfassung die Gefahr, dass der Bund berechtigt

---

[98] *Wohlwill*, Die hamburgischen Bürgermeister Kirchenpauer, Petersen, Versmann (1903), S. 112 f.; *Hübner*, Der Zollanschluß Hamburgs vom 15. Oktober 1888 (1925), S. 32 f.; wohl auch *Becker*, in: Städtewesen und Bürgertum als Geschichtliche Kräfte (1953), S. 241.

[99] In diese Richtung etwa *Becker*, in: Städtewesen und Bürgertum als Geschichtliche Kräfte (1953), S. 241 f.

[100] *Müller*, Die Auseinandersetzung über Hamburgs Zollanschluss an das Deutsche Reich 1833–1888 (1988), S. 89 m.w.N.

[101] *Müller*, Die Auseinandersetzung über Hamburgs Zollanschluss an das Deutsche Reich 1833–1888 (1988), S. 89.

[102] StA HH 111-1 VII Lit. K no. 13 Vol. 1 Fasc. 2 Protokolle über die Verhandlungen wegen der Begrenzung des hamburgischen Freihafengebietes 1867–1868.

wäre, einseitig den Freihafenstatus aufzuheben. Dass es hierzu schließlich nicht kam, war offenkundig ganz im Interesse Hamburgs.

Die Verfassungsverhandlungen verdeutlichen wiederum die wesentlichen Interessen, die sich gegenüberstanden: Die Hansestädte auf der einen und der neue Norddeutsche Bund auf der anderen Seite. Wie zu erwarten war, gab es einige Mitglieder, die die Sonderstellung der Hansestädte missbilligten oder zumindest dem Bundesgesetzgeber gerne mehr Macht eingeräumt hätten, um im Bedarfsfalle die Freihafenstellung zu beseitigen. Dabei waren die Motive sicherlich nicht stets konsistent: Einerseits opponierten die zollvereinsländischen Fabrikanten gegen die Sonderstellung, da sie wirtschaftliche Nachteile befürchteten und andererseits wurde die Sonderstellung auch aus politischer Sicht angegriffen.[103] Dennoch konnten sich die Hansestädte durchsetzen. Dafür ursächlich waren vermutlich verschiedene Faktoren: Vornehmlich der Umstand, dass *Bismarck* sich mit der Freihafenstellung einverstanden zeigte. Zudem entstammte der Entwurf dieses Artikels auch seiner persönlichen Feder,[104] was die Erfolgsaussichten einer Zustimmung ebenfalls erhöhte. Bereits zu den Vorgesprächen weist *Wohlwill* bspw. darauf hin, dass die Bedenken zumeist nur in Privatgesprächen und nicht offen geäußert wurden.[105] Dies allein zeigt, dass die Repräsentanten der anderen Staaten zögerten, sich gegen *Bismarcks* Entwurf und dessen Vorstellungen zu stellen. Zudem hatten sich die Gesandten auf der Gesandtenkonferenz bereits auf den Artikel geeinigt,[106] sodass schon eine breite Zustimmung der Entscheidungsträger der Bundesstaaten vorhanden war und dies dann ebenfalls eine Zustimmung im Reichstag erwarten ließ.

Zudem dürfte auch die Argumentation der Hansestädte, dass der Freihafen für das wirtschaftliche Fortkommen der Hansestädte, aber auch Deutschlands im Ganzen notwendig sei, einige Abgeordnete überzeugt haben. Denn abgesehen von *Wiggers* anerkannten die Redner jedenfalls dem Grunde nach den Status. Und selbst er akzeptierte eine Übergangszeit. Nicht zuletzt leisteten sicherlich auch die rhetorischen Fähigkeiten – namentlich *Krügers* – ihren Beitrag. Zusammenfassend lässt der Diskussionsverlauf aber doch den Schluss zu, dass ohne das Wirken der Hanseaten das Risiko einer Änderung des Artikels erheblich größer gewesen seien dürfte.

Dass Hamburg trotz des Verbleibens außerhalb der Zollgrenzen Sitze im Zollparlament erhalten hatte, konnte ebenfalls nur im Interesse der Handelskammer sein. Auch der Vertrag vom 8. Juli 1867 begegnete daher wohl keinen allzu großen

---

[103] *Budach*, Hamburg und der Norddeutsche Bund (1935), S. 50.

[104] *Hansen*, Hamburg und die zollpolitische Entwicklung Deutschlands im 19. Jahrhundert (1913), S. 96.

[105] *Wohlwill*, Die hamburgischen Bürgermeister Kirchenpauer, Petersen, Versmann (1903), S. 105.

[106] Stenographischer Berichte über die Verhandlungen des Reichstages des Norddeutschen Bundes im Jahre 1867, Bd. 2 (1867), S. 23; zu der Einigung siehe nochmals *Hübner*, Der Zollanschluß Hamburgs vom 15. Oktober 1888 (1925), S. 26.

Bedenken innerhalb der Kaufmannschaft, hatte man doch auf diese Weise die Gelegenheit erhalten, die Zollpolitik des Zollvereins aktiv mitzugestalten. Bereits die finanzielle Beteiligung Hamburgs führte dazu, dass man die Zollpolitik selbst im eigenen Interesse beeinflussen wollte.[107] Insbesondere für die Kaufmannschaft war aber die Beeinflussung der Zollpolitik dahingehend bedeutsam, dass diese indirekt auch Hamburg traf, da Hamburg als Freihafen außerhalb des Zollgebietes gelegen war. Insofern war es wichtig, die Zölle des Zollvereins möglichst gering zu halten, um auf diese Weise trotz eines Freihafens auch einen möglichst ungestörten Handel mit dem Zollverein betreiben zu können.[108] Denn niedrige/keine Zölle lassen einen Zollanschluss wirtschaftlich weitestgehend überflüssig erscheinen.[109]

Im Hinblick auf die Frage, ob der Vertrag zur Fortdauer des Zollvereins als Argument angeführt werden kann, dass die Bundesgewalt über einen etwaigen Zollanschluss einseitig befinden durfte, ist festzustellen, dass es – entsprechend der Auffassung der hamburgischen Vertreter[110] – durchaus plausibel scheint, dass der Vertrag gar keine von der Bundesverfassung abweichende Regelung treffen sollte und lediglich unglücklich formuliert war. Zudem wäre im Falle eines Konflikts auch das Rangverhältnisses zwischen Vertrag und Bundesverfassung zu prüfen gewesen. Insofern stellte der Vertrag zur Fortdauer des Zollvereins zusammengenommen keine Gefahr für den Freihafen dar.

---

[107] *Baasch*, Die Handelskammer zu Hamburg 1665–1915, Bd. II. 1 (1915), S. 157; *Müller*, Die Auseinandersetzung über Hamburgs Zollanschluss an das Deutsche Reich 1833–1888 (1988), S. 39.

[108] *Baasch*, Die Handelskammer zu Hamburg 1665–1915, Bd. II. 1 (1915), S. 157.

[109] Vgl. *Müller*, Die Auseinandersetzung über Hamburgs Zollanschluss an das Deutsche Reich 1833–1888 (1988), S. 46.

[110] *Wohlwill*, Die hamburgischen Bürgermeister Kirchenpauer, Petersen, Versmann (1903), S. 111 f.

Kapitel 6

Die wirtschaftliche Dimension der Freihafenfrage

A. Vorbemerkungen

Zweifellos war die Entscheidung in der Freihafenfrage in Hamburg primär wirtschaftlich dominiert, wenngleich natürlich auch politische und gesamtdeutsche Fragen eine Rolle spielten.[1] Aus diesem Grund bedarf es zunächst einer knappen Darlegung der wirtschaftlichen Verhältnisse Hamburgs im Allgemeinen, um anschließend nachvollziehbar zu machen, welcher Geschäftszweig welche Bedeutung für die Gesamtwirtschaft hatte.

Im Hinblick auf die konkreten Interessen der einzelnen Branchen hinsichtlich der Freihafenfrage bildeten die seitens der Handelskammer zu dieser Frage eingeholten Gutachten den Ausgangspunkt der nachfolgenden Diskussion. Wie zu einem späteren Zeitpunkt zu zeigen sein wird, war sich nämlich selbst die Handelskammer nicht immer im Klaren darüber, ob nicht ein Zollanschluss sogar vorteilhafter wäre als die Beibehaltung des Freihafens.[2] Aus diesem Grund holte sie Gutachten der wesentlichen Geschäftszweige ein und fand anhand dieser zu ihrer Position zugunsten des Freihafens. Selbst die Gegner des Freihafens bedienten sich dann dieser Gutachten, soweit sie deren Ansichten stützten.[3]

Um die Bedeutung und das wirtschaftliche Ausmaß der Debatte um den Freihafen zu verstehen, aber auch die spätere Entscheidung der Handelskammer zugunsten des Freihafens nachvollziehbar zu machen, bedarf es daher einer genauen Darstellung der eingereichten Gutachten. Nicht zuletzt soll auf diese Weise auch gezeigt werden, ob die Handelskammer tatsächlich ergebnisoffen war, oder ob die Gutachten nur *pro forma* eingeholt wurden. Ist die Entscheidung zugunsten des Freihafens nämlich nicht nachvollziehbar und vielmehr implausibel, so spricht dies dafür, dass die Gutachten nur *pro forma* eingeholt wurden und diesen im Grunde keine Bedeutung zukam. Kann dies aber nicht festgestellt werden, so stützt dies die Annahme, dass die Handelskammer tatsächlich abwog, ob nicht

---

[1] Vgl. nur die soeben dargestellten Reichstagsverhandlungen im Abschnitt „Die Verfassungsverhandlungen im Reichstag“.

[2] S. hierzu ausführlich Abschnitt „Die interne Debatte um das Tätigwerden in der Freihafenfrage“.

[3] Ausschließlich aus den bei der Handelskammer eingegangenen Gutachten bestehend: *Verein für den Anschluss Hamburgs an den Zollverein* (Hrsg.), Neun Gutachten die künftige handelspolitische Stellung Hamburgs betreffend (1867).

auch ein Zollanschluss infrage käme. Zwar spricht gegen eine evidente Implausibilität der Entscheidung bereits die bloße Anzahl der Gutachten, die sich zugunsten des Freihafens aussprachen, jedoch kann dies nicht alleiniger Beurteilungsmaßstab gewesen sein. Zu groß war die sich anschließende Debatte, als dass es auf die Inhalte nicht ankäme und bloß auf die Quantität – 41 Gutachten mit 88 Unterschriften sprachen sich für den Freihafen aus und lediglich 14 Gutachten mit 16 Unterschriften dagegen[4] – geblickt werden könnte. Die sorgsame Betrachtung der Gutachten ist auch deshalb von besonderer Bedeutung, weil sämtliche Gutachten dem Senat unverändert zugeleitet wurden. Ist das Entscheidungsergebnis der Handelskammer grundsätzlich nachvollziehbar, kann dasselbe im Grundsatz auch für die Entscheidung des Senats zugunsten des Freihafens angenommen werden, wenngleich hierbei einschränkend zu beachten ist, dass dieser – anders als die Handelskammer – Repräsentant der gesamten Bevölkerung und nicht lediglich der Handeltreibenden war. Wiederum einschränkend sei jedoch erneut daran erinnert, dass auch der Senat aufgrund der vorgeschriebenen Zusammensetzung von Kaufleuten geprägt wurde.[5]

Zum vorgeschilderten Zweck werden ausschließlich die eingereichten Gutachten in den Blick genommen und nicht auch weitere Argumentationen anderer Branchen, die etwa in der Presse[6] veröffentlicht wurden.[7] Ein besonderer Fokus liegt hierbei auf den Gutachten, die zu einem späteren Zeitpunkt von der Handelskammer zugunsten des Freihafens[8] und von dem Verein für den Anschluss Hamburgs an den Zollverein[9] veröffentlicht wurden, da diese ein besonderes Gewicht innerhalb der eingereichten Gutachten hatten und damit als die relevantesten und repräsentativsten Gutachten anzusehen sind.

Dabei soll nach dem Vorbild anderer Darstellungen die Analyse nach Freihafenbefürwortern und -gegnern sowie nach maßgeblichen Wirtschaftszweigen differenziert werden.[10] Aus der Natur der Sache heraus stellen die Gutachten lediglich die Partikularinteressen des jeweiligen Autors bzw. der jeweiligen Autoren dar,[11] sodass von diesen nicht ohne weiteres auf ein gesamtes Branchenin-

---

[4] SHWA, Safebestand der Commerzbibliothek, S/599 Protokolle 1866, S. 254.

[5] *v. Melle*, Das Hamburgische Staatsrecht (1891), S. 55.

[6] Eine Einteilung der bedeutenden Zeitungen in Freihafengegner und -befürworter findet sich bei *Tuch*, Die Sonderstellung der deutschen Freihäfen (1878), S. 19.

[7] Die Diskussion in Tagesblättern ohnehin als polemisch beschreibend *Tuch*, Die Sonderstellung der deutschen Freihäfen (1878), S. 19.

[8] Zwanzig Gutachten in Bezug auf Hamburgs künftiges Verhältnis zum Zollverein (1867).

[9] *Verein für den Anschluss Hamburgs an den Zollverein* (Hrsg.), Neun Gutachten die künftige handelspolitische Stellung Hamburgs betreffend (1867).

[10] Vgl. zur Analyse *Hübner*, Der Zollanschluß Hamburgs vom 15. Oktober 1888 (1925), S. 40ff; *Stein*, Zeitschrift des Vereins für Hamburgische Geschichte 1978; *Müller*, Die Auseinandersetzung über Hamburgs Zollanschluss an das Deutsche Reich 1833–1888 (1988), S. 42ff; allgemein zu den Wirtschaftszweigen *Lehmann*, Der Hamburger Freihafen von der Gründung des Norddeutschen Bundes bis zum Zollanschluss (1967), S. 17 ff.

[11] In diese Richung auch *Schön*, Ein Wort zur gegenwärtigen handelspolitischen Frage unserer Vaterstadt Hamburg (1867), S. 1.

teresse geschlossen werden kann. Da es jedoch weder praktikabel scheint noch Aufgabe der vorliegenden rechtshistorischen Untersuchung sein kann, das jeweils unstrittige gemeinsame Brancheninteresse zu identifizieren, sondern bloß die Argumentationslinien und Interessen der Befragten nachvollziehbar zu machen sind, ist dieser Umstand unschädlich. Auch die möglichen inhaltlichen Unzulänglichkeiten einzelner Gutachten können mangels genauer Überprüfbarkeit hier nicht im Einzelnen dargelegt werden.[12] Es ist aber zu berücksichtigen, dass die jeweils Befragten seitens der Handelskammer bewusst und sorgfältig ausgewählt wurden, sodass *prima facie* davon ausgegangen werden darf, dass die Gutachter keine allzu exotischen Mindermeinungen vertraten.[13] Außerdem wurden auch zahlreiche Gutachten von weiteren Handelshäusern unterzeichnet, was ebenfalls unterstützt, dass hier keine bloßen Einzelinteressen wiedergegeben wurden und sich die Äußerungen der Handelskammer zunächst als prinzipiell zutreffend darstellen mussten.

Abschließend sei darauf hingewiesen, dass die nachfolgende Erörterung den Zweck hat, zu bewerten, ob die Entscheidung zugunsten des Freihafens richtig oder falsch war. Vielmehr soll nur die Nachvollziehbarkeit der Entscheidung dargelegt werden.

B. Der Hamburger Handel im Allgemeinen

Die nachstehenden Erörterungen folgen insbesondere der volkswirtschaftlichen Darstellung von *Lehmann*[14]. Die vorliegende Betrachtung nimmt nicht für sich in Anspruch, das ökonomische Zahlenmaterial oder *Lehmanns* Ausführungen inhaltlich detailliert zu bewerten, sondern versucht ausschließlich anhand der von ihm ausgewerteten Statistiken einen grundsätzlichen Eindruck von der Wirtschaft sowie den Unzulänglichkeiten des Materials zu vermitteln, um zugleich auch die Notwendigkeit der von der Handelskammer eingeholten Gutachten zu belegen und die Entscheidung der Handelskammer nachvollziehbar zu machen. Zu diesem Zweck werden der Übersichtlichkeit halber insbesondere Durchschnittszahlen der verschiedenen Jahre aufgeführt. Auch wenn diese nicht allesamt zum Zeitpunkt der Entscheidungsfindung vorlagen, vermitteln sie dennoch einen Eindruck von den Handelsverhältnissen und zugleich auch von den Unzulänglichkeiten der Statistik.

---

[12] Sehr kritisch in Bezug auf die einzelnen Gutachten und deren Wahrheitsgehalt *Tuch*, Die Sonderstellung der deutschen Freihäfen (1878), S. 36 ff.

[13] Lediglich pauschal auf die Unzulänglichkeit der Auswahl abstellend, ohne die vermeintlichen Defizite näher darzulegen *Tuch*, Die Sonderstellung der deutschen Freihäfen (1878), S. 35.

[14] *Lehmann*, Der Hamburger Freihafen von der Gründung des Norddeutschen Bundes bis zum Zollanschluss (1967).

In den Jahren zwischen 1866 und 1870 wurden 12.251.546 Doppelzentner (100 kg) Waren im Durchschnitt pro Jahr von Hamburg seewärts aus den verschiedensten Teilen der Welt – inkl. Deutschlands – importiert.[15] Den weitaus größten Teil machten bei den seewärtigen Importen Waren aus England aus. Diese stellten etwa 75% des seewärtigen Gesamtimports dar.[16] Während 1.506.437 Doppelzentner Verzehrungsgegenstände wie zB Kaffee, Wein, Tabak, Genever und Fleisch sowie 6.744.686 Doppelzentner Bau- und Brennmaterial wie insbesondere Holz seewärts importiert wurden, fielen 158.379 Doppelzentner auf Manufakturwaren wie etwa Seiden, Wollen und Leinen und 431.826 Doppelzentner auf Kunst- und Industrieerzeugnisse wie zB Gummiwaren, Maschinen.[17]

Demgegenüber stand eine Einfuhrmenge von insgesamt 13.766.981 Doppelzentner im Durchschnitt pro Jahr aus Deutschland seewärts oder land- und flussabwärts, wobei aus Deutschland insbesondere Textilien, Stoffe, aber auch Maschinenteile und Eisenwaren importiert wurden. Mithin machte der Import etwa 50% des mengenmäßigen Gesamtimports aus.[18]

Im Hinblick auf die seewärtige Ausfuhr nach außerdeutschen Ländern stellt *Lehmann* eine Erhebungslücke für den Zeitraum zwischen 1856 und 1874 fest, jedoch vermitteln die Zahlen von 1851–55 sowie 1871–75 einen ansatzweisen Eindruck davon, in welchen Dimensionen der Export stattfand: So wurden im erstgenannten Zeitraum 2.537.223 Doppelzentner und im zweitgenannten 6.849.937 Doppelzentner exportiert. Jeweils knapp 50% gingen erneut nach Großbritannien und Irland.[19] Großbritannien daher als wichtigsten Handelspartner zu umschreiben, ist mithin keine Übertreibung. Während die Importe dorther jedoch in den Jahren nach Ende des Norddeutschen Bundes wertmäßig sanken – wofür *Lehmann* die Industrialisierung in Deutschland verantwortlich machte, da man nun viele Produkte selbst produzieren konnte und nicht mehr auf den Import angewiesen war – blieb der Anteil Großbritanniens im Hinblick auf den Export vergleichbar.[20]

Für den Zeitraum 1861 bis 1870 legt *Lehmann* mengenmäßige Daten im Hinblick auf die Ausfuhr von Hamburg und Altona nach dem übrigen Deutschland vor. So wurden etwa 3.405.791 Doppelzentner per Schiff exportiert, wobei alleine

---

[15] *Lehmann*, Der Hamburger Freihafen von der Gründung des Norddeutschen Bundes bis zum Zollanschluss (1967), S. 18/20.

[16] *Lehmann*, Der Hamburger Freihafen von der Gründung des Norddeutschen Bundes bis zum Zollanschluss (1967), S. 18.

[17] *Lehmann*, Der Hamburger Freihafen von der Gründung des Norddeutschen Bundes bis zum Zollanschluss (1967), S. 21 f.; das statistische Material als unzureichend bewertend *Tuch*, Die Sonderstellung der deutschen Freihäfen (1878), S. 32.

[18] *Lehmann*, Der Hamburger Freihafen von der Gründung des Norddeutschen Bundes bis zum Zollanschluss (1967), S. 31 f.

[19] *Lehmann*, Der Hamburger Freihafen von der Gründung des Norddeutschen Bundes bis zum Zollanschluss (1967), S. 22.

[20] *Lehmann*, Der Hamburger Freihafen von der Gründung des Norddeutschen Bundes bis zum Zollanschluss (1967), S. 18/22 f.

auf Preußen und Polen eine Menge von 2.564.963 Doppelzentnern entfiel und mit der Lübeck-Hamburg-, Berlin-Hamburg- sowie Venlo-Hamburg-Eisenbahn 2.144.571 Doppelzentner transportiert wurden, sodass insgesamt eine Menge von (vermutlich) 5.550.362 Doppelzentnern nach dem übrigen Deutschland verbracht wurde.[21] Ergänzend hierzu liegen jedenfalls für die Oberelbe-Schifffahrt sowie die Berlin-Hamburg-Eisenbahn auch Daten darüber vor, welche Waren hierüber transportiert wurden. Im Jahre 1866 waren dies über die Berlin-Hamburg-Eisenbahn bspw. vor allem Kaffee, Baumwolle und Wein[22] und im Falle der Schifffahrt der Oberelbe insbesondere Waren wie Steinkohle, Roheisen, Farben und Guano.[23] Auf die meisten dieser Waren fielen im Zollverein dann Zölle an.[24]

Diese Zahlen haben jedoch angesichts des Umstandes, dass unklar ist, ob die exportierten Waren nicht weitertransportiert und lediglich über Deutschland umgeschlagen wurden und auch die Exporte auf dem Landwege nicht erfasst sind, lediglich einen eingeschränkten Aussagewert; hinzu kommt, dass auch der Export zu deutschen Ostseehäfen mit den polnischen Häfen zusammengefasst sind, sodass auch dieser Umstand dazu führt, dass sich das Exportgeschäft im Grunde schwer einzuschätzen lässt.[25] Vernachlässigt man diese Bedenken, so könnte man annehmen, dass im Grunde die Hälfte des Exportgeschäfts mit dem restlichen Deutschland gemacht wurde und Hamburg nicht lediglich für sich allein Handel mit der Welt betrieb. *Lehmann* geht gar davon aus, dass der Anteil des Handels mit Deutschland angesichts der dargelegten Schwächen noch höher gewesen sein dürfte und insbesondere der Anschluss von Schleswig-Holstein den Handel mit Deutschland schwer belastete.[26] Denn durch den Anschluss war Hamburg gänzlich umgeben von Zollvereinsgebiet.

Zusammengefasst exportierte Hamburg also vermutlich weniger als halb so viel in außerdeutsche Gebiete auf dem Seeweg, wie es von dort importierte, wobei Großbritannien eine herausgehobene Bedeutung zukam. Im Hinblick auf die Zahlen zu dem Handel mit Deutschland kommt man zu dem Ergebnis, dass der deutsche Import grob die Hälfte des Gesamtimportes ausmachte.[27] In Bezug auf den Export nach dem übrigen Deutschland lassen sich angesichts der dargestell-

---

[21] *Lehmann*, Der Hamburger Freihafen von der Gründung des Norddeutschen Bundes bis zum Zollanschluss (1967), S. 30.

[22] *Handelsstatistisches Bureau*, Tabellarische Übersichten des Hamburgischen Handels im Jahre 1866 (1867), S. 92.

[23] *Handelsstatistisches Bureau*, Tabellarische Übersichten des Hamburgischen Handels im Jahre 1866 (1867), S. 93.

[24] Zur Höhe der Zölle im Einzelnen StA HH 111-1 VII Lit. K no. 13 Vol. 1 Fasc. 2 Verein für Handelsfreiheit Jahresbericht 1864 (1864), Kap. Tarif des Zollvereins.

[25] *Lehmann*, Der Hamburger Freihafen von der Gründung des Norddeutschen Bundes bis zum Zollanschluss (1967), S. 30.

[26] *Lehmann*, Der Hamburger Freihafen von der Gründung des Norddeutschen Bundes bis zum Zollanschluss (1967), S. 31.

[27] *Lehmann*, Der Hamburger Freihafen von der Gründung des Norddeutschen Bundes bis zum Zollanschluss (1967), S. 31.

ten Schwächen kaum valide Aussagen treffen. Dennoch darf allgemein festgehalten werden, dass der Handel mit dem übrigen Deutschland wohl eine große Rolle spielte.

Vor dem Hintergrund ausschließlich dieses Zahlenmaterials lässt sich nicht zweifelsfrei beurteilen, ob ein Freihafen weiterhin notwendig war oder nicht. Das Zahlenmaterial ist hierfür nicht differenziert genug[28] und zeigt auch nicht die praktischen Auswirkungen auf die einzelnen Geschäftsbereiche. Hierfür bedarf es einer Auswertung der seitens der Handelskammer eingeholten Gutachten. Eine weitergehende Auseinandersetzung mit dem statistischen Zahlenmaterial erfolgt dann in Zusammenschau mit den Erkenntnissen aus den Gutachten.[29]

C. Die Auswirkungen des Freihafens auf die einzelnen Branchen

I. Freihafenbefürworter

1. Allgemeine Position

Die Anhänger des Freihafens wollten erreichen, dass dieser in möglichst großem Umfang erhalten bleibt. Sowohl der Hafen als auch die Wohnstadt sollten außerhalb des Zollgebiets des Norddeutschen Bundes verbleiben.[30] Um zu gewährleisten, dass der Handel mit zollvereinsländischen Waren nicht allzu sehr benachteiligt wird, sollten Entrepots – sogenannte Zollvereinsniederlagen – geschaffen werden, in denen zollvereinsländische Waren gelagert werden konnten. Diese ermöglichten es, die zollvereinsländischen Waren bei Bedarf, bspw. nach einer Verarbeitung, zollfrei in das Zollvereinsgebiet zurückzubringen.[31] Die Zollvereinsniederlagen wurden zollrechtlich also wie Zollvereinsgebiet betrachtet, obwohl sie sich auf hamburgischem Staats- bzw. Freihafengebiet befanden.[32] Auf diese Weise sollten auch hamburgische Händler in Bezug auf zollvereinsländische Waren konkurrenzfähig bleiben.

Einen Anschluss an den Zollverein verbunden mit der Einrichtung von Entrepots, in denen die Waren aus dem Zollausland zollfrei eingebracht und gela-

---

[28] S. zu den Defiziten allgemein auch *Tuch*, Die Sonderstellung der deutschen Freihäfen (1878), S. 32.

[29] Zur Einordnung der statistischen Materialien s. Abschnitt „Nachvollziehbarkeit der Entscheidung".

[30] *Stein*, Zeitschrift des Vereins für Hamburgische Geschichte 1978, S. 55; *Müller*, Die Auseinandersetzung über Hamburgs Zollanschluss an das Deutsche Reich 1833–1888 (1988), S. 45.

[31] S. Abschnitt „Zollvereinsniederlagen"; *Stein*, Zeitschrift des Vereins für Hamburgische Geschichte 1978, S. 55; *Müller*, Die Auseinandersetzung über Hamburgs Zollanschluss an das Deutsche Reich 1833–1888 (1988), S. 45.

[32] Vgl. zu den Zollvereinsniederlagen den späteren § 1 Bekanntmachung No. 18 aus dem Jahr 1869.

gert sowie ggf. bearbeitet werden konnten – und wie es 1888 *de facto* auch kam, wenngleich statt einzelner Entrepots ein ganzer Bezirk, die Speicherstadt, geschaffen wurde –, lehnten die Anhänger des Freihafens als taugliche Alternative ab.[33] Diese Entrepots können vereinfacht und verkürzt gesprochen als Miniatur-Freihafen betrachtet werden. Dahinter stand die Idee, dass man auf diese Weise die Vorteile eines Freihafens mit einem Zollanschluss kombinieren könnte, da man im Umfang der Entrepots die Vorteile des Freihafens beibehielt.

2. *Groß- und europäischer Zwischenhandel sowie Im- und Export*

Der Zwischenhandel war ein besonders bedeutender Wirtschaftszweig in Hamburg.[34] Unter dem Begriff des Zwischenhandels versteht man, dass Waren, die in Hamburg anlanden, entweder von vornherein dazu bestimmt sind, weiterverschifft zu werden, oder aber zunächst in Hamburg verbleiben und je nach Gelegenheit nach Deutschland oder in die ganze Welt weitertransportiert werden.[35] Wie groß die Bedeutung des Zwischenhandels jedoch tatsächlich war, kann mangels Vorliegens statistischen Materials nicht exakt beantwortet werden. *Lehmann* vermutet aber überzeugend, dass etwa im Jahre 1865 der Durchfuhrhandel Hamburgs mehr als 50 % des Gesamtexports betrug.[36] Dabei geht er davon aus, dass es sich insbesondere um Kaffee, Gewürze, Metalle und Südfrüchte handelte.[37] Weit überwiegend war diese Branche angesichts befürchteter Erschwerungen gegen einen Zollanschluss.[38] Hierfür wurde angeführt, dass nicht nur Hamburg, sondern sogar ganz Deutschland vom Zwischenhandel profitiere: Denn nur der Zwischenhandel erlaube es den Importeuren, die für die Deutschen geeigneten und qualitätsvollen Produkte auszusortieren und den Rest in andere Länder zu exportieren.[39] Ohne einen Freihafen könne aber auch kein Zwischenhandel existieren und ohne den Zwischenhandel würde schließlich der deutsche Markt leiden.[40]

Die gedruckten Gutachten der Handelskammer weisen keinen der Autoren explizit als Zwischenhändler aus. Doch lässt sich den Gutachten an den unter-

[33] *Müller*, Die Auseinandersetzung über Hamburgs Zollanschluss an das Deutsche Reich 1833–1888 (1988), S. 45.

[34] *Stein*, Zeitschrift des Vereins für Hamburgische Geschichte 1978, S. 61.

[35] *Rohgé*, Deutsche Zeit- und Streitfragen 1890, S. 40.

[36] *Lehmann*, Der Hamburger Freihafen von der Gründung des Norddeutschen Bundes bis zum Zollanschluss (1967), S. 23 f.

[37] *Lehmann*, Der Hamburger Freihafen von der Gründung des Norddeutschen Bundes bis zum Zollanschluss (1967), S. 24; vgl. auch Zwanzig Gutachten in Bezug auf Hamburgs künftiges Verhältnis zum Zollverein (1867), S. 55.

[38] *Müller*, Die Auseinandersetzung über Hamburgs Zollanschluss an das Deutsche Reich 1833–1888 (1988), S. 49; für den europäischen Zwischenhandel *Stein*, Zeitschrift des Vereins für Hamburgische Geschichte 1978, S. 49.

[39] Zwanzig Gutachten in Bezug auf Hamburgs künftiges Verhältnis zum Zollverein (1867), S. 48.

[40] Zwanzig Gutachten in Bezug auf Hamburgs künftiges Verhältnis zum Zollverein (1867), S. 48.

schiedlichsten Stellen entnehmen, warum der Freihafen für den Zwischenhandel eine so große Bedeutung hatte. Dies betrifft insbesondere die Gutachten der Inhaber von Kommissionsgeschäften. Am Rande sei auch erwähnt, dass die Gutachten oftmals die *„Demi-Gros-Geschäfte“* in Bezug nehmen. Hierunter ist der Zwischenhandel zu verstehen. Außerdem wird später noch auf besonders wichtige Waren, die dem Zwischenhandel zuzuordnen sind, gesondert eingegangen werden.[41] Die Interessen der Vertreter des Im- und Exportgeschäfts waren hier ebenfalls gleichlaufend, sodass diese im Zusammenhang mit dem Zwischenhandel dargelegt werden können.

Das Gutachten von *Kaemmerer Söhne* stellte die Bedeutung des Freihafens für den Zwischenhandel gut dar, sodass dieses als Ausgangspunkt für die allgemeinen Interessen des Zwischenhandels dienen soll. Im Grundsatz gingen diese davon aus, dass es durch einen Zollanschluss zu Behinderungen käme, von denen alle Kaufleute beeinträchtigen würden.[42] Zu diesem Ergebnis gelangte im Übrigen auch das Sammelgutachten von insgesamt 26 Handelshäusern in Bezug auf das Kommissionsgeschäft, in dem ebenfalls auf den Zwischenhandel eingegangen wurde.[43] Speziell konzentrierte sich das Gutachten aber auf das Zwischenhandelsgeschäft von Kolonialwaren, wobei die Interessenlagen von kleinen und großen Handelshäusern diesbezüglich gleichgeartet seien: Beide müssten Sie die Großverpackungen oftmals anbrechen, um auch kleinere Aufträge bedienen zu können, was aber wiederum voraussetze, dass es Händler mit Lagern gebe, welche solche angebrochenen Packungen vorrätig hätten.[44] Im Falle eines Zollanschlusses wären jedoch bloß öffentliche Entrepots nutzbar, sodass diese Art des Zwischenhandels nicht mehr möglich sei.[45] Dies erschließt sich vor dem Hintergrund des Folgenden: Es würden nämlich nur so viele Waren importiert werden, bei denen von vornherein feststeht, dass sie weiterverkauft werden könnten, da es angesichts von Zöllen und einer beschränkten Anzahl an öffentlichen (kostenpflichtigen) Entrepots unwirtschaftlich bzw. unmöglich wäre, größere Mengen an unterschiedlichen Gütern vorzuhalten.[46] Mithin könnten große Lagerbestände an angebrochenen Waren gar nicht entstehen.

Argumentativ vergleichbar ist auch das erwähnte Sammelgutachten der 26 Handlungshäuser. Diese bekannten sich ebenfalls nicht nur zum Freihafen, sondern sahen insbesondere den Freihandel als solchen als Basis des Erfolgs Ham-

---

[41] S. dazu Abschnitt „Einzelne Bedeutende Waren“.

[42] Zwanzig Gutachten in Bezug auf Hamburgs künftiges Verhältnis zum Zollverein (1867), S. 54.

[43] Zwanzig Gutachten in Bezug auf Hamburgs künftiges Verhältnis zum Zollverein (1867), S. 46 ff.

[44] Zwanzig Gutachten in Bezug auf Hamburgs künftiges Verhältnis zum Zollverein (1867), S. 55.

[45] Zwanzig Gutachten in Bezug auf Hamburgs künftiges Verhältnis zum Zollverein (1867), S. 55.

[46] Vgl. dazu *Rohgé*, Deutsche Zeit- und Streitfragen 1890, S. 40.

burgs.[47] Sie hielten es nicht für praktikabel, in den öffentlichen Entrepots die notwendigen Modifikationen an den Waren vorzunehmen. Bisher seien die Arbeiten durch die Geschäftsleute selber durchgeführt worden, nun aber erschiene eine Übertragung an Dritte notwendig, da die Geschäftsleute angesichts des administrativen Mehraufwandes für die Verrichtung der Arbeiten keine Zeit mehr hätten.[48] Daher würde die Qualität der Bearbeitungen erheblich leiden. Zudem sei es mit einem Entrepotsystem nicht möglich, die Waren auf eine so geschickte Weise neu zusammenzustellen, wie es in der Vergangenheit der Fall war, da die Masse der hierfür notwendigen Waren zu groß seien und nur beschränkte Entrepot-Kapazitäten vorhanden wären.[49]

So würden bspw. beim Kaffeeimport bisher die Bohnen nach Qualität sortiert und beschädigte entfernt;[50] gleiches gelte bspw. auch für Zimt, welcher ebenfalls erst durch das Sortieren in Hamburg für den Endkonsum geeignet gemacht werde.[51] Die minderwertigen Bestandteile könnten bspw. durch einen Export in andere Länder sodann dennoch weiterverwertet werden, was den positiven Nebeneffekt hätte, dass die Versicherungsprämien im Hinblick auf beschädigte Waren etc. wesentlich geringer ausfielen.[52] Wäre das Sortieren nach Qualität und Beschädigungen aber nicht mehr – in dem Umfang wie zuvor – möglich, steige auch das Risiko eines wirtschaftlichen Verlustes, sodass die Geschäftsleute gezwungen wären, höhere Versicherungen gegen einen solchen Verlust abzuschließen.[53]

Auch das Argument der zeitlichen Einbußen durch einen möglichen Zollanschluss und der damit verbundenen Formalitäten wurde hier aufgegriffen und dargelegt, dass der Erfolg des hamburgischen Handels insbesondere auf dessen Geschwindigkeit beruhe, welche jedoch unter einer nicht zu beeinflussenden staatlichen Kontrolle leiden werde.[54]

Schlösse man sich hingegen dem Zollverein an, so befürchteten insbesondere die Im- und Exporteure ein Abwandern des Geschäfts in andere Häfen. Im Hin-

---

[47] Zwanzig Gutachten in Bezug auf Hamburgs künftiges Verhältnis zum Zollverein (1867), S. 47.

[48] Zwanzig Gutachten in Bezug auf Hamburgs künftiges Verhältnis zum Zollverein (1867), S. 47.

[49] Zwanzig Gutachten in Bezug auf Hamburgs künftiges Verhältnis zum Zollverein (1867), S. 50.

[50] Vgl. zum Kaffee *Bueck*, Mittheilungen des Vereins zur Wahrung der gemeinsamen wirtschaftlichen Interessen in Rheinland und Westfalen 1881, S. 211 f.

[51] Zwanzig Gutachten in Bezug auf Hamburgs künftiges Verhältnis zum Zollverein (1867), S. 50.

[52] Zwanzig Gutachten in Bezug auf Hamburgs künftiges Verhältnis zum Zollverein (1867), S. 51.

[53] Zwanzig Gutachten in Bezug auf Hamburgs künftiges Verhältnis zum Zollverein (1867), S. 51.

[54] Zwanzig Gutachten in Bezug auf Hamburgs künftiges Verhältnis zum Zollverein (1867), S. 48/3.

blick auf diesen Geschäftsbereich wurden seitens der Handelskammer hier drei Gutachten von *Carl L. D. Meister*,[55] von *Biancone, Klée & Co.*[56] und von *Tesdorpf*[57] veröffentlicht.[58] Von dieser Seite hieß es, dass die nördliche Lage Hamburgs keineswegs so vorteilhaft sei, als dass man auch im Falle des Zollanschlusses davon ausgehen könnte, dass ein beträchtlicher Teil des Im- und Exportgeschäfts weiterhin über Hamburg abgewickelt würde.[59] Denn nicht die geographische Lage, sondern insbesondere die Möglichkeit und Leichtigkeit des Verkaufens, Umpackens, Untersuchens (Aus-)Sortierens, Trennens etc. sei entscheidend für den Erfolg Hamburgs – fiele diese Möglichkeit weg, wäre auch der Erfolg Hamburgs hinfällig.[60]

Verschärft werde das Problem der schwindenden Wettbewerbsfähigkeit schließlich auch dadurch, dass andere konkurrierende Standorte ihre Zölle abschafften und damit noch attraktiver würden.[61] So seien die Standorte Liverpool und London zwar für hohe Kosten und den sorglosen Umgang mit Waren bekannt, jedoch müsste durch die Beseitigung der Freihäfen dennoch ein Großteil des Importgroßhandels für Tee, Kaffee, Zucker etc. dorthin wechseln.[62] Auch der Großteil des Exports der nicht zollvereinsländischen Produkte verliefe im Falle eines Zollanschlusses trotz des erwähnten Nachteils über England, da dieser Standort dann dennoch attraktiver als Hamburg wäre.[63] Problematisch sei nämlich insbesondere, dass bei überseeischen Export-Expeditionen nicht alle Collis, also kleine Verpackungseinheiten, an Produkten tatsächlich in das Exportland eingeführt würden, sodass eine Wiedereinfuhr zurück nach Hamburg notwendig werde. Eine solche wäre im Falle des Zollanschlusses aber mit erheblichen Beschwerlichkeiten wie hohen Dock-Kosten verbunden, sodass diese Schwierigkeiten bei der Verschiffung das Exportgeschäft erheblich belasteten.[64]

---

[55] Zwanzig Gutachten in Bezug auf Hamburgs künftiges Verhältnis zum Zollverein (1867), S. 1 ff.

[56] Zwanzig Gutachten in Bezug auf Hamburgs künftiges Verhältnis zum Zollverein (1867), S. 12 ff.

[57] Zwanzig Gutachten in Bezug auf Hamburgs künftiges Verhältnis zum Zollverein (1867), S. 18 ff.

[58] Knapp zusammengefasst bei *Tuch*, Die Sonderstellung der deutschen Freihäfen (1878), S. 36 f.

[59] Zwanzig Gutachten in Bezug auf Hamburgs künftiges Verhältnis zum Zollverein (1867), S. 4 f.

[60] Zwanzig Gutachten in Bezug auf Hamburgs künftiges Verhältnis zum Zollverein (1867), S. 5.

[61] Unter Verweis auf Belgien: Zwanzig Gutachten in Bezug auf Hamburgs künftiges Verhältnis zum Zollverein (1867), S. 10.

[62] Zwanzig Gutachten in Bezug auf Hamburgs künftiges Verhältnis zum Zollverein (1867), S. 14.

[63] Zwanzig Gutachten in Bezug auf Hamburgs künftiges Verhältnis zum Zollverein (1867), S. 16.

[64] Zwanzig Gutachten in Bezug auf Hamburgs künftiges Verhältnis zum Zollverein (1867), S. 15.

3. Für den Export produzierendes Gewerbe

Zwei der publizierten Gutachten stammen von Kaufleuten, die für den Export produzierten. Dies betrifft einerseits das Gutachten des Fleischers *J. D. Koopmann*[65], der sein Schweinefleisch insbesondere nach London exportierte. Dies betrifft andererseits das Gutachten von *Stürken* und *von Bargen & Co.*[66], welche Wäsche-Artikel und Herrengarderobe überseeisch exportierten. Diese waren ebenfalls Befürworter des Freihafens.[67]

An den beiden genannten Geschäftsfeldern lässt sich exemplarisch gut darlegen, warum auch für diese ein Zollanschluss nachteilig gewesen wäre. *Koopmann* etwa produzierte gesalzenes Fleisch, welches in Deutschland nicht absetzbar sei.[68] Angesichts des Umstandes, dass bereits ohne Zölle das Salz in Hamburg teurer sei als in den konkurrierenden Produktionsstandorten England und Irland – 1866 wurden bspw. 440.766 Zentner Salz im Wert von 251.470 Mark Banco eingeführt[69] –, wäre Hamburg nicht mehr konkurrenzfähig, sobald Salzsteuern oder gar ein Importverbot für fremde Salze Anwendung fänden.[70] Denn im Grundsatz war das Einführen von Stein- und Speisesalz in den Zollverein im Jahre 1866 verboten und nur mit Sondergenehmigung und jeweils unter einzeln festzulegenden Bedingungen gestattet.[71] Teils wird zwar behauptet, dass das Salz zu gewerblichen Zwecken steuer-/zollfrei sei, dies ist dem Zolltarif jedoch nicht zu entnehmen.[72]

Die alternative Verwendung von deutschem Salz – um die Importsteuern zu vermeiden – komme demgegenüber aufgrund dessen Qualität nicht in Betracht. Überdies errechnete der Autor auch, dass die erhobenen Abgaben bei einem Zollanschluss den Gewinn des Geschäfts sogar überstiegen, sodass die Fortführung des Gewerbes nicht mehr rentabel wäre.[73] Auch die mögliche Alternative der

---

[65] Zwanzig Gutachten in Bezug auf Hamburgs künftiges Verhältnis zum Zollverein (1867), S. 127 f.

[66] Zwanzig Gutachten in Bezug auf Hamburgs künftiges Verhältnis zum Zollverein (1867), S. 129 ff.

[67] *Stein*, Zeitschrift des Vereins für Hamburgische Geschichte 1978, S. 62; *Müller*, Die Auseinandersetzung über Hamburgs Zollanschluss an das Deutsche Reich 1833–1888 (1988), S. 49 f.

[68] Zwanzig Gutachten in Bezug auf Hamburgs künftiges Verhältnis zum Zollverein (1867), S. 127.

[69] *Handelsstatistisches Bureau*, Tabellarische Übersichten des Hamburgischen Handels im Jahre 1866 (1867), S. 10.

[70] Zwanzig Gutachten in Bezug auf Hamburgs künftiges Verhältnis zum Zollverein (1867), S. 127 f.

[71] StA HH 111-1 VII Lit. K no. 13 Vol. 1 Fasc. 2 Verein für Handelsfreiheit Jahresbericht 1864 (1864), Kap. Tarif des Zollfereins; vgl. auch § 3 Zollgesetz, abgedruckt in: Gesetzessammlung der Freien und Hansestadt Hamburg 1868, Bd. 4, Abt. 3 (1869), S. 25.

[72] *Tuch*, Die Sonderstellung der deutschen Freihäfen (1878), S. 43.

[73] Zwanzig Gutachten in Bezug auf Hamburgs künftiges Verhältnis zum Zollverein (1867), S. 128.

Einführung von Entrepots schloss *Koopmann* als adäquaten Ersatz für sein Geschäft aus, ohne jedoch Gründe hierfür anzugeben.[74] Der Anschluss Mecklenburgs und Schleswig-Holsteins hingegen habe keine nennenswerten Auswirkungen auf sein Geschäft, da er dorthin nur kleine Mengen absetze.[75]

Zu demselben Urteil kamen auch die Autoren *Stürken* und *von Bargen & Co.*, welche Wäsche-Artikel wie etwa Hemden, Herrengarderobe und allgemeine Manufakturwaren herstellten.[76] Sie votierten – im Gegensatz zu den meisten anderen Manufakturwarenhändlern[77] – eindeutig für den Freihafen und begründeten dies unter anderem damit, dass der Zollverein zu lange brauche, um einen befriedigenden Freihandel einzuführen.[78] Hier zeigt sich, dass man bei einem gänzlichen Freihandel im Zollverein auch keine Bedenken gegen einen Zollanschluss gehabt hätte. Der Aufschwung in der Industriebranche dieser Artikel sei hauptsächlich der Freihafenstellung zu verdanken: Die Herstellung der genannten Artikel erfolge nämlich weit überwiegend mit ausländischen, statt mit zollvereinsländischen Stoffen.[79] In den Jahren 1864/65 wurden etwa zollpflichtige Twist/Baumwoll-/Woll-/Halbwoll-/Leinengarn und Zwirn im Wert von rund 77 Millionen Mark Banco importiert.[80] Im Falle eines Zollanschlusses müssten diese sodann verzollt werden, ohne dass der Zoll bei der Wiederausfuhr zurückerstattet werden könnte, da dies aufgrund der Weiterverarbeitung ausgeschlossen sei. Der Zolltarif im Jahr 1866 betrug bspw. für (einreihiges, rohes) Baumwollgarn zwei Taler pro Zentner.[81] Aufgrund der hierdurch bedingten Preissteigerung sei eine erfolgreiche Konkurrenz mit den französischen oder englischen Fabrikaten ausgeschlossen.[82] Der Handel mit überseeischen Käufern (die nach Hamburg kommen) wäre ebenfalls nicht mehr erfolgversprechend, da davon auszugehen sei, dass diese nur an solche Orte kämen, an denen ein breites Spektrum an Waren angeboten würde. Angesichts der vielfältigen nachteiligen Auswirkungen eines etwaigen Zollanschlusses auf die unterschiedlichsten Branchen könne von einem

---

[74] Zwanzig Gutachten in Bezug auf Hamburgs künftiges Verhältnis zum Zollverein (1867), S. 128.

[75] Zwanzig Gutachten in Bezug auf Hamburgs künftiges Verhältnis zum Zollverein (1867), S. 127.

[76] Zwanzig Gutachten in Bezug auf Hamburgs künftiges Verhältnis zum Zollverein (1867), S. 129 f.

[77] S. dazu unten in Abschnitt „Manufakturwarengeschäft“.

[78] Zwanzig Gutachten in Bezug auf Hamburgs künftiges Verhältnis zum Zollverein (1867), S. 129.

[79] Zwanzig Gutachten in Bezug auf Hamburgs künftiges Verhältnis zum Zollverein (1867), S. 130.

[80] StA HH 111-1 VII Lit. K no. 13 Vol. 1 Fasc. 2 Freihafen oder Zollverein, S. 12.

[81] StA HH 111-1 VII Lit. K no. 13 Vol. 1 Fasc. 2 Verein für Handelsfreiheit Jahresbericht 1864 (1864), Kap. Tarif des Zollvereins.

[82] Zwanzig Gutachten in Bezug auf Hamburgs künftiges Verhältnis zum Zollverein (1867), S. 130.

solchen Angebot in Hamburg aber nicht mehr ausgegangen werden.[83] Die Konsequenz eines Anschlusses wäre eine Welle der Arbeitslosigkeit und ein „nie gekanntes Proletariat [würde sich] bilden“.[84]

Die Argumentation der beiden für den Export fabrizierenden Unternehmer gleicht sich also: Beide befürchten, dass die für sie notwendigen Materialien und Zutaten angesichts eines Zollanschlusses und dann zu erwartender Zölle verteuert würden, sodass die Konkurrenzfähigkeit leide bzw. sogar vollständig verloren ginge, was letztlich zu einer hohen Arbeitslosigkeit führen werde.

4. Reeder

Zu den größten Reedern gehörten in dem hier maßgeblichen Zeitraum *R.M. Sloman*, *J.C. Godeffroy*, *A.J. Herz*, *A.J. Schön* sowie *F. Laisz*.[85] Diese waren angesichts einer befürchteten Verlangsamung der Schiffsabfertigung allesamt gegen einen Anschluss an den Zollverein.[86] Einzelne Reeder wie bspw. *C.A.W. Schön* waren hingegen Befürworter des Zollanschlusses. Doch argumentierte dieser in seiner Druckschrift weit überwiegend mit nationalen Interessen oder allgemeinen Erwägungen, statt einen spezifischen Bezug zur Tätigkeit als Reeder herzustellen.[87] Unter den Gutachten, die bei der Handelskammer eingingen, findet sich bemerkenswerterweise lediglich ein einziges seitens eines Reeders.[88] Dieses dient daher als Maßstab für die hiesigen Bewertungen. Es stammte von *August Bolten* und war ebenfalls in der Druckschrift der Handelskammer enthalten.[89] Um die Ausführungen korrekt einordnen zu können, ist zu beachten, dass die Schifffahrt sowie die Reeder davon abhängig waren, dass möglichst viele Schiffe den Hamburger Hafen ansteuerten; dies wiederum setzte voraus, dass das Beladen und Löschen der Schiffe zügig von statten ging und auch stets ausreichend unterschiedliche Waren in Hamburg vorhanden waren, um die Schiffe zu füllen.[90]

---

[83] Zwanzig Gutachten in Bezug auf Hamburgs künftiges Verhältnis zum Zollverein (1867), S. 130.

[84] Zwanzig Gutachten in Bezug auf Hamburgs künftiges Verhältnis zum Zollverein (1867), S. 130.

[85] *Mathies*, Hamburgs Reederei 1814–1914 (1924), S. 32; *Stein*, Zeitschrift des Vereins für Hamburgische Geschichte 1978, S. 61.

[86] *Stein*, Zeitschrift des Vereins für Hamburgische Geschichte 1978, S. 61; *Müller*, Die Auseinandersetzung über Hamburgs Zollanschluss an das Deutsche Reich 1833–1888 (1988), S. 50.

[87] *Schön*, Ein Wort zur gegenwärtigen handelspolitischen Frage unserer Vaterstadt Hamburg (1867).

[88] StA HH 111-1 VII Lit. K no. 13 Vol. 1 Fasc. 2 Liste der auf das Rundschreiben der Handelskammer eingegangenen Gutachten.

[89] Zwanzig Gutachten in Bezug auf Hamburgs künftiges Verhältnis zum Zollverein (1867), S. 132–139.

[90] *Bueck*, Mittheilungen des Vereins zur Wahrung der gemeinsamen wirtschaftlichen Interessen in Rheinland und Westfalen 1881, S. 201; *Rohgé*, Deutsche Zeit- und Streitfragen 1890, S. 42 f.

Bolten befürchtete große Nachteile für den hamburgischen Handel, sobald man diesen unter die Aufsicht von Zollbehörden stellte, die seines Erachtens kein Verständnis für die Erfordernisse der hiesigen Handelsbewegungen hätten.[91] Er verglich zum Beweis dieses Urteils die Abläufe im Freihafen mit den Abläufen im Falle eines Anschlusses an den Zollverein. Insbesondere verwies *Bolten* darauf, dass es nach einem etwaigen Zollanschluss notwendig wäre, umfangreich zu überprüfen, ob die angemeldeten Waren mit den vorhandenen Waren übereinstimmten, der Zoll müsste berechnet sowie Messungen von Gewicht und Qualität der Waren vorgenommen werden.[92] Überdies wäre die Lagerung der Waren dann lediglich in den hierfür vorgesehenen Räumlichkeiten – also Entrepots – möglich, wobei nicht feststehe, ob diese überhaupt für die konkrete Ware geeignet wären.[93]

Seien die Waren dann in einem entsprechenden Entrepot eingelagert, bedürfe es eines neuen Antrages, um in selbige zu gelangen und dort Arbeiten an den Waren zu verrichten; abschließend werde es dann nochmals Schlusskontrollen und Revisionen geben, bis der Zugang zu den Waren endlich ungehindert möglich sei.[94] Dieses Verfahren sei nicht nur beschwerlich, sondern hätte auch unmittelbare finanziell nachteilige – wenngleich nicht unbedingt messbare – Folgen:[95] Hierbei seien nicht nur die individuellen Interessen des jeweiligen Handelnden betroffen. Überdies würde auch die Konkurrenzfähigkeit insgesamt in Mitleidenschaft gezogen, da es schwer vorstellbar sei, dass Lagerkosten, erschwerter Zugang, Überwachungs-/Verwaltungskosten, Personalkosten etc. dazu führen könnten, dass die Konkurrenz erleichtert und der Verkehr befördert würde.[96] Die dargestellten Beschwerlichkeiten fänden schließlich auf 4.500 von 6.000 ankommenden Schiffen Anwendung.[97] Sie würden zu einer geringeren Frequenz der abfahrenden/ankommenden Schiffe führen, worunter das Reedereigeschäft dann ganz unmittelbar litte.

Neben diesen auf die konkrete Abwicklung gerichteten Bedenken wies *Bolten* auch darauf hin, dass es eines erheblichen finanziellen Aufwandes bedürfe, um die notwendigen Entrepots zu errichten. Dies wiederum hätte sodann zur Folge, dass der Staat zur Emission neuer Anleihen gezwungen wäre, welche wiederum

---

[91] Zwanzig Gutachten in Bezug auf Hamburgs künftiges Verhältnis zum Zollverein (1867), S. 132.

[92] Zwanzig Gutachten in Bezug auf Hamburgs künftiges Verhältnis zum Zollverein (1867), S. 134.

[93] Zwanzig Gutachten in Bezug auf Hamburgs künftiges Verhältnis zum Zollverein (1867), S. 134.

[94] Zwanzig Gutachten in Bezug auf Hamburgs künftiges Verhältnis zum Zollverein (1867), S. 134; hierzu auch *Hübner*, Der Zollanschluß Hamburgs vom 15. Oktober 1888 (1925), S. 55.

[95] Zwanzig Gutachten in Bezug auf Hamburgs künftiges Verhältnis zum Zollverein (1867), S. 134.

[96] Zwanzig Gutachten in Bezug auf Hamburgs künftiges Verhältnis zum Zollverein (1867), S. 134 f.

[97] Zwanzig Gutachten in Bezug auf Hamburgs künftiges Verhältnis zum Zollverein (1867), S. 135.

durch Abgaben, also Steuern, finanziert würden.[98] Ginge Hamburg den Weg des Zollanschlusses, würde es damit das bisherige Prinzip des Freihandels als Fundament der Prosperität aufgeben, da nicht etwa die geographische Lage oder sonstige Einrichtungen Hamburgs, sondern im Wesentlichen der Freihandel dafür verantwortlich sei, dass die Hansestadt im Hinblick auf das Exportgeschäft auf dem Kontinent unangefochten sei.[99] Ferner sei für das Exportgeschäft zentral, dass sich fast sämtliche Ladungen aus verschiedenen Erzeugnissen verschiedener Länder zusammensetzten.[100] Diese Waren würden in einem sogenannten „Hauptverschiffungsplatz" gesammelt und dort verladen. Derjenige Hafen, der über vielfältige und günstige Schiffe, günstige Verladungskosten sowie zügige Beförderung verfüge, werde als Ausgangshafen gewählt.[101] Sämtliche dieser Faktoren würden derzeit in Hamburg noch erfüllt werden.[102] Der Wegfall dieses Umstandes werde also ebenfalls zu einem schlechteren Reederei-Geschäft führen.

Abschließend ging er auch auf ein Argument der Zollanschlussbefürworter ein, die vortrugen, Häfen wie London, Liverpool und New York seien auch ohne Freihafenstellung sehr erfolgreich. Dies sei, so *Bolten*, jedoch darin begründet, dass diese Häfen sich bloß als Teil der umfangreichen Industrie und Gewerbebereiche an diesen Plätzen entwickelt hätten; Hamburgs Handel sei dagegen fast unabhängig von der Inlandswirtschaft.[103]

5. Einzelne Bedeutende Waren

a) Wein und Spirituosen

Auch die befragten Gutachter des Wein- und Spirituosenhandels sprachen sich für die Beibehaltung des Freihafenstatus aus. Unter den von der Handelskammer veröffentlichten Gutachten waren vier Gutachten dieser Branche von *Fr. Max Meyer*[104] zusammen mit *G. C. Lorenz Meyer*, *C. L. Jebens*[105] sowie *J.F. Höper*[106]

---

[98] Zwanzig Gutachten in Bezug auf Hamburgs künftiges Verhältnis zum Zollverein (1867), S. 135.

[99] Zwanzig Gutachten in Bezug auf Hamburgs künftiges Verhältnis zum Zollverein (1867), S. 136.

[100] Zwanzig Gutachten in Bezug auf Hamburgs künftiges Verhältnis zum Zollverein (1867), S. 136; so auch *Stein*, Zeitschrift des Vereins für Hamburgische Geschichte 1978, S. 61; *Müller*, Die Auseinandersetzung über Hamburgs Zollanschluss an das Deutsche Reich 1833–1888 (1988), S. 50.

[101] Zwanzig Gutachten in Bezug auf Hamburgs künftiges Verhältnis zum Zollverein (1867), S. 137.

[102] Zwanzig Gutachten in Bezug auf Hamburgs künftiges Verhältnis zum Zollverein (1867), S. 137.

[103] Zwanzig Gutachten in Bezug auf Hamburgs künftiges Verhältnis zum Zollverein (1867), S. 138.

[104] Zwanzig Gutachten in Bezug auf Hamburgs künftiges Verhältnis zum Zollverein (1867), S. 104 ff.

[105] Zwanzig Gutachten in Bezug auf Hamburgs künftiges Verhältnis zum Zollverein (1867), S. 108 ff.

[106] Zwanzig Gutachten in Bezug auf Hamburgs künftiges Verhältnis zum Zollverein (1867), S. 112 ff.

und *C. W. Herwig*[107]. Die schiere Anzahl der Gutachten hebt die Bedeutung des Weinhandels aus Sicht der Handelskammer hervor. Im Jahr 1866 waren insgesamt 286.284 Zentner Wein im Wert von 5.843.740 Mark Banco nach Hamburg eingeführt worden.[108] Die Autoren gingen zwar selbst davon aus, dass der Weinhandel sich sicherlich nicht mit dem Import-/Exportgeschäft anderer Waren messen könne[109] dennoch gehörte der Wein im Vergleich zu anderen Verzehrungsgegenständen jedenfalls zur Gruppe der bedeutenderen[110]. Dass diese Branche gegen einen Zollanschluss war, erschließt sich, sobald man sich das Geschäft und seine Funktionsweise vor Augen führt:

Der in Hamburg verkaufte bzw. von Hamburg exportierte Wein wurde aus aller Welt importiert – die schweren Weine etwa aus dem Süden Europas.[111] Zum Zeitpunkt des Imports war er aber noch kein fertiger Handelsartikel.[112] Vielmehr wurde er oft jung eingekauft und sodann in Hamburg „veredelt“. Gerade diese leichten Weine waren im Vergleich zu schweren Weinen wesentlich komplizierter in der Handhabung.[113] Die Gärung der Weine musste bspw. aufmerksam beobachtet werden, um den idealen Zeitpunkt für deren Ende zu ermitteln, manche Weine wurden aber auch vermischt, um den leichteren Weinen etwas mehr Gehalt zu geben oder minderwertige Weine mit hochwertigeren aufzuwerten.[114] Teilweise wurden die Weine sogar, insbesondere für den englischen Markt, mit Spriet versehen und zu sogenannten „heißen“ Weinen veredelt.[115] Unter Spriet verstand man wohl hochprozentigen Trinkalkohol.

Sämtliche dieser Maßnahmen setzten voraus, dass die Weine ungehindert und unmittelbar zugänglich waren. Denn anderenfalls wäre es nach Auffassung der Gutachter bspw. im Hinblick auf die Gärung möglich, dass diese zu weit fortschreite und damit der Wein ungenießbar wird. Diese Herstellungsverfahren seien allesamt aufwendig und kostspielig; fielen zusätzlich aber auch noch hohe Zölle wie im Zollverein an, wäre das Geschäft nicht mehr rentabel.[116] Dies gelte

---

[107] Zwanzig Gutachten in Bezug auf Hamburgs künftiges Verhältnis zum Zollverein (1867), S. 122 ff.

[108] *Handelsstatistisches Bureau*, Tabellarische Übersichten des Hamburgischen Handels im Jahre 1866 (1867), S. 10.

[109] Zwanzig Gutachten in Bezug auf Hamburgs künftiges Verhältnis zum Zollverein (1867), S. 106.

[110] Übersicht aller Verzehrungsgegenstände *Handelsstatistisches Bureau*, Tabellarische Übersichten des Hamburgischen Handels im Jahre 1866 (1867), S. 10.

[111] Zwanzig Gutachten in Bezug auf Hamburgs künftiges Verhältnis zum Zollverein (1867), S. 109.

[112] Zwanzig Gutachten in Bezug auf Hamburgs künftiges Verhältnis zum Zollverein (1867), S. 105.

[113] Zwanzig Gutachten in Bezug auf Hamburgs künftiges Verhältnis zum Zollverein (1867), S. 108.

[114] Zwanzig Gutachten in Bezug auf Hamburgs künftiges Verhältnis zum Zollverein (1867), S. 105/vgl. auch S. 116.

[115] Zwanzig Gutachten in Bezug auf Hamburgs künftiges Verhältnis zum Zollverein (1867), S. 109.

[116] Zwanzig Gutachten in Bezug auf Hamburgs künftiges Verhältnis zum Zollverein (1867), S. 105.

umso mehr, als nur ein geringer Teil des Exports in den Zollverein gehe und überwiegend international – nach Russland, Schweden, Norwegen, England, Holland, Belgien[117] – exportiert werde.[118] Auch eine Rücksteuer der bei der Einfuhr angefallenen Zölle – etwa in Höhe von 4 Talern pro Zentner Wein[119] – im Zeitpunkt der Ausfuhr sei wenig praktikabel. Denn dies sei entweder unmöglich, etwa weil namentlich die Spriete mit Ölen oder Säften versetzt würden, die eine exakte Bestimmung der Stärke verhindere,[120] oder jedenfalls so zeitraubend, dass die an die unverzügliche Bearbeitung gewöhnten Kunden dem hamburgischen Handel nicht mehr treu blieben.[121] In Bereichen ohne Vergünstigungen – wie etwa bei Likören – müsste man den Handel ohnehin aufgeben, da hier die Kosten zu hoch wären, um eine ernsthafte Konkurrenz zu Frankreich darstellen zu können.[122] Nach alledem würde sich das Geschäft dann in einen anderen Freihafen verlagern.[123]

Nach *Meyer* und *Meyer* trage auch der Vergleich mit London, Liverpool oder New-York nicht, wo die Weinbestände in Docks gelagert würden. Denn sämtliche dieser Weine seien entweder mit Spriet versetzt, bereits in Flaschen abgefüllt oder es bedürfe aus sonstigen Gründen keiner Überwachung, wie es aber in Hamburg notwendig sei.[124] Nicht ohne Grund genieße der Wein aus Hamburg einen hervorragenden Ruf in Deutschland und auch international.[125]

Im Hinblick auf den Spriethandel[126] im speziellen sei noch darauf hingewiesen, dass dieser gemeinhin in Handel mit rohen Sprieten und Fabrikaten wie Genever, Likör, Rataphin etc. unterteilt wurde.[127] Während letztere das bereits geschilderte Problem hätten, dass aufgrund der Zusätze eine Rücksteuer beim Export aus-

[117] Zwanzig Gutachten in Bezug auf Hamburgs künftiges Verhältnis zum Zollverein (1867), S. 116.

[118] Zwanzig Gutachten in Bezug auf Hamburgs künftiges Verhältnis zum Zollverein (1867), S. 109.

[119] StA HH 111-1 VII Lit. K no. 13 Vol. 1 Fasc. 2 Verein für Handelsfreiheit Jahresbericht 1864 (1864), Kap. Tarif des Zollvereins.

[120] Zwanzig Gutachten in Bezug auf Hamburgs künftiges Verhältnis zum Zollverein (1867), S. 110/118.

[121] Zwanzig Gutachten in Bezug auf Hamburgs künftiges Verhältnis zum Zollverein (1867), S. 110/zur Verspätung S. 122 f.

[122] Zwanzig Gutachten in Bezug auf Hamburgs künftiges Verhältnis zum Zollverein (1867), S. 122.

[123] Zwanzig Gutachten in Bezug auf Hamburgs künftiges Verhältnis zum Zollverein (1867), S. 117.

[124] Zwanzig Gutachten in Bezug auf Hamburgs künftiges Verhältnis zum Zollverein (1867), S. 106.

[125] Zwanzig Gutachten in Bezug auf Hamburgs künftiges Verhältnis zum Zollverein (1867), S. 106.

[126] Vgl. zum Spriet auch eingehend *Bueck*, Mittheilungen des Vereins zur Wahrung der gemeinsamen wirtschaftlichen Interessen in Rheinland und Westfalen 1881, S. 212.

[127] Zwanzig Gutachten in Bezug auf Hamburgs künftiges Verhältnis zum Zollverein (1867), S. 117.

scheide, liege hierin beim rohen Spriet kein Problem. Dieser würde durch einen Zollanschluss sogar ein erweitertes Absatzgebiet dazugewinnen.[128] Angesichts des erheblichen Umfangs des Sprietimports überwogen für *Höper* aber auch im Hinblick auf den Spriethandel die Vorteile, welcher der Freihafen bot, denn ein ebenso ungehinderter und umfangreicher Import sei im Zollverein nicht möglich.[129] So fielen im Jahr 1866 6 Taler Zoll pro Zentner Branntwein an.[130]

Überdies wiesen die Autoren noch darauf hin, dass einige weitere Industrien am Wohlergehen des Wein- und Spriethandels interessiert seien, bzw. unmittelbar davon abhängig wären: Dies beträfe namentlich Böttcher, Tischler, Korbmacher, Drechsler, Glas- und Korkenhändler etc.[131]

b) Tabak und Zigarren

Auch die befragten Vertreter der Tabak-Geschäfte bzw. der Zigarren-Fabrikation waren allesamt Befürworter der Freihafenstellung.[132] In der Veröffentlichung der Handelskammer sind die Gutachten von *Holtz & Dircks*[133] sowie der Gebrüder *Keitel*[134] enthalten. Das Tabakgeschäft hatte ebenfalls eine große Bedeutung, da allein im Jahr 1866 207.238 Zentner Tabak im Wert von 7.220.200 Mark Banco und 9.913 Zentner Zigarren im Wert von 4.573.080 Mark Banco importiert wurden.[135]

Die Positionierung dieser Branche zugunsten des Freihafens erschließt sich ebenfalls, wenn man einen Blick auf den Ablauf des typischen Geschäftes wirft:

Der aus dem Ausland importierte Tabak befand sich regelmäßig in Lagerräumen, in welchen er von den Kunden der Händler in Augenschein genommen wurde.[136] Diese Überprüfung erschien dabei zentral für das Geschäft zu sein, da *Keitel* darauf hinwies, dass es den Händlern oder Fabrikanten gerade nicht aus-

---

[128] Zwanzig Gutachten in Bezug auf Hamburgs künftiges Verhältnis zum Zollverein (1867), S. 118.

[129] Zwanzig Gutachten in Bezug auf Hamburgs künftiges Verhältnis zum Zollverein (1867), S. 119 f.

[130] StA HH 111-1 VII Lit. K no. 13 Vol. 1 Fasc. 2 Verein für Handelsfreiheit Jahresbericht 1864 (1864), Kap. Tarif des Zollvereins.

[131] Zwanzig Gutachten in Bezug auf Hamburgs künftiges Verhältnis zum Zollverein (1867), S. 106.

[132] StA HH 111-1 VII Lit. K no. 13 Vol. 1 Fasc. 2 Liste der auf das Rundschreiben der Handelskammer eingegangenen Gutachten.

[133] Zwanzig Gutachten in Bezug auf Hamburgs künftiges Verhältnis zum Zollverein (1867), S. 100 ff.

[134] Zwanzig Gutachten in Bezug auf Hamburgs künftiges Verhältnis zum Zollverein (1867), S. 97.

[135] *Handelsstatistisches Bureau*, Tabellarische Übersichten des Hamburgischen Handels im Jahre 1866 (1867), S. 110.

[136] Zwanzig Gutachten in Bezug auf Hamburgs künftiges Verhältnis zum Zollverein (1867), S. 102.

reiche, nur Proben zu begutachten, sondern die Ware insgesamt zu prüfen sei.[137] Das bedeute, dass oftmals jede einzelne Kiste geöffnet werde.[138] Dies gelte nicht nur für den Tabak als Rohprodukt, sondern auch oder erst recht für die fertigen Zigarren.[139]

Hieraus ergaben sich verschiedene praktische Einwände gegen das Entrepotsystem. Durch die Gefahr der lediglich beschränkten Zugänglichkeit zu den Tabak-Waren könnten die notwendigen Kontrollen nicht mehr hinreichend gewährleistet werden. Neben der Zugänglichkeit wäre es überdies auch notwendig, dass ausreichend Raum und Licht vorhanden wäre, um die Kontrollen praktisch durchzuführen.[140] Außerdem sei fraglich, ob überhaupt ausreichend Entrepots für das gesamte Tabak-Geschäft geschaffen werden könnten.[141] Auch wiesen *Holtz & Dircks* darauf hin, dass namentlich die kleineren Tabakfabrikanten in ihren Geschäftsabläufen oft zwischen der Verarbeitung verschiedener Tabake wechselten. Dies sei hingegen nicht mehr möglich, wenn der ungehinderte und jederzeitige Zugriff auf die Materialien durch Einführung von Entrepots erschwert wäre.[142] Gleiches gelte für den Händler von Rohtabaken, der ebenfalls darauf angewiesen sei, die Tabake nach Belieben frei zusammenzustellen und zu sortieren.[143] Insbesondere für den Handel mit fertigen Zigarren trete noch ein weiteres Problem hinzu: Der für den hamburgischen Markt so bedeutende Havanna-Tabak bedürfe einer sehr sorgfältigen Behandlung, welche in Entrepots nicht zu gewährleisten wäre. Hierfür streite auch die Erfahrung aus anderen Orten wie London oder Antwerpen, wo der Tabak aufgrund der mangelhaften Aufbewahrung oftmals so stark beschädigt werde, dass er unverwertbar sei.[144] Die Autoren sehen die Ursache hierbei vor allem in den zu geringen Lagerflächen.[145] Darüber hinaus wurde auch auf das Geschäft mit auf Seewegen beschädigten Tabaken hingewiesen: Denn diese würden zu einem sehr günstigen Preis verkauft, der jedoch unter dem angesetzten Zolltarif – im Jahr 1866 4 Taler pro

[137] Zwanzig Gutachten in Bezug auf Hamburgs künftiges Verhältnis zum Zollverein (1867), S. 97.

[138] Zwanzig Gutachten in Bezug auf Hamburgs künftiges Verhältnis zum Zollverein (1867), S. 102.

[139] Zwanzig Gutachten in Bezug auf Hamburgs künftiges Verhältnis zum Zollverein (1867), S. 102.

[140] Zwanzig Gutachten in Bezug auf Hamburgs künftiges Verhältnis zum Zollverein (1867), S. 98.

[141] Zwanzig Gutachten in Bezug auf Hamburgs künftiges Verhältnis zum Zollverein (1867), S. 102.

[142] Zwanzig Gutachten in Bezug auf Hamburgs künftiges Verhältnis zum Zollverein (1867), S. 101.

[143] Zwanzig Gutachten in Bezug auf Hamburgs künftiges Verhältnis zum Zollverein (1867), S. 101 f.

[144] Zwanzig Gutachten in Bezug auf Hamburgs künftiges Verhältnis zum Zollverein (1867), S. 102.

[145] Zwanzig Gutachten in Bezug auf Hamburgs künftiges Verhältnis zum Zollverein (1867), S. 102.

Zentner[146] – liege, sodass sich dieses Geschäft nicht mehr lohne und der Wert der beschädigten Waren vollständig verloren gehe.[147] Auch der Handel mit den Zigarren und ebenso mit Rohtabaken sei schließlich durch einen Zollanschluss gefährdet, da die Waren durch die Einführung des Zolls bedeutend teurer würden. Der Zolltarif für fertige Zigarren lag etwa bereits bei 22 Talern pro Zentner und betrug damit mehr als das Fünffache des Rohmaterials.[148] Deshalb würden die Hauptimporteure Schweden, Dänemark, Polen, Russland und die Schweiz sodann auf den Freihafen in Bremen zurückgreifen, welcher die größte Konkurrenz für Hamburg darstelle.[149]

c) Manufakturwaren

Die Interessen der Manufakturwarehändler, die den Freihafen befürworteten, deckten sich mit denen der Zwischenhändler, waren sie doch selbst solche. Dennoch lohnt sich ein Blick auf die Gutachten dieser Branche, da namentlich *May & Hinrichsen* sehr detailliert nach der jeweiligen Herkunft und den Zielländern der Manufakturwaren im Allgemeinen differenzieren und auch der Handel mit Manufakturwaren einige Besonderheiten aufweist. Zudem rekurrieren insbesondere die Vertreter eines Zollanschlusses auf die Interessen der Manufakturwarenhändler, sodass hier eine differenzierte Darstellung geboten ist. Schließlich fanden die Interessen der Manufakturwarenhändler auch umfangreiche Berücksichtigung in den späteren Verhandlungen mit Preußen zur einfachgesetzlichen Umsetzung.[150] Unter Manufakturwaren sind bspw. Produkte wie Baumwollwaren, Leinentuch, Hüte, oder Kleidungsstücke zu verstehen.[151]

Auch die Manufakturwaren wurden in solchen Räumlichkeiten gelagert, in denen die einzelnen Waren betrachtet und ausgewählt werden konnten. Mithin erfolgte auch hier nicht eine Auswahl nach Kisten etc., sondern jeweils im Einzelnen.[152] Dies galt gleichermaßen für zollvereinsländische wie auch für auswärtige Geschäftspartner.[153]

---

[146] StA HH 111-1 VII Lit. K no. 13 Vol. 1 Fasc. 2 Verein für Handelsfreiheit Jahresbericht 1864 (1864), Kap. Tarif des Zollvereins.

[147] Zwanzig Gutachten in Bezug auf Hamburgs künftiges Verhältnis zum Zollverein (1867), S. 102.

[148] StA HH 111-1 VII Lit. K no. 13 Vol. 1 Fasc. 2 Verein für Handelsfreiheit Jahresbericht 1864 (1864), Kap. Tarif des Zollvereins.

[149] Zwanzig Gutachten in Bezug auf Hamburgs künftiges Verhältnis zum Zollverein (1867), S. 103.

[150] S. Abschnitt „Die Verhandlungen zwischen Hamburg und Preußen".

[151] *Handelsstatistisches Bureau*, Tabellarische Übersichten des Hamburgischen Handels im Jahre 1866 (1867), S. 13.

[152] Zwanzig Gutachten in Bezug auf Hamburgs künftiges Verhältnis zum Zollverein (1867), S. 83.

[153] Zwanzig Gutachten in Bezug auf Hamburgs künftiges Verhältnis zum Zollverein (1867), S. 83.

Das Gutachten von *May & Hinrichsen* befasste sich zunächst mit dem Absatz ausländischer Erzeugnisse, die sogleich weiter ins Ausland abgesetzt wurden. Sie verwiesen auf die bereits bekannten Aspekte der Zölle/Zollrevision, die bei einem Zollanschluss zu einer Verteuerung sowie einem Zeitverlust führen würden.[154] Entrepots wären nicht geeignet, diesen Nachteil auszugleichen. Einerseits aufgrund der unzureichenden Art und Größe, andererseits aufgrund der erheblichen Kosten; zudem befürchteten sie Unannehmlichkeiten durch Kontrollen und gingen davon aus, dass Manipulationen/Sortierungen etc. hier unmöglich wären.[155] Dieses Ergebnis teilten auch die Manufakturwarenhändler *A. Goberts & Co./Paul & Steinberg/E.H. Oldendorff* wobei diese ergänzend darauf hinwiesen, dass (ausländische) Manufakturwaren überwiegend in kleinen und auch verschiedenen Einheiten versendet würden, sodass sich der Verkehr aus den Entrepots erheblich erschweren würde.[156] Insofern sprachen sich auch diese gegen die Entrepot-Lösung aus.

Bei einem Export ausländischer Erzeugnisse aus Hamburg in den Zollverein würde der Empfänger von einem Zollanschluss hingegen profitieren, da ihn die Beschwerlichkeiten der Zölle nicht mehr träfen.[157] Demgegenüber bestünde jedoch für die hamburgischen Händler der Nachteil, dass der gezahlte Zoll als Verlust anzusehen wäre, wenn die Waren etwa aufgrund von Veränderungen der Mode oder nachträglicher Tarifermäßigungen als verloren gälten und daher unverkäuflich würden.[158]

Würden inländische Erzeugnisse ins Ausland exportiert, so sahen die Autoren hierbei das Problem, dass im Falle der Rückführung der Waren in aller Regel Zölle bei der Wiedereinfuhr anfielen; eine Lagerung in Entrepots könne dieses Problem nicht gänzlich auffangen, da ein Entrepot mit (Lohn-)Kosten verbunden wäre.[159] Jedenfalls aber sei dieser Geschäftszweig weniger bedeutend für den Manufakturwarenhandel, als die zuvor genannten.[160] Neben dem Export inländischer Ware komme auch die Vermittlung inländischer Ware innerhalb des In-

[154] Zwanzig Gutachten in Bezug auf Hamburgs künftiges Verhältnis zum Zollverein (1867), S. 69.

[155] Zwanzig Gutachten in Bezug auf Hamburgs künftiges Verhältnis zum Zollverein (1867), S. 69 f.

[156] Zwanzig Gutachten in Bezug auf Hamburgs künftiges Verhältnis zum Zollverein (1867), S. 84.

[157] Zwanzig Gutachten in Bezug auf Hamburgs künftiges Verhältnis zum Zollverein (1867), S. 71.

[158] Zwanzig Gutachten in Bezug auf Hamburgs künftiges Verhältnis zum Zollverein (1867), S. 72.

[159] Zwanzig Gutachten in Bezug auf Hamburgs künftiges Verhältnis zum Zollverein (1867), S. 72.

[160] Zwanzig Gutachten in Bezug auf Hamburgs künftiges Verhältnis zum Zollverein (1867), S. 72.

landes in Betracht. Dieses Geschäftsfeld sei bisher beinahe unbedeutend für Hamburg, könnte aber im Falle eines Zollanschlusses interessanter werden.[161] Doch auch dann wäre es naheliegend, dass die Waren direkt an die Einzelhändler oder Endkunden geliefert würden, statt den Umweg über hamburgische Zwischenhändler zu machen.[162] Allenfalls nach Schleswig-Holstein, Mecklenburg, Lauenburg oder einem Teil Hannovers käme ein solches Geschäft aufgrund der geographischen Nähe in Betracht und weil bereits gute Geschäfte mit diesen Gebieten zu verzeichnen seien.[163] Der Grund hierfür sei aber wiederum darin zu sehen, dass bisher in Hamburg ein großes Angebot an ausländischen Waren vorzufinden gewesen sei, welches jedoch wegfiele, sobald sich Hamburg anschlösse, sodass dann andere Handelsplätze attraktiver erscheinen würden; für den verbliebenen Handel würde dann eine Zollvereinsniederlage[164] genügen.[165]

Auch die Versorgung Hamburgs mit in- und ausländischen Produkten wäre durch die Beibehaltung des Freihafenstatus nicht beeinträchtigt, da der Eingangszoll auf deutsche Waren ohnehin nur bei 0,25 % liege.[166] Im Falle des Zollanschlusses hingegen wären nur noch verzollte ausländische oder teure deutsche Waren verfügbar und aufgrund von Verkehrsbeschränkungen vielerlei Existenzen gefährdet.[167] Für die Vermittlung hamburgischer Erzeugnisse hingegen würden sich keine großen Änderungen ergeben.[168]

Insgesamt sprachen nach Auffassung dieser Manufakturwarenhändler also die besseren Gründe für eine Beibehaltung des Freihafenstatus. Um den Handel mit zollvereinsländischen Manufakturwaren aufrechtzuerhalten, sprachen sie sich schließlich für die Einführung von Zollvereinsniederlagen – bzw. ein ganzes dafür gewidmetes Gebiet – in Hamburg aus.[169]

---

[161] Zwanzig Gutachten in Bezug auf Hamburgs künftiges Verhältnis zum Zollverein (1867), S. 73.

[162] Zwanzig Gutachten in Bezug auf Hamburgs künftiges Verhältnis zum Zollverein (1867), S. 73.

[163] Zwanzig Gutachten in Bezug auf Hamburgs künftiges Verhältnis zum Zollverein (1867), S. 74.

[164] S. dazu ausführlich Abschnitt „Zollvereinsniederlagen“.

[165] Zwanzig Gutachten in Bezug auf Hamburgs künftiges Verhältnis zum Zollverein (1867), S. 74.

[166] Zwanzig Gutachten in Bezug auf Hamburgs künftiges Verhältnis zum Zollverein (1867), S. 74.

[167] Zwanzig Gutachten in Bezug auf Hamburgs künftiges Verhältnis zum Zollverein (1867), S. 75.

[168] Zwanzig Gutachten in Bezug auf Hamburgs künftiges Verhältnis zum Zollverein (1867), S. 75 ff.

[169] Zwanzig Gutachten in Bezug auf Hamburgs künftiges Verhältnis zum Zollverein (1867), S. 89 ff.

d) Drogen-Geschäft

Die befragten Vertreter des Drogen- bzw.- Drogeriewarengeschäft sprachen sich ebenfalls für die Beibehaltung des Freihafens aus.[170] In der Veröffentlichung der Handelskammer war jedoch lediglich ein einziges enthalten. Dieses wurde aber von 20 Handlungshäusern gemeinsam verfasst und unterzeichnet.

Das Geschäft mit den Drogeriewaren – welches etwa Kräuter, Öle, Samen, Gewürze u.v.m. beinhaltete[171] – sei etwa im gleichen Maße auf den Handel mit dem Zollverein wie mit überseeischen Gebieten angewiesen.[172] Insofern sei es auch notwendig, Modalitäten zu finden, die sowohl den Handel mit Deutschland als auch mit der Welt aufrechterhielten. Die o.g. Waren kämen überwiegend in großen Mengen und großen Einheiten in Hamburg an und müssten daher für den Handel zunächst in kleinere Einheiten zerteilt werden. Neben der Notwendigkeit der Teilung würden die Waren aber auch oftmals gesiebt, sortiert oder vermischt – mithin weiterverarbeitet.[173]

Auch diese Gutachter waren davon überzeugt, dass diese Sortierung und Weiterverarbeitung in Entrepots nicht hinreichend möglich wären. Dies belege die Erfahrung aus anderen Häfen: So führten sie etwa an, dass einige Waren in Hamburg weiterverarbeitet und sodann in holländische Entrepots verschifft würden, weil solche Handlungen dort nicht möglich seien; gleiches gelte auch im Hinblick auf englische oder überseeische Häfen, obwohl auch hier dieselben Stoffe wie in Hamburg vorlägen.[174] Dieselben Verarbeitungen oder Änderungen seien auch im Hinblick auf diejenigen Waren notwendig, welche in den Zollverein exportiert werden müssten. Aufgrund der Unmöglichkeit, diese Handlungen in Entrepots vorzunehmen, gingen die Autoren aber davon aus, dass sich das Geschäft im Falle eines Zollanschlusses nach London verlagern würde. Zum Beweis wiesen sie etwa auf die Erfahrungen aus dem Geschäft mit dem im Zollverein zollfreien Copal[175] hin, welches früher in New York eingeführt, gewaschen und sortiert worden sei, sobald dies jedoch untersagt wurde und eine Einverzollung notwendig geworden wäre, sei New York das gesamte Geschäft verloren gegangen und Hamburg konnte an seine Stelle treten.[176]

---

[170] Zwanzig Gutachten in Bezug auf Hamburgs künftiges Verhältnis zum Zollverein (1867), S. 59 ff.

[171] Vgl. StA HH 111-1 VII Lit. K no. 13 Vol. 1 Fasc. 2 Verein für Handelsfreiheit Jahresbericht 1864 (1864), Kap. Tarif des Zollvereins.

[172] Zwanzig Gutachten in Bezug auf Hamburgs künftiges Verhältnis zum Zollverein (1867), S. 60.

[173] Zwanzig Gutachten in Bezug auf Hamburgs künftiges Verhältnis zum Zollverein (1867), S. 61.

[174] Zwanzig Gutachten in Bezug auf Hamburgs künftiges Verhältnis zum Zollverein (1867), S. 61.

[175] StA HH 111-1 VII Lit. K no. 13 Vol. 1 Fasc. 2 Beleuchtung der 20 Gutachten der Freihafenpartei (1867), S. 26.

[176] Zwanzig Gutachten in Bezug auf Hamburgs künftiges Verhältnis zum Zollverein (1867), S. 62 f.

Auch auf die bereits bekannten Lagerschwierigkeiten (namentlich Belüftung/Beleuchtung etc.) wurde hier nochmals hingewiesen, was im Hinblick auf die ganz besonders empfindlichen Waren wie Vanille oder Ätherische Öle und der hiermit verbundenen Gefahr des Verderbs von herausgehobener Bedeutung wäre.[177]

Dennoch ist darauf hinzuweisen, dass die Zölle des Zollvereins auf Drogeriewaren im Jahre 1866 verhältnismäßig gering waren, oder sogar gänzlich wegfielen. Die meisten Zölle befanden sich nämlich im Silbergroschenbereich bis hin zu 2 Talern pro Zentner und nur im Einzelfall fielen höhere Zölle an.[178] Im Vergleich zu anderen Geschäftsbereichen konnte jedenfalls die Zollbelastung dahingehend vernachlässigt werden.

e) Tran

Da in einigen Gutachten verschiedentlich auf das Tran-Geschäft Bezug genommen wurde, soll auch auf dieses Geschäft eingegangen werden.

Kaemmerer Söhne führten etwa aus, dass der Tran in einer noch nicht endkundengeeigneten Qualität in Hamburg ankomme und dort abgeklärt, vermischt, umgefüllt und gebrannt werden müsse.[179] Diese Arbeiten könnten jedoch nicht auf einem öffentlichen Entrepot durchgeführt werden.[180] Zu den Gründen schwiegen die Autoren, doch dürften diese insbesondere darin zu sehen gewesen sein, dass in den Entrepots viele verschiedene Waren gelagert würden. Aufgrund der beschränkten Platzverhältnisse wäre das Brennen von Tran jedoch vermutlich alleine aus Sicherheitsgründen untersagt worden.

Zum Tran lag überdies ein Gutachten von *Tietgens & Robertson* sowie *Hudwalcker & Co.* vor. Sie wiesen zunächst darauf hin, dass der Tran hauptsächlich aus Norwegen, jedoch auch aus Russland, England, Neufundland, Island und Amerika in einer Menge von 50–500 Tonnen jährlich importiert werde.[181] Der sodann weiterverarbeitete und abgefüllte Tran werde überwiegend nach England, Frankreich, Holland oder Spanien verschifft.[182] Im Falle eines Zollanschlusses, erwarteten die Tran-Händler ebenfalls umfangreiche Schwierigkeiten: Die Entrepots könnten in dem Umfang, wie es für die Branche notwendig wäre,

---

[177] Zwanzig Gutachten in Bezug auf Hamburgs künftiges Verhältnis zum Zollverein (1867), S. 63.

[178] StA HH 111-1 VII Lit. K no. 13 Vol. 1 Fasc. 2 Verein für Handelsfreiheit Jahresbericht 1864 (1864), Kap. Tarif des Zollvereins.

[179] Zwanzig Gutachten in Bezug auf Hamburgs künftiges Verhältnis zum Zollverein (1867), S. 56.

[180] Zwanzig Gutachten in Bezug auf Hamburgs künftiges Verhältnis zum Zollverein (1867), S. 56.

[181] Zwanzig Gutachten in Bezug auf Hamburgs künftiges Verhältnis zum Zollverein (1867), S. 124 ff.

[182] Zwanzig Gutachten in Bezug auf Hamburgs künftiges Verhältnis zum Zollverein (1867), S. 124.

nicht bereitgestellt werden; außerdem wäre der Tran nicht ungehindert zugänglich.[183] Die Verzollung wäre demgegenüber ebenfalls keine ernsthafte Alternative, da lediglich ein Drittel des Trans in den Zollverein abgesetzt würde. Aufgrund des Zolls – der jedoch lediglich 25 Silbergroschen pro Zentner betrug[184] – sei der Handel mit anderen Ländern aber weniger lukrativ und würde daher schwinden.[185]

f) Lagerbesitzer

In den vorangestellten Gutachten wurde mehrfach auf die Lager-/Speicherbesitzer verwiesen, welche ebenfalls unter dem Zollanschluss leiden würden. Zwar sind keine Gutachten aus der Perspektive eines bloßen Speicherbesitzers veröffentlicht, jedoch soll dennoch in angemessener Kürze auf diesen Bereich eingegangen werden. Gemeinhin ging man davon aus, dass durch den Anschluss und die Errichtung von Entrepots die bis dato bestehenden Lager entwertet würden.[186] Diese Annahme ist nachvollziehbar und wird sogar von den Zollanschlussbefürwortern anerkannt.[187] Durch die Einrichtung von Entrepots oder gar eines ganzen Freihafenbezirkes würden nämlich diejenigen Lager außerhalb des Bezirkes für den Handel weitestgehend nutzlos. Für diese Lager bestünde dann lediglich die Möglichkeit, für solche Waren genutzt zu werden, die auch im Zollverein einverzollt wurden. Alternativ blieb auch die Einrichtung als Privatlager denkbar.[188]

II. Zollanschlussbefürworter

1. Abweichendes Gutachten für das Import- und Exportgeschäft

Woermann sprach sich als einziger von insgesamt sieben Befragten des Import- und Exportgeschäfts für einen Zollanschluss aus.[189] Dies erklärt sich aber schon zu Beginn seiner Ausführungen dadurch, dass er Wert darauf legte, von einem allgemeinen Standpunkt aus zu argumentieren, statt einem branchenspezifi-

---

[183] Zwanzig Gutachten in Bezug auf Hamburgs künftiges Verhältnis zum Zollverein (1867), S. 125.

[184] StA HH 111-1 VII Lit. K no. 13 Vol. 1 Fasc. 2 Verein für Handelsfreiheit Jahresbericht 1864 (1864), Kap. Tarif des Zollvereins.

[185] Zwanzig Gutachten in Bezug auf Hamburgs künftiges Verhältnis zum Zollverein (1867), S. 126 und s. auch S. 56.

[186] *Bueck*, Mittheilungen des Vereins zur Wahrung der gemeinsamen wirtschaftlichen Interessen in Rheinland und Westfalen 1881, S. 215; *Hübner*, Der Zollanschluß Hamburgs vom 15. Oktober 1888 (1925), S. 57.

[187] *Verein für den Anschluss Hamburgs an den Zollverein* (Hrsg.), Neun Gutachten die künftige handelspolitische Stellung Hamburgs betreffend (1867), S. 21.

[188] *Hübner*, Der Zollanschluß Hamburgs vom 15. Oktober 1888 (1925), S. 57.

[189] StA HH 111-1 VII Lit. K no. 13 Vol. 1 Fasc. 2 Liste der auf das Rundschreiben der Handelskammer eingegangenen Gutachten.

schen.[190] Insofern geht der Gutachter zwar auch, aber nicht *en détail*, auf das Import-/Exportgeschäft im Allgemeinen ein.

Zunächst ist zu konstatieren, dass *Woermann* seine Forderung, den Zollanschluss anzustreben, an einige Bedingungen knüpfte. Neben liberalen Entrepot-Einrichtungen, in denen auch die Bearbeitung zulässig sein müsse, sprach er sich für die Einführung von Rückzöllen etwa auf raffinierten Zucker sowie für die Aufhebung mehrerer Zölle, bspw. Reis, und die allgemeine Vereinfachung des Zollvereinstarifes aus.[191] Sein Gutachten widmete sich dann den einzelnen Branchen der hamburgischen Wirtschaft und beleuchtete knapp die jeweiligen Vorteile. Für die Hauptbranchen erkannte er keinen Nachteil durch einen Anschluss.[192] Mittels Entrepots könnten die Nachteile hoher Importzölle umgangen werden; im Gegensatz zu den Freihafenbefürwortern hatte er keinen Zweifel daran, dass die notwendigen Bearbeitungen auch durch Angestellte der Entrepots vorgenommen werden könnten.[193] Doch selbst er anerkannte, dass jedenfalls die Mischung von Waren erschwert werden könnte[194] und der Tabakhandel leiden würde.[195] Das Problem einer etwaig notwendigen Einverzollung sah er durch die umfassende Ermöglichung von Zollkrediten gelöst.[196]

Entscheidend profitieren würden hingegen die Engros-Händler, da diese einen Teil ihrer Waren nach Mecklenburg etc. verbracht hätten und dieses Geschäft durch eine Beibehaltung des Freihafens vollends wegfiele.[197] Denn die anfallenden Zölle im Falle der Beibehaltung des Freihafens würden ihr Geschäftsmodell hinfällig werden lassen. Er sah aber auch, dass im Falle eines Zollanschlusses wiederum das internationale Geschäft leiden würde und auf Entrepots angewiesen wäre.[198] Gleiches gelte etwa für Gewerbe und die Fabriken.[199] Zuletzt wies

---

[190] *Verein für den Anschluss Hamburgs an den Zollverein* (Hrsg.), Neun Gutachten die künftige handelspolitische Stellung Hamburgs betreffend (1867), S. 13; vgl. auch *Tuch*, Die Sonderstellung der deutschen Freihäfen (1878), S. 35.

[191] *Verein für den Anschluss Hamburgs an den Zollverein* (Hrsg.), Neun Gutachten die künftige handelspolitische Stellung Hamburgs betreffend (1867), S. 22.

[192] *Verein für den Anschluss Hamburgs an den Zollverein* (Hrsg.), Neun Gutachten die künftige handelspolitische Stellung Hamburgs betreffend (1867), S. 15 ff.

[193] *Verein für den Anschluss Hamburgs an den Zollverein* (Hrsg.), Neun Gutachten die künftige handelspolitische Stellung Hamburgs betreffend (1867), S. 16.

[194] *Verein für den Anschluss Hamburgs an den Zollverein* (Hrsg.), Neun Gutachten die künftige handelspolitische Stellung Hamburgs betreffend (1867), S. 16.

[195] *Verein für den Anschluss Hamburgs an den Zollverein* (Hrsg.), Neun Gutachten die künftige handelspolitische Stellung Hamburgs betreffend (1867), S. 18.

[196] *Verein für den Anschluss Hamburgs an den Zollverein* (Hrsg.), Neun Gutachten die künftige handelspolitische Stellung Hamburgs betreffend (1867), S. 17.

[197] *Verein für den Anschluss Hamburgs an den Zollverein* (Hrsg.), Neun Gutachten die künftige handelspolitische Stellung Hamburgs betreffend (1867), S. 18 f.

[198] *Verein für den Anschluss Hamburgs an den Zollverein* (Hrsg.), Neun Gutachten die künftige handelspolitische Stellung Hamburgs betreffend (1867), S. 19.

[199] *Verein für den Anschluss Hamburgs an den Zollverein* (Hrsg.), Neun Gutachten die künftige handelspolitische Stellung Hamburgs betreffend (1867), S. 20.

Woermann noch auf das Detailgeschäft, also Ladengeschäft, hin. Hier würden zahlreiche Bewohner des Zollvereins nach Hamburg kommen, um ihre Kleider/ Schuhe etc. zu kaufen und brächten diese sodann unter Umgehung des Zolls wieder mit in den Zollverein. Ein Zollanschluss könnte diesen illegalen Weg legalisieren und sogar zu einer Belebung des Geschäfts führen.[200]

2. *Manufakturwarengeschäft*

Sieben der neun seitens des Vereins für den Anschluss Hamburgs an den Zollverein veröffentlichten Gutachten befassten sich mit dem Manufakturwarengeschäft und sprachen sich für einen Anschluss aus. Insgesamt wurden seitens der Manufakturwarenhändler zwölf Gutachten zugunsten des Anschlusses und vier Gutachten zugunsten des Freihafens eingereicht. Nachfolgend sollen daher die wesentlichen Argumente der veröffentlichten Gutachten, die immerhin die wichtigste und größte Gruppe der Zollanschlussbefürworter ausmachten, näher dargelegt werden.

Das Gutachten der Firma *A. Tidemann* stellte zunächst fest, dass bereits jetzt das Manufakturwarengeschäft zunehmend unter der Konkurrenz insbesondere mit Berlin leide. Den Grund sah er darin, dass Hamburg keine Möglichkeit habe, die zollvereinsländische Kundschaft zu bedienen. Berlin demgegenüber sei in der Lage, den gesamten Zollverein zu bedienen und bestimmte Zweige wie etwa das Geschäft mit Jacken etc. an sich zu ziehen.[201] Dies habe dazu geführt, dass sich auch der Handel mit fremden Waren nach Berlin verlagert habe und damit auch dieser Geschäftszweig aus Hamburg abgewandert sei.[202] Schon zum Zeitpunkt, als Hannover und Oldenburg sich dem Zollverein anschlossen, sei es attraktiv gewesen, das eigene Geschäft nach Berlin zu verlegen, doch werde das noch übrig gebliebene Manufakturwarengeschäft spätestens dann verenden, wenn sich Hamburg nunmehr zur Beibehaltung des Freihafenstatus entschließen sollte.[203] Auch nach *Pfennig* bestünde in diesem Fall die Wahrscheinlichkeit, dass eine Vielzahl von Manufakturwarenhändlern abwandern müssten.[204] Auch das Gutachten von *Plate* hob hervor, dass sich das Manufakturwarengeschäft im Falle einer Beibehaltung des Freihafenstatus verlagern würde, hingegen der Zollan-

---

[200] *Verein für den Anschluss Hamburgs an den Zollverein* (Hrsg.), Neun Gutachten die künftige handelspolitische Stellung Hamburgs betreffend (1867), S. 20 f.; s. zu weiteren unveröffentlichten Gutachten StA HH 111-1 VII Lit. K no. 13 Vol. 1 Fasc. 2 Liste der auf das Rundschreiben der Handelskammer eingegangenen Gutachten.

[201] *Verein für den Anschluss Hamburgs an den Zollverein* (Hrsg.), Neun Gutachten die künftige handelspolitische Stellung Hamburgs betreffend (1867), S. 41 f.

[202] *Verein für den Anschluss Hamburgs an den Zollverein* (Hrsg.), Neun Gutachten die künftige handelspolitische Stellung Hamburgs betreffend (1867), S. 42.

[203] *Verein für den Anschluss Hamburgs an den Zollverein* (Hrsg.), Neun Gutachten die künftige handelspolitische Stellung Hamburgs betreffend (1867), S. 42.

[204] *Verein für den Anschluss Hamburgs an den Zollverein* (Hrsg.), Neun Gutachten die künftige handelspolitische Stellung Hamburgs betreffend (1867), S. 52.

schluss zu einem erheblichen Aufschwung desselben in Hamburg führen würde, da allein die geographische Lage es ermögliche, sowohl Deutschland als auch den Rest der Welt zu versorgen.[205]

Klöpper stellte schließlich fest, dass rund 40% der Manufakturwaren in den Zollverein bzw. in kürzlich angeschlossene Gebiete gingen, während nur 15% an das Zollausland außerhalb Hamburgs/Altonas und des Zollvereins verkauft würden.[206] Mithin war das Manufakturwarengeschäft nach diesen Zahlen – trotz der geschilderten Schwierigkeiten – besonders auf den Handel mit dem Zollverein angewiesen.

Angesichts des Umstandes, dass nach *P.D. Moll & Co.* 80% der Ware aus dem Zollvereinsgebiet und nur 20% aus dem Zollausland bezogen wurde[207] und auch die Gebrüder *Bordier* von 75% zollvereinsländischen Waren ausgingen,[208] überrascht das Urteil *Tidemanns* zugunsten eines Zollanschlusses wenig. Denn die zollvereinsländischen Waren können zwar theoretisch (weitestgehend) zollfrei nach Hamburg eingeführt werden, müssen dann jedoch – etwa nach Verarbeitung zu einem fertigen Produkt – bei Rückführung und Verkauf in den Zollverein verzollt werden. Dies ließe sich allenfalls durch die Lagerung der Waren in einer Zollvereinsniederlage verhindern, stieß jedoch bei den Manufakturwarenhändlern auf Ablehnung:[209]

Tidemann begründete die Nachteile der Entrepots bzw. Zollvereinsniederlagen insbesondere damit, dass namentlich das Detail-Geschäft keine großen Mengen vorhalte und täglich zahlreiche kleine Bestellungen aufgebe und Sendungen vorbereite; die Entrepot-Formalitäten würden hingegen nicht zwischen großen und kleinen Warenmengen unterscheiden, sodass der Verwaltungsaufwand identisch groß wäre und damit die Konkurrenzfähigkeit gegenüber Berlin und anderen Städten erheblich beeinträchtigt sei.[210] Außerdem wäre der die Detaillisten versorgende Großhändler gezwungen, die vielen verschiedenen Waren in jeweils unterschiedlichen Entrepots zu lagern.[211] Ähnlich wie die Freihafenbefürworter argumentierten auch die Manufakturwarenhändler mit der Notwendigkeit eines stetigen Zugangs zu den Waren, um die Aufträge, welche die verschiedensten

---

[205] *Verein für den Anschluss Hamburgs an den Zollverein* (Hrsg.), Neun Gutachten die künftige handelspolitische Stellung Hamburgs betreffend (1867), S. 49 f.

[206] *Verein für den Anschluss Hamburgs an den Zollverein* (Hrsg.), Neun Gutachten die künftige handelspolitische Stellung Hamburgs betreffend (1867), S. 61.

[207] *Verein für den Anschluss Hamburgs an den Zollverein* (Hrsg.), Neun Gutachten die künftige handelspolitische Stellung Hamburgs betreffend (1867), S. 58.

[208] *Verein für den Anschluss Hamburgs an den Zollverein* (Hrsg.), Neun Gutachten die künftige handelspolitische Stellung Hamburgs betreffend (1867), S. 64.

[209] *Verein für den Anschluss Hamburgs an den Zollverein* (Hrsg.), Neun Gutachten die künftige handelspolitische Stellung Hamburgs betreffend (1867), S. 64.

[210] *Verein für den Anschluss Hamburgs an den Zollverein* (Hrsg.), Neun Gutachten die künftige handelspolitische Stellung Hamburgs betreffend (1867), S. 30 f.

[211] *Verein für den Anschluss Hamburgs an den Zollverein* (Hrsg.), Neun Gutachten die künftige handelspolitische Stellung Hamburgs betreffend (1867), S. 31.

Qualitäten beträfen, ungehindert bedienen zu können. Dies sei in einem Entrepot aber gerade nicht möglich.[212] So wurde etwa auch für die Manufakturwaren geltend gemacht, dass die Kunden nicht lediglich Proben, sondern die Waren selbst in Augenschein nehmen wollten.[213] Außerdem führte *Klöpper* noch an, dass es ohnehin zweifelhaft sei, ob ein zollvereinsländischer Käufer Waren in Hamburg kaufen würde, um sie sodann wieder in den Zollverein zurückzuführen.[214]

Dass im Gegensatz dazu der Zwischenhandel von Entrepots nicht beeinträchtigt würde, wurde sodann damit begründet, dass durch die größere Menge an Waren die Mehrkosten des Entrepot-Betriebs absinken würden und ohnehin New York, London und Liverpool gezeigt hätten, dass Entrepots erfolgreich einsetzbar seien.[215] Ein Hauptzollamt – welches es ermöglichen würde, Waren bereits auf hamburgischem Gebiete zu verzollen[216] – sei zwar wünschenswert, jedoch könne auch dieses die Nachteile der Freihafenstellung nicht umfassend kompensieren.[217]

Abschließend plädierten einige Manufakturwarenhändler neben dem Zollanschluss auch für ein System nach dem Vorbild Leipzigs. Wurden hier bspw. Waren wie Leinen importiert, eingelagert, im Verlaufe einer bestimmten Zeit jedoch wieder in das Zollausland weiterverschifft, so wurde der auf diese ausgeführte Menge angefallene Zoll dem Händler wieder gutgeschrieben und es war lediglich für die verbliebene, verkaufte Ware ein Zoll zu entrichten (sogenanntes Contirungssystem).[218] *Tidemann* etwa ging aber davon aus, dass Hamburg, wollte es eine vergleichbare Regelung erreichen, zeitnah dem Zollverein beitreten müsste und sich keine Verzögerung erlauben dürfe.[219]

Neben diesen spezifischen Erwägungen wurden insbesondere von *Tidemann* auch allgemeine Erwägungen gegen den Freihafen angeführt, die nur kurze Erwähnung finden sollen, da sie allenfalls bloß mittelbare Auswirkung auf das Manufakturwarengeschäft im speziellen hatten: So führte er an, dass aufgrund der Freihafenstellung zollvereinsländische Waren dem zollvereinsländischen Käufer nicht zollfrei und fremde Waren nicht bereits verzollt in Hamburg ange-

---

[212] *Verein für den Anschluss Hamburgs an den Zollverein* (Hrsg.), Neun Gutachten die künftige handelspolitische Stellung Hamburgs betreffend (1867), S. 57.

[213] *Verein für den Anschluss Hamburgs an den Zollverein* (Hrsg.), Neun Gutachten die künftige handelspolitische Stellung Hamburgs betreffend (1867), S. 65.

[214] *Verein für den Anschluss Hamburgs an den Zollverein* (Hrsg.), Neun Gutachten die künftige handelspolitische Stellung Hamburgs betreffend (1867), S. 61.

[215] *Verein für den Anschluss Hamburgs an den Zollverein* (Hrsg.), Neun Gutachten die künftige handelspolitische Stellung Hamburgs betreffend (1867), S. 38.

[216] S. dazu Abschnitt „Hauptzollamt".

[217] *Verein für den Anschluss Hamburgs an den Zollverein* (Hrsg.), Neun Gutachten die künftige handelspolitische Stellung Hamburgs betreffend (1867), S. 32.

[218] *Verein für den Anschluss Hamburgs an den Zollverein* (Hrsg.), Neun Gutachten die künftige handelspolitische Stellung Hamburgs betreffend (1867), S. 56 vgl. auch S. 58/63.

[219] *Verein für den Anschluss Hamburgs an den Zollverein* (Hrsg.), Neun Gutachten die künftige handelspolitische Stellung Hamburgs betreffend (1867), S. 39 f.

boten werden könnten, demgegenüber dies aber bei einem Kauf im Zollverein möglich sei. Insofern bestehe die Wahrscheinlichkeit, dass der zollvereinsländische Käufer, statt die Beschwerlichkeiten eines Kaufes in Hamburg – und der anschließenden Verzollung bei Einfuhr in den Zollverein – auf sich zu nehmen, an anderer Stelle im Zollverein sämtliche Käufe tätigen werde.[220] Und auch für den fremden Käufer wäre Hamburg weniger attraktiv, da das Warenangebot aufgrund der Zollgrenze beschränkter sei.[221] Insofern würde aufgrund der Zollgrenzen und des dargelegten Verdrängungseffektes nach anderen zollvereinsländischen Orten sowohl der Import als auch der Export durch die Beibehaltung des Freihafenstatus geschwächt. Der Zollanschluss hingegen würde nicht nur den Im- und Export deutscher Waren aus und nach Deutschland steigern, sondern Hamburg auch zum wichtigsten Handelsort für deutsche Waren machen.[222]

3. Sonstige Geschäftsbereiche

Neben dem Manufakturwarengeschäft sprachen sich noch andere Geschäftsbereiche für den Zollanschluss aus. Hierbei handelte es sich jedoch lediglich um das Kurzwaren-/Eisengeschäft, das Detailgeschäft – also der Handel mit kleinen Wareneinheiten – und ein einziges Gutachten aus dem Schiffbau.[223] Veröffentlicht ist lediglich das Gutachten im Hinblick auf das Kurzwaren-/Eisengeschäft von *Schulte & Schemmann.*

Diese legten dar, dass auch ihnen im Falle der Beibehaltung des Freihafens und einem Anschluss der benachbarten Gebiete nichts anderes übrig bleiben werde, als den Geschäftssitz zu verlagern, da ihre Kunden nicht bereit wären, den Aufwand der Versteuerung auf sich zu nehmen.[224] Durch den Anschluss Mecklenburgs hingegen ginge ihnen ein erhebliches Absatzgeschäft verloren.[225] Ein Entrepotsystem hielten auch diese nicht für geeignet und stellten heraus, dass man von einem ungehinderten Handel mit dem Zollverein profitieren werde.[226]

---

[220] *Verein für den Anschluss Hamburgs an den Zollverein* (Hrsg.), Neun Gutachten die künftige handelspolitische Stellung Hamburgs betreffend (1867), S. 32 f.

[221] *Verein für den Anschluss Hamburgs an den Zollverein* (Hrsg.), Neun Gutachten die künftige handelspolitische Stellung Hamburgs betreffend (1867), S. 33 f.

[222] *Verein für den Anschluss Hamburgs an den Zollverein* (Hrsg.), Neun Gutachten die künftige handelspolitische Stellung Hamburgs betreffend (1867), S. 38.

[223] StA HH 111-1 VII Lit. K no. 13 Vol. 1 Fasc. 2 Liste der auf das Rundschreiben der Handelskammer eingegangenen Gutachten.

[224] Neun Gutachten die künftige handelspolitische Stellung Hamburgs betreffend (1867), S. 45.

[225] *Verein für den Anschluss Hamburgs an den Zollverein* (Hrsg.), Neun Gutachten die künftige handelspolitische Stellung Hamburgs betreffend (1867), S. 45.

[226] *Verein für den Anschluss Hamburgs an den Zollverein* (Hrsg.), Neun Gutachten die künftige handelspolitische Stellung Hamburgs betreffend (1867), S. 45 ff.

III. Nachvollziehbarkeit der Entscheidung

1. Vorbemerkungen

Vorab sei wiederholt darauf hingewiesen, dass die nachfolgende Bewertung nicht zum Ziel hat, ein Urteil darüber zu fällen, ob die Beibehaltung des Freihafens ökonomisch bzw. politisch richtig war. Vielmehr soll nur dargelegt werden, ob die Entscheidung nachvollziehbar und plausibel war. Ziel ist es, auf diese Weise einen Beitrag zur Beurteilung zu leisten, ob die Handelskammer ergebnisoffen in dieser Frage war, oder nicht. Dabei wird eine rein historische Perspektive eingenommen und gezeigt, warum die Entscheidung in dieser Weise ausfiel, noch bevor sich die Vor- und Nachteile herausstellten.

Bei der Betrachtung muss unbedingt eine *ex ante* Perspektive eingenommen werden. Gerade angesichts des nur wenige Jahre später stattgefundenen Zollanschlusses besteht die Verlockung, die Erkenntnisse dieses Prozesses auf die Jahre 1867/68 zu übertragen. Dies ist hingegen zwingend zu vermeiden. Zunächst wird im Folgenden das dargestellte Statistikmaterial im dargelegten Umfang bewertet, bevor der Blick auf die Gutachten und die konkrete Argumentation der Zollanschlussbefürworter und -gegner gerichtet wird.

2. Handelsstatistik

Zunächst ist darauf hinweisen, dass die von *Lehmann* ausgewerteten Zahlen zum Export in das übrige Deutschland sehr deutliche Schwächen aufweisen.[227] Dieser Umstand dürfte auch die Handelskammer vor eine größere Herausforderung gestellt haben, da ohne dieses Zahlenmaterial nicht valide beurteilt werden konnte, in welcher Größenordnung zollpflichtige Waren in den Zollverein exportiert wurden. Denn das ermittelte Gesamtvolumen der nach dem Zollverein exportierten Waren war hierbei im Grunde wenig aussagekräftig, da im Hinblick auf die einzelnen Waren differenziert werden muss, um überhaupt feststellen zu können, ob und in welcher Höhe Zölle anwendbar waren. Bestünde der größte Teil des Exports, der nach dem Zollverein geht und dort auch verbleibt, in zollfreien Produkten, so wäre ein Freihafen keineswegs schädlich für das Export-Geschäft – abgesehen von dem administrativen Aufwand an den Zollgrenzen. Die vorliegende Differenzierung im Hinblick auf die Waren, die über die Berlin-Hamburg-Eisenbahn oder die Oberelbe verschifft wurden, zeigen aber, dass jedenfalls die mengenmäßigen Hauptwarengruppen überwiegend zollpflichtig waren.[228] Diese Zahlen bilden jedoch nicht den Gesamtexport nach dem übrigen Deutschland ab, sondern beschränken sich auf die genannten Transportmittel,

---

[227] Vgl. *Lehmann*, Der Hamburger Freihafen von der Gründung des Norddeutschen Bundes bis zum Zollanschluss (1967), S. 30.

[228] *Handelsstatistisches Bureau*, Tabellarische Übersichten des Hamburgischen Handels im Jahre 1866 (1867), S. 93 f.; StA HH 111-1 VII Lit. K no. 13 Vol. 1 Fasc. 2 Verein für Handelsfreiheit Jahresbericht 1864 (1864), Kap. Tarif des Zollvereins.

sodass sie wiederum unvollständig sind. Am Rande sei auch darauf hingewiesen, dass selbst die Waren, die im Jahre 1866 noch nicht zollpflichtig waren, ggf. im Verlaufe der Jahre zollpflichtig werden konnten. Insofern bestand auch dahingehend eine gewisse Unsicherheit.

Schließlich ist auch zu konstatieren, dass solche Waren, die bspw. über die Berlin-Hamburg-Eisenbahn transportiert wurden, nicht zwingend in Berlin verblieben. Es ist also denkbar, dass die Waren dort lediglich umgeschlagen wurden, um dann in andere Länder transportiert zu werden.[229] Insofern erscheint es nicht ausgeschlossen, dass die Exportzahlen diesbezüglich zu hoch angesetzt sind. Diese Aspekte zusammengenommen, lässt sich also anhand des statistischen Zahlenmaterials allein wohl nicht seriös beurteilen, in welcher Größenordnung der hamburgische Handel von dem Exportgeschäft mit dem Zollverein abhängig war und welcher Anteil auf nach dem Zollvereinstarif zollpflichtige Waren zurückgeht. Insofern war es naheliegend, dass die Handelskammer Gutachten der verschiedenen Geschäftszweige einholte, um anhand der subjektiven Einschätzungen der einzelnen Branchen zu beurteilen, welche Alternative vorzugswürdig erschien.

Das Zahlenmaterial des Importgeschäfts hingegen ist wohl aussagekräftiger. Die tabellarischen Übersichten zum hamburgischen Handel aus dem Jahr 1866 bzw. *Lehmanns* Arbeit weisen nach, dass Hamburg einen bedeutenden Teil der importierten Waren seewärts aus dem Ausland bezog.[230] *Lehmann* kommt zu dem Ergebnis, dass der Anteil des Handels mit dem Zollverein wohl etwa 50% des Gesamtimports ausmachte.[231] Dies ist für die Freihafenfrage aber auch weniger entscheidend, da im Zollverein nach § 6 Zollgesetz[232] im Grunde keine Exportzölle bestanden[233] und daher das hamburgische Importgeschäft aus dem Zollverein – abgesehen von den geringen hamburgischen Zöllen – ungehindert stattfinden konnte, soweit man etwaige Schwierigkeiten bei der Wiedereinfuhr in den Zollverein ausblendet.

Etwas anderes gilt naturgemäß im Hinblick auf die Importe aus anderen Ländern im Falle eines Zollanschlusses. Dann hätte sich Hamburg dem Zollreglement und namentlich dem Zolltarif des Zollvereins anschließen müssen. Auch wenn selbst die Handelskammer festellte, dass das Zollsystem zunehmend libe-

---

[229] *Lehmann*, Der Hamburger Freihafen von der Gründung des Norddeutschen Bundes bis zum Zollanschluss (1967), S. 30.

[230] *Lehmann*, Der Hamburger Freihafen von der Gründung des Norddeutschen Bundes bis zum Zollanschluss (1967), S. 31 f.

[231] *Lehmann*, Der Hamburger Freihafen von der Gründung des Norddeutschen Bundes bis zum Zollanschluss (1967), S. 31.

[232] Abgedruckt in: Gesetzessammlung der Freien und Hansestadt Hamburg 1868, Bd. 4, Abt. 3 (1869), S. 25 ff.

[233] Ausnahmen waren nur Lumpen und andere Abfälle zur Papierfabrikation, vgl. Zolltarif abgedruckt in: Gesetzessammlung der Freien und Hansestadt Hamburg 1868, Bd. 4, Abt. 3 (1869), S. 67 ff.

ralisiert wurde,[234] so konnte wohl nicht davon ausgegangen werden, dass ein dem hamburgischen Verständnis entsprechender Zolltarif – *de facto* also ein Verzicht auf sämtliche Zölle – eingeführt werden würde oder jedenfalls auf Dauer bestehen bliebe. Dies erscheint vielmehr spekulativ angesichts der zahlreichen Zölle, die der Zollverein erhob. Im Gegensatz hierzu wurden in Hamburg im Jahr 1866 Waren im Wert vom 779.088.010 Mark Banco eingeführt und lediglich ein Betrag von 431.116 Mark Banco an Zöllen abgeführt.[235] Und selbst für den Fall, dass man im Jahr 1866 hätte noch davon ausgehen dürfen, dass der Zollverein eine Liberalisierung des Zolltarifs anstrebt, so wäre dies doch immerhin mit Ungewissheiten verbunden gewesen und stets abhängig von der Politik des Zollvereins. Für den Fall, dass Hamburg jedoch Freihafen bliebe, wäre die Frage der Zollangelegenheiten in die Hände der hamburgischen Politik gelegt. Schließlich kann das Argument der Zollanschlussbefürworter, dass mit einer Liberalisierung zu rechnen sei, auch ins Gegenteil verkehrt werden: Sollte der Zolltarif tatsächlich abgesenkt oder gar (teilweise) abgeschafft werden, so würde dies dazu führen, dass auch ohne einen Zollanschluss an den Zollverein der Handel mit diesem ungehindert stattfinden könnte.[236] Dieser Weg hätte den Vorteil, dass Hamburg die Hoheit über das Zollsystem beibehielte und zugleich darauf hinwirken könnte, dass der Zolltarif weiter abgesenkt wird.

So kann bereits aufgrund des in Teilen unzureichenden statistischen Materials zum Export, aber demgegenüber aussagekräftigeren Materials zum Import sowie der Unsicherheiten in Bezug auf die künftige Zolltarifsentwicklung im Zollverein eine Tendenz zugunsten des Freihafens angenommen werden. Dennoch ist das statistische Material zu ungenau und undifferenziert, um überblicken zu können, welche Auswirkungen ein Zollanschluss oder der Freihafen auf die verschiedenen Branchen hatte. Mithin bedurfte es zusätzlich einer Analyse der eingereichten Gutachten.

3. Entrepots/Zollvereinsniederlagen

Im Hinblick auf die dargestellten Gutachten ist bereits rein quantitativ ein Überhang zugunsten des Freihafens auszumachen, sodass unabhängig von der inhaltlichen Bewertung bereits ein Indiz dafür auszumachen ist, wieso sich dieses Ergebnis realisierte und dass die Entscheidung plausibel und nachvollziehbar erscheint. Auch der Blick auf die Branchen unterstützt das Ergebnis, da der weit überwiegende Teil der Gutachten, die sich zugunsten eines Zollanschlusses aussprachen, solche des Manufakturwarengeschäfts waren; wenngleich daneben auch Eisen-/Industriewaren, Schiffsbau und das Detailgeschäft für einen Zollan-

---

[234] SHWA, Safebestand der Commerzbibliothek, S/599 Protokolle 1866 Anlage No. 363 S. 2.

[235] *Handelsstatistisches Bureau*, Tabellarische Übersichten des Hamburgischen Handels im Jahre 1866 (1867), S. 1.

[236] Vgl. *Müller*, Die Auseinandersetzung über Hamburgs Zollanschluss an das Deutsche Reich 1833–1888 (1988), S. 46.

schluss plädierten.[237] Auf der anderen Seite stammten die Freihafenbefürworter jedoch aus den unterschiedlichsten Geschäftsbereichen.[238]

Sowohl die Freihafenbefürworter als auch die Freihafengegner nahmen für sich in Anspruch, dass ein Entrepotsystem bzw. die Zollvereinsniederlagen ihre Bedürfnisse nicht befriedigen würden. Zweifellos waren solche Lager für beide Gruppen beschwerlich. Dies gilt insbesondere für den von *Bolten* eindrücklich beschriebenen Ablauf, der einige Kontrollen durch Zollbeamte mit sich brächte[239] – wenngleich hier sicherlich ein gewisses Maß an Polemik nicht zu leugnen ist.[240] Doch ist hervorzuheben, dass es sich bei Manufakturwaren – dies war wie dargelegt der wesentliche Geschäftszweig der Zollanschlussbefürworter – um Waren wie Wollen, Tücher, Taue, Papier, Glas, Kleidungsstücke etc. handelte,[241] während die Freihafenbefürworter bspw. der Kaffee-, Tabak-, Spirituosen-, Thran- und Drogeriebranche angehörten.[242] Letzteren Branchen war hierbei gemein, dass die Unternehmer die verschiedenen Produkte weiterverarbeiten bzw. sortieren oder unter ganz speziellen Umweltbedingungen lagern mussten: Spirituosen mussten insbesondere vermischt/veredelt,[243] Kaffee musste sortiert,[244] Kolonialwaren aus- und umverpackt[245] und Tabak sehr sorgsam behandelt werden[246] etc. Und selbst diejenigen Händler, die gleichermaßen Geschäfte mit Deutschland und der Welt machten – etwa die Drogeriewarenhändler[247] – sprachen sich angesichts der ihres Erachtens bestehenden Unmöglichkeit, die Waren angemessen in Entrepots zu verarbeiten oder auch nur zu erhalten, gegen einen Zollanschluss aus; wenngleich zu berücksichtigen ist, dass auf Drogeriewaren im Zollverein ohnehin nur geringe Zölle zu entrichten waren und daher von den

---

[237] StA HH 111-1 VII Lit. K no. 13 Vol. 1 Fasc. 2 Liste der auf das Rundschreiben der Handelskammer eingegangenen Gutachten.

[238] StA HH 111-1 VII Lit. K no. 13 Vol. 1 Fasc. 2 Liste der auf das Rundschreiben der Handelskammer eingegangenen Gutachten.

[239] Zwanzig Gutachten in Bezug auf Hamburgs künftiges Verhältnis zum Zollverein (1867), S. 134.

[240] Vgl. *Tuch*, Die Sonderstellung der deutschen Freihäfen (1878), S. 44.

[241] Eine detaillierte Darstellung der einzelnen Manufaktur- und Industriewaren in *Handelsstatistisches Bureau*, Tabellarische Übersichten des Hamburgischen Handels im Jahre 1866 (1867), S. 13.

[242] StA HH 111-1 VII Lit. K no. 13 Vol. 1 Fasc. 2 Liste der auf das Rundschreiben der Handelskammer eingegangenen Gutachten.

[243] Zum Spriethandel Zwanzig Gutachten in Bezug auf Hamburgs künftiges Verhältnis zum Zollverein (1867), S. 117 ff.

[244] *Bueck*, Mittheilungen des Vereins zur Wahrung der gemeinsamen wirtschaftlichen Interessen in Rheinland und Westfalen 1881, S. 211 f.

[245] Zwanzig Gutachten in Bezug auf Hamburgs künftiges Verhältnis zum Zollverein (1867), S. 55.

[246] S. zum Tabakhandel Zwanzig Gutachten in Bezug auf Hamburgs künftiges Verhältnis zum Zollverein (1867), S. 10 ff.

[247] Zwanzig Gutachten in Bezug auf Hamburgs künftiges Verhältnis zum Zollverein (1867), S. 60.

Zöllen kein erheblicher Nachteil für die Drogeriewarenhändler ausging.[248] Denn alleine aufgrund der zeitlichen Beschränkung der Arbeitszeiten in den Entrepots und den baulichen Gegebenheiten wäre mit Verzögerungen im Handelsablauf zu rechnen.[249] Sogar der Verein für den Anschluss Hamburgs an den Zollverein gestand zu, dass man angesichts der Erfahrungen mit anderen Entrepotsystemen die Befürchtungen der Freihafenbefürworter nachvollziehen könne.[250] Soweit dieser aber zugleich anmerkte, dass es nicht zwingend zu einer vergleichbar schlechten Situation in Hamburg kommen müsse, sondern auch eine vorteilhaftere Konstruktion – wie der angeführte Porto Franco[251] – denkbar sei, welche die notwendigen Manipulationen erlauben würde,[252] so handelt es sich hierbei um eine Spekulation. Demgegenüber legten die betroffenen Händler die empirischen Erfahrungen in mehreren Entrepot-Häfen zugrunde und gingen davon aus, dass dieselben Schwierigkeiten auch in Hamburg hervorträten. Auch die Frage der Beleuchtung und Belüftung der Entrepots[253] und deren Einfluss auf das Geschäft war ein Risikofaktor, den man mit der Beibehaltung des Freihafens ausschließen konnte.

Dennoch war den Zollanschlussbefürwortern zuzugestehen, dass zahlreiche andere Häfen das Entrepotsystem aufwiesen und eine Rückkehr zum Freihafensystem dennoch nicht zu verzeichnen war.[254] Darauf könnte jedoch entgegnet werden, dass nur, weil das Entrepotsystem an anderem Orte funktionierte, dies nicht automatisch bedeutete, dass das Freihafensystem nicht dennoch vorteilhafter sein kann oder jedenfalls dadurch die Gefahr gebannt würde, dass es zu einer Verschlechterung der Handelsverhältnisse kommt. Auch handelte es sich bei den Entrepot-Häfen wie bspw. London um eine Stadt Englands, sodass die Situation gar nicht mit der Situation Hamburgs, welche (bislang) gänzlich eigenständig war, zu vergleichen war und ohnehin in England – anders als im Zollverein – nur auf sehr wenige Artikel überhaupt ein Eingangszoll erhoben wurde, sodass das Entrepot für noch weniger Waren notwendig war.[255]

---

[248] Zum Drogeriegeschäft StA HH 111-1 VII Lit. K no. 13 Vol. 1 Fasc. 2 Beleuchtung der 20 Gutachten der Freihafenpartei (1867), S. 28 f.; vgl. auch *Tuch*, Die Sonderstellung der deutschen Freihäfen (1878), S. 40 f.

[249] StA HH 111-1 VII Lit. K no. 13 Vol. 1 Fasc. 2 Beleuchtung der 20 Gutachten der Freihafenpartei (1867), S. 5 f.

[250] StA HH 111-1 VII Lit. K no. 13 Vol. 1 Fasc. 2 Beleuchtung der 20 Gutachten der Freihafenpartei (1867), S. 4.

[251] StA HH 111-1 VII Lit. K no. 13 Vol. 1 Fasc. 2 Beleuchtung der 20 Gutachten der Freihafenpartei (1867), S. 8 ff.

[252] StA HH 111-1 VII Lit. K no. 13 Vol. 1 Fasc. 2 Beleuchtung der 20 Gutachten der Freihafenpartei (1867), S. 4.

[253] Hierzu StA HH 111-1 VII Lit. K no. 13 Vol. 1 Fasc. 2 Beleuchtung der 20 Gutachten der Freihafenpartei (1867), S. 6 f.

[254] Vgl. hierzu StA HH 111-1 VII Lit. K no. 13 Vol. 1 Fasc. 2 Beleuchtung der 20 Gutachten der Freihafenpartei (1867), S. 12.

[255] Zur Situation in England StA HH 111-1 VII Lit. K no. 13 Vol. 1 Fasc. 2 Beleuchtung der 20 Gutachten der Freihafenpartei (1867), S. 13.

Die Manufakturwarenhändler hingegen mussten ihre Waren lediglich in den Entrepots bzw. Zollvereinsniederlagen lagern oder ihre weniger empfindlichen Produkte herstellen; sie beklagten vor allem aber die mangelnde Zugänglichkeit für sie selbst und/oder ihre Kunden.[256] Dieselben Beschwerlichkeiten trafen hingegen auch die zuvor genannten Branchen der Freihafenanhänger, wenngleich hier hinzukam, dass die Arbeiten in abgeschlossenen Entrepots entweder nur schwerlich bzw. mit einem erhöhten Kostenaufwand oder teils gar nicht möglich waren. Außerdem musste befürchtet werden, dass die notwendigen Arbeiten nicht durch die Händler selbst, sondern durch Angestellte der Entrepots durchgeführt werden mussten; auch dies wird von den Zollanschlussbefürwortern anerkannt,[257] wenngleich dieser Aspekt auf alle Branchen zutrifft.

Überdies kam es bei den (internationalen) Exportgeschäften wohl auch häufiger vor, dass Waren mitausgeführt wurden, sodann aber – sollten sie unverkäuflich sein – wieder in das Entrepot zurückgeführt werden müssten, was dann mit einem (administrativem) Mehraufwand bei der Wiedereinführung verbunden gewesen wäre.[258] Ein vergleichbare Schwierigkeit bestand bei den Manufakturhändlern jedenfalls nur in geringem Umfang, da diese vor allem auf den Handel mit dem Zollverein angewiesen waren und daher derartige Probleme weniger wahrscheinlich gewesen sein dürften. Abschließend ist auch darauf hinzuweisen, dass es bei Beibehaltung des Freihafens vermutlich weniger Zollvereinsniederlagen für die Wiedereinfuhr zollvereinsländischer Waren in den Zollverein brauchte als Entrepots im Falle des Zollanschlusses. Denn es erscheint wenig plausibel, dass der Handel mit solchen Waren eine vergleichbare Bedeutung hatte wie der Handel mit sämtlichen ausländischen Waren aller denkbaren Warengruppen, die in Entrepots eingelagert werden müssten.[259] Dies gilt insbesondere auch vor dem Hintergrund des ohnehin schwächelnden Manufakturwarengeschäfts.[260]

---

[256] S. dazu *Verein für den Anschluss Hamburgs an den Zollverein* (Hrsg.), Neun Gutachten die künftige handelspolitische Stellung Hamburgs betreffend (1867), S. 57 f.

[257] *StA HH 111-1 VII Lit. K no. 13 Vol. 1 Fasc. 2 Beleuchtung der 20 Gutachten der Freihafenpartei (1867), S. 5.*

[258] Vgl. dazu Zwanzig Gutachten in Bezug auf Hamburgs künftiges Verhältnis zum Zollverein (1867), S. 15.

[259] Vgl. dahingehend: Zwanzig Gutachten in Bezug auf Hamburgs künftiges Verhältnis zum Zollverein (1867), S. 73; so auch: *Verein für den Anschluss Hamburgs an den Zollverein* (Hrsg.), Neun Gutachten die künftige handelspolitische Stellung Hamburgs betreffend (1867), S. 61.

[260] *Verein für den Anschluss Hamburgs an den Zollverein* (Hrsg.), Neun Gutachten die künftige handelspolitische Stellung Hamburgs betreffend (1867), S. 41 f.

4. Sonstige wesentliche Argumente

Eine große Anzahl der untersuchten Gutachten von beiden Seiten nehmen überdies für sich bzw. ihre Branche in Anspruch, dass es im Falle der von ihnen abgelehnten Alternative zu einer Abwanderung des Geschäftszweiges an andere Orte kommen würde. Zum Zeitpunkt der Anforderung der Gutachten war es wohl nicht möglich, das Ausmaß einer möglichen Verdrängung genau zu berechnen bzw. vorherzusagen. Es bleibt aber festzuhalten, dass namentlich die Manufakturwarenhändler selbst geltend machten, dass ihr Geschäft zunehmend schlechter laufe.[261] Durch einen Zollanschluss erhofften sie sich eine Belebung des eigenen Geschäftsfeldes, da ihr Absatzgebiet stark angewachsen wäre.

Dass der wichtige Zwischenhandel unter einem Zollanschluss leiden würde, überzeugt ebenfalls. Dieser war auf ein vielfältiges Warenangebot angewiesen, welches jedoch nur dann gewährleistet wurde, wenn die ungehinderte und günstige Wareneinfuhr aus aller Welt möglich war.[262] Von einem starken Zwischenhandel profitierten sodann auch die Reeder, da diese sowohl für den seewärtigen Import als auch den seewärtigen Export notwendig waren; allgemein profitierten diese naturgemäß von einem möglichst starken weltweiten Handel, sodass all jene Aspekte, die diesen beeinträchtigen, auch mittelbar das Reedereigeschäft belasteten.[263]

Die vorgeschlagene Möglichkeit eines Rückzolls[264] im Falle des Exports konnte hingegen nur dort hilfreich sein, wo das ursprüngliche Produkt identifizierbar blieb, sodass der Rückzoll bei den oft stattfindenden Verarbeitungen und Modifikationen ausschied.[265] Darüber hinaus bestand auch hier – ähnlich wie bei der Hoffnung auf einen liberalen Zollvereinstarif – das Risiko, dass ein solcher Rückzoll nicht, nicht ausreichend oder auch nur vorübergehend eingeführt würde.

Auch sei noch auf die Modalitäten des Handels im Allgemeinen hingewiesen: Im Falle eines Anschlusses an den Zollverein musste gewährleistet sein, dass die Waren entweder einverzollt oder aber in die Entrepots verbracht werden und diese auch nicht unbesehen verlassen konnten. Ob darüber hinaus noch weitere Formalitäten und Kontrollen zu beachten gewesen wären, sei dahingestellt.[266]

---

[261] *Verein für den Anschluss Hamburgs an den Zollverein* (Hrsg.), Neun Gutachten die künftige handelspolitische Stellung Hamburgs betreffend (1867), S. 41.

[262] S. hierzu ausführlich Abschnitt „Groß- und europäischer Zwischenhandel sowie Im- und Export“.

[263] Vgl. dazu *Bueck*, Mittheilungen des Vereins zur Wahrung der gemeinsamen wirtschaftlichen Interessen in Rheinland und Westfalen 1881, S. 201.

[264] Bspw. für das Zuckergeschäft: *Verein für den Anschluss Hamburgs an den Zollverein* (Hrsg.), Neun Gutachten die künftige handelspolitische Stellung Hamburgs betreffend (1867), S. 17 f.

[265] Vgl. bspw. im Hinblick auf Wein Zwanzig Gutachten in Bezug auf Hamburgs künftiges Verhältnis zum Zollverein (1867), S. 122.

[266] Das verneinend StA HH 111-1 VII Lit. K no. 13 Vol. 1 Fasc. 2 Beleuchtung der 20 Gutachten der Freihafenpartei (1867), S. 8.

Alleine dieser administrative Mehraufwand würde jedoch dazu führen, dass der unbeschwerte Handel behindert wird.

D. Zwischenfazit

Zusammengefasst lässt sich also festhalten, dass zwar auch die Position der Zollanschlussbefürworter grundsätzlich ebenfalls nachvollziehbar ist, es sich der Handelskammer aber als wahrscheinlicher darstellen musste, dass angesichts der weit überwiegenden Mehrzahl der Gutachten und der vielfältigen Argumentation zugunsten des Freihafens der hamburgische Handel vielfach unter einem Zollanschluss leiden würde. Hierfür wurden vielerlei Gründe angeführt, die *ex post* vor dem Hintergrund der Erfahrungen des Zollanschlusses ggf. weniger dramatisch anmuten, jedoch *ex ante* durchaus überzeugend und nachvollziehbar waren.

Ein Zollanschluss war zu dem Zeitpunkt also in der Gesamtschau mit mehr wirtschaftlichen Risiken für die heimische Wirtschaft verbunden als die Beibehaltung des Freihafens.[267] Insofern kann ggf. die Frage gestellt werden, ob der Senat oder die betreffende Behörde gezwungen gewesen wäre, selbst statistisches Material einzuholen und die Freihafenfrage auch unter Einbeziehung etwa des Gewerbes/der Arbeiterschaft eigenständig zu beantworten,[268] jedoch ist dies nicht von der Handelskammer zu erwarten, welche die Interessen des Handels zu vertreten hatte. Ging die Handelskammer davon aus, dass der Anschluss nachteilig wäre, so kann dies ggf. aus politischen/sozialen Gründen falsch gewesen sein, jedoch entsprach es dem überwiegenden Willen der Geschäftstreibenden, den die Handelskammer zu vertreten hatte. Die Handelskammer hatte die jeweiligen Gutachter sorgfältig ausgewählt[269] und konnte bzw. musste sodann den Gutachten inhaltlich grundsätzlich auch vertrauen. Wie hätte auch die Alternative aussehen sollen? Dass die Handelskammer für jeden Geschäftszweig ein eigenes Gutachten erstellt? Abgesehen von der praktischen Durchsetzbarkeit bestand aus Sicht der Handelskammer schon das ganz banale Problem, dass man möglichst zügig zu einer Position in der Freihafenfrage kommen musste, um sie dem Senat mitzuteilen, damit dieser angemessen auf die Verfassungsfragen hinwirken konnte. Denn bereits Mitte Dezember hatte ja eine Gesandtenkonferenz stattgefunden[270] und auch die Reichstagswahlen standen im Februar 1867 an. Das Aufforderungsschreiben wurde jedoch Ende September 1866 verschickt[271] und

---

[267] Die aus Perspektive der Handelshäuser mit dem Anschluss verbundenen Risiken sogar anerkennend *Tuch*, Die Sonderstellung der deutschen Freihäfen (1878), S. 45.

[268] In diese Richtung *Tuch*, Die Sonderstellung der deutschen Freihäfen (1878), S. 45.

[269] S. dazu Abschnitt „Die interne Debatte um das Tätigwerden in der Freihafenfrage".

[270] S. Abschnitt „Der Weg zum finalen Entwurf".

[271] Zwanzig Gutachten in Bezug auf Hamburgs künftiges Verhältnis zum Zollverein (1867), S. VII.

erst Anfang Dezember waren ausreichend Gutachten für eine Entscheidungsfindung eingegangen[272]. Mithin war keine Zeit mehr, um danach noch weitergehendes Material einzuholen.

Mögen also einzelne Aspekte aus den Gutachten in der Rückschau falsch oder ungenau gewesen sein und dies sogar ggf. auch für die Handelskammer erkennbar gewesen sein, so ist es angesichts der dargestellten Umstände dennoch nachvollziehbar, dass sich diese zugunsten des Freihafens aussprach.

Ob das Vorhandensein von detailliertem Zahlenmaterial insbesondere im Hinblick auf den Export zu einem abweichenden Ergebnis geführt hätte, bleibt bloße Spekulation. Daraus ergibt sich, dass jedenfalls anhand der Gutachten keinesfalls belegbar ist, dass die Handelskammer von vornherein auf der Seite des Freihafens stand und abweichenden Argumenten nicht zugänglich war. Hierfür hätte gerade bewiesen werden müssen, dass das Urteil der Handelskammer implausibel erscheint. Namentlich anhand der internen Vorgänge, die Gegenstand des nachfolgenden Kapitels sind, kann jedoch die Frage der Ergebnisoffenheit der Handelskammer umfassender beurteilt werden.

---

[272] SHWA, Safebestand der Commerzbibliothek, S/599 Protokolle 1866, S. 255.

Kapitel 7

Die Handelskammer und der Freihafen

A. Vorbemerkungen

Die nachfolgende Darstellung nimmt das konkrete Agieren der Handelskammer in den Blick. Zu diesem Zweck werden die internen Protokolle ausgewertet.

Zunächst wird hierbei begutachtet, wie die Handelskammer zu ihrer Entscheidung kam, überhaupt in der Freihafenfrage tätig zu werden und auf welche Weise dies zunächst geschehen sollte. Denn es wäre ebenso denkbar gewesen, dass die Handelskammer zu dieser Thematik schweigt und die Frage ausschließlich der Politik überlässt, oder aber jedenfalls zuwartet.

In einem zweiten Schritt werden die internen Protokolle dann im Hinblick darauf begutachtet, wie die Handelskammer ihre Position in der Freihafenfrage fand. Diese Darstellung soll insbesondere dazu dienen, zu beurteilen, inwieweit die Handelskammer ergebnisoffen in der Freihafenfrage war. Besondere Aufmerksamkeit gebührt hierbei dem Schreiben, mit dem die Handelskammer bei den Kaufleuten Gutachten zur Freihafenfrage angefordert hat. Denn dieses Anschreiben hat eine ganz zentrale Bedeutung: Es steckte einerseits den Rahmen ab, in welchem sich die Gutachten der Kaufleute zu bewegen hatten. Zugleich offenbarte die Handelskammer aber hier auch ihre Haltung zum Liberalismus.

Nachdem der Weg zur Entscheidung zugunsten des Tätigwerdens überhaupt sowie zugunsten des Freihafens nachvollziehbar gemacht wurde, wird der Blick abschließend auf das Agieren der Handelskammer nach außen zwecks Verteidigung des Freihafens gelegt. Es soll also dargestellt werden, wie die Handelskammer konkret den Freihafen verteidigte. Schwerpunkt der Darstellung ist das Agieren innerhalb Hamburgs. Am Rande wird jedoch auch das Agieren auf Ebene des Norddeutschen Bundes in den Blick genommen.

Das Kapitel insgesamt dient damit als Ausgangspunkt, um im darauffolgenden Kapitel die Rezeption des Agierens in der hamburgischen Politik erläutern zu können und schließlich ein Verständnis für die Bedeutung der Handelskammer in der Freihafenfrage zu entwickeln.

B. Die interne Debatte um das Tätigwerden in der Freihafenfrage

Die Handelskammer befasste sich erst ab September 1866[1] intensiver mit der Frage des Freihafenstatus und ob bzw. inwieweit sie in dieser Sache tätig werden sollte.

Dies ist insoweit interessant, als dass zu diesem Zeitpunkt der Anschluss an den Norddeutschen Bund bereits offenkundig und die Zeit bis zur Verhandlung der neuen Verfassung begrenzt war. Es verwundert, dass die Handelskammer nicht bereits im Juni oder spätestens unmittelbar nach der Schlacht von Königgrätz tätig wurde und sich der Thematik des Freihafens annahm. Plausibel erscheint, dass sich auch die Handelskammer bewusst war – wofür jedoch keine Belege in den Akten zu finden sind – dass der grundsätzliche Freihafenstatus nicht angetastet werden würde und sich nun insbesondere die Frage stellte, ob es nicht aus ökonomischen Gründen vorteilhaft wäre, sich freiwillig dem Zollverein anzuschließen. Hierfür spräche, dass davon ausgegangen werden kann, dass jedenfalls die Grundzüge der neuen Verfassung vom 10. Juni 1866 auch der Handelskammer bekannt waren. Immerhin wurden diese im Schreiben vom 26. September ausdrücklich erwähnt.[2] Zudem gibt die enge Verwebung mit der hamburgischen Politik Anlass zur Vermutung, dass die Handelskammer über die preußischen Schreiben auf informellem Wege informiert worden war.

Doch war sich die Handelskammer intern zunächst noch uneinig, ob es überhaupt eines Tätigwerdens bedurfte, oder ob man nicht lieber abwarten sollte, bis der Freihafenstatus tatsächlich auch zum Gegenstand der Erörterungen im Bund wird.[3] Nicht nur diese strategische Frage sondern auch die Überlegung, welche Stellung Hamburg überhaupt haben sollte, führte zu einer „lebhaften und ausführlichen Diskussion".[4] Allein dieser Vermerk in den Protokollen zeigt, dass man jedenfalls intern auch einen Anschluss an den Zollverein in Erwägung zog. Nur ausnahmsweise wurde in den Protokollen der Handelskammer vermerkt, wenn es zu Differenzen innerhalb der Handelskammer kam. Gemeinhin wurden auch abweichende Meinungen nur selten in den Protokollen niedergeschrieben. Dass der Protokollführer an dieser Stelle jedoch von einer ausführlichen und lebhaften Diskussion schreibt, zeigt, dass auch die Handelskammer ihre Position zunächst noch finden musste und keineswegs von Beginn an zugunsten des Freihafens votierte. Diese Erkenntnis ist daher zentral für die Begutachtung der untergeordneten These III.

---

[1] SHWA, Safebestand der Commerzbibliothek, S/599 Protokolle 1866, S. 205 ff.

[2] SHWA, Safebestand der Commerzbibliothek, S/599 Protokolle 1866 Anlage No. 363 S. 1.

[3] SHWA, Safebestand der Commerzbibliothek, S/599 Protokolle 1866, S. 205 f.

[4] SHWA, Safebestand der Commerzbibliothek, S/599 Protokolle 1866, S. 205.

Die Diskussion führte schließlich zu dem Ergebnis, dass man nicht abwarten wollte, bis die Frage der Stellung zum Zollverein zur Beratung gestellt wurde, sondern bereits jetzt tätig werden wollte.[5] Es wurden drei Beschlüsse gefasst:

Zunächst sollten möglichst „umfassende Statistiken und sonstige Nachweise"[6] gesammelt werden, um beurteilen zu können, ob es für die „allgemeinen Handelsinteressen Hamburgs ratsamer erscheine in einer Freihafenstellung zu verbleiben, statt Eintritt der Stadt in die Zolllinie mit einem Entrepotsystem"[7] zu erstreben. Ein vollständiger Eintritt der Stadt in die Zolllinie ohne ein entsprechendes Entrepotsystem kam – wenig verwunderlich – für die Handelskammer von vornherein nicht in Betracht. Dahingehend wurde also die Sammlung des notwendigen Materials eingeschränkt. Welche Materialien hier gesammelt wurden, ist den Protokollen nicht zu entnehmen. Vermutlich dürfte sich die Handelskammer auf die tabellarischen Übersichten des Hamburgischen Handels gestützt haben.[8] Dieses Material war jedoch, wie zuvor bereits geschildert,[9] in Teilen unzureichend.

Neben dieser Sammlung von verschiedenen Materialien entschied man sich überdies dazu, die „Hauptbeteiligten [...] über ihre Interessen, Ansichten und Wünsche"[10] zu befragen. Zur Frage, welche Branchen und welche Persönlichkeiten genau befragt werden sollten, wurde sodann auf die nächste Sitzung verwiesen, in welcher hierzu ein Beschluss gefasst werden sollte.[11]

Dabei ist darauf hinzuweisen, dass die Sache so wenig Aufsehen wie möglich in der Öffentlichkeit erregen sollte.[12] Der Sinn dieses Vorgehens dürfte sich rückblickend damit erklären lassen, dass bereits in diesem frühen Stadium damit gerechnet wurde, dass es auch Parteien geben werde, die sich für einen Anschluss an den Zollverein aussprechen. Bereits 1848/49 hatte man beinahe den Freihafenstatus verloren, sodass man sich auch in der Handelskammer bewusst war, dass es diesbezüglich zu kontroversen Auseinandersetzungen kommen könnte.[13] Indem man sich aus der Öffentlichkeit zurückzog und zunächst inoffiziell Materialien sammelte, konnte man sich einen gewissen Vorsprung verschaffen. Ohnehin schien das Ergebnis der Umfrage sowie die Vorteilhaftigkeit der verschiedenen Optionen noch nicht festzustehen. Denn andernfalls wäre es weder zu umfangreichen Diskussionen gekommen, noch hätte man so umfassende Gutachten eingefordert.

---

[5] SHWA, Safebestand der Commerzbibliothek, S/599 Protokolle 1866, S. 205.

[6] SHWA, Safebestand der Commerzbibliothek, S/599 Protokolle 1866, S. 206.

[7] SHWA, Safebestand der Commerzbibliothek, S/599 Protokolle 1866, S. 205 f.

[8] Für das Jahr 1866 etwa (aber noch nicht vorliegend): *Handelsstatistisches Bureau*, Tabellarische Übersichten des Hamburgischen Handels im Jahre 1866 (1867).

[9] S. hierzu Abschnitt „Der Hamburger Handel im Allgemeinen".

[10] SHWA, Safebestand der Commerzbibliothek, S/599 Protokolle 1866, S. 206.

[11] SHWA, Safebestand der Commerzbibliothek, S/599 Protokolle 1866, S. 207.

[12] SHWA, Safebestand der Commerzbibliothek, S/599 Protokolle 1866, S. 206; *Baasch*, Die Handelskammer zu Hamburg 1665–1915, Bd. II. 1 (1915), S. 153.

[13] Zur Situation 1848/49 *Müller*, Die Auseinandersetzung über Hamburgs Zollanschluss an das Deutsche Reich 1833–1888 (1988), S. 14 ff.

Hätte man sich an die Öffentlichkeit gewandt, wäre auch eine eindeutige Positionierung seitens der Handelskammer notwendig geworden. Diese schien aber weder handelskammerintern gefunden, noch konnte man hinreichendes Material vorweisen, welches eine solche Position dann gestützt hätte – denn das statistische Material reichte ja hierzu gerade nicht aus. Daher war es vorausschauend, sich zunächst bedeckt zu halten, um eine Faktengrundlage zu schaffen. Über das Ergebnis der Befragung der Hauptbeteiligten sollte sodann die Deputation für Handel und Schifffahrt unterrichtet werden.[14]

Darüber hinaus entschloss sich die Handelskammer, den Senat darüber zu informieren, dass man bereit sei, Mitglieder in eine Senatskommission zu entsenden.[15] Als Angebot formuliert, war dies sicherlich auch als Aufforderung zu verstehen, die Handelskammer bei dieser für die Handelsinteressen doch so bedeutenden Frage unmittelbar miteinzubeziehen. Außerdem wurde auf diese Weise indirekt darauf hingewiesen, dass der Handelskammer die Einsetzung einer Senatskommission sinnvoll erschien. Aus diesem dritten Teilbeschluss ist also eine gewisse Anspruchshaltung herauszulesen. Die Handelskammer maßte sich in gewisser Weise an, die Einsetzung einer Senatskommission zu erwirken und wollte in diese sodann auch eigene Mitglieder entsenden, also aktiv bei der Entscheidungsfindung mitwirken.

Eine Information des Senats über die Einholung der Gutachten und Informationen bei den betreffenden Handelshäusern wurde hingegen nicht vorgenommen. Dies ergibt sich daraus, dass erst im November 1866 beschlossen wurde, den Senatssyndikus *Merck* sowie die einzusetzende Kommission über die bis dahin eingegangenen Gutachten in Kenntnis zu setzen.[16] Hierbei handelte es sich also um eine bloß interne Maßnahme, die keine Wirkung in der Öffentlichkeit oder beim Senat entfalten sollte. Denn alternativ wäre in Betracht gekommen, wenn nicht die Öffentlichkeit, jedenfalls den Senat unmittelbar nach Beschlussfassung über das Vorhaben in Kenntnis zu setzen und eine Weiterleitung der Informationen zu vereinbaren. Gerade in einer so wichtigen Frage wie der Stellung Hamburgs zum Zollverein hätte man erwarten können, dass auch der Handelskammer daran gelegen war, eine vollständige Synchronisierung der vorliegenden Informationen herzustellen. Dies gilt umso mehr, als die Entwicklungen in Hamburg und auf Bundesebene derartig schnell vonstatten gingen, dass man befürchten konnte, auch Preußen könne etwaig gemachte Zusagen in Bezug auf den Freihafen nicht einhalten. Doch dann hätte die Handelskammer in Kauf genommen, dass auch unliebsame, die eigene Position schwächende Gutachten, in die Hände des Senats gelangen. Gerade aufgrund der Tatsache, dass die Handelskammer aber noch gar keine eigene Position gefunden hatte, wäre dies strategisch ungeschickt gewesen. Als Vertreterin der Kaufmannschaft ist es daher nahelie-

---

[14] SHWA, Safebestand der Commerzbibliothek, S/599 Protokolle 1866, S. 206.
[15] SHWA, Safebestand der Commerzbibliothek, S/599 Protokolle 1866, S. 206.
[16] SHWA, Safebestand der Commerzbibliothek, S/599 Protokolle 1866, S. 235.

gend, dass sich die Handelskammer zunächst vorbehielt, die Gutachten zu sichten und dann zu entscheiden, ob und in welchem Umfang diese weiterzuleiten sind. Im Dezember 1866 wurden dann tatsächlich sämtliche Gutachten – unabhängig von ihrer Positionierung – an den Senat weitergeleitet.[17]

Richtigerweise wies der Sekretär am 19. September darauf hin, dass es keinerlei statistisches Material zu der hamburgischen Fabrikindustrie gebe.[18] Die Tabellarischen Übersichten des Hamburgischen Handels im Jahre 1866 bestätigen dieses Urteil.[19] Solches Material war aber offenkundig wichtig, um eine qualifizierte Aussage darüber zu treffen, ob Hamburg als Freihafen bestehen bleiben, oder ob sich Hamburg dem Zollverein anschließen soll. Insbesondere wies er darauf hin, dass andere Plätze solche Statistiken führen und es daher notwendig erscheine, dass auch Hamburg bzw. die Handelskammer eine solche Statistik veranlasse. Statt dem nachzukommen, wurden jedoch Bedenken dahingehend geltend gemacht, ob man sich hiermit nicht im Bereich des Gewerbeausschusses bewege, sodass man sich entschied, zunächst durch den Sekretär bei der Patriotischen Gesellschaft anfragen zu lassen, ob sie eine Industriestatistik erstellen könne, da sie durch ihre Tätigkeit bei den Industrieausstellungen dazu befähigt sei.[20]

Tatsächlich wurde diese Angelegenheit bei den Beratungen der Handelskammer nicht mehr zur Sprache gebracht. Der Grund hierfür könnte sein, dass ein Teil der Fabrikationsindustrie für den Anschluss plädierte und unter der Freihafenstellung Hamburgs litt.[21] Da jedoch den Protokollen nicht entnommen werden kann, wann entschieden wurde, dieses Thema nicht mehr zu verfolgen, erscheint es ebenso möglich, dass man seitens der Handelskammer davon ausging, dass eine derartige Statistik durch andere Akteure erstellt werden würde bzw. die zu befragenden Fabrikanten hinreichendes Material einsenden würden. Letztlich bleibt es also spekulativ, die Gründe hierfür zu untersuchen. Angesichts der späteren eindeutigen Positionierung zugunsten des Freihafens scheint dieses Material jedenfalls nicht als zwingend notwendig angesehen worden zu sein. Insbesondere wurden auch seitens der Handelskammer Fabrikanten um die Einsendung von Gutachten gebeten, sodass das Problem der fehlenden Statistik ohnehin entschärft wurde.[22]

---

[17] SHWA, Safebestand der Commerzbibliothek, S/599 Protokolle 1866, S. 263.

[18] SHWA, Safebestand der Commerzbibliothek, S/599 Protokolle 1866, S. 210.

[19] *Handelsstatistisches Bureau*, Tabellarische Übersichten des Hamburgischen Handels im Jahre 1866 (1867).

[20] SHWA, Safebestand der Commerzbibliothek, S/599 Protokolle 1866, S. 210 f.

[21] StA HH 111-1 VII Lit. K no. 13 Vol. 1 Fasc. 2 Liste der auf das Rundschreiben der Handelskammer eingegangenen Gutachten; *Stein*, Zeitschrift des Vereins für Hamburgische Geschichte 1978, S. 62; vgl. auch *Müller*, Die Auseinandersetzung über Hamburgs Zollanschluss an das Deutsche Reich 1833–1888 (1988), S. 55 f.

[22] StA HH 111-1 VII Lit. K no. 13 Vol. 1 Fasc. 2 Liste der auf das Rundschreiben der Handelskammer eingegangenen Gutachten.

Zusammengefasst lässt sich mithin festhalten, dass die Handelskammer zunächst umfangreiches Material einholen wollte, um eine Entscheidung in der Freihafenfrage zu treffen. Zudem erhob die Handelskammer bereits einen gewissen Mitgestaltungsanspruch, indem Sie anregte, eine Kommission einzusetzen und in diese auch eigene Mitglieder zu entsenden. Dass die Maßnahmen weitestgehend ohne Mitteilung an Öffentlichkeit und Senat erfolgten, stützt den Eindruck des bloß vorbereitenden Charakters.

C. Das Aufforderungsschreiben der Handelskammer vom 26. September 1866

I. Vorbemerkungen

Bereits in der Sitzung am 24. September wurde ein Rundschreiben diskutiert und genehmigt, welches entsprechend des vorgenannten Beschlusses an die Beteiligten verschickt werden sollte, um mittels Gutachten eine Entscheidungsgrundlage in der Freihafenfrage zu schaffen.[23] Die Bedeutung des Anschreibens sowohl für die Struktur der eingereichten Gutachten als auch für die Haltung der Handelskammer zum Liberalismus sowie für die Frage der Unbefangenheit der Handelskammer wurde bereits eingangs herausgestellt. Zudem wurden die Gutachten später sowohl dem Senat als auch der Öffentlichkeit zugänglich gemacht.[24] Mithin hebt auch das die Bedeutung des Schreibens hervor. Nach alledem soll das Aufforderungsschreiben nachfolgend eingehend analysiert werden.

II. Einleitung des Schreibens

Die Handelskammer begann das Aufforderungsschreiben mit einem Vergleich zum Jahre 1848.[25] Bei den Verhandlungen zum Frankfurter Parlament war die Haltung Hamburgs zum Zollverein noch wesentlich restriktiver, als es jetzt im Rahmen der Verfassung aus dem Jahr 1866 der Fall war. Denn in dem Verfassungsentwurf von 1848 war uneingeschränkt ein einheitliches Zollgebiet in § 33 Abs. 1 vorgesehen, welches auf Binnenzölle vollumfänglich verzichtete. Lediglich in Abs. 2 hieß es sodann, dass es der Reichsgewalt überlassen bleibe, einzelne Gebietsteile und Orte aus der Zolllinie auszusondern. Damit bestand ein diametraler Unterschied zu der Verfassung von 1866, welche – wie bereits zuvor gezeigt – den Freihafenstatus von vornherein anerkannte, während die Paulskir-

[23] SHWA, Safebestand der Commerzbibliothek, S/599 Protokolle 1866, S. 215.

[24] Zur Weiterleitung an den Senat vgl. SHWA, Safebestand der Commerzbibliothek, S/599 Protokolle 1866, S. 263; der Öffentlichkeit zugänglich war die Publikation Zwanzig Gutachten in Bezug auf Hamburgs künftiges Verhältnis zum Zollverein (1867).

[25] SHWA, Safebestand der Commerzbibliothek, S/599 Protokolle 1866 Anlage No. 363 S. 1.

chenverfassung solche Ausnahmen von der Reichsgesetzgebung abhängig machte. Die Ausgangslage war 1848 also wesentlich schlechter und es wurde bereits als Erfolg gewertet, dass überhaupt der Abs. 2 in die Verfassung eingefügt wurde.[26]

Die Handelskammer schrieb dann:

„Was im Jahre 1848 ein bloßes Projekt blieb, wird jetzt allem Anschein nach im Wesentlichen verwirklicht werden, denn die Grundzüge zu der Verfassung des norddeutschen Bundes vom 10. Juni d. Js., denen auch Hamburg beigetreten ist, bestimmen: (Art. V.) ‚Die Bundesstaaten bilden ein gemeinsames und einheitliches Zoll- und Handelsgebiet, in welchem die Errichtung von Freihäfen vorbehalten bleibt.' – (Art. VI, I.) ‚Der Gesetzgebung und Oberaufsicht der Bundesgewalt unterliegt die Zoll und Handelsgesetzgebung.'"[27]

Insofern widersprach sich die Handelskammer hier streng genommen selbst: Denn 1848 war die verfassungsrechtliche Situation eine andere und die Einrichtung von Freihäfen weniger gesichert als nach den Grundzügen der Verfassung. Denn während die Grundzüge vorsahen, dass Freihäfen vorbehalten bleiben, stellte die Verfassung von 1848 die Freihafenfrage deutlich in das Ermessen des Gesetzgebers. Wenngleich zuzugestehen ist, dass anhand des Wortlauts der Grundzüge noch nicht endgültig feststand, wer über die Freihafenfrage zu entscheiden hatte und insbesondere Art. VI. Anlass zur Sorge darüber gab, dass auch jetzt der Bundesgesetzgeber die Freihafenfrage an sich ziehen werde, so bleibt dies trotzdem unklar. Dennoch geht auch aus den Grundzügen bereits hervor – und ebenso wurde es schlussendlich auch in der Verfassung geregelt – dass zwar die Zollgesetzgebung der Bundesgesetzgebung unterstellt waren, in Abkehr von der Verfassung aus dem Jahr 1848 erhielt der Bund für die Freihafenfrage jedoch gerade nicht explizit die Gesetzgebungskompetenz.

Es stellt sich also die Frage, warum die Handelskammer hier in so deutlichen Worten schrieb, dass die Situation von 1848 nun eintreten werde, obwohl die Situation doch eine andere war. Jedenfalls eine vorsichtigere Formulierung, welche lediglich die dahingehenden Unklarheiten der Grundzüge hervorhebt, wäre ebenfalls denkbar gewesen. Über die Gründe für das Vorgehen kann nur spekuliert werden. Am wahrscheinlichsten erscheint es, dass die Handelskammer schlichtweg davon ausging, dass eine ähnliche Situation eintreten werde, auch wenn die Grundzüge dies nicht eindeutig erkennen ließen. Hierfür spricht außerdem, dass auch der Senat anhand der Grundzüge befürchtete, dass jedenfalls die Aufhebung des Freihafenstatus möglicherweise durch die Bundesgesetzgebung möglich wäre.[28] Insofern war die Handelskammer nicht alleine mit ihren Befürchtungen. Zudem wurde auf diese Weise die Aufmerksamkeit der Leser-

[26] Eingehend zur Verfassung von 1848 *Hübner*, Der Zollanschluß Hamburgs vom 15. Oktober 1888 (1925), S. 19 ff.

[27] SHWA, Safebestand der Commerzbibliothek, S/599 Protokolle 1866 Anlage No. 363 S. 1.

[28] StA HH 111-1 102234 Senatsprotokolle 1866 Bd. IV, S. 407.

schaft erregt, da sich diese an die Auseinandersetzungen/Bedrohungen zu der gescheiterten Verfassung von 1848 zurückerinnert fühlten und damit die Chance stieg, dass möglichst viele Gutachten verfasst werden.

Erst im Anschluss hieran wurde die zentrale Frage gestellt: „Was verdient den Vorzug, Freihafenstellung oder Anschluss an den Zollverein mit zollfreien Niederlagen?".[29] Hier ist hervorzuheben, dass es für die Handelskammer entsprechend ihres zuvor gefassten Beschlusses[30] von vornherein nicht in Betracht kam, einen Zollanschluss an den Zollverein ohne zollfreie Niederlagen, also Entrepots, zu vertreten. Dies ist jedoch kaum verwunderlich und keinesfalls skandalös. Denn dass zollfreie Niederlagen das Mindeste waren, was der der hamburgische Manufakturwarenhandel benötigte, um weiterhin erfolgreich zu bleiben, wurde selbst von den schärfsten Zollanschlussbefürwortern nicht infrage gestellt.[31]

III. Bekenntnis zum Freihandel und Unterschiede zum Jahr 1848

Auch die weitere Präzisierung lässt die im Grundsatz vorherrschende liberale Ausrichtung der Handelskammer im Sinne der untergeordneten These II. erkennen.

Doch auch dies bedeutet nicht zwangsläufig, dass die Handelskammer insgeheim bereits von dem Konzept des Freihafens überzeugt gewesen wäre. Fallen etwa auch im Zollverein sämtliche Zölle weg, besteht keine Notwendigkeit mehr für den mit Verwaltungsaufwand verbundenen Freihafen.[32] Da von einer vollumfänglichen und dauerhaften Freihandelspolitik des Zollvereins aber nicht ausgegangen werden konnte, spricht die liberale Ausrichtung der Handelskammer vor dem Hintergrund der bisherigen Ergebnisse allenfalls für eine Tendenz zum Freihafen, da dieser eine vom Zollverein unabhängige liberale Freihandelspolitik in Hamburg ermöglichte.

In dem Schreiben heißt es dann:

> „Der bloße Wunsch, sei es Freihafen zu bleiben, sei es ein möglichst liberales Entrépôtystem [sic] zu erlangen, wird aber nicht ausreichen, um eine möglichst günstige Entscheidung für das Eine oder für das Andere zu sichern; für jede der beiden Modalitäten unseres künftigen Verhältnisses zum Zollverein werden die sachlichen Gründe in lokalen wie im gemeinsamen deutschen Interesse vorgängig sorgfältig zu prüfen und geltend zu machen sein."[33]

---

[29] SHWA, Safebestand der Commerzbibliothek, S/599 Protokolle 1866 Anlage No. 363 S. 1.

[30] SHWA, Safebestand der Commerzbibliothek, S/599 Protokolle 1866, S. 205 f.

[31] Vgl. auch *Stein*, Zeitschrift des Vereins für Hamburgische Geschichte 1978, S. 63.; s. dazu ausführlich Abschnitt „Kapitel 6: Die wirtschaftliche Dimension der Freihafenfrage".

[32] Vgl. dazu *Müller*, Die Auseinandersetzung über Hamburgs Zollanschluss an das Deutsche Reich 1833–1888 (1988), S. 46.

[33] SHWA, Safebestand der Commerzbibliothek, S/599 Protokolle 1866 Anlage No. 363 S. 1 f.

Hier lässt sich deutlich herauslesen, dass die Handelskammer für ein *liberales* Entrepotsystem eintrat und sich keinesfalls mit *irgendeinem* Entrepotsystem zufriedengegeben hätte. Dennoch muss auch dabei berücksichtigt werden, dass es einem Entrepotsystem im Grunde immanent ist, dass dieses liberal ist, denn hierbei handelt es sich *de facto* um kleine Freihäfen.[34] Ungeachtet dessen sind auch hier verschiedene Modalitäten denkbar, die dafür sorgen können, dass ein Entrepot mehr oder weniger freihändlerisch ist. So können bspw. Weiterverarbeitungen in Entrepots erlaubt, oder verboten sein, womit sie jeweils mehr oder weniger interessant werden. Hinzu kommt, dass es auch denkbar wäre, Arbeiten an den eingelagerten Waren nur durch offizielles Personal und nicht durch die Eigentümer selbst zuzulassen. Auch die Ausgestaltung der Kontrollen in einem Entrepot kann sich erheblich in ihrer Intensität unterscheiden.[35] Jedenfalls machte die Handelskammer hier deutlich, dass sie noch keine Position für das eine oder andere System bezog und daher auf die sorgfältige Abwägung der Interessen und Auswertung der Materialien angewiesen war.[36]

Obwohl die Handelskammer eingangs darauf hinwies, dass nun verwirklicht werden sollte, was 1848 bloß geplant war,[37] zeigte sie nun dennoch auf, dass einige Unterschiede zu damals bestünden, sodass die in der Vergangenheit getroffenen Erkenntnisse nicht ohne Weiteres auf die Gegenwart zu transferieren seien[38]. In den Ausführungen fand sich jedoch kein Hinweis darauf, dass sich schon jetzt die verfassungsrechtliche Situation von der im Jahr 1848 unterschied. Dieser Umstand blieb – abgesehen von der erwähnten Zitation des Entwurfes – noch immer unerwähnt. Die Handelskammer konzentrierte sich vielmehr auf die wirtschaftlichen, statt auf die rechtlichen Entwicklungen seit 1848:

Als erstes wurde dargelegt, dass vor 18 Jahren die Bestrebungen zu Differenzialzöllen – also unterschiedliche Besteuerung von Waren je nach Herkunftsland – größer gewesen seien als heute. Diese Differenzialzölle seien jedoch neben einem deutschen Schifffahrtsgesetz die größte Gefahr für den Freihafenstatus gewesen.[39] Diese Gefahr sei aber durch die in Frankreich und England stattgefundenen Reformen sowie die diesbezügliche öffentliche Meinung nunmehr gebannt und die „hierauf oder auf ähnlichen Tendenzen beruhenden Vorurteile bedürfen

---

[34] *Lehmann*, Der Hamburger Freihafen von der Gründung des Norddeutschen Bundes bis zum Zollanschluss (1967), S. 7.

[35] S. zu den denkbaren Schwierigkeiten der Entrepots beinahe alle Gutachten zugunsten des Freihafens: Zwanzig Gutachten in Bezug auf Hamburgs künftiges Verhältnis zum Zollverein (1867).

[36] SHWA, Safebestand der Commerzbibliothek, S/599 Protokolle 1866 Anlage No. 363 S. 1 f./4.

[37] SHWA, Safebestand der Commerzbibliothek, S/599 Protokolle 1866 Anlage No. 363 S. 1 f.

[38] SHWA, Safebestand der Commerzbibliothek, S/599 Protokolle 1866 Anlage No. 363 S. 2.

[39] SHWA, Safebestand der Commerzbibliothek, S/599 Protokolle 1866 Anlage No. 363 S. 2.

[...] keiner besonderen Widerlegung".[40] Einmal mehr offenbarte die Handelskammer also auch an dieser Stelle ihr Bekenntnis zum Freihandel. Sie bezeichnete diejenigen Auffassungen, die sich für Differenzialzölle aussprachen, als vorurteilsbehaftet und sprach ihnen daher die ökonomisch fundierte Grundlage ab. Allerdings hatte sich die Handelskammer in dieser Beziehung sehr geirrt, denn nur wenige Jahre später kam genau dieser Trend wieder auf und Bismarck wandte sich seiner Schutzzollpolitik zu.[41] Dennoch war die Einschätzung der Handelskammer zu diesem Zeitpunkt zutreffend und deckte sich mit der zunächst noch liberalen Zollpolitik des Zollvereins nach 1867.[42]

Aus der nunmehr zu verzeichnenden Ablehnung der Differenzialzölle schloss die Handelskammer sodann, dass, sofern die Hansestädte die Freihafenstellung „dringend und mit guten Gründen beantragen [...] man [...] eine viel größere Bereitwilligkeit hierzu voraussetzen [kann] als früher"[43]. Diese Äußerung zeigt erneut, dass die Handelskammer zu diesem Zeitpunkt nicht davon ausging, dass der Freihafenstatus eine verfassungsrechtlich so abgesicherte Stellung erhalten würde, wie es in der Verfassung des Norddeutschen Bundes am Ende der Fall war. Vielmehr nahm sie an, dass es nur mit guten Gründen und vor allem einem vorherigen Antrag möglich sein würde, den Status beizubehalten. Diese Einschätzung ist aber durchaus konsequent. Denn wie eingangs beschrieben,[44] ging die Handelskammer ja gerade von einer verfassungsrechtlich vergleichbaren Situation zu 1848 aus, als die Freihafenfrage der Bundesgesetzgebung unterstellt werden sollte. Legt man dies zugrunde, musste es der Handelskammer notwendig erscheinen, den Bund von der Notwendigkeit des Freihafenkonzepts zu überzeugen und einen entsprechenden Antrag zu stellen.

Als zweites wies die Handelskammer darauf hin, dass auch der Zolltarif des Zollvereins im Vergleich zu dem Jahre 1848 ein Fortschritt in Richtung Handelsfreiheit sei, wenngleich dieser offenkundig noch nicht gänzlich die Interessen der Handelskammer befriedigte;[45] dies hätte vermutlich nur die gänzliche Abschaffung von Zöllen vermocht. Nunmehr seien die verschiedensten Zölle entweder beseitigt oder immerhin reduziert worden.[46] Auch hier tritt nochmals zutage, wie

---

[40] SHWA, Safebestand der Commerzbibliothek, S/599 Protokolle 1866 Anlage No. 363 S. 2.

[41] *Böhm*, in: Hamburg, Geschichte der Stadt und ihrer Bewohner (1982), S. 507 ff.; *Müller*, Die Auseinandersetzung über Hamburgs Zollanschluss an das Deutsche Reich 1833–1888 (1988), S. 63 f.; s. hierzu ausführlich auch *Schmoeckel/Maetschke*, Rechtsgeschichte der Wirtschaft seit dem 19. Jahrhundert (2016), S. 463 ff.

[42] Vgl. *Böhm*, Anwalt der Handels- und Gewerbefreiheit (1981), S. 67.

[43] SHWA, Safebestand der Commerzbibliothek, S/599 Protokolle 1866 Anlage No. 363 S. 2.

[44] S. vorherigen Abschnitt „Einleitung des Schreibens".

[45] SHWA, Safebestand der Commerzbibliothek, S/599 Protokolle 1866 Anlage No. 363 S. 2.

[46] SHWA, Safebestand der Commerzbibliothek, S/599 Protokolle 1866 Anlage No. 363 S. 2.

offen die Handelskammer in Übereinstimmung mit der untergeordneten These II. für die Abschaffung von Zöllen eintrat und welche Bedeutung der Freihandel für sie und für Hamburg hatte.

Zuletzt wies die Handelskammer noch darauf hin, dass seit 1848 der Außenhandel allgemein zugenommen habe, diese Zunahme jedoch auf das deutsche Im- und Exportgeschäft zurückzuführen sei. Der im Jahr 1848 stark betonte Zwischenhandel mit Europa sei hingegen weniger relevant.[47]

IV. Gutachtenauftrag

Diese vorgenannten Aspekte veranlassten die Handelskammer also eine „erneuerte unbefangene Prüfung der ganzen Sachlage [für] unabweislich“[48] zu betrachten, um eine Antwort im Hinblick auf die Zukunft des hamburgischen Freihafens zu erhalten und nicht die auf das damalige Rundschreiben eingereichten Gutachten zu verwenden.[49] Sie wies sogar nochmals explizit darauf hin, dass auch und insbesondere diejenigen, die für eine Beibehaltung des Freihafens einträten, darlegen müssten, warum selbst die „liberalsten Entrepôteinrichtungen [...] die Vortheile eines Freihafens für Hamburg nicht zu ersetzen vermögen“.[50] Hier klingt beinahe an, dass diejenigen beweisbelastet sind, die sich für die Beibehaltung des Freihafenstatus aussprechen, während die Darlegungslast derjenigen, die für einen Zollanschluss plädieren reduziert ist. Wieder stellt sich aufgrund dieser Formulierung die Frage, ob die Handelskammer lediglich erreichen wollte, dass möglichst ausführliche und umfassende Gutachten zugunsten des Freihafens eingereicht werden, oder ob sie selbst sogar einem Zollanschluss nicht abgeneigt war. Zur Beantwortung dieser Frage ist ein Vergleich mit dem Aufforderungsschreiben aus dem Jahre 1848 erhellend. Hier heißt es in Ziff. 2 der Fragen:

> „ob etwa triftige und bedeutende Motive obwalten, die es für diese Handels-Branche entschieden vorteilhafter erscheinen lassen, daß Hamburg im Verbande mit dem künftigen allgemeinen Zollbereich eine deutsche Handelsstadt (jedoch mit einem wohlorganisirten Entrepôt-System) werde“[51]

Die Sicht hatte sich also geändert. Auch 1848 stellte man sich eine beinahe identische Frage. Doch war der Grundtenor ein völlig anderer. Die Handelskammer erhob damals den Anspruch, dass „triftige und bedeutende Motive“[52] vorliegen

---

[47] SHWA, Safebestand der Commerzbibliothek, S/599 Protokolle 1866 Anlage No. 363 S. 2f.

[48] SHWA, Safebestand der Commerzbibliothek, S/599 Protokolle 1866 Anlage No. 363 S. 3.

[49] Vgl. zu den Entwicklungen im Allgemeinen *Baasch*, Die Handelskammer zu Hamburg 1665–1915, Bd. II. 1 (1915), S. 131 ff.

[50] SHWA, Safebestand der Commerzbibliothek, S/599 Protokolle 1866 Anlage No. 363 S. 3.

[51] Zit. nach *Baasch*, Die Handelskammer zu Hamburg 1665–1915, Bd. II. 1 (1915), S. 131.

[52] *Baasch*, Die Handelskammer zu Hamburg 1665–1915, Bd. II. 1 (1915), S. 131.

müssen, um für einen Zollanschluss zu plädieren. Demgegenüber lag nun der Schwerpunkt der Darlegungslast auf der Befürwortung des Freihafenstatus. Die möglichen Gründe hierfür wurden bereits angerissen und es ist insbesondere nochmals darauf hinzuweisen, dass die Handelskammer das Begründungserfordernis den Grundzügen der Verfassung des Norddeutschen Bundes selbst entnahm. Denn offenkundig ging sie davon aus, dass die Bundesgesetzgebung den Freihafenstatus festlegen müsste.

Außerdem erkannte die Handelskammer wohl auch, dass 1866/67 der Druck auf Hamburg wachsen würde, sich – auch unabhängig von den Bestimmungen in der Verfassung – dem Zollverein anzuschließen. Dies ist insbesondere vor dem Hintergrund der Erfahrungen aus dem Jahr 1848 nachvollziehbar und plausibel. Insofern erscheint es überzeugend, dass die Handelskammer zwar tatsächlich nach einer möglichst objektiven Beantwortung der Freihafenfrage suchte – und womöglich auch zu einer Abkehr vom Freihafensystem bereit gewesen wäre –, aber angesichts des zu erwartenden Widerstandes gegen den Freihafen sichergehen wollte, dass die befragten Branchen besonders ausführlich in diese Richtung argumentieren, um der Handelskammer bzw. später auch dem Senat, möglichst viel Argumentationsmaterial zu bieten. Dass sich die Handelskammer also tendenziell auf die Seite der Anschlussbefürworter stellte, ist nicht nur *ex post* aufgrund ihres späteren Handelns unwahrscheinlich, sondern auch vor dem Hintergrund ihres bereits aus diesem Schreiben mehrfach hervorgehenden Bestrebens, möglichst umfassenden Freihandel zu ermöglichen.

Dass die Handelskammer sehr daran interessiert war, ein möglichst detailliertes Bild von der Situation der betreffenden Branchen zu erhalten, um dieses Bild ggf. später selbst verwenden zu können, zeigt sich auch an der weitergehenden Präzisierung der Anforderungen an die einzureichenden Gutachten. Statt sich damit zu begnügen, dass die Adressaten ihre Position sowie eine beliebige Begründung einreichen, verlangte die Handelskammer konkret, dass sich die Freihafenanhänger angesichts des zu erwartenden Anschlusses Schleswig-Holsteins zu der Frage äußerten, wie sie sich den Handel mit deutschen Waren vorstellten, wenn nunmehr Hamburg von allen Seiten vom Zollverein umringt sei.[53] Diese Frage war von besonderer Bedeutung für die wirtschaftliche Zukunft Hamburgs und insbesondere den Manufakturwarenhandel, da man auch den innerdeutschen Handel aufrechterhalten musste.

Die Zollanschlussbefürworter sollten hingegen Stellung dazu beziehen, welche Vorstellung sie von zollfreien Niederlagen, also Entrepots, hatten, auf welchen Bereich diese ausgedehnt sein sollten und wie der Zollkredit beschaffen sein sollte.[54] Diese Präzisierung deckt sich mit den nachfolgenden durch die Gutachten zu beantwortenden Fragen: Ausgangspunkt der Untersuchung sollte ent-

[53] SHWA, Safebestand der Commerzbibliothek, S/599 Protokolle 1866 Anlage No. 363 S. 3.

[54] SHWA, Safebestand der Commerzbibliothek, S/599 Protokolle 1866 Anlage No. 363 S. 3.

weder die Beibehaltung des Freihafens oder aber der Zollanschluss sein. Dabei legte die Handelskammer aber nicht nur fest, dass es Entrepots/Zollvereinsniederlagen geben wird, sondern bestimmte sogar bereits den Grasbrook als Bezirk für die späteren Entrepots.[55] Damit setzte sie quasi einen Mindeststandard, der einzuhalten war und von dem auch nicht abgewichen werden sollte. Auch St. Pauli sowie Altona sollten im Freihafen verbleiben.[56] Hier sah das Aufforderungsschreiben ebenfalls keine Möglichkeit vor, etwa für den Anschluss Altonas an den Zollverein aber zugleich einen Freihafen in Hamburg einzutreten. So forderte die Handelskammer die Beteiligten lediglich auf, sich entweder für die erste oder aber die zweite Alternative zu entscheiden; sie wies sogar explizit darauf hin, dass sich die Beteiligten entscheiden müssten, welcher Alternative sie „im Ganzen genommen, den Vorzug geben".[57]

Vorab sollte von jedem Gutachten jedoch auch die Frage beantwortet werden, welche Vor- und Nachteile bei beiden dargelegten Optionen entstünden.[58] Es sollten mithin keine vollkommen einseitigen Gutachten eingereicht werden, welche sich mit der Alternative gar nicht erst auseinandersetzten. Zuletzt sollten Angaben dazu folgen, welche Einrichtungen – also Hauptzollamt, Zollvereinsniederlagen, Entrepots etc. – seitens der Betroffenen für notwendig bzw. wünschenswert erachtet werden.[59]

Das Vorgehen der Handelskammer ist in dieser Hinsicht differenziert zu betrachten. Die eng umgrenzten Gutachtenfragen bargen die Gefahr, dass wichtige Aspekte mangels Bezugs zu den Gutachtenfragen unerwähnt blieben. Konkret betrifft dies bspw. die Frage, ob Altona oder St. Pauli im Gegensatz zu Hamburg an den Zollverein angeschlossen werden sollen, oder ob andere Bezirke als der Grasbrook geeigneter für die zu errichtenden Entrepots erscheinen. Auch gänzlich neuen Lösungsvorschlägen, die sich nicht im Rahmen der dargebotenen Varianten bewegten – welche auch immer das sein mochten – wurde hier kein Raum gegeben. Auf der anderen Seite konnte die Handelskammer so erreichen, dass gerade die Fragen, die für sie interessant und vor allem im Hinblick auf die eigene Entscheidungsfindung am relevantesten waren, beantwortet wurden. Zwar waren sämtliche Gutachten lediglich Ausdruck von Partikularinteressen, sie konnten jedoch aufgrund des identischen Gutachtenauftrags miteinander verglichen und gegeneinander abgewogen werden, sodass eine breite Entscheidungsgrundlage geschaffen wurde. Insofern bestehen gegen diese Vorgehensweise keine

[55] SHWA, Safebestand der Commerzbibliothek, S/599 Protokolle 1866 Anlage No. 363 S. 4.

[56] SHWA, Safebestand der Commerzbibliothek, S/599 Protokolle 1866 Anlage No. 363 S. 4.

[57] SHWA, Safebestand der Commerzbibliothek, S/599 Protokolle 1866 Anlage No. 363 S. 5.

[58] SHWA, Safebestand der Commerzbibliothek, S/599 Protokolle 1866 Anlage No. 363 S. 5.

[59] SHWA, Safebestand der Commerzbibliothek, S/599 Protokolle 1866 Anlage No. 363 S. 5.

grundsätzlichen Bedenken. Die eingereichten Gutachten zeigten aber ohnehin, dass sich einige Gutachter nicht an die vorgegebene Struktur hielten, sondern eine eigene wählten.[60]

Neben dem Gutachtenauftrag legte die Handelskammer auch den Zweck ihrer Befragung offen. Die Handelskammer erwartete, künftig zum Zollverein bzw. zu den etwaigen Einrichtungen Stellung nehmen zu müssen.[61] Dass sie die betreffenden Branchen bereits jetzt befragte, zeigte ihre Weitsicht und zugleich das Bedürfnis, sich angemessen vorzubereiten. Tatsächlich äußerte sich die Handelskammer im Jahr 1867 zu den Fragen der Abgrenzung des Freihafens, der Schaffung von Zollvereinsniederlagen sowie verschiedenen anderen Fragen gutachterlich,[62] jedoch kam sie der Anfrage des Senats im Hinblick auf die künftige Stellung zum Zollverein zuvor und nahm ungefragt Stellung, indem sie sich dahingehend an den Senat wandte.[63] Die Aufforderung zur Erstellung von Gutachten – so die Handelskammer weiter – erfolge also, „um aufgrund dieses Materials die Frage in ihrem ganzen Umfange einer sorgsamen Erwägungen und Beurteilung zu unterziehen."[64]

Zuletzt bat die Handelskammer auch darum, die gesamte Erörterung vertraulich zu behandeln, um „im jetzigen Stadium der Sache jede voreilige öffentliche Agitation hierbei zu vermeiden".[65] Angesichts der Erfahrungen aus dem Jahr 1848 und den hier folgenden umfassenden Diskussionen in dieser Frage[66] war auch dieser Schritt, ebenso wie die vorangegangenen Beschlüsse bzgl. der Diskretion,[67] nachvollziehbar. Denn auf diese Weise war es möglich, dass die Handelskammer zunächst Zeit hatte, ausführlich das eingereichte Material zu studieren, um nach sorgfältiger Abwägung zu einem Ergebnis zu gelangen. Wäre die Information bzw. die Streitfrage jedoch an die Öffentlichkeit gelangt, hätte sich die Handelskammer womöglich unter Zugzwang gesetzt gefühlt, eine Position einzunehmen und dies wäre dann sicherlich zu Lasten einer umfassenden Begutachtung gegangen.[68]

---

[60] Zwanzig Gutachten in Bezug auf Hamburgs künftiges Verhältnis zum Zollverein (1867); *Verein für den Anschluss Hamburgs an den Zollverein* (Hrsg.), Neun Gutachten die künftige handelspolitische Stellung Hamburgs betreffend (1867).

[61] SHWA, Safebestand der Commerzbibliothek, S/599 Protokolle 1866 Anlage No. 363 S. 3 f.

[62] Gutachten betreffend die künftigen Verhältnisse des hiesigen Freihafengebiets (1867), S. Gutachten abgedruckt in.

[63] SHWA, Safebestand der Commerzbibliothek, S/599 Protokolle 1866, S. 265.

[64] SHWA, Safebestand der Commerzbibliothek, S/599 Protokolle 1866 Anlage No. 363 S. 4.

[65] SHWA, Safebestand der Commerzbibliothek, S/599 Protokolle 1866 Anlage No. 363 S. 6.

[66] *Müller*, Die Auseinandersetzung über Hamburgs Zollanschluss an das Deutsche Reich 1833–1888 (1988), S. 12.

[67] SHWA, Safebestand der Commerzbibliothek, S/599 Protokolle 1866, S. 206.

[68] Vgl. dazu auch Abschnitt „Die interne Debatte um das Tätigwerden in der Freihafenfrage".

V. Zwischenfazit

Das Aufforderungsschreiben hat sowohl im Hinblick auf die untergeordnete These II. als auch auf die untergeordnete These III. wertvolle Erkenntnisse gebracht. Die freihändlerische liberale Positionierung lässt sich dem Schreiben deutlich entnehmen. Die Handelskammer brachte an mehreren Stellen zum Ausdruck, dass sie nicht nur Anhängerin von niedrigen/fehlenden Zöllen war,[69] sondern auch bei den notwendigen Einrichtungen, wie insbesondere Entrepots, für möglichst liberale Bestimmungen[70] eintrat. Insofern bestehen keine Zweifel daran, dass sich die Handelskammer jedenfalls in diesem Kontext dem Freihandel verpflichtet fühlte, sodass die untergeordnete These II. hierdurch eine weitere Unterstützung erfährt.

Im Hinblick darauf, ob die Handelskammer in der Freihafenfrage tatsächlich ergebnisoffen war, lässt sich konstatieren, dass diese Annahme jedenfalls in Gesamtschau mit den Erkenntnissen aus den Handelskammerprotokollen unterstützt wird. Angesichts der Positionierung für den Freihandel könnte man zwar prinzipiell annehmen, dass die Handelskammer auch bei Verfassen des Anschreibens zum Freihafen tendierte. Der Umstand, dass sie von den Freihafenbefürwortern umfangreichere Unterlagen verlangte, dürfte hingegen primär dem Umstand geschuldet sein, dass sie sich an den Grundzügen der Verfassung orientierte und hier von einem Antrags-/Begründungserfordernis Hamburgs ausging.[71] Insofern kann dieser Umstand nicht als Beleg für die Annahme einer Vorfestlegung dienen. Vielmehr lässt sich dem Schreiben gerade keine eindeutige Positionierung entnehmen und die eingangs aufgestellte These der Ergebnisoffenheit wird vielmehr gestützt. Daher erscheint es durchaus denkbar, dass sich die Handelskammer von den Zollanschlussbefürwortern hätte überzeugen lassen, wenn dahingehend mehr Gutachten eingegangen wären. Vor dem Hintergrund der zuvor geschilderten internen Debatten[72] um die Positionierung in der Freihafenfrage wird die untergeordnete These III. also gestützt.[73]

Dass die Gutachtenfragen nicht offen gestellt, sondern in ein eher strenges Korsett gezwängt wurde, ist der Handelskammer nicht anzulasten, da nur auf diese Weise gewährleistet werden konnte, innerhalb überschaubarer Zeit zu einem fundierten Entscheidungsergebnis in der Freihafenfrage zu gelangen. Gleiches gilt auch für die Aufforderung, über die Anforderung Stillschweigen zu

---

[69] S. insbesondere SHWA, Safebestand der Commerzbibliothek, S/599 Protokolle 1866 Anlage No. 363 S. 2.

[70] SHWA, Safebestand der Commerzbibliothek, S/599 Protokolle 1866 Anlage No. 363 S. 1 f.

[71] S. hierzu SHWA, Safebestand der Commerzbibliothek, S/599 Protokolle 1866 Anlage No. 363 S. 1.

[72] SHWA, Safebestand der Commerzbibliothek, S/599 Protokolle 1866, S. 205.

[73] S. dazu insbesondere Abschnitt „Die interne Debatte um das Tätigwerden in der Freihafenfrage“.

bewahren: Angesichts der zu erwartenden heftigen Auseinandersetzungen zu dieser Frage erschien es angemessen, dass sich die Handelskammer zunächst Zeit verschaffte, sich selbst eine Meinung zu bilden, bevor man sich öffentlich positionierte. So ist es auch nur konsequent, dass auf der Sitzung vom 24. September beschlossen wurde, dass die Mitglieder der Handelskammer davon absehen, vorab Rücksprache mit den einzelnen Personen zu halten.[74] Auf diese Weise wurde sichergestellt, dass die subjektive Auffassung der einzelnen Mitglieder nicht den Tenor des Schreibens veränderte. Denn wie festgestellt, lässt sich dem Schreiben ohnehin kein Unterton entnehmen, der in die eine oder andere Richtung tendierte. Hätte man die Kommunikation jedoch den Einzelnen überlassen, statt sich auf die schriftliche Kontaktaufnahme seitens der Handelskammer zu beschränken, hätte man riskiert, dass entweder die persönliche Auffassung des Überbringers oder aber die internen Besprechungen der Handelskammer offenbart werden.

D. Die finale Entscheidung zugunsten des Freihafens und Überlegungen zu einem öffentlichen Tätigwerden

Nachfolgend soll nun dargelegt werden, wie die Handelskammer zu ihrer Entscheidung zugunsten des Freihafens kam. Zudem finden auch die ersten Überlegungen zu einem öffentlichen Tätigwerden – namentlich die Veröffentlichung der Gutachten – Berücksichtigung.

Nach der Einigung auf ein Schreiben an die zu befragenden Branchen galt es nun, die Antworten abzuwarten. Man vereinbarte daher, dass die eingesandten Antwortschreiben zwischen den Mitgliedern der Handelskammer weitergereicht werden.[75] Im November fand sodann eine vertrauliche Unterhaltung des Präses der Handelskammer mit dem Senatssyndikus *Merck* betreffs der wirtschaftlichen Interessen Hamburgs bei den Verhandlungen über den Norddeutschen Bund statt, von welcher der Präses in der Sitzung der Handelskammer zwar berichtete, der Inhalt des Berichts aber nicht ins Protokoll aufgenommen wurde.[76] Zur Freihafenfrage wurde eine Senatskommission eingesetzt, in welche die Handelskammermitglieder *Warnecke* und *Schön* im Falle einer dahingehenden Anfrage eintreten sollten. Angesichts des Umstandes, dass es darüber jedoch an jeglichem erneuten Hinweis auf die eingesetzte Kommission oder einer entsprechenden Anfrage des Senats in den Protokollen fehlt, ist nicht davon auszugehen, dass die Handelskammermitglieder hier tätig wurden. Überdies finden sich auch im Staatsarchiv keine Hinweise auf Protokolle dieser Kommission, sodass diese Frage letztlich offenbleibt.

---

[74] SHWA, Safebestand der Commerzbibliothek, S/599 Protokolle 1866, S. 215.
[75] SHWA, Safebestand der Commerzbibliothek, S/599 Protokolle 1866, S. 221.
[76] SHWA, Safebestand der Commerzbibliothek, S/599 Protokolle 1866, S. 235.

Es wurde aber bereits jetzt beschlossen, den Senatssyndikus und diese Kommission von den eingegangenen Gutachten in Kenntnis zu setzen.[77] Im Umkehrschluss lässt sich daraus ableiten, dass das Schreiben und die seit September bis November eingegangenen Gutachten noch immer nicht weitergeleitet worden waren und dass eine Position im Hinblick auf die Freihafenfrage ebenfalls noch nicht gefunden wurde. Hätte man eine gemeinsame Positionierung erarbeitet, wäre dies in den Protokollen vermerkt und auch die Gutachten wären wohl nicht mehr unter Verschluss gehalten worden. Zudem hätte sich die Handelskammer vermutlich auch gegenüber dem Senat bereits geäußert. Deshalb dürfte auch das Gespräch mit dem Senatssyndikus *Merck* diesbezüglich nur allgemeiner Natur gewesen sein.

Neben der Befragung ergriff man noch weitere Maßnahmen in der Handelskammer, um eine angemessene Informationsgrundlage zu schaffen. So wurden dem Senatssyndikus *Merck* einige Fragen mitgeteilt, welche sich an die Konsule richteten, die in auswärtigen Orten mit Entrepot-Einrichtungen ansässig waren.[78] Auch im November des Jahres 1866 war man sich mithin noch nicht im Klaren darüber, ob es nicht doch zu einem Zollanschluss kommen würde, oder ob ein solcher möglicherweise vorteilhaft wäre. Denn anderenfalls wäre es nicht notwendig gewesen, Konsule zu den Entrepot-Einrichtungen zu befragen, da Antworten auf diese Frage – wie das Aufforderungsschreiben zeigt[79] – lediglich für den Fall eines Zollanschlusses notwendig waren. Vor diesem Hintergrund verwundert es auch nicht, dass der Handelskammer von anderer Seite verschiedene Drucksachen in Bezug auf Entrepot-Einrichtungen in Amsterdam, Antwerpen und Le Havre eingereicht worden waren.[80] Denn die Handelskammer schien sich auch mit dieser Frage auseinanderzusetzen, wenngleich es hierüber zu keinen konkreten, protokollierten Debatten oder Ansichten kam. Dennoch ist hierin auch ein weiterer Nachweis dafür zu sehen, dass sich die Handelskammer zum Zeitpunkt des Aufforderungsschreibens an die Branchen bis in den November hinein mit der Alternative eines Zollanschlusses intensiv auseinandersetzte und daher entsprechend der untergeordneten These III. in dieser Frage ergebnisoffen war.

Bis Ende November waren bereits 53 Gutachten bei der Handelskammer eingegangen.[81] Diejenigen Kaufleute, die noch keine Gutachten eingereicht hatten, wollte die Handelskammer nicht durch ein offizielles Schreiben an die Aufforderung erinnern; vielmehr zog sie es vor, „unter der Hand"[82] jedenfalls die bedeutenderen Kaufleute um Antwort zu bitten.[83] Da am 8. Dezember lediglich 55

---

[77] SHWA, Safebestand der Commerzbibliothek, S/599 Protokolle 1866, S. 235.

[78] SHWA, Safebestand der Commerzbibliothek, S/599 Protokolle 1866, S. 235.

[79] S. insbesondere SHWA, Safebestand der Commerzbibliothek, S/599 Protokolle 1866 Anlage No. 363 S. 3.

[80] SHWA, Safebestand der Commerzbibliothek, S/599 Protokolle 1866, S. 239.

[81] SHWA, Safebestand der Commerzbibliothek, S/599 Protokolle 1866, S. 245.

[82] SHWA, Safebestand der Commerzbibliothek, S/599 Protokolle 1866, S. 245.

[83] SHWA, Safebestand der Commerzbibliothek, S/599 Protokolle 1866, S. 245.

Gutachten eingegangen waren, von denen die weit überwiegender Mehrzahl von 41 Gutachten mit 88 Unterschriften gegenüber 14 Gutachten mit 16 Unterschriften für die Beibehaltung des Freihafenstatus plädierten,[84] ist davon auszugehen, dass bereits Ende November dieses deutliche Abstimmungsergebnis absehbar war. Dennoch ist es erneuter Ausdruck der sorgfältigen Arbeitsweise sowie der Ergebnisoffenheit der Handelskammer, dass man noch einige Gutachten abwarten wollte, die ein „besonderes Gewicht“[85] hatten, und sich nicht einfach auf die Majorität verließ.

Es wundert daher auch keinesfalls, dass der Präses in der Sitzung vom 8. Dezember 1866 angesichts der Mehrheitsverhältnisse und des Inhalts der Gutachten den Antrag stellte, sich zugunsten des Freihafens auszusprechen.[86] Wörtlich heißt es dort:

> „Die Commerz-Deputation erklärt nach Kenntnisnahme der eingegangenen Gutachten und in Übereinstimmung mit der überwiegenden Mehrzahl derselben die Aufrechterhaltung der vollständigen Freihafenstellung Hamburgs auch nach dem bevorstehenden Eintritt Schleswig-Holsteins, Lauenburgs und Mecklenburgs in den Zollverein für das Wichtigste, sowohl im Interesse von ganz Deutschland als auch unserer Stadt.“[87]

Dieser Antrag wurde einstimmig ohne weitere Aussprache hierüber angenommen. Nun stand die Positionierung der Handelskammer zugunsten des Freihafens endgültig fest. Auch wenn nicht protokolliert ist, dass dem Senat bereits vor dem Schreiben vom 24. Dezember 1866 Mitteilung von dieser Entscheidung gemacht wurde, so ist angesichts der bereits vorher stattgefundenen informellen Gespräche davon auszugehen, dass der Senat ebenfalls Kenntnis von der Positionierung erhielt. Denn der Beschluss hatte eine Erklärung zum Gegenstand und war damit nicht bloß interner Natur. Dass das Urteil zugunsten des Freihafens angesichts der Gutachten und der vorliegenden – wenngleich unvollständigen – Handelsstatistik nachvollziehbar ist, wurde bereits zuvor dargelegt.[88] Der ausdrückliche Verweis auf das Ergebnis der Gutachten stützt überdies auch nochmals die These, dass die Handelskammer die Gutachten nicht lediglich *pro forma* einholte, sondern die Freihafenfrage kritisch begutachtete.

Die Formulierung des Antrags war geschickt gewählt: Zwar wird aus dem Beschluss deutlich, dass es offenbar auch Gutachten zugunsten des Zollanschlusses gegeben haben muss („*überwiegenden* Mehrzahl“), jedoch werden diese weder quantifiziert noch inhaltlich dargelegt. Da die Gutachten wenig später ohnehin alle an den Senat weitergeleitet wurden, wäre im Grunde auch bereits zu diesem Zeitpunkt eine Quantifizierung möglich gewesen.[89] Trotzdem erfolgte sie nicht.

---

84 SHWA, Safebestand der Commerzbibliothek, S/599 Protokolle 1866, S. 254.
85 SHWA, Safebestand der Commerzbibliothek, S/599 Protokolle 1866, S. 245.
86 *Baasch*, Die Handelskammer zu Hamburg 1665–1915, Bd. II. 1 (1915), S. 153.
87 SHWA, Safebestand der Commerzbibliothek, S/599 Protokolle 1866, S. 255.
88 S. dazu Abschnitt „Nachvollziehbarkeit der Entscheidung“.
89 SHWA, Safebestand der Commerzbibliothek, S/599 Protokolle 1867, S. 263.

Auch die Argumentation, dass die Beibehaltung des Freihafens das „Wichtigste sowohl im Interesse von ganz Deutschland als auch unserer Stadt“ ist, überrascht. Denn wie alleine die vorab geschilderte Reichstagsdebatte[90], aber auch die Erfahrungen aus dem Jahre 1848 und die Gutachten zugunsten des Zollanschlusses[91] zeigen, war dieses Votum keineswegs zwingend im Interesse der ganzen Stadt oder ganz Deutschlands. Auch im Hinblick auf einen engeren Zusammenschluss Deutschlands schienen die Freihäfen politisch eher kontraproduktiv zu sein. Strategisch gesehen, war diese Darstellung jedoch nachvollziehbar. Denn auf diese Weise konnte man erreichen, dass die Zollanschlussbefürworter nunmehr in die Defensive gerieten und Argumente vorbringen mussten, warum das Gegenteil der Fall sei. Auch zeitlich gesehen wurde diese Mitteilung noch rechtzeitig gemacht. So konnte dem Senat wohl noch vor den ersten Beratungen zu einer neuen Bundesverfassung – erst Mitte Dezember[92] – die Ansicht der überwiegenden Kaufmannschaft präsentiert werden.

Dass es bei der Beschlussfassung nicht zu protokollierten Diskussionen zur Positionierung der Handelskammer kam, überrascht indes ebenfalls nicht. Wäre die Umfrage weniger eindeutig ausgegangen, hätte es sicherlich noch weitere Diskussionen gegeben. Wer eine anfängliche Tendenz der Handelskammer zugunsten des Freihafens anerkennt, sieht sich ohnehin bestätigt. Da alle Handelskammermitglieder angesichts der zirkulierten Gutachten dieselbe Informationsgrundlage besaßen und von den Mehrheitsverhältnissen Kenntnis hatten, bedurfte es auch keiner eingehenden Diskussion mehr.

Dies lässt sich hingegen im Hinblick auf einen weiteren Antrag des Präses nicht sagen. Neben der Festlegung auf die Verteidigung des Freihafenstatus Hamburgs wollte er die Inhalte der Gutachten veröffentlichen.[93] Mithin wollte er bereits zu diesem frühen Zeitpunkt umfassend öffentlich aktiv werden.

Dabei sollten die Gutachten jedoch nicht unverändert verbreitet werden. Vielmehr beabsichtigte der Präses, bei der Veröffentlichung „wünschenswert oder notwendig erscheinende Weglassungen, Modifikationen und Redaktionsabänderungen“[94] vornehmen zu lassen. Dies wurde im Folgenden dann näher dahingehend präzisiert, dass die Verfasser der jeweiligen Gutachten nicht namentlich genannt werden sollten,[95] jegliche persönlichen Inhalte/Wiederholungen/Unsachlichkeiten sowie Anzüglichkeiten bzgl. der Zollverwaltung und all das, was im Ausland zulasten der hamburgischen Geschäfte gehen könnte, gestrichen werden sollte.[96] Überdies sollten auch Redaktionsverbesserungen möglich sein, die im

---

[90] S. Abschnitt „Die Verfassungsverhandlungen im Reichstag“.
[91] S. Abschnitt „Zollanschlussbefürworter“.
[92] *Schönhoff*, Hamburg im Bundesrat: Die Mitwirkung Hamburgs an der Bildung des Reichswillens 1867 – 1890 (1967), S. 29.
[93] SHWA, Safebestand der Commerzbibliothek, S/599 Protokolle 1866, S. 256.
[94] SHWA, Safebestand der Commerzbibliothek, S/599 Protokolle 1866, S. 256.
[95] SHWA, Safebestand der Commerzbibliothek, S/599 Protokolle 1866, S. 256.
[96] SHWA, Safebestand der Commerzbibliothek, S/599 Protokolle 1866, S. 257.

Hinblick auf den Inhalt unbedenklich, jedoch im Sinne der Deutlichkeit wünschenswert erscheinen.[97] Auch die eigene Ansicht der Handelskammer sollte schließlich im Vorwort erwähnt werden.[98] In den Protokollen findet sich lediglich der Hinweis, dass über den Antrag im Ganzen aber auch über die einzelnen Aspekte desselben ausführlich diskutiert und dieser dann mehrheitlich abgelehnt wurde.[99] Insofern lässt sich nicht mit Gewissheit sagen, welche Beweggründe am Ende dazu führten, dass zunächst von einer Veröffentlichung abgesehen wurde. Beachtlich erscheint aber dennoch, dass der Präses der Handelskammer überhaupt einen dahingehenden Antrag stellte. Denn hieraus wird deutlich, dass sich die Handelskammer nicht prinzipiell lediglich als neutraler Gutachter verstand, der die angeforderten Informationen zu wirtschaftlichen Fragen beschaffte, sondern die politischen Verhältnisse selber aktiv mitgestalten wollte. Denn anderenfalls hätte der Präses weder einen Antrag zur Veröffentlichung abgeänderter Gutachten gestellt, noch wäre es hierüber zu ausführlichen Diskussionen gekommen. Hätte der Antrag gegen das Selbstverständnis verstoßen, ist davon auszugehen, dass er gar nicht erst gestellt worden wäre oder jedenfalls sofortige Ablehnung erfahren hätte. Beides ist aber nicht der Fall, sodass hier ein selbstbewusstes, gestalterisches Selbstverständnis der Handelskammer konstatiert werden kann. Hierfür spricht nicht zuletzt auch, dass im Jahr 1867 weite Teile der Gutachten auf Veranlassung der Handelskammer veröffentlicht wurden,[100] sodass keineswegs allgemeine strikte Bedenken gegen ein öffentliches Tätigwerden bestanden. Im Gegenteil: Die veröffentlichten Gutachten waren ausschließlich zugunsten des Freihafens[101] und damit keinesfalls neutral.

E. Die öffentliche Verteidigung des Freihafens

I. Vorbemerkungen

Nachfolgend wird der Blick von dem bloß internen Agieren der Handelskammer auf das oftmals öffentlichkeitswirksame Verteidigen des Freihafens gerichtet. Denn gerade diese Maßnahmen stützen die These, dass die Handelskammer als prägende Gestalt in der Freihafenfrage betrachtet werden kann. Das betrifft einerseits das Schreiben an den Senat und andererseits die umfangreiche Veröffentlichung der eingeholten Gutachten zugunsten des Freihafens. Insbesondere die Veröffentlichung war von besonderer Bedeutung bei der Verteidigung des Freihafens, sodass auch die Umstände, die zu der Veröffentlichung führten, nä-

---

[97] SHWA, Safebestand der Commerzbibliothek, S/599 Protokolle 1866, S. 257.
[98] SHWA, Safebestand der Commerzbibliothek, S/599 Protokolle 1866, S. 257.
[99] SHWA, Safebestand der Commerzbibliothek, S/599 Protokolle 1866, S. 257.
[100] *Baasch*, Die Handelskammer zu Hamburg 1665–1915, Bd. II. 1 (1915), S. 154.
[101] Zwanzig Gutachten in Bezug auf Hamburgs künftiges Verhältnis zum Zollverein (1867).

her beleuchtet werden sollen. Namentlich betrifft dies die Veröffentlichung der neun Gutachten zugunsten eines Zollanschlusses.

Abschließend wird der Vollständigkeit halber zudem auch knapp auf das Wirken der Handelskammer im Reichstag eingegangen.

II. Das Schreiben an den Senat

Nach Festlegung auf eine Positionierung zugunsten des Freihafens galt es zunächst, dem Senat diese Auffassung mitzuteilen, um einen Zollanschluss zu verhindern.

Das Schreiben an den Senat vom 24. Dezember wurde vielfach abgeändert und diskutiert; am Ende wurde aber das von *De Chapeaurouge* entworfene Schreiben angenommen.[102] Überdies beschloss man, den Inhalt des Schreibens sowohl dem Kaufmannskonvent mitzuteilen als auch in den Zeitungen veröffentlichen zu lassen.[103] Mithin trat die Handelskammer hiermit auch öffentlich in Erscheinung und positionierte sich deutlich in der Freihafenfrage.

Zum Zeitpunkt des Schreibens war der Handelskammer offenkundig noch nicht bekannt, dass die Freihafenstellung umfassend von der neuen Verfassung geschützt werden sollte. Hiervon erhielt sie ausweislich der Protokolle erst am 31. Dezember durch Bericht des Sekretärs Kenntnis.[104] Denn erst zu diesem Zeitpunkt informierte er über die von Senator *Kirchenpauer* mitgeteilten preußischen Entwürfe für die Verfassung des Norddeutschen Bundes.[105] *Kirchenpauer* hingegen lagen die Entwürfe bereits am 15. Dezember vor.[106] Vor diesem Hintergrund muss auch das Schreiben verstanden werden.

Das Anschreiben der Handelskammer an den Senat ist kurz gehalten und auf das Wesentliche reduziert. Sie führte zunächst aus, dass man die wichtigsten Branchen hinsichtlich der zukünftigen Stellung Hamburgs zum Zollverein befragt habe, ob die Kaufmannschaft wie auch im Jahre 1848 noch für die Beibehaltung des Freihafens eintrete, oder nunmehr den Anschluss an den Zollverein bevorzuge.[107] Die Handelskammer überreiche deshalb sämtliche Gutachten in Abschrift.[108] Der Vorteil hierbei, so die Handelskammer, liege darin, dass der Senat auf diese Weise unmittelbar in Kenntnis davon gelange, was den jeweiligen Branchen, aber auch dem Handel allgemein, zu Gute komme; dabei würden „manche tatsächlichen Verhältnisse und Interessen im Detail anschaulich nach-

---

[102] SHWA, Safebestand der Commerzbibliothek, S/599 Protokolle 1866, S. 263 f.

[103] SHWA, Safebestand der Commerzbibliothek, S/599 Protokolle 1866, S. 263 f.

[104] SHWA, Safebestand der Commerzbibliothek, S/599 Protokolle 1866, S. 274.

[105] SHWA, Safebestand der Commerzbibliothek, S/599 Protokolle 1866, S. 274.

[106] *Wohlwill*, Die hamburgischen Bürgermeister Kirchenpauer, Petersen, Versmann (1903), S. 104; *Schönhoff*, Hamburg im Bundesrat: Die Mitwirkung Hamburgs an der Bildung des Reichswillens 1867 – 1890 (1967), S. 29.

[107] SHWA, Safebestand der Commerzbibliothek, S/599 Protokolle 1866, S. 271.

[108] SHWA, Safebestand der Commerzbibliothek, S/599 Protokolle 1866, S. 271.

gewiesen werden".[109] Die Handelskammer verzichtete also darauf, eine Zusammenfassung zu erstellen und begründete dies damit, dass auf diese Weise die „wahre Bedeutung"[110] der Gutachten verloren ginge. Dieses Vorgehen hatte den Vorteil, dass die Handelskammer die inhaltlichen Feststellungen der Gutachten nicht nachzuprüfen hatte, sondern bloß wiedergab, was von anderer Seite bekundet wurde. Aufgrund der weit überwiegenden Mehrheit, die sich zugunsten des Freihafens ausgesprochen hatte, war dies auch gar nicht notwendig. Insbesondere konnten auf diese Weise Aspekte, die im Falle einer Zusammenfassung oder gar Veröffentlichung aufgrund von Polemik etc. hätten gestrichen werden müssen, stehen bleiben und so auch Nutzen entfalten. Angesichts des Umstandes, dass die Handelskammer aber zu Beginn davon Abstand nahm, die Informationen ungefiltert weiterzuleiten,[111] bestätigt sich die zuvor aufgestellte Vermutung, dass die Handelskammer zunächst abwarten wollte, ob die Gutachten die eigene Position stützten. Wäre es ein knapperes Ergebnis gewesen, wären die Gutachten womöglich nicht allesamt unverändert weitergeleitet worden; denn bereits zuvor hatte man in der Handelskammer bereits darüber debattiert, Modifikationen an den Gutachten vorzunehmen[112].

Schließlich schloss sich auch die Handelskammer dem Freihafenlager in offizieller Weise an und erklärte:

„Die Commerz-Deputation hat daraus mit aufrichtiger Befriedigung die Ueberzeugung gewonnen, daß sie die Ansicht der Hamburger Börse vertritt, wenn sie erklärt: auch die jetzige Sachlage läßt eine Umkehr auf dem bisher von Hamburg verfolgten Wege möglich freiester Handelsbewegung nicht geboten erscheinen. Commerz-Deputirte müssen daher hohen Senat dringend ersuchen, auf jede Weise und mit aller Energie dahin zu wirken, daß für Hamburg die volle bisherige Freihafenstellung, als die unentbehrliche Grundlage unserer commerziellen Wohlfahrt und eines gedeihlichen deutschen Exportgeschäfts, erhalten bleibe."[113]

Nun bestand kein Zweifel mehr an der Positionierung der Handelskammer. Man beschloss, entschieden für den Freihafen zu lobbyieren. Ebenso wie bereits in den internen Protokollen angeklungen,[114] wurde auch in dem Brief an den Senat argumentiert, dass ohne den Freihafen nicht nur die Wirtschaft Hamburgs gefährdet sei, sondern auch das deutsche Interesse insgesamt. Insofern griff die Handelskammer erneut den Zweiklang ihrer Argumentation auf und versuchte, das Freihafenprinzip nicht nur als Interesse Hamburgs, sondern auch ganz Deutschlands dastehen zu lassen. Auf diese Weise konnte die Handelskammer erreichen, dass auch diejenigen Mitglieder des Senats, die vielleicht nicht in wirtschaftlicher Hinsicht vom Freihafen und dessen Vorzügen überzeugt waren, immerhin ange-

---

[109] SHWA, Safebestand der Commerzbibliothek, S/599 Protokolle 1866, S. 271.
[110] SHWA, Safebestand der Commerzbibliothek, S/599 Protokolle 1866, S. 271.
[111] S. hierzu Abschnitt „Die interne Debatte um das Tätigwerden in der Freihafenfrage".
[112] SHWA, Safebestand der Commerzbibliothek, S/599 Protokolle 1866, S. 256.
[113] SHWA, Safebestand der Commerzbibliothek, S/599 Protokolle 1866, S. 271.
[114] SHWA, Safebestand der Commerzbibliothek, S/599 Protokolle 1866, S. 255.

sichts des gesamtdeutschen Interesses für den Freihafen gewonnen werden konnten. Die Deutlichkeit, mit der die Handelskammer den Freihafen verteidigte und um dessen Verteidigung sie auch den Senat ersuchte, überrascht angesichts der anfänglichen Phase der Entscheidungsfindung. Liest man nur dieses Schreiben, könnte man beinahe den Eindruck gewinnen, die Handelskammer habe nie daran gezweifelt, dass der Freihafen die vorzugswürdigere Lösung ist. Doch dürfte die Formulierung vor allem strategischer Natur sein: Jetzt wo man sich der eigenen Position sicher war, galt es, diese bestmöglich zu verteidigen und keine Zweifel aufkommen zu lassen. Überdies sei auch darauf hingewiesen, dass sich die Handelskammer hier nicht nur zum Freihafen, sondern auch zum Freihandel bekennt, dessen Grundlage sie im Freihafen erblickte.

Wie es bereits im Anschreiben vom 24. September anklang, trat die Handelskammer nicht nur für die Beibehaltung des Freihafens ein, sondern hatte, wenn auch in begrenztem Umfang, auch die Interessen der Zollanschlussbefürworter im Blick.[115] So sprach sie sich explizit dafür aus, mit der Preußischen Regierung darüber zu verhandeln, dass nicht nur ein zollvereinsländisches Hauptzollamt, sondern auch ein Entrepot für nach dem Vereins-Tarif zollpflichtige Waren, also Zollvereinsniederlagen, errichtet würden.[116] Dies war nur konsequent und entsprach den Anforderungen, welche die Handelskammer auch in ihrem Anschreiben im Falle der Beibehaltung des Freihafens aufgestellt hatte.[117]

Mit diesem Schreiben an den Senat machte die Handelskammer zum ersten Mal auch öffentlich unmissverständlich deutlich, auf welcher Seite sie in der Debatte um den Freihafen steht und stehen wird. Der Umstand, dass die Handelskammer diese Auffassung nicht nur an den Senat adressierte, sondern auch in der Versammlung eines Ehrbahren Kaufmanns veröffentlichte und das Schreiben sodann auch publiziert wurde,[118] zeigt, welche Bedeutung die Handelskammer dieser Stellungnahme zumaß. Denn so wusste auch die Öffentlichkeit, dass sich diese bedeutende Institution hinter die Freihafenanhänger stellte. Die Gegner des Freihafens mussten nun besonders gute Argumente präsentieren, um die Freihafenbefürworter bzw. den Senat zu überzeugen. Wenn sich die wichtigste Vertreterin des Handels offen hinter den Freihafen stellte, hatte dies ein erhebliches Gewicht.

---

[115] Vgl. auch *Müller*, Die Auseinandersetzung über Hamburgs Zollanschluss an das Deutsche Reich 1833–1888 (1988), S. 47.

[116] SHWA, Safebestand der Commerzbibliothek, S/599 Protokolle 1866, S. 271.

[117] S. dazu Abschnitt „Das Aufforderungsschreiben der Handelskammer vom 26. September 1866“; vgl. etwa SHWA, Safebestand der Commerzbibliothek, S/599 Protokolle 1866 Anlage No. 363 S. 5.

[118] Zwanzig Gutachten in Bezug auf Hamburgs künftiges Verhältnis zum Zollverein (1867), S. VIIff.

III. Publikation der eingeholten Gutachten

1. Vorbemerkungen

In der Sitzung vom 25. März 1867 wurde erstmals die Veröffentlichung der „Neun Gutachten zugunsten eines Zollanschlusses" seitens des Vereins für den Anschluss Hamburgs an den Zollverein thematisiert.[119] Diese Veröffentlichung war Anlass für die nachfolgende umfassende Veröffentlichung der zwanzig Gutachten seitens der Handelskammer. Inhaltlich wurden die Gutachten bereits dargelegt.[120]

Nachfolgend wird der Gang der Entscheidung für die Veröffentlichung der zwanzig Gutachten zugunsten des Freihafens nachgezeichnet, um auch an dieser Stelle zu belegen, dass die Handelskammer ihre Position nicht nur gegenüber dem Senat zum Ausdruck brachte, sondern auch publizistisch zugunsten des Freihafens aktiv wurde und damit die gesamte Debatte um den Freihafen prägte. Zudem zeigt sich hier auch nochmals, welche Mittel die Handelskammer bemühte, um ihr Ziel des Freihafens zu erreichen. Außerdem wird auch die Publikation des vermutlich wichtigsten Gegenspielers der Handelskammer – dem Verein für den Anschluss Hamburgs an den Zollverein[121] – näher beleuchtet.

2. Die Veröffentlichung der Neun Gutachten

Nachdem die Handelskammer noch im Dezember 1866 von einer Veröffentlichung der eingereichten Gutachten absah,[122] wurde diese Frage in Folge der Veröffentlichung von neun der eingereichten Gutachten seitens des Vereins für den Anschluss Hamburgs an den Zollverein erneut debattiert.[123] Die Diskussion um eine etwaige Veröffentlichung erschließt sich insbesondere angesichts der Erörterungen, die den neun Gutachten vorangestellt wurden und der Handelskammer als Provokation erscheinen mussten:

Zunächst veröffentlichte der Verein das Schreiben der Handelskammer[124] an die Kaufleute.[125] Dieses wurde dann eingeordnet und das Vorgehen der Handelskammer scharf kritisiert. So monierte der Verein, dass die Handelskammer sämtliche eingereichten Gutachten hätte veröffentlichen müssen und dies angesichts der Anzahl der Gutachten sowie der Vielfältigkeit der Sonderstandpunkte auch

---

[119] SHWA, Safebestand der Commerzbibliothek, S/599 Protokolle 1867, S. 65.

[120] S. Abschnitt „Kapitel 6: Die wirtschaftliche Dimension der Freihafenfrage".

[121] S. zu diesem Verein auch Abschnitt „Überblick über die sonstige öffentliche Diskussion".

[122] SHWA, Safebestand der Commerzbibliothek, S/599 Protokolle 1866, S. 256 f.

[123] SHWA, Safebestand der Commerzbibliothek, S/599 Protokolle 1867, S. 65.

[124] Zu dem Schreiben und dessen Inhalt s. Abschnitt „Das Aufforderungsschreiben der Handelskammer vom 26. September 1866".

[125] *Verein für den Anschluss Hamburgs an den Zollverein* (Hrsg.), Neun Gutachten die künftige handelspolitische Stellung Hamburgs betreffend (1867), S. 4 ff.

zu erwarten gewesen wäre.[126] Zwar wurde zugestanden, dass eine sofortige Veröffentlichung nicht notwendig gewesen war, da auch der Verein erkannte, dass dies mangels unzureichender Faktengrundlage zu einer wenig sinnvollen Diskussion geführt hätte; für umso notwendiger wurde es jedoch erachtet, die Gutachten zu veröffentlichen sobald sie vollständig vorlagen.[127] Sodann stellte der Verein auch die Aussagekraft der Gutachten selbst infrage: So seien von den 1.000 Mitgliedern der Kaufmannschaft nur wenige angefragt worden, außerdem betreffe die Frage auch andere Gruppen wie etwa das Handwerk, Grundeigentümer und die Fabrikindustrie. Nur die Mehrheit einer Minderheit habe sich demnach für den Freihafen ausgesprochen. Der Wert der Gutachten liege lediglich in der Argumentation, die Anzahl der jeweiligen Gutachten sei hingegen irrelevant.[128]

Diese Kritik überzeugt weitestgehend nicht. Soweit der Handelskammer vorgeworfen wird, dass auch das Handwerk und Grundeigentümer zu befragen gewesen wären, verkennt der Verein den Zweck der Handelskammer, nämlich die Interessen des Handels zu vertreten. Es war nicht Aufgabe der Handelskammer, ein allumfassendes Bild der Interessenlage unter Einbeziehung der unterschiedlichsten gesellschaftlichen Gruppen zu zeichnen. Vielmehr war sie nach Art. 93 Verfassung 1860 alleinig zur Förderung der Interessen des Handels berufen. An dieser Stelle sei auch nochmals darauf verwiesen, dass die Handelskammer von der Versammlung des Ehrbaren Kaufmanns gewählt wurde, welchem gem. § 1 der Kaufmannsbestimmungen bloße Grundeigentümer und einzelne Handwerker grundsätzlich nicht angehörten.[129] Im Hinblick auf die Fabrikindustrie ist zu berücksichtigen, dass bei der Handelskammer immerhin vier Gutachten dieser Branche eingingen.[130] Dass die Handelskammer nicht sämtliche Mitglieder der Versammlung des Ehrbaren Kaufmanns befragte, erscheint angesichts der wenigen Handelskammermitglieder und der beschränkten Zeit nachvollziehbar.[131]

Vor dem Hintergrund seiner Argumentation sah es der Verein sodann als notwendig an, der Öffentlichkeit „die Akten vollständig vorzulegen“[132], um ihr auf diese Weise eine Entscheidungsfindung zu ermöglichen. Aus diesem Grunde seien die neun Gutachten veröffentlicht worden, die von den Vereinsmitgliedern erstellt und zugleich mit dem Aufruf versehen wurden, dass auch die Befürworter

[126] *Verein für den Anschluss Hamburgs an den Zollverein* (Hrsg.), Neun Gutachten die künftige handelspolitische Stellung Hamburgs betreffend (1867), S. 8 f.

[127] *Verein für den Anschluss Hamburgs an den Zollverein* (Hrsg.), Neun Gutachten die künftige handelspolitische Stellung Hamburgs betreffend (1867), S. 9.

[128] *Verein für den Anschluss Hamburgs an den Zollverein* (Hrsg.), Neun Gutachten die künftige handelspolitische Stellung Hamburgs betreffend (1867), S. 10.

[129] Vgl. dazu Abschnitt „Das Verhältnis zur Versammlung eines Ehrbaren Kaufmanns“.

[130] StA HH 111-1 VII Lit. K no. 13 Vol. 1 Fasc. 2 Liste der auf das Rundschreiben der Handelskammer eingegangenen Gutachten.

[131] Vgl. dazu auch Abschnitt „Nachvollziehbarkeit der Entscheidung“.

[132] *Verein für den Anschluss Hamburgs an den Zollverein* (Hrsg.), Neun Gutachten die künftige handelspolitische Stellung Hamburgs betreffend (1867), S. 10.

des Freihafens ihre Gutachten veröffentlichen mögen.[133] Dass der Verein seinerseits nur solche Gutachten veröffentlicht, welche dem Vereinszweck dienten, ist zwar im Grunde widersprüchlich, da man zuvor selbst für eine umfassende Veröffentlichung eingetreten war, jedoch angesichts des offenkundigen Zwecks nicht weiter zu kritisieren.

3. Die Veröffentlichung der zwanzig Gutachten

Nachdem die neun Gutachten veröffentlicht worden waren, diskutierte die Handelskammer über das weitere Vorgehen. Man kam zu dem Ergebnis, dass es am ratsamsten erscheine, die „hauptsächlichen" Gutachten, die zugunsten des Freihafens eingegangen waren, zu veröffentlichen.[134]

Die Veröffentlichung zeigt, was man unter „hauptsächlich" verstand: Die Handelskammer wollte einen Querschnitt aus den eingereichten Gutachten publizieren und suchte daher einzelne Gutachten aus den verschiedenen befragten Branchen aus. Je nach Einordnung der Gutachten kommt man auf zwanzig Gutachten aus fünfzehn Branchen.[135] Sodann einigte man sich auf die Veröffentlichung der Gutachten und legte zudem fest, dass man an den Gutachten gewisse Änderungen vornehmen wolle, wenn dies etwa aus „politischen [Gründen] oder Zollrücksichten"[136] ratsam erschiene, allerdings müsse die ursprüngliche Fassung und Tendenz unbeschadet bleiben.[137]

Während hierüber 1866 noch breit diskutiert und die Verantwortung für derartige Modifikationen in die Hände mehrerer Personen gelegt wurde,[138] erhielt nunmehr nur ein einziges Mitglied den Auftrag, die Veröffentlichung herbeizuführen. Dennoch erscheinen die hier ins Auge gefassten Änderungen an den Gutachten wesentlich weniger bedeutend, als es der Präses noch 1866 gefordert hatte. Denn damals sollten nicht nur persönliche/unsachliche/wiederholende Bemerkungen gestrichen werden, sondern auch all das, was schädlich für das hamburgische Geschäft hätte sein können, und es sollten redaktionelle Verbesserungen zum Zwecke der Deutlichkeit ergänzt werden.[139] Dass man überhaupt Änderungen an den Gutachten vornehmen wollte, erscheint zwar aus heutiger Sicht durchaus kritisch. Da man sich jedoch darauf verständigte, den Kern des Inhalts als solchen unangetastet zu lassen, ist dies durchaus mit der Zielsetzung der Handelskammer in Einklang zu bringen, dass man keine Publikation veranlassen wollte, welche dem politischen bzw. wirtschaftlichen Fortkommen Hamburgs

---

[133] *Verein für den Anschluss Hamburgs an den Zollverein* (Hrsg.), Neun Gutachten die künftige handelspolitische Stellung Hamburgs betreffend (1867), S. 11.

[134] SHWA, Safebestand der Commerzbibliothek, S/599 Protokolle 1867, S. 65.

[135] Zwanzig Gutachten in Bezug auf Hamburgs künftiges Verhältnis zum Zollverein (1867), S. 140.

[136] SHWA, Safebestand der Commerzbibliothek, S/599 Protokolle 1867, S. 66.

[137] SHWA, Safebestand der Commerzbibliothek, S/599 Protokolle 1867, S. 65 f.

[138] SHWA, Safebestand der Commerzbibliothek, S/599 Protokolle 1866, S. 256.

[139] SHWA, Safebestand der Commerzbibliothek, S/599 Protokolle 1866, S. 256 f.

Schaden zufügen könnte. Exemplarisch sei etwa darauf hingewiesen, dass sich die Handelskammer dazu entschied, folgende Textpassage nicht zu veröffentlichen:[140]

> „Plagen, quälen, controllieren sollen wir uns lassen von königlich preußischen oder hamburgischen Beamten?"[141]

Die Streichung einer derart polemischen und politisch keinesfalls hilfreichen Bemerkung verwundert daher nicht. Allzu offenkundig war das Misstrauen gegenüber staatlichen Institutionen. Der sachliche Inhalt des Gutachtens änderte sich durch die Streichung aber nicht.

Beachtenswert ist an dieser Stelle, dass die Handelskammer an der Veröffentlichung nicht beteiligt erscheinen wollte.[142] So enthielt die Publikation keinerlei Hinweise auf die Handelskammer. Vielmehr wurden als Herausgeber die „Freunde der Freihafenstellung" genannt.[143] Unklar bleibt, welches Ziel die Handelskammer damit verfolgte: Denkbar wäre, dass sie damit indirekt dem Vorwurf des Vereins für den Anschluss Hamburgs an den Zollverein zugestimmt hätte, dass die unterbliebene Veröffentlichung ein Fehler war und deshalb nun nachgeholt werden musste. Indem die Veröffentlichung jedoch von den „Freunden der Freihafenstellung" publiziert wurde, konnte der Handelskammer ein solches konkludentes Eingeständnis durch die Publikation nicht unmittelbar zugerechnet werden. Darüber hinaus ist auch denkbar, dass die Handelskammer durch die Veröffentlichung zwar bezweckte, die öffentliche Meinung zugunsten des Freihafens zu beeinflussen, dieses Ziel jedoch nicht offensiv unter eigenem Namen vertreten wollte. Denn dann wäre sie aktive Partei in der hitzigen Debatte um die Freihafenfrage geworden. Indem sie sich hinter den „Freunden der Freihafenstellung" verbarg, konnte sie dasselbe Ziel erreichen, ohne selbst direkte Zielscheibe der Zollanschlussbefürworter zu werden. Dies wäre auch vor dem Hintergrund plausibel, dass die Handelskammer nach Art. 93 Verfassung 1860 die Interessen des Handels zu vertreten hatte und jedenfalls ein Teil der Befragten sich nicht zugunsten des Freihafens aussprach. So war es zwar nachvollziehbar, dass sie sich gegenüber dem Senat deutlich zugunsten des Freihafens äußerte. Hätte sie sich jedoch durch eine Herausgeberschaft aktiv gegen die Publikation der neun Gutachten gewandt, so hätten sich die Anhänger ggf. vor den Kopf gestoßen gefühlt. Es liegt in der Natur der Sache einer Interessenvertretung, nur die größte Schnittmenge repräsentieren zu können; sich jedoch aktiv und offen mittels Publikation gegen die Minorität zu stellen, birgt die Gefahr, die Vertretenen gegen sich aufzubringen.

---

[140] *Stein*, Zeitschrift des Vereins für Hamburgische Geschichte 1978, S. 74.

[141] Zit. nach *Stein*, Zeitschrift des Vereins für Hamburgische Geschichte 1978, S. 74.

[142] SHWA, Safebestand der Commerzbibliothek, S/599 Protokolle 1867, S. 66.

[143] Zwanzig Gutachten in Bezug auf Hamburgs künftiges Verhältnis zum Zollverein (1867), S. II.

Der Aufbau der Veröffentlichung der zwanzig Gutachten in Bezug auf Hamburgs künftiges Verhältnis zum Zollverein glich der Publikation der neun Gutachten. Zunächst erfolgte eine Einleitung und sodann der Abdruck der Gutachten. Gleich zu Beginn wurde Bezug auf die neun Gutachten und deren Vorwürfe genommen: Zunächst stellte die Handelskammer fest, dass man es im Gegensatz zu den Zollanschlussbefürwortern nicht für nötig erachtet habe, eigens für die Beibehaltung des Freihafens einen Verein zu gründen, da es unzweifelhaft erscheine, dass die Mehrheit für den Freihafen votiere.[144] Hinzu komme, dass auch die Gründe, welche gegen den Anschluss an den Zollverein sprächen, bereits aus der öffentlichen Debatte bekannt seien und es sich bei den eingeholten Gutachten um spezielle Gutachten zu detaillierten Sachfragen handelte, die nicht den Zweck hatten, veröffentlicht zu werden.[145]

Dieser Argumentation ist nach Analyse der publizierten Gutachten[146] nur begrenzt zuzustimmen: Zwar handelt es sich tatsächlich überwiegend um sehr spezielle Branchen, welche ihr eigenes Geschäftsfeld darlegten und hieraus Rückschlüsse auf die Gutachtenfragen zogen. Dennoch waren sie ohne Zweifel auch trotz der bereits vorhandenen Broschüren von besonderem Interesse für die Öffentlichkeit, da die Handelskammer ihre Auffassung auf diese Gutachten stützte[147] und diese überdies auch dem Senat übersandt hatte. Insofern erscheint es fragwürdig, wenn die Autoren implizieren, dass kein Bedürfnis für die Veröffentlichung bestand. Zuzugestehen ist aber, dass jedenfalls die Voraussetzungen, unter denen die Handelskammer die Gutachten angefordert hatte[148], gegen eine Veröffentlichung sprachen. Denn die Handelskammer hatte in dem Aufforderungsschreiben um Geheimhaltung gebeten[149] und auch eine spätere Veröffentlichung nicht angekündigt, sodass mit dieser auch nicht gerechnet zu werden brauchte. Nunmehr hätten jedoch einige Autoren der Veröffentlichung zugestimmt, sodass man einen Teil der eingeholten Gutachten jetzt veröffentlichte.[150] Im Anschluss an diese Einleitung wurde zunächst nochmals das Rundschreiben der Handelskammer abgedruckt, sowie auch der Jahresbericht der Handelskammer vom 29. Dezember 1866 in den relevanten Textpassagen.[151] Der Jahresbericht

[144] Zwanzig Gutachten in Bezug auf Hamburgs künftiges Verhältnis zum Zollverein (1867), S. III.

[145] Zwanzig Gutachten in Bezug auf Hamburgs künftiges Verhältnis zum Zollverein (1867), S. III.

[146] S. Abschnitt „Die Auswirkungen des Freihafens auf die einzelnen Branchen".

[147] SHWA, Safebestand der Commerzbibliothek, S/599 Protokolle 1866, S. 271.

[148] Zu dem Aufforderungsschreiben s. Abschnitt „Das Aufforderungsschreiben der Handelskammer vom 26. September 1866"; SHWA, Safebestand der Commerzbibliothek, S/599 Protokolle 1866 Anlage No. 363.

[149] SHWA, Safebestand der Commerzbibliothek, S/599 Protokolle 1866 Anlage No. 363 S. 6.

[150] Zwanzig Gutachten in Bezug auf Hamburgs künftiges Verhältnis zum Zollverein (1867), S. III.

[151] Zwanzig Gutachten in Bezug auf Hamburgs künftiges Verhältnis zum Zollverein (1867), S. IVff.

enthielt sodann wiederum das Schreiben, welches die Handelskammer Ende 1866 an den Senat richtete.[152]

Mit diesem Vorgehen schaffte die Handelskammer eine gewisse Transparenz. Sie veröffentlichte nicht nur sehr zentrale Gutachten aus einer Bandbreite von Branchen, sondern publizierte auch nochmals das Aufforderungsschreiben sowie das Schreiben an den Senat. Wenngleich das Aufforderungsschreiben bereits in der Druckschrift des Vereins für den Anschluss Hamburgs an den Zollverein enthalten war,[153] sorgte sie doch für eine noch größere Verbreitung. Gleiches gilt auch für das Schreiben an den Senat, welches zwar ebenfalls bereits dem Kaufmanns-Konvent vorgelegt und zugleich in der Presse veröffentlicht worden,[154] jedoch immerhin sehr hilfreich für das Verständnis der Tätigkeit der Handelskammer und die Einordnung der Gutachten war.

IV. Sonstige Maßnahmen zur Verteidigung des Freihafens

Auch dem Kaufmanns-Konvent vom 29. Dezember 1866 teilte die Handelskammer ihre Position zugunsten des Freihafens mit. Sie machte zunächst deutlich, dass es sich um eine sehr schwierige Angelegenheit gehandelt habe, man nunmehr jedoch darauf vertraue, dass die hamburgische Regierung das Gutachtenmaterial dahingehend zu nutzen wisse, bei den Verfassungsverhandlungen und auch der darauffolgenden Ausführung der Verfassung den freien Handel zu verteidigen; auch die Handelskammer werde künftig in diesem Sinne tätig, sollte dies notwendig werden.[155] Wie bereits zuvor dargestellt,[156] waren im Kaufmannskonvent nicht nur Kaufleute, sondern auch Fabrikbesitzer. Fabrikanten waren jedoch oftmals Befürworter des Zollanschlusses.[157] Indem die Handelskammer die Stellungnahme also auch an den Kaufmanns-Konvent weiterleitete, sorgte sie dafür, dass auch die etwaigen Zollanschlussbefürworter, die nicht von der Handelskammer befragt wurden, aber dennoch groß genug waren, um dort Mitglied zu sein, von der Positionierung Kenntnis erlangten.

Der Sekretär berichtete schließlich am letzten Tag des Jahres 1866, dass Senator *Kirchenpauer* ihm die Entwürfe der zu verabschiedenden Bundesverfassung des Jahres 1866 mitgeteilt habe.[158] Die Vorlage sei „im Betreff der Freiha-

---

[152] Zwanzig Gutachten in Bezug auf Hamburgs künftiges Verhältnis zum Zollverein (1867), S. VIIff.

[153] *Verein für den Anschluss Hamburgs an den Zollverein* (Hrsg.), Neun Gutachten die künftige handelspolitische Stellung Hamburgs betreffend (1867), S. 4 ff.

[154] SHWA, Safebestand der Commerzbibliothek, S/599 Protokolle 1866, S. 263 ff.

[155] Jahresbericht abgedruckt in: Zwanzig Gutachten in Bezug auf Hamburgs künftiges Verhältnis zum Zollverein (1867), S. VIIff.

[156] S. Abschnitt „Das Verhältnis zur Versammlung eines Ehrbaren Kaufmanns".

[157] StA HH 111-1 VII Lit. K no. 13 Vol. 1 Fasc. 2 Liste der auf das Rundschreiben der Handelskammer eingegangenen Gutachten.

[158] SHWA, Safebestand der Commerzbibliothek, S/599 Protokolle 1866, S. 274; vgl. auch *Baasch*, Die Handelskammer zu Hamburg 1665–1915, Bd. II. 1 (1915), S. 154.

fenfrage vollständig befriedigen[d]"[159]. Dies verwundert nicht, war es doch in das Belieben Hamburgs gestellt, ob man den Freihafenstatus beibehalten wollte oder nicht.[160] Dem gegenüber war die Handelskammer nicht erfreut darüber, dass der spätere Art. 35 (zunächst Art. 33) der Verfassung dem Bund die Gesetzgebungskompetenz zusprach, soweit es sich um Maßnahmen zur Sicherung der gemeinsamen Zollgrenzen in den Zollausschlüssen handelte. Die Handelskammer betrachtete diese Regelung als zu allgemein und unbestimmt und sah sie daher als Gefahr an, wenn ihre Grenzen nicht näher definiert würden.[161] Hier kommt die auch seitens des Senats geäußerte Befürchtung zum Ausdruck, dass die Bundesgewalt ggf. über die Aufhebung des Freihafenstatus bestimmen könnte.[162] Eine gutachterliche Stellungnahme der Handelskammer wurde jedoch abgelehnt, wenngleich man es dem Sekretär überließ, Senator *Kirchenpauer* diese Bedenken mitzuteilen.[163] Die Bedenken hinsichtlich der sonstigen Regelungen in diesem Kontext – wie etwa das notwendig werdende Aversum als Ausgleich für die Zölle/Verbrauchssteuern – ließ man auf sich beruhen.[164]

V. Handelskammermitglied im Reichstag

Die Handelskammer hat sich primär auf hamburgischer Ebene betätigt. Doch auch im Norddeutschen Bund wurde sie aktiv, sodass der Vollständigkeit halber auch dieser Bereich des Werbens für den Freihafen knapp beleuchtet werden soll.

Nachdem die Reichstagswahlen stattgefunden hatten, wurde das Handelskammermitglied *De Chapeaurouge* zum Abgeordneten gewählt, sodass die Handelskammer einen unmittelbaren Vertreter in Berlin besaß.[165] Zudem war *De Chapeaurouge* als Reichstagsabgeordneter auch zugleich Abgeordneter im Zollparlament.[166]

Dieser verstand sich offenkundig nicht ausschließlich als Volksvertreter, sondern jedenfalls auch als unmittelbarer Vertreter der Interessen der Handelskam-

---

[159] SHWA, Safebestand der Commerzbibliothek, S/599 Protokolle 1866, S. 274.

[160] Vgl. zum Regelungsgehalt der Verfassung Abschnitt „Regelungsgehalt in der Verfassung".

[161] SHWA, Safebestand der Commerzbibliothek, S/599 Protokolle 1866, S. 275; *Baasch*, Die Handelskammer zu Hamburg 1665–1915, Bd. II. 1 (1915), S. 154.

[162] StA HH 111-1 102234 Senatsprotokolle 1866 Bd. IV, S. 407; vgl. zu den Bedenken des Senats in diese Richtung auch *Wohlwill*, Die hamburgischen Bürgermeister Kirchenpauer, Petersen, Versmann (1903), S. 105; *Hübner*, Der Zollanschluß Hamburgs vom 15. Oktober 1888 (1925), S. 27; *Schönhoff*, Hamburg im Bundesrat: Die Mitwirkung Hamburgs an der Bildung des Reichswillens 1867 – 1890 (1967), S. 37.

[163] SHWA, Safebestand der Commerzbibliothek, S/599 Protokolle 1866, S. 275.

[164] SHWA, Safebestand der Commerzbibliothek, S/599 Protokolle 1866, S. 276.

[165] SHWA, Safebestand der Commerzbibliothek, S/599 Protokolle 1867, S. 42 f.; *Baasch*, Die Handelskammer zu Hamburg 1665–1915, Bd. II. 1 (1915), S. 154.

[166] *Hansen*, Hamburg und die zollpolitische Entwicklung Deutschlands im 19. Jahrhundert (1913), S. 100; *Hübner*, Der Zollanschluß Hamburgs vom 15. Oktober 1888 (1925), S. 30.

mer und wurde als solcher auch betrachtet: So äußerte er in der Sitzung vom 18. Februar 1867 den Wunsch, dass die Handelskammer ihm Geldmittel für eine Arbeitskraft zur Verfügung stellen möge.[167] Diesem Wunsch kam die Handelskammer nach und bewilligte einen Betrag in Höhe von 1.500 Mark Courant zur freien Disposition.[168] Dies ist insoweit bemerkenswert, als sich der Abgeordnete damit in eine gewisse Abhängigkeit von der Handelskammer begab und sich auf diese Weise aus heutiger Perspektive dem Vorwurf der Befangenheit aussetzte. Aber auch schon unter der Verfassung des Norddeutschen Bundes ist dieses Vorgehen jedenfalls als kritisch zu werten. Denn Art. 29 Verfassung Norddeutscher Bund bestimmte ausdrücklich, dass die Abgeordneten Vertreter des ganzen Volkes und an Aufträge und Instruktionen nicht gebunden sind. Mithin sind die Abgeordneten nicht Vertreter ihrer Wähler oder gar eines Standes.[169] Indem sich *De Chapeaurouge* jedoch als Anwalt des Freihafens[170] – also nicht einmal der Hamburger, die ja in dieser Frage gewiss nicht einheitlich votierten – verstand, verstieß er gegen diese Regelung, wenngleich die Grenzen hier sicherlich nicht trennscharf auszumachen sind.

Gleiches gilt auch für die Handelskammer bzw. den Präses der Handelskammer, welcher in den Abgeordneten *Sloman* und *De Chapeaurouge* Abgeordnete sah, durch welche die „hamburgischen Handelsinteressen die beste Vertretung finden würden"[171]. Jedenfalls letztere Auffassung dürfte sich nicht mit dem Normwortlaut der Verfassung in Übereinstimmung bringen lassen. Art. 32 Verfassung Norddeutscher Bund schrieb überdies noch das Verbot vor, eine Besoldung für das Abgeordnetenamt zu beziehen, jedoch sind die Geldmittel der Handelskammer nicht als Besoldung im Sinne von Tagegeldern[172] zu werten, sondern explizit zur Finanzierung einer Arbeitskraft gewährt worden. Ohnehin wurde die Bestimmung zumeist dahingehend verstanden, dass der Adressat der Bestimmung die Reichs- oder Bundesstaatsregierung ist, jedoch Zahlungen seitens Privater nicht von dem Verbot umfasst waren.[173]

Die Verhandlungen in der Sitzung zeigen, dass die Handelskammer – unabhängig von der verfassungsrechtlichen Bewertung ihres Vorgehens – noch immer fürchtete, den Freihafenstatus nicht hinreichend abgesichert zu haben. Zwar erklärte sie noch Ende 1866, dass der Entwurf zu ihrer Zufriedenheit sei,[174] jedoch konnte man sich erst mit Verabschiedung der Verfassung, welche eine entspre-

---

[167] SHWA, Safebestand der Commerzbibliothek, S/599 Protokolle 1867, S. 43.

[168] SHWA, Safebestand der Commerzbibliothek, S/599 Protokolle 1867, S. 43; *Baasch*, Die Handelskammer zu Hamburg 1665–1915, Bd. II. 1 (1915), S. 154.

[169] *Seydel*, Commentar zur Verfassungs-Urkunde für das Deutsche Reich (1873), S. 140.

[170] SHWA, Safebestand der Commerzbibliothek, S/599 Protokolle 1867, S. 43.

[171] SHWA, Safebestand der Commerzbibliothek, S/599 Protokolle 1867, S. 42.

[172] S. dazu *Seydel*, Commentar zur Verfassungs-Urkunde für das Deutsche Reich (1873), S. 161 f.

[173] *Seydel*, Commentar zur Verfassungs-Urkunde für das Deutsche Reich (1873), S. 161 f.

[174] SHWA, Safebestand der Commerzbibliothek, S/599 Protokolle 1866, S. 274.

chende Garantie beinhaltete, sicher sein, dass der Freihafenstatus – jedenfalls von preußischer Seite – zunächst unangetastet blieb. Deshalb ist es auch nur plausibel, dass die Handelskammer es aus ihrer Perspektive und vor dem Hintergrund ihres Auftrages, die Interessen des Handels zu schützen, für notwendig erachtete, den Abgeordneten *De Chapeaurouge* in seinen dahingehenden Bestrebungen zu unterstützen.

F. Zwischenfazit

Die Handelskammerprotokolle belegen anschaulich, welche Bedeutung der Thematik des Freihafens beigemessen wurde. Die Handelskammer wurde auf eigene Initiative tätig und wartete nicht ab, dass der Senat sie hierzu aufforderte. Das zeigt, dass die Handelskammer die wichtigen politischen Prozesse selbst aktiv mitgestalten wollte, statt sie nur zu beobachten und abzuwarten, ob sie gebraucht wird. Auch der Umstand, dass – soweit aus den Unterlagen ersichtlich – ausschließlich die Handelskammer Gutachten zu der Freihafenfrage aus einer Vielzahl von Branchen einholte und weder der Senat noch andere Akteure diesbezüglich umfassend tätig wurden[175], beweist, dass ihr eine Vorreiterstellung zukam.

Dass die Handelskammer zunächst ergebnisoffen war – was sowohl das Anschreiben als auch die internen Protokolle sowie die Befassung mit Entrepots nahelegen – und jedenfalls nicht prinzipiell ausschloss, auch einen Zollanschluss in Erwägung zu ziehen, zeigt die Besonnenheit des Vorgehens.[176] So hätte es sich die Handelskammer auch „leicht machen" und auf die Unterlagen aus dem Jahr 1848/49 zurückgreifen können. Stattdessen bat sie in einem sehr umfangreichen Schreiben um die Einsendung von neuen Gutachten und stellte diesbezüglich mehrere präzise Fragen zu den verschiedenen ernsthaft in Betracht kommenden Szenarien. Angesichts der eingereichten Gutachten und des uneinheitlichen Stimmungsbildes wird auch deutlich, dass die Handelskammer nicht nur diejenigen befragte, die vermutlich zugunsten des Freihafens votieren würden, sodass auch dieser Umstand gegen eine Positionierung vorab spricht. Zwar wird in diesem Schreiben unmissverständlich deutlich, dass die Handelskammer sich den Freihandelsprinzipien verpflichtet fühlte, trotzdem ist es im Hinblick auf die Freihafenfrage jedoch als neutral zu bewerten.[177]

Nur konsequent war es dann jedoch, sich angesichts der weit überwiegenden Mehrheit der Gutachten und inhaltlichen Überzeugungskraft zugunsten des

---

[175] Zumeist handelt es sich um Veröffentlichungen im Hinblick auf die Interessen einzelner – eine Übersicht über die erschienene Literatur findet sich bei *Tuch*, Die Sonderstellung der deutschen Freihäfen (1878), S. 31 ff.

[176] S. dazu Abschnitt „Kapitel 7: Die Handelskammer und der Freihafen".

[177] S. dazu eingehend Abschnitt „Das Aufforderungsschreiben der Handelskammer vom 26. September 1866".

Freihafens ebenfalls gegen einen Zollanschluss zu positionieren.[178] Gleiches gilt für das öffentliche Tätigwerden. Die Intensität der Argumentation zugunsten des Freihafens im Schreiben an den Senat überrascht ebenfalls nicht, da auch der Handelskammer schon im Jahr 1866 bewusst gewesen sein dürfte, dass sich hierüber erneut eine umfassende Diskussion entzünden würde. Auch an dieser Stelle wird nochmals deutlich, welches Selbstverständnis die Handelskammer besaß: Sie sammelte nicht lediglich die notwendigen Informationen, sondern wertete diese aus und fand eine eigene Position in der Angelegenheit. Diese verschwieg sie dann nicht, sondern teilte sie dem Senat und auch der Öffentlichkeit eindringlich mit. Erneut ohne, dass der Senat sie hierum auf offiziellem Wege gebeten hätte.

Dass die Handelskammer umfassend über den Antrag des Präses im Hinblick auf eine Veröffentlichung der Gutachten und einer vorherigen Abänderung bzw. Modifikation derselben diskutierte,[179] zeigt ebenfalls, dass sie bereits 1866 bereit war, nicht nur mit dem Senat zu kommunizieren und die eigene Position zu platzieren, sondern auch die Öffentlichkeit gezielt zu überzeugen und damit eine entscheidende Rolle in der Debatte um die Freihafenfrage einzunehmen. Die später stattgefundene Veröffentlichung des umfassenden Gutachtenmaterials zugunsten des Freihafens stützt die These der prägenden Rolle sodann maßgeblich. Nur durch das Tätigwerden der Handelskammer erhielt die Öffentlichkeit Zugang zu dem Material und musste sich nicht mit den neun Gutachten zugunsten des Zollanschlusses begnügen. Angesichts der Vielfältigkeit der Branchen, die sich für den Freihafen aussprachen und die schiere Anzahl der veröffentlichten Gutachten zugunsten des Freihafens[180] dürfte der Öffentlichkeit wohl bewusst geworden sein, dass der Zollanschluss vermutlich größere Nachteile mit sich bringen würde als der Freihafen.[181] Ohne das Tätigwerden der Handelskammer wäre dieses Ergebnis hingegen sehr fraglich.

---

[178] S. hierzu SHWA, Safebestand der Commerzbibliothek, S/599 Protokolle 1866, S. 263 f.; s. auch Abschnitt „Nachvollziehbarkeit der Entscheidung".

[179] S. hierzu SHWA, Safebestand der Commerzbibliothek, S/599 Protokolle 1866, S. 256 f.

[180] Zwanzig Gutachten in Bezug auf Hamburgs künftiges Verhältnis zum Zollverein (1867).

[181] S. dazu auch Abschnitt „Nachvollziehbarkeit der Entscheidung".

Kapitel 8

Rezeption der Zollanschlussdiskussion in Hamburg

A. Vorbemerkungen

Nachdem die Entscheidungsfindung und das Wirken der Handelskammer umfangreich dargelegt wurde, soll nun der Blick auf die Entscheidungsfindung in der Politik gerichtet werden. Nachfolgend wird daher untersucht inwieweit nachweisbar ist, dass das Handeln der Handelskammer Eingang in die Debatte um den Freihafen innerhalb des Senats und der Bürgerschaft fand. Zu diesem Zweck wird zunächst erläutert, ob namentlich der Senat überhaupt in Erwägung zog, einen Zollanschluss durchzuführen.

Anhand dieser Feststellungen lässt sich sodann beurteilen, inwieweit die Rolle der Handelskammer in der Freihafenfrage tatsächlich als prägend aufzufassen ist.

Schließlich wird der Vollständigkeit halber in angemessenem Umfang auch auf die öffentliche Debatte im Hinblick auf den Freihafen eingegangen werden.

B. Senat

Die Stellung Hamburgs als Freihafen wurde im Senat ausweislich der Protokolle zwar nie ausführlich protokolliert infrage gestellt, dennoch zeigte sich, dass auch der Senat in Erwägung zog, dass ein Zollanschluss möglicherweise vorteilhafter sein könnte. Dies ergibt sich vornehmlich aus dem Protokoll der Sitzung vom 2. November 1866, welche sich mit den Grundzügen der Verfassung befasste. Hier wurde darüber nachgedacht, ob eine Beibehaltung des Freihafenstatus auch unter den jetzigen Voraussetzungen noch als am empfehlenswertesten erschiene, wenngleich festgestellt wurde, dass dies in der Vergangenheit stets der Fall gewesen sei, man aber jetzt dahingehend noch keine Position gefunden habe.[1] Alleine aufgrund dieser Überlegung erscheint das Vorgehen der Handelskammer *ex post* als sehr vorausschauend und wichtig; sie hatte dahingehende Überlegungen bereits im September 1866 angestellt[2] und die notwendigen Schritte veranlasst, sodass sie dem Senat sogar zuvor kam.

[1] StA HH 111-1 102234 Senatsprotokolle 1866 Bd. IV, S. 165 f.

[2] SHWA, Safebestand der Commerzbibliothek, S/599 Protokolle 1866, S. 205 ff.

In der Sitzung vom 5. Dezember 1866 wurde diese Frage dann erneut aufgegriffen. Auch hier lässt sich noch eine gewisse Unsicherheit in Bezug auf die Freihafenfrage herauslesen, wenn es dort wörtlich heißt:

„da man mit Wahrscheinlichkeit der Freihafenstellung vor dem Eintritte in den Zollverein den Vorzug geben werde“[3]

Insofern zeigt sich hier, dass der Senat zwar eine deutliche Tendenz zugunsten des Freihafens hatte, jedoch die Freihafenfrage noch nicht endgültig entschieden war. Die deutliche Tendenz dürfte wohl darauf zurückzuführen sein, dass bis Anfang Dezember bei der Handelskammer bereits eine große Zahl an Gutachten eingegangen war, die sich zugunsten des Freihafens aussprachen, wenngleich die Handelskammer noch keinen Beschluss gefasst hatte. Es darf durchaus angenommen werden, dass der Senat jedenfalls auf inoffiziellem Wege bereits Kenntnis von der Umfrage bzw. der absehbaren Entscheidung der Handelskammer hatte, wenngleich sich dafür keine Nachweise in den Protokollen finden lassen.

Im April 1867 wiederum war man sich sodann sicher, für den Freihafen zu votieren, da in der Sitzung vom 10. April 1867 der Beschluss gefasst wurde, dass man sich auch künftig für die Freihafenstellung aussprechen werde.[4] Vor dem Hintergrund des von der Handelskammer übersandten Gutachtenmaterials sowie deren deutlichen Positionierung zugunsten des Freihafens noch im Dezember 1866[5] verwundert dieser Beschluss des Senats keineswegs.

In der Folgezeit zog der Senat dann lediglich den Anschluss einzelner Gebietsteile in Erwägung. Noch in der Sitzung vom 1. Mai legte man großen Wert darauf, dass es sich auch im Hinblick auf den Anschluss dieser Gebiete bloß um Besprechungen aber keinesfalls um konkrete Verhandlungen handele.[6] Auch erkannte man bereits im April 1867 die Notwendigkeit von Zollvereinsniederlagen und eines Zollabfertigungsamts.[7] Die Bedeutung dieser Aspekte wurde ebenfalls bereits im Anschreiben der Handelskammer an den Senat hervorgehoben.[8]

Das strikte Festhalten am Freihafen mag mehrere Gründe gehabt haben: Die Handelskammer leitete sämtliche Gutachten zur Freihafenfrage unverändert an den Senat weiter und erreichte damit, dass auch dieser sich ein objektives Bild von der Lage machen konnte. Das wird dazu geführt haben, dass man auch innerhalb des Senats keine Veranlassung sah, den Freihafen infrage zu stellen. Auch die Handelskammer positionierte sich schließlich zugunsten des Freihafens und untermalte damit das Ergebnis der Umfrage. Daneben wurde bereits gezeigt, dass gerade im Jahr 1866 auch informelle Gespräche zwischen Handelskammer und Senat stattfanden,[9] die ebenfalls ihren Beitrag geleistet haben werden. Außerdem

---

[3] StA HH 111-1 102234 Senatsprotokolle 1866 Bd. IV, S. 407.
[4] StA HH 111-1 102240 Senatsprotokolle 1867 Bd. II, S. 60.
[5] SHWA, Safebestand der Commerzbibliothek, S/599 Protokolle 1866, S. 271.
[6] StA HH 111-1 102240 Senatsprotokolle 1867 Bd. II, S. 164.
[7] StA HH 111-1 102240 Senatsprotokolle 1867 Bd. II, S. 155 f.
[8] SHWA, Safebestand der Commerzbibliothek, S/599 Protokolle 1866, S. 271.
[9] SHWA, Safebestand der Commerzbibliothek, S/599 Protokolle 1866, S. 235.

ist in Erinnerung zu rufen, dass ein großer Teil des Senats ebenfalls aus Kaufleuten bestand, sodass es ohnehin nahe lag, dass man der Entscheidung den Vorzug geben würde, von dem der Handel eher profitiert.[10] Hinzu kam sicherlich auch ein weiterer Effekt: Das System des Freihafens bzw. des Freihandels war bisher erfolgreich praktiziert worden. Deshalb war es naheliegender, dieses System weiter zu praktizieren, als ein alternatives anzustreben und die Hoheit über die Zölle abzugeben. Der preußische Gesandte schrieb hierzu einmal:

„Der Zollanschluss bedeutet für Hamburg eine Verfassungskrise, den Sturz oder doch die Reform des bisherigen kaufmännisch-oligarchischen Regiments. Daher die Ratlosigkeit und der Mangel jeder Initiative auf Seiten des Senats."[11]

Hieraus lässt sich der eben getroffene Befund ablesen: Die Hemmschwelle, einen Zollanschluss anzustreben war auch aufgrund der vergangenen Stellung als ganz erheblich anzusehen.

Sicherlich wäre der Druck auf den Senat gewachsen, wenn die Zollanschlussbefürworter vehementer, hörbarer und in größerer Gruppe für ihr Interesse eingetreten wären. Da es sich jedoch um eine verhältnismäßig kleine Gruppe handelte, waren der Einfluss und auch die Einflussmöglichkeiten sehr begrenzt.[12] Schließlich konnten einige Argumente der Zollanschlussbefürworter auch allein durch die Veröffentlichung der zwanzig Gutachten widerlegt werden.

So verwundert es auch nicht, dass der Senat im September 1867 einmal in einen bemerkenswerten Antrag[13] die Bedeutung der Handelskammer in dieser Sache hervorhob und wörtlich schreibt:

„Trotzdem aber ist der Senat zu keiner Zeit darüber zweifelhaft gewesen, daß der Anschluß Hamburgs im gegenwärtigen Augenblick nicht nur die mercantile Gesamtstellung unseres Platzes, sondern auch den deutschen Handel und die deutsche Industrie, als deren Vertreter im Welthandel die Hansestädte zu wirken haben, empfindlich schädigen würde."

„[...] in erschöpfender Weise öffentlich vorgetragen worden, der Senat, die Handelskammer und, wie derselbe anzunehmen berechtigt ist, auch die Bürgerschaft als eine vorläufig entschiedene betrachtet [Anm.: Die Freihafenfrage]."[14]

Hieraus wird nochmals deutlich, wen der Senat als relevant in den hamburgischen Entscheidungsprozessen betrachtete: Nicht nur den Senat selbst und die Bürgerschaft, sondern ebenso auch die Handelskammer. Und da auch diese für den Freihafen eintrat, waren Zweifel an der Beibehaltung nicht angebracht, was auch die unterbliebene senatsinterne Debatte hierüber erklären dürfte. Vor dem Hintergrund dessen darf also durchaus angenommen werden, dass auch der Senat den Freihafen intensiver hinterfragt hätte, wenn denn die Position der Han-

[10] S. Abschnitt „Wahl und Zusammensetzung des Senats".

[11] Zit. nach *Budach*, Hamburg und der Norddeutsche Bund (1935), S. 51.

[12] *Stein*, Zeitschrift des Vereins für Hamburgische Geschichte 1978, S. 78.

[13] Hierzu auch *Wohlwill*, Aus drei Jahrhunderten der Hammburgischen Geschichte (1648–1888) (1897), S. 188 f.

[14] StA HH 111-1 I Lit. T no. 1 Vol. 2b Senatsantrag v. 20.9.1867, S. 382.

delskammer eine andere gewesen wäre. Konsequenterweise darf damit der Einfluss der Handelskammer in der Freihafenfrage aber auch als entscheidend betrachtet werden.

Der Senat sah die Gründe für die unterbliebene Initiative seinerseits bloß in der ungeklärten finanziellen Frage. Hierzu heißt es wörtlich:

„Wenn der Senat demungeachtet diese seine Auffassung des Verhältnisses nicht bereits früher ausgesprochen hat, so lag der Grund davon allein darin, daß die finanziellen Bedingungen, unter welchen die einstweilige Aufrechterhaltung der Freihafenstellung uns ermöglicht werden würde, sich bisher nicht übersehen ließen."[15]

Budach kommt ebenfalls zu dem zutreffenden Ergebnis, dass der Senat geschlossen für den Freihafen war, jedoch erst die finanziellen Fragen und insbesondere das notwendige Aversum eingehend beantworten musste.[16] Insofern wundert es nicht, dass auch der Senat zunächst umfangreich mit Preußen über das Aversum verhandelte, da dies *de facto* Voraussetzung dafür war, dass man sich der Abgrenzung des Freihafens widmen konnte.[17] Die Klärung dieser Fragen war daher ebenso Voraussetzung für die Beibehaltung des Freihafens, wie auch die wirtschaftliche Begutachtung der Freihafenfrage als solche.

C. Bürgerschaft

Auch die Bürgerschaftsprotokolle zeigen, dass die Freihafenstellung Hamburgs nicht ganz prinzipiell hinterfragt wurde. Lediglich in der Bürgerschaftssitzung vom 2. Oktober 1867, in welcher der soeben genannte Antrag zur Einsetzung einer gemeinschaftlichen Kommission debattiert wurde, kam es anlässlich eines Änderungsantrags dahingehend, dass die gemeinschaftliche Kommission auch zu prüfen habe, ob der Freihafenstatus überhaupt beibehalten werden sollte, zu einer Debatte.[18] Zu diesem Antrag meldeten sich die Herren *De Chapeaurouge*, *Hertz* und andere zu Wort und sprachen sich gegen ihn aus.[19] Die Mehrheit der Bürgerschaftsabgeordneten betrachtete die Frage – in Übereinstimmung mit dem Senat[20] – als hinlänglich geklärt.[21] Schlussendlich wurde der Antrag nach einem nicht stenographisch protokollierten Schlagabtausch mehrerer Herren abgelehnt.[22]

---

[15] StA HH 111-1 I Lit. T no. 1 Vol. 2b Senatsantrag v. 20.9.1867, S. 383.

[16] *Budach*, Hamburg und der Norddeutsche Bund (1935), S. 51.

[17] Den Gang der historischen Abläufe nachzeichnend *Budach*, Hamburg und der Norddeutsche Bund (1935), S. 53 ff.

[18] Vgl. *Müller*, Die Auseinandersetzung über Hamburgs Zollanschluss an das Deutsche Reich 1833–1888 (1988), S. 42.

[19] Protokolle und Ausschuß-Berichte der Bürgerschaft 1867 (o.J.), S. 153.

[20] StA HH 111-1 I Lit. T no. 1 Vol. 2b Senatsantrag v. 20.9.1867, S. 382.

[21] *Wohlwill*, Aus drei Jahrhunderten der Hammburgischen Geschichte (1648–1888) (1897), S. 189.

[22] Protokolle und Ausschuß-Berichte der Bürgerschaft 1867 (o.J.), S. 153.

Abgesehen von der Debatte zu dem vorgenannten Antrag wurde die Freihafenfrage in der Bürgerschaft nicht protokolliert besprochen. Freilich gab es eine geheime Sitzung zu dem Bündnis mit Preußen und dem dahingehenden Antrag des Senats vom 4. Juli 1866.[23] Jedoch ist diese Sitzung nicht protokolliert worden, sodass unbekannt bleibt, ob in dieser über die Freihafenfrage gesprochen wurde.[24] Auch bei der Zustimmung zur Bundesverfassung wurden keine Bedenken gegenüber der Freihafenstellung geäußert, vielmehr ersuchte die Bürgerschaft den Senat lediglich, die Begrenzung des Freihafens schleunigst zu betreiben, damit der Handel mit dem Zollverein ununterbrochen fortgeführt werden könne.[25] Hieraus lässt sich aber zugleich schließen, dass auch innerhalb der Bürgerschaft die Beibehaltung des Freihafens prinzipiell anerkannt wurde.[26] Die Zustimmung zur Bundesverfassung wurde im Übrigen mit nur einer einzigen Gegenstimme erteilt.[27]

Erwähnenswert ist noch der Antrag des Bürgerschaftsabgeordneten *Eckhardt* in der Sitzung vom 17. April 1867. Dieser beantragte, der Senat möge eine Kommission zur Festlegung der Zolllinie einrichten, da es eine bedeutende Zahl von Bürgern gebe, für die es notwendig sei, dass bestimmte hamburgische Gebiete dem Zollverein angeschlossen werden, wenn prinzipiell der Freihafen beibehalten werde.[28] In der Sitzung vom 8. Mai 1867 zog er seinen Antrag jedoch – aus nicht dokumentierten Gründen – zurück.[29] Doch auch diesem Antrag kann kein Hinterfragen des Freihafens als solchem entnommen werden, da *Eckhardt* dessen Bestehenbleiben dem Antrag zugrunde legte. Identisches gilt auch für den Antrag der Herren *De Chapeaurouge* u.a., welche in der Sitzung vom 3. Juli 1867 darauf drangen, dass der Senat die Schaffung von Einrichtungen erstreben solle, welche den Handel mit zollvereinsländischen Gütern erleichtern bzw. sicherstellen sollten.[30] Zu diesem Antrag tagte sogar der Bürgerausschuss.[31] Hierbei handelte es sich um ein bereits in den Gutachten vielfach geäußertes Anliegen, welches auch in den folgenden Verhandlungen zur Umsetzung ausführliche Beachtung fand und seitens der Handelskammer auch immer wieder betont wurde.[32] In jedem

[23] Antrag des Senats No. 97 1866 abgedruckt in: Verhandlungen zwischen Senat und Bürgerschaft im Jahre 1866 (1867), S. 299 ff.

[24] Protokolle und Ausschuß-Berichte der Bürgerschaft 1866 (o.J.), S. 148 f.

[25] Verhandlungen zwischen Senat und Bürgerschaft im Jahre 1867 (1868), S. 220; Protokolle und Ausschuß-Berichte der Bürgerschaft 1867 (o.J.), S. 88.

[26] *Müller*, Die Auseinandersetzung über Hamburgs Zollanschluss an das Deutsche Reich 1833–1888 (1988), S. 42.

[27] Protokolle und Ausschuß-Berichte der Bürgerschaft 1867 (o.J.), S. 88 f.

[28] Protokolle und Ausschuß-Berichte der Bürgerschaft 1867 (o.J.), S. 66.

[29] Protokolle und Ausschuß-Berichte der Bürgerschaft 1867 (o.J.), S. 84.

[30] Protokolle und Ausschuß-Berichte der Bürgerschaft 1867 (o.J.), S. 117.

[31] Protokolle und Ausschuß-Berichte der Bürgerschaft 1867 (o.J.) Bericht des Bürger-Ausschusses No. 9.

[32] S. nur Gutachten betreffend die künftigen Verhältnisse des hiesigen Freihafengebiets (1867).

Fall setzte der Antrag aber den Freihafen als solchen voraus und behandelte bloß eine Umsetzungsfrage. Mithin zeigt sich auch hieran, dass die Bürgerschaft keine grundlegenden Zweifel am Freihafen hegte, was sicherlich erneut an dem großen Anteil der Kaufmannschaft in der Bürgerschaft gelegen haben dürfte.[33]

D. Überblick über die sonstige öffentliche Diskussion

Es wurde bereits dargelegt, dass die allgemeine Debatte um den Zollanschluss bereits mehrfach Gegenstand der einschlägigen wissenschaftlichen Literatur war, sodass auf diese hier verwiesen wird.[34] Die wirtschaftliche Dimension wurde ebenfalls unter Berücksichtigung des statistischen Materials und der Gutachten der Handelskammer beleuchtet.[35] Dennoch soll der Vollständigkeit halber abschließend ein überblicksartiger Abriss über das sonstige Meinungsbild in der Öffentlichkeit und in der Presse gegeben werden.

Die Zeitung „Der Hamburgische Unpartheische Correspondent" war als eine dem Senat nahestehende Zeitung dem Freihafenlager zuzurechnen und betrachtete den Freihafen als Basis des Wohlstandes der Hansestadt.[36] Auch die „Börsenhalle" – eine Wirtschaftszeitung[37] – vertrat dieselbe Meinung, stand sie doch der Kaufmannschaft sehr nahe und verpflichtete ihre Redakteure, nicht gegen die Freihafenstellung zu schreiben;[38] gleiches gilt auch für das „Fremdenblatt", welches sich ebenfalls auf die Seite der Freihafenbefürworter stellte.[39] Auf der Seite der Zollanschlussbefürworter standen hingegen die „Hamburger Nachrichten", die sich schon sehr früh zu einem Anschluss bekannten.[40]

---

[33] *Eckardt*, Privilegien und Parlament, Die Auseinandersetzungen um das allgemeine und gleiche Wahlrecht in Hamburg, (1980), S. 29.

[34] *Tuch*, Die Sonderstellung der deutschen Freihäfen (1878), S. 32 ff.; *Hübner*, Der Zollanschluß Hamburgs vom 15. Oktober 1888 (1925), S. 64 ff.; *Baasch*, Geschichte des Hamburgischen Zeitungswesens von den Anfängen bis 1914 (1930); komprimiert für die 1870er Jahre *Emmerich*, Der Freihafen (1960), S. 39 f.; *Müller*, Die Auseinandersetzung über Hamburgs Zollanschluss an das Deutsche Reich 1833–1888 (1988), S. 42 ff.

[35] S. dazu Abschnitt „Kapitel 6: Die wirtschaftliche Dimension der Freihafenfrage".

[36] *Müller*, Die Auseinandersetzung über Hamburgs Zollanschluss an das Deutsche Reich 1833–1888 (1988), S. 43 m.w.N.

[37] *Baasch*, Geschichte des Hamburgischen Zeitungswesens von den Anfängen bis 1914 (1930), S. 78.

[38] Zur Aufforderung an die Redakteure *v. Eckardt*, Lebenserinnerungen (1910), S. 173; s. auch *Müller*, Die Auseinandersetzung über Hamburgs Zollanschluss an das Deutsche Reich 1833–1888 (1988), S. 44.

[39] *Müller*, Die Auseinandersetzung über Hamburgs Zollanschluss an das Deutsche Reich 1833–1888 (1988), S. 44.

[40] *Baasch*, Geschichte des Hamburgischen Zeitungswesens von den Anfängen bis 1914 (1930), S. 77; *Müller*, Die Auseinandersetzung über Hamburgs Zollanschluss an das Deutsche Reich 1833–1888 (1988), S. 53 f.

Neben der Presse ist noch auf den bereits erwähnten „Verein für den Anschluss Hamburgs an den Zollverein" einzugehen, welcher sich im Januar 1867 aus der verhältnismäßig kleinen Gruppe der Zollanschlussbefürworter gebildet hatte.[41] Dieser Verein publizierte seit seiner Gründung mehrere Schriften; etwa die hier ausgewerteten neun Gutachten, aber auch weitere Texte.[42] Die Bedeutung des Vereins darf jedoch nicht überschätzt werden und ist in Übereinstimmung mit *Baasch* vielmehr als gering einzustufen:[43]

Lediglich die Publikation der neun Gutachten veranlasste die Handelskammer, sich überhaupt mit dem Verein auseinanderzusetzen. Alle anderen Veröffentlichungen des Vereins fanden keinen Eingang in die Verhandlungen. Auch sonst wurden weder Zeitungsartikel noch sonstige Schriften dieses Vereins oder anderer Akteure der Zollanschlussfraktion in der Handelskammer debattiert. Alleine dieser Umstand zeigt, dass man dieser Stimme der Zollanschlussbefürworter kein besonderes Gewicht oder Potential einräumte; was sich ja auch mit dem eigenen deutlichen Umfrageergebnis deckte. Dass man auf die neun Gutachten reagierte, lag wohl an der Befürchtung, dass sonst ein unvollständiges Bild in der Öffentlichkeit entstünde oder doch eine unerwartete Dynamik zugunsten eines Zollanschlusses entbrennen würde.

Gleiches gilt im Übrigen auch für die Politik: Die Positionen bzw. Publikation des Vereins für den Zollanschluss Hamburgs wurden weder in den gesichteten Senatsprotokollen noch in den Bürgerschafts- oder Kommissionsprotokollen aufgenommen und auch sonst ist keine spezifische Bezugnahme auf die Zollanschlussbefürworter zu verzeichnen. Mithin darf konstatiert werden, dass der Verein wohl eine gewisse Relevanz in der Öffentlichkeit hatte, in der Politik aber im Gegensatz zur Handelskammer keine Berücksichtigung fand.

E. Zwischenfazit

Es bleibt daher festzuhalten, dass das Vorgehen der Handelskammer, frühzeitig umfangreiches Material zur Freihafenfrage einzuholen, sehr wesentlich für die Entscheidung des Senats war, da sie dadurch zu einem sehr fundierten Urteil zugunsten des Freihafens kommen konnte und gekommen war. Dies führte – mit der Weiterleitung des gesamten Materials – dazu, dass sich der Senat bestätigt fühlte, den Freihafen auch weiterhin nicht eingehend hinterfragen zu müssen, sodass er seine Bestrebungen, den Freihafen beizubehalten, entschlossen fortsetzen konnte. Dies gilt insbesondere vor dem Hintergrund, dass der Senat zunächst

[41] *Tuch*, Die Sonderstellung der deutschen Freihäfen (1878), S. 32 ff.; *Baasch*, Geschichte Hamburgs 1814–1918, Bd. II (1925), S. 182; *Müller*, Die Auseinandersetzung über Hamburgs Zollanschluss an das Deutsche Reich 1833–1888 (1988), S. 58.

[42] *Tuch*, Die Sonderstellung der deutschen Freihäfen (1878), S. 32 ff.; *Böhm*, in: Hamburg, Geschichte der Stadt und ihrer Bewohner (1982), S. 506.

[43] *Baasch*, Geschichte Hamburgs 1814–1918, Bd. II (1925), S. 182.

wohl auch einen Zollanschluss ernsthaft in Betracht zog.[44] Es ist anzunehmen, dass der Senat sich dieser Frage noch kritischer angenommen hätte, wenn die Handelskammer die Freihafenfrage weniger entschieden positiv beantwortet hätte. Das Gewicht der Handelskammer wird auch daran deutlich, dass der Senat Anliegen der Handelskammer stets debattierte und berücksichtigte.[45]

Dass die Freihafenstellung in der Bürgerschaft jedenfalls in einem Antrag ansatzweise hinterfragt wurde, verwundert nicht, da die Bürgerschaft zwar nicht *ipso iure* so deutlich von Kaufleuten beherrscht war wie der Senat. Doch auch hier hatten jedenfalls faktisch die Freihafenbefürworter und Kaufleute die deutliche Überhand.[46] Angesichts der Veröffentlichung der bei der Handelskammer eingereichten Gutachten hatten auch die Bürgerschaftsabgeordneten das notwendige Material, um sich eine eigene Meinung zu bilden. Wie bereits gezeigt, sprach dieses Material deutlich – wenn nicht ausschließlich – für den Freihafen, sodass die positive Haltung der Bürgerschaft nicht verwundert. Auch hier ist davon auszugehen, dass in der Bürgerschaft intensiv über die Freihafenfrage debattiert worden wäre, hätte die Handelskammer nicht so umfangreiches Material beigebracht und sich selbst nicht so deutlich zugunsten des Freihafens positioniert.

Die Analyse der öffentlichen Diskussion wiederum zeigt nochmals, dass der Verein für den Anschluss Hamburgs an den Zollverein zwar eine gewisse Rolle in der Öffentlichkeit spielte, in der Politik und der Handelskammer jedoch kaum einen nachvollziehbaren Einfluss hatte.

Nach alledem erfährt die These, dass die Handelskammer als prägende Gestalt in der Freihafenfrage betrachtet werden kann, hier eine ganz erhebliche Unterstützung.

---

[44] StA HH 111-1 102234 Senatsprotokolle 1866 Bd. IV, S. 165 f.

[45] S. dazu Abschnitt „Die Arbeit der gemeinschaftlichen Kommission“ oder Abschnitt „Der Weg bis zum Gutachten“.

[46] Vgl. auch *Müller*, Die Auseinandersetzung über Hamburgs Zollanschluss an das Deutsche Reich 1833–1888 (1988), S. 42.

Kapitel 9

Die einfachgesetzliche Umsetzung des Freihafens

A. Vorbemerkungen

Die Freihafenfrage wurde zur Zufriedenheit der Handelskammer beantwortet und der Freihafenstatus war in der Verfassung des Norddeutschen Bundes abgesichert worden. Innerhalb Hamburgs gab es zwar einige Zollanschlussbefürworter, jedoch unternahm der Senat keinerlei Anstalten, einen Antrag auf Zollanschluss zu stellen, sodass diesbezüglich nichts mehr zu befürchten war.[1] Nunmehr ist der Blick auf die konkrete Ausgestaltung des Freihafens zu richten. Wenngleich die einfachgesetzliche Umsetzung wohl von geringerem öffentlichen Interesse war, so musste die Handelskammer zum Wohle des Handels dennoch auf die bestmögliche Umsetzung des Freihafens hinwirken. Denn auch hier drohten noch einige Regeln erlassen zu werden, die den Handel belastet hätten. Namentlich kam es ihr auf folgende drei Schwerpunktthemen an: Erstens die geographische Ausbreitung des Freihafengebietes, zweitens die Einrichtung eines Hauptzollamtes sowie drittens die Einrichtung von Zollvereinsniederlagen. Diese Themen sollen daher auch im Zentrum der nachfolgenden Erörterungen stehen und umfangreich betrachtet werden. Denn auch, wenn diese eher technisch anmuten, so hatten sie doch schwerwiegende Auswirkungen auf den erfolgreichen Handel.

Zunächst wird zusammenfassend dargelegt, welche einfachgesetzlichen Bestimmungen in Bezug auf die drei Themen erlassen wurden. Dabei ist darauf hinzuweisen, dass es bis in das Jahr 1869 dauerte, bis sämtliche Regelungen verabschiedet wurden. Diese Gesetze stellen den Ausgangspunkt der nachfolgenden Erörterungen dar und dienen überdies dazu, das Verständnis für die Ausgestaltung des Freihafens zu vertiefen.

Auch im Hinblick auf diese drei Themen positionierte sich die Handelskammer und vertrat eindeutige Standpunkte, welche in einem weiteren Gutachten an den Senat übersandt wurden. Zu einem späteren Zeitpunkt wurde dieses Gutachten auch veröffentlicht. Dieses Gutachten wird daher in einem zweiten Schritt ausgewertet, bevor ein Vergleich der Positionen der Handelskammer mit den finalen Gesetzen erfolgt. Anhand dieses Vergleichs ist bereits ein Indiz dafür gefunden, welche Bedeutung der Handelskammer in den Fragen zukam.

[1] S. soeben Abschnitt „Kapitel 8: Rezeption der Zollanschlussdiskussion“.

In einem weiteren Schritt sollen die handschriftlichen Protokolle einer gemeinschaftlichen Kommission[2] von Senat und Bürgerschaft zum Freihafenkomplex ausgewertet werden, da an diesen ebenfalls Handelskammermitglieder beteiligt waren und in den Kommissionssitzungen nicht nur das Gutachten der Handelskammer, sondern insbesondere auch einige weitere Aspekte der Ausgestaltung des Freihafens zur Sprache kamen. Zudem werden die Protokolle der Verhandlungen zwischen Preußen und Hamburg zu den vorgeschilderten Fragen ausgewertet, da auch diese wertvolles Material im Hinblick auf die Bedeutung der Handelskammer darstellen. Denn anhand der Äußerungen der hamburgischen Vertreter lassen sich ebenfalls Rückschlüsse darauf ziehen, inwieweit die Wünsche der Handelskammer Berücksichtigung fanden. Abschließend folgt sodann eine Bewertung im Hinblick auf die Bedeutung der Handelskammer bei der Umsetzung der Einzelfragen insgesamt.

Von untergeordneter Bedeutung in diesem Kapitel ist die Arbeit der Vollzugskommission[3]. Denn diese hatte nur noch umzusetzen, was zuvor zwischen Preußen und Hamburg vereinbart worden war und beschäftigte sich etwa mit der ganz detaillierten Festsetzung der Zollgrenzen.[4] Maßgeblich für den hiesigen Forschungsgegenstand sind aber der gesetzliche Rahmen und dessen Zustandekommen vor dem Hintergrund der Bemühungen der Handelskammer und den Verhandlungen zwischen Hamburg und Preußen. Auch stellte die Handelskammer fest, dass die Vollzugskommission die Vereinbarungen mit Preußen insbesondere im Hinblick auf die Zollvereinsniederlagen beinahe unverändert umgesetzt hatte.[5] Der Senat bestätigte dieses Ergebnis in einer seiner Sitzungen,[6] sodass der Gang der Verhandlungen der Vollzugskommission hier keiner gesteigerten Aufmerksamkeit bedarf; nicht zuletzt auch, weil keine Handelskammermitglieder in der Kommission vertreten waren und die Handelskammerprotokolle ebenfalls keinen Hinweis auf eine etwaige Beeinflussung der Kommission geben.

Die handschriftlichen Senatsprotokolle wurden in dieser Angelegenheit ebenfalls gesichtet und werden an passender Stelle jeweils berücksichtigt. Jedoch bestehen diese überwiegend nur aus Berichten des Vertreters Hamburgs von den Verhandlungen mit Preußen und primär im Hinblick auf den Anschluss Bergedorfs. Einblick in die internen Debatten um einzelne für die hiesige Untersuchung relevante Aspekte lassen sich diesen Dokumenten trotzdem vereinzelt entnehmen.

---

[2] Verhandlungen zwischen Senat und Bürgerschaft im Jahre 1867 (1868), S. 381/396.

[3] Vgl. zu den Aufgaben derselben *Lehmann*, Der Hamburger Freihafen von der Gründung des Norddeutschen Bundes bis zum Zollanschluss (1967), S. 35.

[4] Verhandlungen zwischen Senat und Bürgerschaft im Jahre 1868 (1869), S. 123 f.

[5] SHWA, Safebestand der Commerzbibliothek, S/599 Protokolle 1868, S. 178.

[6] S. dazu StA HH 111-1 102244 Senatsprotokolle 1868 Bd. I, S. 177 ff.

B. Einfachgesetzlicher Regelungskomplex

I. Hamburgische Gebietsteile im Zollverein

Nicht das gesamte Staatsgebiet Hamburgs blieb außerhalb des Zollvereins. Vielmehr wurden einzelne Gebiete an den Zollverein angeschlossen.[7] Insofern kann streng genommen gar nicht davon gesprochen werden, dass der Freihafen insgesamt bewahrt wurde. Welche Gebietsteile an den Zollverein angeschlossen wurden, bestimmte die Verordnung betreffend den Anschluß Hamburgischer Gebietstheile an den Zollverein vom 30. Oktober 1868.[8] Insgesamt handelte es sich hierbei um drei Viertel der Gebiete, die Hamburg zugehörig waren, sodass nur noch ein Viertel tatsächliches Freihafengebiet verblieb.[9] Angesichts der Fabrikindustrie auf den angeschlossenen Gebieten und der vorherigen Befragung der Betroffenen war dies jedoch keinesfalls ein Nachteil.[10]

§ 1 bestimmte folgende Teile des hamburgischen Gebietes als nunmehr dem Zollverein zugehörig: „Im Norden von Hamburg die Vogteien Langenhorn, Groß-Borstel, Fuhlsbüttel, Klein Borstel, Ohlsdorf, die Vogtei Alsterdorf mit Ausschluß eines südlich von dem Dorfe gleichen Namens belegenen Theiles und der nordöstliche Theil der Vogtei Barmbeck bis zur Nordseite des Dorfes gleichen Namens. Im Südosten von Hamburg die Vierlande, die Vogteien Reitbrook, Ochsenwärder, Tatenberg, Spadenland, die Vogtei Billwärder, jedoch mit Ausschluß des westlich von der hamburgischen Acciselinie belegenen Theils, von der Vogtei Billwärder Ausschlag der östlich von Rothenburgsort und südlich von der Berlin-Hamburger Eisenbahn belegene Theil. Im Süden von Hamburg die Vogtei Moorburg. Im Amte Ritzebüttel das Amt Ritzebüttel, die Flecken Ritzebüttel und Cuxhaven mit Ausschluß des Cuxhavener Außendeichs".

Zudem wurde noch auf die Bekanntmachung vom 1. April 1868 in Verbindung mit der Bekanntmachung vom 7. Februar 1868 verwiesen, mit welcher der Senat die Dorfschaft Geesthacht, das Städtchen Bergedorf und einen Teil der Landschaft Billwärder an der Bille dem Zollverein als zugehörig betrachtete.[11]

---

[7] *Hansen*, Hamburg und die zollpolitische Entwicklung Deutschlands im 19. Jahrhundert (1913), S. 101 ff.

[8] Abgedruckt in: Gesetzessammlung der Freien und Hansestadt Hamburg 1868, Bd. 4, Abt. 3 (1869), S. 120 ff.

[9] *Böhm*, in: Hamburg, Geschichte der Stadt und ihrer Bewohner (1982), S. 506; *Müller*, Die Auseinandersetzung über Hamburgs Zollanschluss an das Deutsche Reich 1833–1888 (1988), S. 36.

[10] *Müller*, Die Auseinandersetzung über Hamburgs Zollanschluss an das Deutsche Reich 1833–1888 (1988), S. 36 f.

[11] Bekanntmachungen abgedruckt in: Gesetzessammlung der Freien und Hansestadt Hamburg 1868, Bd. 4, Abt. 3 (1869), S. 1/12; vgl auch *Lehmann*, Der Hamburger Freihafen von der Gründung des Norddeutschen Bundes bis zum Zollanschluss (1967), S. 15.

Die genaue Grenzziehung wurde sodann im Anhang I zur Verordnung vom 30. Oktober 1868 beschrieben.[12] Zudem wurden in § 2 der Verordnung vom 30. Oktober 1868 sämtliche Gesetze und insgesamt 16 Verordnungen aufgezählt, welche im Bereich der anzuschließenden Gebietsteile in Kraft treten. Diese umfassten etwa das Zollgesetz, die Zollordnung, den Zolltarif, das Zollstrafgesetz etc.[13]

II. Zollvereinsniederlagen

Die Regularien zur Zollvereinsniederlage in Hamburg finden sich maßgeblich in Bekanntmachung No. 18 aus dem Jahr 1869.[14] § 1[15] definiert die Zollvereinsniederlage und deren Bestimmung wie folgt:

> „Die Niederlage in Hamburg ist ein zur Ein- und Ausladung, sowie zur Lagerung und Bearbeitung (§ 13) von Waaren bestimmter Raum, welcher von dem umliegenden Freihafengebiete durch völlig sichernde bauliche Einrichtungen abgeschlossen und nach Maßgabe der nachstehenden Vorschriften, im Uebrigen aber unter Aufrechterhaltung der allgemeinen Bestimmungen des Zollgesetzes und der Zollordnung, zollgesetzlich als ein Theil des Zollvereinsgebietes behandelt wird."

Mit anderen Worten waren die Zollvereinsniederlagen also Lagerräume, die im Grunde – ähnlich einer heutigen Botschaft – so behandelt wurden, als gehörten Sie zum Gebiet des Zollvereins. Hier konnten Waren dann eingelagert und unter bestimmten Voraussetzungen, auf welche noch einzugehen sein wird, bearbeitet werden. Dies hatte den Vorteil, dass es hamburgischen Handelshäusern möglich blieb, den Handel mit zollvereinsländischen Waren im Zollverein fortzusetzen.[16] Die Zollvereinsniederlagen sollten hierbei auf der Sternschanze eingerichtet werden und ermöglichten es, dass in den Niederlagen den Einkäufern ein breites Sortiment offeriert werden konnte.[17] Händler, die sowohl mit deutschen als auch mit ausländischen Waren handelten, führten also regelmäßig zwei Lager: Eines in der Zollvereinsniederlage für die deutschen Waren und eines im Freihafen für die internationalen Waren.[18]

---

[12] Gesetzessammlung der Freien und Hansestadt Hamburg 1868, Bd. 4, Abt. 3 (1869), S. 122.

[13] Zollgesetz, Zollordnung, Zolltarif und Zollstrafgesetz abgedruckt in: Gesetzessammlung der Freien und Hansestadt Hamburg 1868, Bd. 4, Abt. 3 (1869), S. 25 ff.

[14] Abgedruckt in: Gesetzessammlung der Freien und Hansestadt Hamburg 1869, Bd. 5 (1870), S. 378 ff.

[15] Alle nachfolgenden Paragraphen in diesem Abschnitt beziehen sich – soweit nicht abweichend bezeichnet – auf die Bekanntmachung No. 18 aus dem Jahr 1869.

[16] *Lehmann*, Der Hamburger Freihafen von der Gründung des Norddeutschen Bundes bis zum Zollanschluss (1967), S. 36.

[17] SHWA, Safebestand der Commerzbibliothek, S/599 Protokolle 1868 Anlage No. 260 Separatabdruck aus den Protokollen über die Verhandlungen wegen der Begrenzung des hamburgischen Freihafengebiets S. 3.

[18] SHWA, Safebestand der Commerzbibliothek, S/599 Protokolle 1868 Anlage No. 260

Die Lagerräume durften nach § 2 Abs. 1 von allen Angehörigen des Norddeutschen Bundes sowie den Angehörigen des Zollvereins benutzt werden, sodass es sich keinesfalls um Räume handelte, die exklusiv von hamburgischen Handeltreibenden eingesetzt wurden. Die Niederlage stand gem. § 3 Abs. 1 zwar unter der Aufsicht des Hauptzollamtes, die Verwaltung wurde jedoch von dem hamburgischen Senat designiert. Die Aufgaben der Verwaltung sowie die Überwachung derselben wurden dezidiert geregelt. So war die Niederlage-Verwaltung nach § 5 bspw. verpflichtet, im Falle von Defraudationen – veraltet für Unterschlagung/Hinterziehung[19] – sowie Ordnungswidrigkeiten im Sinne des § 18 das Hauptzollamt in Kenntnis zu setzen. Auf diese Weise wurde also verhindert, dass gerade im zentralen Bereich der Zoll- und Abgabenerhebung von einer Verfolgung abgesehen werden konnte, und damit sichergestellt, dass Verletzungen der Gesetze auch nachgegangen wurde.

Der Zugang zu den Niederlagen war – so wie es einige der Gutachter bereits befürchtet hatten – nicht unbeschränkt möglich. Vielmehr regelte § 6 S. 1, dass der Zutritt zu den Niederlagen und Arbeiten in denselben nur zu festgelegten Öffnungszeiten zulässig waren, wenngleich selbige mit Rücksicht auf den Verkehr festzulegen waren und nach § 6 S. 2 auch eine Ausnahmegenehmigung beantragt werden konnte.[20] In die Niederlage durften all solche Waren – sogar dauerhaft – eingelagert werden, die dem freien Verkehr des Zollvereins angehörten, oder aber ggf. auch fremde Waren, § 9 Abs. 1 u. 4. Letztere jedoch nach § 9 Abs. 1 S. 2 nur dann, wenn diese verzollt wurden. Ausgenommen waren nach § 10 lediglich solche Waren, die gefährlich also namentlich fähig waren, sich selbst zu entzünden oder zu explodieren. Zoll- und steuervergütungspflichtige Waren mussten nach § 9 Abs. 2 jedoch getrennt in gesicherten und abgeschlossenen Räumen untergebracht werden. Bei der Einbringung der Waren in die Niederlage mussten im Grundsatz die Bestimmungen eingehalten werden, welche bei der Überschreitung der Zollvereinsgrenze Anwendung fanden: So mussten Papiere vorgelegt werden, welche den zollvereinsländischen Ursprung bzw. den Ursprung im freien Verkehr der Waren nachweisen konnten, § 11 Abs. 1 u. 2. Sodann wurden die Waren zollamtlich revidiert und der Eingangszoll wurde ggf. erhoben. Revision meint hierbei gem. § 11 Abs. 4, dass die Ware gewogen bzw. die Colli geöffnet werden, um die unveränderte Identität der Waren zu überprüfen. In den Freihafen konnten diese Waren dann ohnehin ohne Kontrollen übergehen und in den Zollverein konnten sie bei Versiegelung im Grundsatz auch ohne Kontrolle zurückverbracht werden.[21]

Separatabdruck aus den Protokollen über die Verhandlungen wegen der Begrenzung des hamburgischen Freihafengebiets S. 5.

[19] „Defraudation", in: Duden – Die deutsche Rechtschreibung (2017), S. 333.

[20] SHWA, Safebestand der Commerzbibliothek, S/599 Protokolle 1868 Anlage No. 260 Separatabdruck aus den Protokollen über die Verhandlungen wegen der Begrenzung des hamburgischen Freihafengebiets S. 4.

[21] SHWA, Safebestand der Commerzbibliothek, S/599 Protokolle 1868 Anlage No. 260

Innerhalb der Niederlagen konnten die Waren gem. § 13 Abs. 1 soweit frei bearbeitet, verändert und neu verpackt werden, als es zur Erhaltung derselben und deren erleichterten Verkaufs notwendig war. Eine gänzliche Weiterverarbeitung war im Grundsatz hiernach ausgeschlossen. Abs. 2 sah lediglich für Zeugstoffe – also Tuch/Stoff/Gewebe[22] – eine Ausnahme vor. Diese durften auch in den Niederlagen zu fertigen Fabrikaten weiterverarbeitet werden, soweit dieselben einen Teil des *en gros* Manufakturwarengeschäfts bildeten.[23] Darüber hinaus durften auch die Verpackungen dieser Fabrikate in den Niederlagen produziert werden. Auf diese Weise konnten die Interessen der Manufakturwarenhändler also berücksichtigt werden. Waren es doch insbesondere diese, welche gegen den Freihafenstatus argumentiert hatten.[24] Dennoch dürfte es im klaren Interesse Hamburgs gewesen sein, auch weitere Waren und nicht nur Manufakturwaren auf dem Gebiet der Zollvereinsniederlagen zu produzieren, sodass die dahingehende Lösung wohl nicht als gänzlicher Erfolg im Sinne der Hansestadt gewertet werden kann.[25] Entgegen der Befürchtung mancher Freihafenbefürworter[26] wurde jedoch die Arbeit durch die Niederleger selbst bzw. deren Angestellte erlaubt/vorgeschrieben und nicht den Angestellten der Entrepots überantwortet. So sah § 13 Abs. 3 vor, dass sämtliche Arbeiten an den Waren wie Lagerung, Teilung, Verpackung und sonstige Behandlungen durch eben jene durchgeführt werden müssen. Dabei blieb es jedoch dem Hauptzollamt vorbehalten, im Falle eines Gesetzesverstoßes die Entfernung von Angestellten zu verlangen.

Überdies waren die Niederleger gem. § 15 Abs. 1 dazu verpflichtet, ordnungsgemäß Handelsbücher zu führen, in welchen die in die Niederlage eingeführten sowie ausgeführten Waren einzutragen waren, sodass der Sollbestand der Lager einfach zu überblicken war. Außerdem fand gem. § 16 Abs. 1 einmal jährlich eine Revision statt, welche durch die Niederleger dahingehend vorzubereiten war, dass sie möglichst einfach und ohne Hindernisse stattfinden konnte – etwa durch Vorlage der notwendigen Bücher und Unterlagen. Bei größeren Abweichungen von über 10 % wurden sodann ausgedehntere Revisionen vorgeschrieben, welche im Falle einer mehrfachen Wiederholung ohne sachliche Erklärung sogar zu einer Entziehung der Niederlagebefugnis gem. § 16 Abs. 5 führen konnten.

Abschließend sei noch darauf hingewiesen, dass die Zollvereinsniederlagen im Laufe der Jahre immer mehr in Anspruch genommen wurden: Waren es 1871

Separatabdruck aus den Protokollen über die Verhandlungen wegen der Begrenzung des hamburgischen Freihafengebiets S. 3.

[22] „Zeug", in: Duden, Das große Wörterbuch der deutschen Sprache, Bd. 10 (1999).

[23] *Wiskemann*, Hamburg und die Welthandelspolitik von den Anfängen bis zur Gegenwart (1929), S. 195.

[24] S. dazu Abschnitt „Zollanschlussbefürworter".

[25] *Lehmann*, Der Hamburger Freihafen von der Gründung des Norddeutschen Bundes bis zum Zollanschluss (1967), S. 36.

[26] Vgl. dazu StA HH 111-1 VII Lit. K no. 13 Vol. 1 Fasc. 2 Beleuchtung der 20 Gutachten der Freihafenpartei (1867), S. 5; *Verein für den Anschluss Hamburgs an den Zollverein* (Hrsg.), Neun Gutachten die künftige handelspolitische Stellung Hamburgs betreffend (1867), S. 16.

noch 257.210 Colli, die eingelagert wurden, so stieg die Anzahl 1887 auf 1.215.599 Colli.[27]

III. Hauptzollamt

Die Errichtung eines Hauptzollamtes[28] wurde in der Bekanntmachung betreffend die Errichtung eines zollvereinsländischen Haupt-Zoll-Amtes in Hamburg No. 18 vom 12. Oktober 1868[29] geregelt. Das Hauptzollamt hatte aus hamburgischer Perspektive insbesondere den Zweck, die Güterströme, die über Hamburg in das übrige Deutschland bzw. den Zollverein führten, in Hamburg zu verzollen.[30] Konnte die Verzollung bereits auf hamburgischem Staatsgebiet erfolgen, so hatte dies den Vorteil, dass die Abwicklungsgeschwindigkeit stieg. Überdies dürfte man sich erhofft haben, dass man auf diese Weise auch Einfluss auf die Organisation des Hauptzollamtes nehmen konnte, wenngleich es naturgemäß nicht unter der Aufsicht hamburgischer Beamten stand.

Die Notwendigkeit eines solchen Hauptzollamtes erschließt sich auch, wenn man sich die Zollregularien des Zollvereins vergegenwärtigt: Zwar bestimmte § 1 Zollgesetz[31], dass im Grundsatz alle Güter der Natur und Kunst in den Zollverein verbracht und dort auch verbraucht werden konnten und nach § 2 Zollgesetz selbige Güter auch aus dem Zollverein verbracht werden durften, jedoch bedeutete dies nicht, dass die Waren auch zollfrei waren. Zum einen bestimmte § 3 Zollgesetz das Einfuhrverbot in Bezug auf Salz, Spielkarten sowie andere Güter, die aus polizeilichen Gründen verboten wurden. Zum anderen wurde in § 5 Zollgesetz festgesetzt, dass im Grundsatz sämtliche Waren einzuverzollen waren. Die Höhe des Zolls wiederum wurde durch den Zolltarif bestimmt.[32] Im Gegensatz zum Eingangszoll, fielen für die Ausfuhr von Waren nach § 6 Zollgesetz jedoch – abgesehen von einzelnen Ausnahmen – keine Zölle an. Vor der Verzollung mussten die Waren sodann gem. § 30 Zollgesetz vollständig und genau angegeben, also deklariert, und dem Zollbeamten zur Revision vorgezeigt werden. Verpflichtet, die Zölle zu zahlen war jedoch nicht der Eigentümer, sondern nach § 12 Abs. 1 Zollgesetz der natürliche Besitzer. Die Überwachung des Warenverkehrs wurde schließlich gem. § 27 Zollgesetz durch eine uniformierte und bewaffnete Grenz-

---

[27] Zahlen zit. nach *Lehmann*, Der Hamburger Freihafen von der Gründung des Norddeutschen Bundes bis zum Zollanschluss (1967), S. 38.

[28] Vgl. dazu auch *Delius*, Die Rechtsentwicklung zum heutigen Freihafen (1933), S. 33.

[29] Gesetzessammlung der Freien und Hansestadt Hamburg 1868, Bd. 4, Abt. 3 (1869), S. 22 f.

[30] *Lehmann*, Der Hamburger Freihafen von der Gründung des Norddeutschen Bundes bis zum Zollanschluss (1967), S. 36; vgl. auch *Hansen*, Hamburg und die zollpolitische Entwicklung Deutschlands im 19. Jahrhundert (1913), S. 103 f.

[31] Zollgesetz abgedruckt in: Gesetzessammlung der Freien und Hansestadt Hamburg 1868, Bd. 4, Abt. 3 (1869), S. 25 ff.

[32] Zollvereinstarif abgedruckt in: StA HH 111-1 VII Lit. K no. 13 Vol. 1 Fasc. 2 Verein für Handelsfreiheit Jahresbericht 1864 (1864), Kap. Tarif des Zollvereins.

wache ausgeführt. Die weiteren Details zu der Abfertigung und insbesondere der Deklaration/Revision von Waren wurde in der Zollordnung vom 23. Januar 1838 bestimmt.[33]

Vor dem Hintergrund dieser Bestimmungen und der zu erwartenden Schwierigkeiten bei der Einfuhr in den Zollverein war es daher im Interesse Hamburgs, ein Hauptzollamt zu errichten.[34] Die genauen Umstände wurden insbesondere in der Bekanntmachung No. 18 aus dem Jahr 1868 bestimmt.[35] Diese regelte zunächst in Abs. 1[36], dass das Hauptzollamt der Preußischen Provinzial-Steuer-Direction für Schleswig-Holstein unterstellt ist und zum 31. Oktober in Wirksamkeit treten wird. Dass das Hauptzollamt unter der Leitung Preußens steht, war selbstverständlich, da für Preußen bzw. den Zollverein Zölle erhoben wurden, sodass es undenkbar erschien, dass ein dem Zollverein nicht angehöriger Staat wie Hamburg diese Aufgabe stellvertretend übernimmt.

Abs. 2 bestimmte sodann die nähere Funktion des Hauptzollamtes. Dieses sollte als Grenz-Ein- und Ausgangs-Amt des Zollvereins für den durch die Eisenbahnen und die Post vermittelten Verkehr, sowie nach Herstellung der erforderlichen Baulichkeiten auch für den Verkehr auf der Oberelbe fungieren. Insofern war es also nicht nur für die Einfuhr in den Zollverein, sondern auch für die Ausfuhr aus dem Zollverein zuständig. Nach dem eindeutigen Wortlaut fiel auch keineswegs bloß die Elbschifffahrt in den Aufgabenbereich des Amtes, sondern ebenso der Post- und Eisenbahnverkehr. Während das Büro des Hauptzollamtes in der Deichthorstraße 2 gelegen war, bestimmte Abs. 4, dass die Abfertigung der mit der Berlin-Hamburger und Lübeck-Hamburger Eisenbahn von und nach Hamburg zu versendenden Güter und Passagiereffecten in den Räumen der Eisenbahnhöfe erfolgt. Diejenigen Güter, welche per Post versendet wurden, wurden gem. Abs. 5 wiederum im Haupt-Fahr-Post-Amte am Valentinskamp abgefertigt. Für die Abfertigung der über die Ober-Elbe versandten Güter sollte nach Abs. 6 eine Abfertigungsstelle noch benannt werden.

Das Hauptzollamt war nach Abs. 3 zu umfangreichen Maßnahmen ermächtigt: Ziff. 1 erlaubte diesem, die Eingangszölle für Güter sowie Effecten (Besitzgüter), welche Passagiere mit sich führten, zu erheben. Gleiches traf nach Ziff. 6 im Grundsatz auch auf Postgüter zu. Daneben durfte nach Ziff. 2 auch der Ausgangszoll – soweit überhaupt anwendbar – erhoben und nach Ziff. 3 zollfreie Gegenstände in den freien Verkehr entlassen werden. Denn selbstverständlich mussten alle Gegenstände durch Zollbeamte kontrolliert werden, um die zoll-

---

[33] Zollordnung abgedruckt in: Gesetzessammlung der Freien und Hansestadt Hamburg 1868, Bd. 4, Abt. 3 (1869), S. 35 ff.

[34] *Lehmann*, Der Hamburger Freihafen von der Gründung des Norddeutschen Bundes bis zum Zollanschluss (1967), S. 36.

[35] Abgedruckt in: Gesetzessammlung der Freien und Hansestadt Hamburg 1868, Bd. 4, Abt. 3 (1869), S. 22 f.

[36] In dem nachfolgenden Abschnitt beziehen sich alle Abs. – soweit nicht abweichend bezeichnet – auf die Bekanntmachung No. 18 aus dem Jahr 1868.

pflichtigen zu identifizieren und erst dann konnten zollfreie Gegenstände ungehindert überführt werden. Ebenso notwendig war die Kompetenz, nach Ziff. 4 Begleit-, Übergangs- und Deklarationsscheine auszufertigen und zu erledigen. Im Sinne einer Auffang-Befugnis war das Hauptzollamt gem. Ziff. 7 auch ermächtigt, für den Verkehr, der auf anderem Wege als über Eisenbahn und Ober-Elbe stattfand, die erforderlichen Kontrollen zu übernehmen.

Die Verordnung No. 19 aus dem Jahr 1868 betreffend die Anwendung der Gesetzgebung des Zollvereins bei dem Haupt-Zoll-Amte in Hamburg vom 12. Oktober[37] bestimmte in § 1[38] die notwendige Anwendung des Zollgesetzes, der Zollordnung, des Zolltarifs und des Zollstrafgesetzes beim Hauptzollamt. Zudem enthielt § 2 eine Regelung für den Fall, dass die Zollgesetze nicht eingehalten werden und bspw. eine Anmeldung beim Hauptzollamt unterblieb. Für diesen Fall sah § 2 Abs. 2 jedoch abweichend von dem Zollstrafgesetz vor, dass eine Entziehung des Gewerbebetriebes für hamburgische Handelstreibende nicht möglich ist, sondern lediglich eine Ausgrenzung von der Warenabfertigung bis zu fünf Jahre. Hiermit wurden die hamburgischen Händler also gegenüber zollvereinsländischen bevorzugt. Auch rechtspolitisch kann diese Regelung durchaus infrage gestellt werden, kam in ihr doch zum Ausdruck, dass man kein allzu scharfes Schwert ansetzen möchte für den Fall, dass Zollgesetze verletzt werden.

C. Das Gutachten der Handelskammer

I. Vorbemerkungen

Das Gutachten der Handelskammer erfolgte auf Anfrage des Senates[39] sowie der Deputation für Handel und Schifffahrt vom 16. und 21. September 1867 und hatte insgesamt vier Fragen zum Gegenstand. Dieses Gutachten soll nach einer Darstellung des Zustandekommens analysiert werden, um auf diese Weise zu ermitteln, welche Auffassung die Handelskammer in Bezug auf die Abgrenzung des Freihafens, die Zollvereinsniederlage und das Hauptzollamt vertrat. Sodann werden die Ergebnisse mit den zuvor dargelegten gesetzlichen Umsetzungen abgeglichen, um so festzustellen, ob die Handelskammer im Ergebnis das gewünschte Ergebnis erzielt hatte und um einen ersten Anhaltspunkt dafür zu erhalten, ob die Rolle der Handelskammer bei der einfachgesetzlichen Umsetzung des Freihafens als prägend betrachtet werden kann.

---

[37] Gesetzessammlung der Freien und Hansestadt Hamburg 1868, Bd. 4, Abt. 3 (1869), S. 23 f.

[38] Im nachfolgenden Abschnitt beziehen sich alle Paragrafen – soweit nicht abweichend bezeichnet – auf die Verordnung No. 19 aus dem Jahr 1868

[39] S. auch StA HH 111-1 102240 Senatsprotokolle 1867 Bd. III, S. 418.

II. Der Weg bis zum Gutachten

Bereits Ende April 1867 hatte die Handelskammer eine Subkommission eingerichtet, in welcher die weiteren in Betracht kommenden Fragen im Hinblick auf den Freihafen bzw. den praktischen Verhältnissen und Einrichtungen behandelt werden sollten.[40] Die Verhandlungen dieser Subkommission sind bedauerlicherweise – soweit ersichtlich – nicht protokolliert worden. Es liegen lediglich einige Vermerke in den Protokollen der allgemeinen Handelskammerprotokolle vor, aus denen sich deren Arbeit ergibt. So war insbesondere die Frage von Zollvereinsniederlagen ein wesentlicher Bestandteil der Beratungen, da die Subkommission zu diesem Zweck Vertreter der betroffenen Geschäftsbereiche – vornehmlich das Manufakturwarengeschäft – konsultierte.[41] Dies beweist auch an dieser Stelle das vorausschauende Handeln der Handelskammer. War doch gerade erst die Frage nach der Beibehaltung des Freihafens öffentlich sowie im Reichstag diskutiert worden und hatte man auch erst kurz zuvor die Gutachten publiziert, so wandte man sich nunmehr schon der konkreten Ausgestaltung zu. Nicht zuletzt zeigt dies erneut, dass die Handelskammer nicht (mehr) befürchtete, dass der Senat einen gänzlichen Zollanschluss anstreben würde. Jedenfalls aber widmete man sich bereits den Folgefragen, ohne auf die explizite Aufforderung des Senates zu warten.

Im Mai 1867 wurden dann einzelne Fragen, die in dem späteren Gutachten beantwortet wurden, innerhalb der Handelskammer diskutiert. Die Abgeordneten der Subkommission berichteten überdies von Gesprächen mit Senator *Versmann* sowie *Kirchenpauer* und weiteren über die Grenzziehung der Zolllinie und wie weit diese an die Stadt herangerückt werden sollte.[42] Auch wenn es sich hierbei bloß um informelle Gespräche gehandelt haben mag, so zeigt dies dennoch die enge Verbindung von Senat und Handelskammer bei der Umsetzung der Freihafenfrage. Schließlich wurden auch das Thema der Zollvereinsniederlagen und deren Lokalisierung zur Sprache gebracht.[43] Mithin wurden die zentralen Aspekte des späteren Gutachtens bereits an dieser Stelle aufgegriffen und – im Austausch mit dem Senat – besprochen. Nur am Rande sei darauf hingewiesen, dass hier entgegen § 45 Abs. 2 Bekanntmachung No. 38 vom 5. Dezember 1866 eine direkte Kommunikation zwischen Senat und Handelskammer stattfand, obwohl dies nur in dringlichen Fällen geschehen sollte, wovon hier nicht auszugehen war.[44]

---

[40] SHWA, Safebestand der Commerzbibliothek, S/599 Protokolle 1867, S. 87.

[41] SHWA, Safebestand der Commerzbibliothek, S/599 Protokolle 1867, S. 100; vgl. auch *Baasch*, Die Handelskammer zu Hamburg 1665–1915, Bd. II. 1 (1915), S. 154 f.

[42] SHWA, Safebestand der Commerzbibliothek, S/599 Protokolle 1867, S. 94 f.

[43] SHWA, Safebestand der Commerzbibliothek, S/599 Protokolle 1867, S. 95.

[44] S. ausführlich zu der Regelung Abschnitt „Die Handelskammer nach dem Änderungsgesetz aus dem Jahr 1866“.

Zudem wurden der Handelskammer Eingaben vorgelegt, die von den Manufakturwarenhändlern stammten und welche die große Bedeutung der Zollvereinsniederlagen innerhalb oder doch in der Nähe der Stadt hervorhoben.[45] Schließlich wurden die Handelskammermitglieder *De Chapeaurouge* und *Kogemann* erneut beauftragt, sich mit Senator *Versmann* im Hinblick auf diese Fragen ins Benehmen zu setzen.[46] Insoweit wurde der enge Austausch also weiter fortgesetzt.

Insbesondere in Bezug auf die Zollvereinsniederlagen beschäftigte sich die Handelskammer intensiv mit der konkreten Umsetzung: So fragte sie – wie bereits beschrieben – bei den betroffenen Geschäftszweigen umfangreiches Material an. Hierbei zeigte sich, dass die Betroffenen in ihrer Auffassung, ob es vorzugswürdiger sei, die Zollvereinsniederlage auf dem Freihafengebiet einzurichten, oder lieber die Zolllinie des Zollvereins unmittelbar in die Nähe der Stadt heranzuziehen, uneinig waren.[47] Sodann wurden von den Befragten der betroffenen Geschäftszweige einige ausgewählt, um die allgemeinen Ansichten näher zu konkretisieren. Hierbei wurde nach den verschiedenen Branchen differenziert und die für diese notwendige Anzahl der Lager festgestellt.[48] Sowohl die bei der Handelskammer eingereichten Unterlagen als auch die Aufstellung wurden dann auch dem Senat zur Kenntnis gegeben.[49] Hiermit bezweckte die Handelskammer ausweislich ihres Schreibens an den Senat, diesem ausreichend Material zur Verfügung zu stellen, um sich auf die Verhandlungen mit den preußischen Vertretern vorbereiten zu können.[50] Hierzu ist zu bemerken, dass den Protokollen der Handelskammer nicht zu entnehmen ist, dass sie hierzu aufgefordert worden war. Vielmehr wurde sie erneut proaktiv tätig und wartete eine Anfrage des Senats gar nicht erst ab. Man darf hier also erneut von einem Verstoß gegen § 45 Bekanntmachung No. 38 vom 5. Dezember 1866 ausgehen. In den Protokollen des Senats findet sich zu diesem Vorgehen ebenfalls eine Bemerkung und es wurde über die Zollvereinsniederlagen diskutiert, wenngleich man auch feststellte, dass eine Beschlussfassung darüber erst dann möglich sei, wenn man mit den preußischen Vertretern in Kontakt getreten sei.[51]

Die Frage der Zollvereinsniederlagen war – wie die Gutachten im Hinblick auf die Freihafenfrage schon gezeigt hatten – von herausgehobener Wichtigkeit für diejenigen, die im Grunde einen Zollanschluss vorgezogen hätten. Insofern beweist das dahingehende Vorgehen der Handelskammer, dass sie nicht nur die Interessen der Freihafenbefürworter vertrat, sondern auch bestrebt war, die Vor-

---

[45] SHWA, Safebestand der Commerzbibliothek, S/599 Protokolle 1867, S. 95.
[46] SHWA, Safebestand der Commerzbibliothek, S/599 Protokolle 1867, S. 95.
[47] SHWA, Safebestand der Commerzbibliothek, S/599 Protokolle 1867, S. 105 f.
[48] SHWA, Safebestand der Commerzbibliothek, S/599 Protokolle 1867 Anlage No. 199 a bis c.
[49] SHWA, Safebestand der Commerzbibliothek, S/599 Protokolle 1867, S. 106.
[50] SHWA, Safebestand der Commerzbibliothek, S/599 Protokolle 1867, S. 107.
[51] StA HH 111-1 102240 Senatsprotokolle 1867 Bd. II, S. 531 f.

aussetzungen zu schaffen, damit diejenigen, die voraussichtlich unter einem unterbliebenen Zollanschluss leiden würden, ihre Geschäfte bestmöglich fortführen können.

Im September 1867 erfolgte dann die Aufforderung seitens der Deputation für Handel und Schifffahrt bzw. des Senats an die Handelskammer, ein Gutachten zu diversen Fragen, die im Hinblick auf Begrenzung und Ausgestaltung des Freihafens auftraten, zu erstellen.[52] Der Konsulent der Handelskammer wurde daraufhin mit der Erstellung eines Gutachtens beauftragt und dieses wurde schließlich nach eingehender Diskussion und Abänderung ausgefertigt und an den Senat übergeben.[53] Das Gutachten wurde dann auch gedruckt.[54]

III. Ausdehnung des Freihafenbezirkes

Der Senat stellte zunächst folgende Frage:

> „Erscheint es im allgemeinen Verkehrsinteresse rathsam, für den hiesigen Freihafenbezirk, vorbehältlich der an einzelnen Punkten erforderlichen Modifikationen, eine zwischen der jetzigen holsteinischen Zollgrenze und der diesseitigen Zoll- und Accise-Linie zu vermittelnde Linie zu empfehlen, welche Linie indeß nicht blos die Vorstadt St. Pauli, sondern auch den ganzen Billwärder-Ausschlag und die gegenüberliegenden Elbinseln zu umfassen haben würde ? – oder stehen der Wahl einer derartigen Linie Bedenken entgegen, und welche Abänderungen etwa im Ganzen oder im Einzelnen erscheinen wünschenswerth?“[55]

Es handelte sich hierbei also um die Frage, wie ausgedehnt der Freihafenbezirk sein sollte. Namentlich intendierte die Frage also die Bezirke des Billwärder-Ausschlags sowie die gegenüberliegenden Elbinseln in den Freihafenbezirk miteinzubeziehen.[56] Es stand mithin durchaus zur Debatte, nicht das gesamte Staatsgebiet als Freihafen zu deklarieren – wie man vielleicht *prima facie* annehmen könnte. Vielmehr gab es durchaus Beweggründe dafür, freiwillig einige Bezirke dem Zollverein anzuschließen, wofür dann sogar auch die Handelskammer eintrat:

Die Handelskammer wandte sich entschieden gegen die Einbeziehung des ganzen Hammerbrooks und des Billwerder Aufschlags in das Freihafengebiet.[57] Vielmehr erkannte sie gewichtige Vorteile darin, wenn der Zollverein in diesem Bereich nahe an das Stadtgebiet heranrückte.[58] Auf diese Weise würde ermöglicht

---

[52] SHWA, Safebestand der Commerzbibliothek, S/599 Protokolle 1867, S. 141 f.

[53] SHWA, Safebestand der Commerzbibliothek, S/599 Protokolle 1867, S. 144/156 f.

[54] SHWA, Safebestand der Commerzbibliothek, S/599 Protokolle 1867, S. 170.

[55] Gutachten betreffend die künftigen Verhältnisse des hiesigen Freihafengebiets (1867), S. 3.

[56] Vgl. dazu auch StA HH 111-1 102240 Senatsprotokolle 1867 Bd. III, S. 418.

[57] Gutachten betreffend die künftigen Verhältnisse des hiesigen Freihafengebiets (1867), S. 3.

[58] Gutachten betreffend die künftigen Verhältnisse des hiesigen Freihafengebiets (1867), S. 4.

werden, dass dem Handels- und Gewerbestand diejenigen Möglichkeiten offenstanden, die im Freihafen nicht gegeben waren. Namentlich beträfe dies einerseits die Fabrikindustrie, welche hier (künftig) produzieren konnte und die Waren sodann zollfrei in den Zollverein verkaufen konnte. Überdies konnten auch bereits im Zollverein vorhandene zollvereinsländische oder auch ausländische Erzeugnisse zollfrei im Zollverein vertrieben werden.[59] Je näher das Zollvereinsgebiet an den Freihafenbezirk heranrücken würde, desto größer sei der Vorteil.[60]

Darüber hinaus widersprach die Handelskammer dem Senat, der in seiner Mitteilung an die Bürgerschaft die Auffassung vertreten hatte, dass eine Teilung der Stadt durch eine Zolllinie verhindert werden müsse, um nicht zuletzt die Werthaltigkeit des Grundeigentums und die Stabilität der Grundsteuer zu bewahren, sodass insbesondere die ländlichen Gebietsteile Hamburgs in die Zolllinie einzuschließen seien.[61] Die Handelskammer deutete diese Äußerung dahingehend, dass der Senat einen Anschluss des Hammerbrooks an den Zollverein hiermit ausschließen wollte. Die Handelskammer bezog zu diesem Gedanken klar Stellung: Bei einer für die künftige kommerzielle Entwicklung der Stadt so wichtigen Angelegenheit müssten die Interessen am Grundeigentum zurückstehen.[62]

Richtigerweise wies die Handelskammer überdies auf die angemessene Regulierung der sogenannten Grenzgebiete hin.[63] Denn auch wenn bspw. Billwärder bzw. der Ausschlag an den Zollverein angeschlossen würde, fänden auf das unmittelbare Grenzgebiet abweichende Regularien Anwendung: Der Bezirk des sogenannten Grenzgebietes wurde gem. § 24 Zollgesetz nach den jeweiligen örtlichen Gegebenheiten bestimmt. In diesem Gebiet war der Warenverkehr erheblich eingeschränkt und unterlag nach § 34 Zollgesetz einer genauen Aufsicht, um die heimliche Warenein- und -ausfuhr zu unterbinden.

Auch die weiteren Nachteile wurden von der Handelskammer dezidiert aufgeführt:[64] So wies sie im Gutachten bspw. auf den Regelungsgehalt von § 35 Abs. 1 Zollgesetz hin, der vorsah, dass im Grenzbezirk bestehende und zu gründende Gewerbe mit zollpflichtigen fremden sowie auch bestimmten inländischen Waren nur dann möglich waren, soweit sie mit den Vorschriften der Verwaltungsbehörden und Gewerbepolizei zu vereinbaren sind, die das Zollinteresse sichern

[59] Gutachten betreffend die künftigen Verhältnisse des hiesigen Freihafengebiets (1867), S. 3 f.

[60] Gutachten betreffend die künftigen Verhältnisse des hiesigen Freihafengebiets (1867), S. 4.

[61] Gutachten betreffend die künftigen Verhältnisse des hiesigen Freihafengebiets (1867), S. 4 f.

[62] Gutachten betreffend die künftigen Verhältnisse des hiesigen Freihafengebiets (1867), S. 5.

[63] Gutachten betreffend die künftigen Verhältnisse des hiesigen Freihafengebiets (1867), S. 5.

[64] Gutachten betreffend die künftigen Verhältnisse des hiesigen Freihafengebiets (1867), S. 5 f.

sollten. Überdies erlaubten §§ 99, 100 Zollordnung neben Leibes- auch Hausvisitationen und § 89 Zollordnung schrieb eine detaillierte Dokumentationspflicht in einem Handlungsbuch vor.

Die Handelskammer ging schließlich davon aus, dass die anzuschließenden Gebietsteile ganz oder jedenfalls weit überwiegend als Grenzgebiet klassifiziert werden würden, sodass der dortige Handel bspw. durch die dort erforderlichen Kontrollen[65] empfindlich beeinträchtigt wäre.[66] Insofern sei es unabdingbar, Regelungen zu Zollvereinsniederlagen, zur Gestattung von Fabriken sowie der Festschreibung der Kontrollen zu treffen.[67]

Nur für den Fall, dass die Verhandlungen mit den Bundes-Kommissarien dahingehend unbefriedigend wären und nicht die notwendigen Erleichterungen brächten, sodass ein Anschluss der Teile des Hammerbrooks sinnlos erscheine, sprach sich die Handelskammer für eine alternative Abgrenzung des Freihafenbezirks aus, die sich an den Verkehrsinteressen zu orientieren habe. Wie eine solche Abgrenzung dann auszusehen hätte, ließ die Handelskammer aber offen.[68]

IV. Ausgestaltung des Freihafens mitsamt der Zollabwicklung

Neben der Frage der Abgrenzung des Freihafengebiets hatte die Handelskammer auch die Frage nach den näheren Regelungen zur Ausgestaltung des Freihafens zu beantworten. Die zweite Frage lautete daher:

> „Welche Maßregeln zur Erleichterung der Durchfuhr durch das Freihafengebiet und die mit derselben zu verbindende Niederlage deutscher Erzeugnisse in demselben sind zu empfehlen?“[69]

Zu differenzieren waren zunächst zwei Szenarien: Einerseits die bloße Durchfuhr zollvereinsländischer Produkte durch das Freihafengebiet, ohne dass diese zuvor im Freihafengebiet waren oder dort Halt machten, um bspw. veredelt zu werden. Zweitens die Durchfuhr in dem Sinne, dass zollvereinsländische Waren in den Freihafen verbracht wurden, dort lagerten oder eingebracht und bei Bedarf wieder in den Zollverein zurückgeführt werden. Die erste Alternative hatte für Hamburg – wie die Handelskammer zutreffend feststellte – keine große Relevanz, da sie von einem solchen Transitverkehr in keiner Weise profitieren würde, sodass

---

[65] Vgl. nur § 34 Zollgesetz.

[66] Gutachten betreffend die künftigen Verhältnisse des hiesigen Freihafengebiets (1867), S. 6.

[67] Gutachten betreffend die künftigen Verhältnisse des hiesigen Freihafengebiets (1867), S. 6.

[68] Gutachten betreffend die künftigen Verhältnisse des hiesigen Freihafengebiets (1867), S. 6 f.

[69] Gutachten betreffend die künftigen Verhältnisse des hiesigen Freihafengebiets (1867), S. 7.

man die Ausgestaltung auch dem Ermessen der Zollvereinsverwaltung überlassen könnte.[70]

Die zweite Alternative war hingegen weit wichtiger, betraf diese doch die Vermittlungstätigkeit, wofür die dargestellten Zollvereinsniederlagen von herausgehobener Bedeutung waren. Auch wenn die Frage des Senats bereits implizierte, dass die Zollvereinsniederlagen auf dem Gebiet des Freihafens errichtet würden, sprach sich die Handelskammer überraschenderweise dagegen aus. Vielmehr sollten sie in der unmittelbaren Nähe zur Stadt, aber auf Zollvereinsgebiet errichtet werden.[71] Grund hierfür seien die schlechten Erfahrungen, welche man in Bremen mit einer Zollvereinsniederlage im Freihafenbezirk gesammelt habe. Demgegenüber sei die Einrichtung auf Zollvereinsgebiet in unmittelbarer Näher zu Hamburg – also im sogenannten Grenzgebiet – mit niedrigeren Kosten im Hinblick auf Einrichtung und Betrieb verbunden.[72] Insofern sei entweder darauf hinzuwirken, dass es ermöglicht würde, im Grenzgebiet ohne Beschränkungen Niederlagen einzurichten oder aber Zollamt und Zollvereinsniederlagen auf dem Zollverein angeschlossenem Gebiet der Stadt Hamburg einzurichten, wo die Lagerung, Verpackung und Wiederausführung der Waren ermöglicht sei.[73] Auf diese Weise würde sich die Zollkontrolle dann lediglich darauf beschränken, zu unterbinden, dass ausländische Waren in den Niederlagen eingelagert würden und den Händlern wäre es sodann möglich, zollvereinsländische Produkte auf Abruf jederzeit allein oder in Verbindung mit ausländischen aber bereits einverzollten Produkten zu Kunden in das Zollvereinsgebiet zu versenden.[74]

Abweichend von der Frage des Senats äußerte sich die Handelskammer schließlich noch knapp zu dem Thema der Zollkredite. So führte sie an, dass diese bisher nur denjenigen Handelshäusern zugebilligt würde, die eine gewisse Solidität – namentlich, dass sie mindestens 3.000 Taler Zoll entrichteten – aufweisen. Die Handelskammer verlangte, dass der Zollkredit nunmehr auch den hamburgischen Kaufleuten gewährt werden müsse.[75] Die Bedeutung der Zollkredite wurde bereits im Rahmen der eingeforderten Gutachten zur Freihafenfrage herausgestellt und nunmehr wieder aufgegriffen.[76]

---

[70] Gutachten betreffend die künftigen Verhältnisse des hiesigen Freihafengebiets (1867), S. 7.

[71] Gutachten betreffend die künftigen Verhältnisse des hiesigen Freihafengebiets (1867), S. 7.

[72] Gutachten betreffend die künftigen Verhältnisse des hiesigen Freihafengebiets (1867), S. 8.

[73] Gutachten betreffend die künftigen Verhältnisse des hiesigen Freihafengebiets (1867), S. 8.

[74] Gutachten betreffend die künftigen Verhältnisse des hiesigen Freihafengebiets (1867), S. 8.

[75] Gutachten betreffend die künftigen Verhältnisse des hiesigen Freihafengebiets (1867), S. 9.

[76] *Verein für den Anschluss Hamburgs an den Zollverein* (Hrsg.), Neun Gutachten die künftige handelspolitische Stellung Hamburgs betreffend (1867), S. 17.

Sodann widmete sich das Gutachten der dritten Frage des Senats im Hinblick auf die Abfertigungsstelle. Die Frage lautete:

„Wo ist die Errichtung der Abfertigungsstelle für die oberländischen Fahrzeuge am zweckmäßigsten zu empfehlen?“[77]

Bisher fand die zollvereinsländische Abfertigung der oberländischen Kähne, die Waren in den Zollverein transportierten, auf der Elbe in Wittenberge statt, wo auch die Elbzölle erhoben wurden, deren Abschaffung man jedoch nunmehr erwartete.[78] Bei der Revision der Güter war jedoch häufig das Ausladen der Ware notwendig, sodass sich die Handelskammer dafür aussprach, dass die Zollabfertigung unmittelbar bei Einladung der Ware stattfindet und eine weitere Revision nicht mehr notwendig würde. Hierfür sei dann aber die Einrichtung zur Zollabfertigung in unmittelbarer Nähe Hamburgs notwendig, um auch zu ermöglichen, dass Ladungen von Seeschiffen auf die Elbkähne unter zollvereinsländischer Kontrolle verladen werden können und erneute Revisionen obsolet würden.[79] Insofern sollte hiernach eine Zollabfertigungseinrichtung in die Nähe des Hamburger Oberhafens verlegt werden.[80] Um eine Abwicklung durch zollvereinsländische Beamte zu ermöglichen, sei es schließlich notwendig, dass die Einrichtungen möglichst nah am Hauptzollamt liegen; Billwärder sei für diesen Zweck zu weit entfernt und die Abfertigung am Graasbrook wäre am wünschenswertesten.[81]

Sodann folgte die Beantwortung der vierten Frage zum Hauptzollamt:

„Welcher Platz erscheint für die eventuelle Errichtung eines Haupt-Zollamtes und sonst etwa erforderlicher Expeditions-Stellen als der geeignetste?“[82]

Wenig überraschend unterstrich die Handelskammer auch bei der Beantwortung dieser Anfrage zum wiederholten Male, dass es von besonderer Relevanz sei, dass das Hauptzollamt möglichst nah an die Stadt heranrücke und hierbei ein möglichst weitläufiges Areal zur Verfügung steht, um bspw. auch Raum für die zu errichtenden Niederlagen zu bieten; der Hammerbrook erschien der Handels-

[77] Gutachten betreffend die künftigen Verhältnisse des hiesigen Freihafengebiets (1867), S. 10.

[78] Gutachten betreffend die künftigen Verhältnisse des hiesigen Freihafengebiets (1867), S. 10.

[79] Gutachten betreffend die künftigen Verhältnisse des hiesigen Freihafengebiets (1867), S. 11.

[80] Gutachten betreffend die künftigen Verhältnisse des hiesigen Freihafengebiets (1867), S. 11.

[81] Gutachten betreffend die künftigen Verhältnisse des hiesigen Freihafengebiets (1867), S. 12.

[82] Gutachten betreffend die künftigen Verhältnisse des hiesigen Freihafengebiets (1867), S. 12.

kammer ideal für diesen Zweck.[83] Sie erwartete, dass sich das Geschäft mit dem Zollverein dadurch auch auf Dauer nach Hamburg verlagern würde.

Hatte die Handelskammer doch bisher stets im Sinne einer möglichst nahen Zollvereinsgrenze argumentiert, so stellte sie hier – am Ende des Gutachtens – selber fest, dass die

„Hineinziehung der betreffenden Theile des Hammerbrooks in das Zollvereinsgebiet, unter Voraussetzung sowohl der Einrichtung eines umfassenden Haupt-Zollamtes mit geräumigen Niederlagen in unmittelbarer Nähe der Stadt, als auch der Gestattung von Fabrik-Etablissements im dortigen Grenzbezirk [...] sei es aus nicht zu beseitigenden Bedenken der Zollverwaltung, sei es der Kosten wegen, nicht ausführbar sein sollte [sic].“[84]

Hiermit wurde also sehr deutlich, dass die Handelskammer selbst insoweit an der Realisierbarkeit ihres Gutachtens und dem Wunsch nach dem Anschluss des Hammerbrooks zweifelte. Bedeutsam ist hierbei aber, dass die Gründe nach Ansicht der Handelskammer keinesfalls darin zu suchen waren, dass die hamburgischen Verkehrsinteressen anderweitig besser repräsentiert würden, sondern es vielmehr an der finanziellen Umsetzbarkeit oder den Bedürfnissen der Zollverwaltung scheitern könnte. Konsequenterweise äußerte sie sich sodann – wenngleich auch nur knapp – zu den zwei weiteren aus ihrer Perspektive in Betracht kommenden Alternativen:

Erstens wäre es denkbar, dass der Freihafen bis nach Bergedorf ausgeweitet würde, sodass im Vergleich zum *status-quo ante* kein Unterschied in den Verkehrsverhältnissen auszumachen sei – außer, dass die Zollabwicklung nicht mehr in Wittenberge, sondern in Sande bei Bergedorf stattfände.[85] Dann jedoch müsse der hamburgische Staat auch weder Grundeigentum erwerben noch die Kosten für ein Hauptzollamt und der weiteren Einrichtungen übernehmen. Auch bei der Verzollung/Abwicklung etc. sowie der Entwicklung von Grundeigentumswerten würde es im Falle dieser Alternative bei den alten Verhältnissen bleiben.[86]

Die andere Alternative – und die *ex post* betrachtet realistischere – sei diejenige, dass Hamburg dieselben Zugeständnisse erwartet, die auch Bremen erlangte, wenngleich Bremen die Kosten selbst zu tragen hatte und angesichts des Aversums und der Bundesverfassung die zollvereinsländischen Einrichtungen auf Kosten des Zollvereins errichtet werden sollten.[87] In diesem Fall wäre ein Hauptzollamt auf dem Gebiet des Freihafens einzurichten und die verschiedenen

[83] Gutachten betreffend die künftigen Verhältnisse des hiesigen Freihafengebiets (1867), S. 12.

[84] Gutachten betreffend die künftigen Verhältnisse des hiesigen Freihafengebiets (1867), S. 13.

[85] Gutachten betreffend die künftigen Verhältnisse des hiesigen Freihafengebiets (1867), S. 13.

[86] Gutachten betreffend die künftigen Verhältnisse des hiesigen Freihafengebiets (1867), S. 13.

[87] Gutachten betreffend die künftigen Verhältnisse des hiesigen Freihafengebiets (1867), S. 13.

Zollstellen etwa auf den Bahnhöfen müssten neu organisiert werden. Zusätzlich müssten sodann Zollvereinsniederlagen geschaffen werden. Die Ziehung der Grenzlinie hingegen sei bloß noch mit Rücksicht auf die Fabrikindustrie und die Interessen der Zollverwaltung vorzunehmen.[88] Weitere Ausführungen zu diesen Modalitäten wurden nicht gemacht. Sie durften als realistische Alternative aufgefasst werden, wenngleich der Senat nach dem zuvor dargestellten Ergebnis streben sollte.

Abschließend sei der Vollständig halber – wenngleich nicht unmittelbarer Gegenstand der vorliegenden Arbeit – noch auf die letzte Frage des Senates bzgl. der Eisenbahn einzugehen, welche wie folgt lautete:

„Wie werden die betreffenden Verhältnisse, unter der Voraussetzung der Ausführung, einer auf dem Grasbrook mündenden Harburger Bahn sich gestalten?"[89]

Die Handelskammer meldete Bedenken im Hinblick auf die Lokalität der Bahn auf dem Grasbrook an. Dafür führte sie zwei Argumente an: Erstens befürchtete sie, dass die Örtlichkeit angesichts des zu erwartenden starken Anstiegs des Güterstromes nicht ausreichend Kapazität bieten würde, um den Verkehr zu befriedigen.[90] Zweitens sei das Terrain des Grasbrooks für den Hafen und die dortigen Geschäfte von herausgehobener Bedeutung. Insofern sei es in Erwägung zu ziehen, die Eisenbahn ebenfalls auf das Gebiet des Hammerbrooks zu verlegen, damit dann auch die berliner, hannoversche sowie lübecker Bahn in unmittelbarer Nähe zu finden sind.[91]

V. Nachdrücklicher Hinweis auf die Position

Nachdem die Handelskammer das Gutachten veröffentlicht und sodann auch in der gemeinschaftlichen Kommission vorgestellte hatte,[92] wurde sie im Februar 1868 vom Senat aufgefordert, Stellung zu der Frage zu beziehen, welche Gegenkonzessionen Hamburg in der Freihafenfrage machen könnte.[93] Hierzu sah sich der Senat ausweislich der Senatssitzung vom 31. Januar 1868 gezwungen, da Preußen einige Zugeständnisse einforderte, die im Grunde keinen Zusammenhang zu dem eigentlichen Verhandlungsgegenstand hatten.[94] Statt hierzu aber genauere Aussagen zu machen, verwies die Handelskammer lediglich auf das

---

[88] Gutachten betreffend die künftigen Verhältnisse des hiesigen Freihafengebiets (1867), S. 13.

[89] Gutachten betreffend die künftigen Verhältnisse des hiesigen Freihafengebiets (1867), S. 13.

[90] Gutachten betreffend die künftigen Verhältnisse des hiesigen Freihafengebiets (1867), S. 15 f.

[91] Gutachten betreffend die künftigen Verhältnisse des hiesigen Freihafengebiets (1867), S. 16.

[92] S. dazu Abschnitt „Die Arbeit der gemeinschaftlichen Kommission".

[93] SHWA, Safebestand der Commerzbibliothek, S/599 Protokolle 1868, S. 49.

[94] StA HH 111-1 102244 Senatsprotokolle 1868 Bd. I, S. 246.

bereits eingereichte Gutachten sowie das Gutachten in Betreff einer Reform des vereinsländischen Zolltarifs, indem sie konstatierte, dass hierin alle Desiderien zu finden seien, die aber keinesfalls lediglich im hamburgischen Interesse wären.[95] Damit drückte sie indirekt aus, dass ihres Erachtens Konzessionen nicht zu machen seien, da diese nur dann notwendig würden, wenn ein einseitig hamburgisches Interesse Berücksichtigung fände. Sodann wies sie nochmals darauf hin, welche Aspekte von besonderer Bedeutung seien: Liberale Zollvereinsniederlagen, Herstellung von Zollabfertigungs-Einrichtungen, Einräumung eines Zollkredits, möglichst liberale Bestimmungen für Fabriken in Grenzbezirken und Ausdehnung der Zollrabatte.[96] Insofern entzog sich die Handelskammer der eigentlichen Bitte des Senats, verdeutlichte lediglich die bereits geäußerten Wünsche und untermalte damit zugleich nochmals ihre liberale freihändlerische Grundposition.

Dass die Handelskammer hierzu dennoch befragt wurde, obwohl der Senat selber feststellte, dass es sich hier nicht um den eigentlichen Verhandlungsgegenstand handelte, zeigt ein weiteres Mal, wie wichtig das Votum der Handelskammer für den Senat war und man auf ihre gutachterlichen Äußerungen viel Wert legte. Indem die Handelskammer dem Wunsch am Ende nicht nachkam, offenbarte sie zugleich das Selbstverständnis einer selbstbewussten und eigenständig agierenden Institution im Verfassungsgefüge, welche in keiner Abhängigkeit zum Senat stand und es sich erlauben konnte, Anfragen auch unbeantwortet zu lassen.

D. Vergleich der Forderungen der Handelskammer mit dem tatsächlichen Ergebnis

Vergleicht man die Forderungen der Handelskammer mit der tatsächlichen Umsetzung, so kann man konstatieren, dass ihre Anliegen nicht umfassend umgesetzt wurden. Zentral ist hierbei, dass gem. § 1 Verordnung No. 21 aus 1868[97] der Hammerbrook nicht an den Zollverein angeschlossen wurde. Diese Forderung war für die Handelskammer zentral. Denn hieran knüpften sich zahlreiche weitere Forderungen wie die Einrichtung des Hauptzollamtes sowie der Zollvereinsniederlagen etc. Zu berücksichtigen ist hierbei jedoch, dass die Handelskammer bereits im Gutachten selber nicht fest davon ausging, dass dieses Interesse befriedigt werden würde.[98] Angesichts des Umstandes, dass die Handelskammer

[95] SHWA, Safebestand der Commerzbibliothek, S/599 Protokolle 1868, S. 50.

[96] SHWA, Safebestand der Commerzbibliothek, S/599 Protokolle 1868, S. 51; vgl. auch *Baasch*, Die Handelskammer zu Hamburg 1665–1915, Bd. II. 1 (1915), S. 156.

[97] Abgedruckt in: Gesetzessammlung der Freien und Hansestadt Hamburg 1868, Bd. 4, Abt. 3 (1869), S. 120 ff.

[98] Gutachten betreffend die künftigen Verhältnisse des hiesigen Freihafengebiets (1867), S. 13.

hierfür – wie bereits dargelegt – insbesondere finanzielle Gründe sowie die Interessen der Zollvereinsverwaltung verantwortlich machte, kann hieraus nicht der Schluss gezogen werden, dass die Handelskammer alleine aufgrund dieses „Misserfolges" doch keine prägende Rolle in der Frage der einfachgesetzlichen Umsetzung des Freihafens innehatte. Denn diese Gründe lagen tatsächlich, wie zu zeigen sein wird, außerhalb des Einflussbereiches des Senats.

Angesichts des unterbliebenen Anschlusses des Hammerbrooks konnte naturgemäß auch nicht das Interesse befriedigt werden, das Hauptzollamt auf dem Gebiet des Zollvereins zu errichten. Dieses wurde zwar unmittelbar in der Nähe zum Hammerbrook in der Deichthorstraße 2[99] errichtet, war jedoch innerhalb des Freihafenbezirkes angesiedelt. Auch die Zollvereinsniederlagen wurden nunmehr also nicht auf dem Hammerbrook errichtet. Vielmehr wurden diese in der Sternschanze angesiedelt.[100]

Das weitere Interesse der Handelskammer, dass insbesondere der Billwärder-Ausschlag dem Zollverein angeschlossen werde, fand ebenfalls keine Berücksichtigung. Dieser wurde nach § 1 Verordnung No. 21 aus 1868 in den Freihafenbezirk miteinbezogen, ansonsten befand sich Billwärder hingegen im oben dargestellten Umfange im Zollvereinsgebiet. Insofern reichte das Zollvereinsgebiet nicht ganz so nah an die Stadt heran, wie es sich die Handelskammer gewünscht hatte. Soweit jedoch die Handelskammer befürchtete, dass am Ende der Freihafenbezirk zu groß sein sollte,[101] ist immerhin zu konstatieren, dass ganze drei Viertel des hamburgischen Gebietes an den Zollverein angeschlossen wurden,[102] sodass hiervon keine Rede sein kann. Dennoch war der wesentliche Teil des hamburgischen Staatsgebiets, die Wohnstadt, Freihafen.[103] Darüber hinaus trat die Prognose der Handelskammer ein und Bergedorf wurde dem Zollverein angeschlossen.[104]

Auch bezüglich der Abfertigung der Oberelbe kam es nicht zu dem gewünschten Ergebnis, da sich die preußischen Vertreter mit Hamburg auf eine Einrichtung in Entenwärder[105] und nicht, wie von der Handelskammer gewünscht auf dem Graasbrook einigten. Immerhin aber wurde die Abfertigung – entsprechend des Wunsches der Handelskammer – nicht nach Billwärder verlegt.

---

[99] Vgl. Bekanntmachung No. 18, abgedruckt in: Gesetzessammlung der Freien und Hansestadt Hamburg 1868, Bd. 4, Abt. 3 (1869), S. 22 ff.

[100] Vgl. den dahingehenden Vorschlag des hamburgischen Vertreters in: StA HH 111-1 VII Lit. K no. 13 Vol. 1 Fasc. 2 Protokolle über die Verhandlungen wegen der Begrenzung des hamburgischen Freihafengebietes 1867–1868, S. 6.

[101] Gutachten betreffend die künftigen Verhältnisse des hiesigen Freihafengebiets (1867), S. 4 f.

[102] *Müller*, Die Auseinandersetzung über Hamburgs Zollanschluss an das Deutsche Reich 1833–1888 (1988), S. 36.

[103] *Hahn*, Geschichte des Deutschen Zollvereins (1984), S. 109.

[104] Gesetzessammlung der Freien und Hansestadt Hamburg 1868, Bd. 4, Abt. 3 (1869), S. 120 ff.

[105] StA HH 111-1 VII Lit. K no. 13 Vol. 1 Fasc. 2 Protokolle über die Verhandlungen wegen der Begrenzung des hamburgischen Freihafengebietes 1867–1868, S. 31.

Mit Blick auf die Grenzziehung, die Lage des Hauptzollamtes sowie die Lage der Zollvereinsniederlage wurden die Forderungen der Handelskammer also nicht umgesetzt. Dass dies aber auch für die Handelskammer nicht überraschend kam, lässt sich dem Gutachten selbst an gleich mehreren Stellen entnehmen. Für die Frage der Bedeutung der Handelskammer bei der Ausgestaltung des Freihafens ist dieser Umstand alleine also nicht maßgeblich. Vielmehr bedarf es nunmehr eines Blicks auf die Verhandlungen innerhalb der gemeinschaftlichen Kommission sowie mit Preußen zu den genannten Gesetzen. Diese unterstützen die These, dass der Senat jedenfalls nicht abgeneigt war, die Forderungen der Handelskammer gegenüber Preußen durchzusetzen.

E. Die Arbeit der gemeinschaftlichen Kommission

I. Vorbemerkungen

Bevor der Blick auf die Verhandlungen zwischen Preußen und den hamburgischen Vertretern gerichtet wird, soll die Arbeit der gemeinschaftlichen Kommission zur Prüfung der durch den Anschluss Hamburgs an den Norddeutschen Bund hervorgerufenen wirtschaftlichen und finanziellen Fragen beleuchtet werden. Denn in dieser Kommission waren Mitglieder der Handelskammer vertreten.[106] Auch wenn diese Kommission überwiegend nicht untersuchungsrelevante Fragen wie bspw. den Staatshaushalt behandelte, so finden sich – entgegen der anderslautenden Bezeichnung der Kommission – dennoch einige Hinweise auf die Rezeption der Vorschläge der Handelskammer.

Ursprünglich war die Bildung der Kommission seitens des Senats vornehmlich beantragt worden, um die wirtschaftlichen/finanziellen Auswirkungen des Anschlusses an den Norddeutschen Bund zu beurteilen, welche nach dem Dafürhalten des Senats ganz erheblichen Ausmaßes waren.[107] Zuvörderst sollte die Kommission die Begrenzung des Freihafengebiets behandeln, da die Frage, ob die Beibehaltung des Freihafens überhaupt sinnvoll erscheine, bereits abschließend und bejahend beantwortet worden sei.[108] Aber auch die Frage von notwendigen Einrichtungen wie den Zollvereinsniederlagen sollte hier thematisiert werden.[109] Sodann stellte der Senat ausführlich die durch den Anschluss an den Norddeutschen Bund entstandenen Mehrkosten etwa für Militär, Aversum etc. dar und hob hervor, dass diese Mehrbelastungen ein erhebliches Problem seien. Daher sollte die Kommission Vorschläge zum weiteren Vorgehen, namentlich zur Deckung des finanziellen Defizits sowie zu einem angemessenen Aversum ma-

[106] StA HH 314-6 K5 Protokoll der Senats- und Bürgerschaftskommission, S. 1; Verhandlungen zwischen Senat und Bürgerschaft im Jahre 1867 (1868), S. 396.
[107] StA HH 111-1 I Lit. T no. 1 Vol. 2b Senatsantrag v. 20.9.1867, S. 381.
[108] StA HH 111-1 I Lit. T no. 1 Vol. 2b Senatsantrag v. 20.9.1867, S. 382 f.
[109] StA HH 111-1 I Lit. T no. 1 Vol. 2b Senatsantrag v. 20.9.1867, S. 384.

chen.[110] Die finanziellen Fragen machten schließlich auch den weit größten Teil der Verhandlungen aus. So ist es auch kaum verwunderlich, dass der vorläufige Bericht aus Dezember 1867 sowie der Bericht aus September 1868 beide lediglich das Defizit im Staatshaushalt zum Gegenstand hatten und sich nicht den anderen Fragen des Senats widmeten.[111]

Nachfolgend beschränken sich die Darstellungen im Hinblick auf die Verhandlungen auf diejenigen Aspekte, welche auch in dem Gutachten der Handelskammer zur Sprache kamen und für die hiesige Arbeitsthesen eine Relevanz aufweisen.

II. Auswertung

Von besonderer Bedeutung waren die ersten Sitzungen der gemeinschaftlichen Senatskommission. Namentlich die zweite Sitzung vom 31. Oktober ist hier von Interesse. In dieser stellten die Vertreter der Handelskammer das von ihr verfasste Gutachten zu den Umsetzungsfragen vor.[112] Inhaltlich wurde hier auf die zuvor gemachten Ausführungen zu dem Gutachten verwiesen.[113] Wie zu erwarten war, stand auch bei diesen Ausführungen der Anschluss des Hammerbrooks im Zentrum der Darlegungen. Etwaigen Bedenken wie einer erschwerten Grenzbewachung, oder der Grundstückspreisbeeinflussung trat die Handelskammer bereits vorab entgegen.[114] Dabei legte sie zum Abschluss ihrer Erörterungen auch offen, dass die betreffenden Geschäftsbereiche, namentlich die Manufakturwarenhändler, in dieser Sache nicht erneut befragt wurden, sondern man sich an den früher abgegebenen Erklärungen orientiert habe.[115]

Die Vorschläge der Handelskammer wurden in der Kommission jedoch kritisch aufgefasst und von einigen Seiten angezweifelt.[116] Hierbei ist den Protokollen leider nicht zu entnehmen, welche Mitglieder jeweils welchen Redebeitrag leisteten, sodass unklar bleibt, von welcher Seite genau Kritik angemeldet wurde. Es wurde insbesondere darauf verwiesen, dass die Zollabwicklungsschwierigkeiten, die durch eine Einbeziehung des Hammerbrooks in den Zollverein entstünden, zu beschwerlich seien und überdies auch zunächst Lager gebaut werden müssten, die an anderer Stelle bereits vorhanden seien.[117] Überdies sah man von anderer Seite in dem Vorschlag der Handelskammer einen Ausdruck von Partikularinteressen, welcher lediglich diesem bestimmten Geschäftszweige diene und

[110] StA HH 111-1 I Lit. T no. 1 Vol. 2b Senatsantrag v. 20.9.1867, S. 386 f.

[111] StA HH 314-6 K6 Bericht der Kommission; StA HH 111-1 I Lit. T no. 1 Vol 2b Vorläufiger Bericht der Kommission.

[112] StA HH 314-6 K5 Protokoll der Senats- und Bürgerschaftskommission, S. 3 ff.

[113] S. Abschnitt „Das Gutachten der Handelskammer".

[114] StA HH 314-6 K5 Protokoll der Senats- und Bürgerschaftskommission, S. 4 f.

[115] StA HH 314-6 K5 Protokoll der Senats- und Bürgerschaftskommission, S. 6.

[116] StA HH 314-6 K5 Protokoll der Senats- und Bürgerschaftskommission, S. 6.

[117] StA HH 314-6 K5 Protokoll der Senats- und Bürgerschaftskommission, S. 7.

welcher außerdem bezwecke, diesen an Hamburg zu binden, wohingegen der Vorschlag nicht zum Vorteil der Stadt insgesamt sei.[118] Auch die zu erwartenden erheblichen Kosten für den Bau der Infrastruktur wurden gegen das Vorhaben angeführt.[119] Vielmehr sei die Einrichtung entsprechend umfangreicher Zollvereinsniederlagen im Bereich der Sternschanze zu bevorzugen, da dies sowohl kostengünstiger als auch im Hinblick auf die Nähe zu den Bahnhöfen vorzugswürdig sei.[120]

Nach all dieser Kritik stellte jedoch der Vorsitzende *Versmann* fest, dass die Debatte hierüber solange eine unnötige sei, wie man noch keine Informationen darüber habe, inwieweit die betreffenden Geschäftsbereiche von den etwaig einzurichtenden Entrepots Gebrauch machen würden und zu welchen Zugeständnissen der Zollverein in dieser Sache überhaupt bereit sei.[121] Wenngleich derselbe zuvor die Ansicht äußerte, dass er ein Entrepot im Bereich der Sternschanze für vorteilhaft erachte,[122] so wurde durch den Verweis, dass die Debatte hierüber unnötig sei, deutlich, dass es sich nicht um eine finale Entscheidung handelte. Mithin kann hierin auch keine endgültige Absage an den Vorschlag der Handelskammer gesehen werden.

Außerdem wurde sodann seitens einzelner Kommissionsmitglieder dargelegt, dass man Zweifel daran hätte, ob Entrepots die angemessene Lösung für die betroffenen Geschäftsbereiche darstellen würden, da es insbesondere zweifelhaft sei, ob innerhalb dieser eine Weiterverarbeitung zulässig sei.[123] Damit wird deutlich, dass der gesamte Themenkomplex von einigen Unsicherheiten und Ungewissheiten geprägt war. Also kann nicht angenommen werden, dass der Senat eine gefestigte Auffassung zu Positionen der Handelskammer hatte. Insofern war es auch nur konsequent, dass *Versmann* darum bat, die Auffassungen der betroffenen Geschäftsbereiche in dieser Frage einzuholen.[124]

Diese Beurteilung wird schließlich auch dadurch gestützt, dass *Versmann* in den Verhandlungen mit der Zollverwaltung die Ansicht der Handelskammer in Bezug auf den Hammerbrook explizit äußerte und hierbei auf harschen Widerstand Preußens stieß.[125] Hätte *Versmann* von vornherein ausgeschlossen, dem Ratschlag der Handelskammer zu folgen, wäre der Aspekt des Hammerbrooks nicht in die Verhandlungen mit Preußen miteingebracht worden. Im Gegenteil: Dass *Versmann* dieses Vorhaben vorstellte, obwohl die gemeinschaftliche Kommission vielfältige Zweifel hieran äußerte und auch er selbst nicht überzeugt schien, beweist einmal mehr das Gewicht der Handelskammer in dieser Sache.

---

[118] StA HH 314-6 K5 Protokoll der Senats- und Bürgerschaftskommission, S. 8.
[119] StA HH 314-6 K5 Protokoll der Senats- und Bürgerschaftskommission, S. 9.
[120] StA HH 314-6 K5 Protokoll der Senats- und Bürgerschaftskommission, S. 10.
[121] StA HH 314-6 K5 Protokoll der Senats- und Bürgerschaftskommission, S. 10.
[122] StA HH 314-6 K5 Protokoll der Senats- und Bürgerschaftskommission, S. 9 f.
[123] StA HH 314-6 K5 Protokoll der Senats- und Bürgerschaftskommission, S. 10.
[124] StA HH 314-6 K5 Protokoll der Senats- und Bürgerschaftskommission, S. 11.
[125] S. dazu eingehend Abschnitt „Die Verhandlungen zwischen Hamburg und Preußen“.

Denn offenkundig maß der Senat dem Urteil der Handelskammer selbst dann eine besondere Bedeutung bei und berücksichtigte es, wenn er selbst (noch) nicht vollständig überzeugt war. Insofern ist dieser Umstand geradezu das Paradebeispiel für die Bedeutung der Handelskammer: Hätte der Senat einfach unbesehen und unkommentiert die Position der Handelskammer übernommen, so wäre immer eine gewisse Restwahrscheinlichkeit verblieben, dass es vielleicht nicht die Argumente der Handelskammer waren, welche den Senat überzeugten. Vielmehr bliebe es stets denkbar, dass unbekannte externe Faktoren zu demselben Ergebnis führten und es sich um eine bloße Korrelation handelte. Dies trifft hier hingegen nicht zu: Wenn der Senat zuvor in internen Verhandlungen zu erkennen gab, dass er tendenziell die Einrichtung von Zollvereinsniederlagen in der Sternschanze befürwortete und dann dennoch die Frage des Anschlusses des Hammerbrooks in die Verhandlungen mit Preußen einführte, so besteht nunmehr kaum ein Zweifel an der Bedeutung der Handelskammer in dieser Sache.

In der dritten Sitzung stellte der Vorsitzende sodann dar, dass das Vorhaben der Handelskammer, den Hammerbrook einzuschließen, an Preußen scheiterte, da der Oberfinanzrat *von Jordan* davon überzeugt sei, dass es sich hierbei um ein Vorhaben handele, das zu einer schlechteren Grenzüberwachung führe und es überdies nur den Interessen einzelner hamburgischer Geschäftsbereiche diene.[126] Dieser Befund deckt sich mit den später veröffentlichten Verhandlungsprotokollen zwischen Hamburg und Preußen, die an anderer Stelle umfangreich ausgewertet werden.[127] Damit war dem Plan der Garaus gemacht und der Senat musste sich nicht weiter entscheiden, welche Auffassung er selbst präferierte. Zugleich bleibt es damit natürlich auch im Ergebnis ungewiss, inwieweit der Senat bei einer Bereitschaft Preußens den Hammerbrook anzuschließen, tatsächlich dem Vorschlag der Handelskammer nachgekommen wäre.

Außerdem wurde das Gutachten der Deputation für Handel und Schifffahrt in der Kommission vorgestellt, welches in einigen Punkten von dem der Handelskammer abwich. Insbesondere sprach es sich nicht für einen Anschluss des Hammerbrooks aus.[128] Offenkundig konnte die Handelskammer auch hier nicht mit ihrer Auffassung durchdringen. Jedoch war dieser Aspekt nun ohnehin irrelevant geworden. Zu beachten ist überdies, dass auch die Handelskammer Mitglieder in die Deputation für Handel und Schifffahrt entsandte (§ 44 Bekanntmachung No. 38 vom 5. Dezember 1866), sodass sie auch an dieser Stelle ihren Einfluss auf das eingereichte Gutachten geltend machen konnte.[129] Da jedoch offenkundig keine Protokolle der Sitzungen der Deputation für Handel und Schifffahrt aus dem Jahr 1867 vorhanden sind, kann der Umfang des Einflusses auf dieses Gutachten nicht eingeschätzt werden.

---

[126] StA HH 314-6 K5 Protokoll der Senats- und Bürgerschaftskommission, S. 13.

[127] S. dazu Abschnitt „Die Verhandlungen zwischen Hamburg und Preußen".

[128] StA HH 314-6 K5 Protokoll der Senats- und Bürgerschaftskommission, S. 14 ff.

[129] S. hierzu Abschnitt „Die Handelskammer nach dem Änderungsgesetz aus dem Jahr 1866".

Weitere Detailfragen, die in dieser Sitzung besprochen wurden, hatten jedoch keinen engeren Bezug mehr zum Gutachten der Handelskammer und sind daher von untergeordneter Relevanz für die hiesige Untersuchung. Erwähnenswert ist hingegen noch die Fünfte Sitzung vom 5. Dezember 1867, da hier *De Chapeaurouge* – jedoch nicht als Handelskammermitglied, sondern als Vorsitzenden des Komitees der Deutsch-Waren-Händler – vortrug, dass das Komitee nun die Einrichtung von Zollvereinsniederlagen auf der Sternschanze empfehle.[130] Das widerspricht zwar dem Gutachten der Handelskammer, jedoch ist dies wenig aufsehenerregend, da insoweit der Inhalt des Gutachten bekanntlich aufgrund der Positionierung Preußens ohnehin nicht umsetzbar war. So sprachen sich diese Firmen für eine Einrichtung der Lager in der Sternschanze aus und erklärten sich sogar bereit, die Kosten der Errichtung zu übernehmen, während der Staat nur die Mauer um das betreffende Gebiet bezahlen sollte.[131] Wenngleich von mehreren Seiten hierauf mit erheblicher Kritik reagiert wurde,[132] sprach sich der Vorsitzende *Versmann* doch dafür aus, die Vorschläge in der Senatssitzung aufzugreifen und auch in die Verhandlungen mit dem preußischen Vertreter *von Jordan* zu nehmen.[133]

Auch die weiteren Sitzungen beschäftigten sich weit überwiegend mit finanzpolitischen Fragen bzw. hier weniger relevanten Aspekten, sodass sie an dieser Stelle nicht weiter dargestellt werden sollen. Oftmals war der Bericht des Vorsitzenden *Versmann* von den Verhandlungen mit Preußen beinahe alleiniger Gegenstand der Protokolle.

III. Zwischenergebnis

Es bleibt daher festzuhalten, dass alleine die Anwesenheit von Handelskammermitgliedern in der gemeinsamen Kommission Ausdruck ihrer Bedeutung bei der einfachgesetzlichen Umsetzung der Freihafenfrage war. Auf diese Weise konnte sie sich auch zu Fragen äußern, die nicht explizit im untersuchten Gutachten aufgeführt waren. Das Protokoll weist zwar nicht aus, welches Mitglied wann und auf welche Weise Position bezog, jedoch kann *prima facie* bereits alleine das Mitwirken der Handelskammer in dieser so wichtigen Kommission als Nachweis der zentralen Stellung gesehen werden.

Der Umstand, dass sich die Kommission gleich zu Beginn ihrer Arbeit sehr ausführlich und umfassend mit dem Gutachten der Handelskammer auseinandersetzt, stützt diesen Befund ebenfalls. Dass die anderen Kommissionsmitglieder kritisch gegenüber den Vorschlägen eingestellt waren, steht als solches der Bedeutung der Handelskammer nicht entgegen. Hätte das Wort der Handels-

[130] StA HH 314-6 K5 Protokoll der Senats- und Bürgerschaftskommission, S. 29.
[131] StA HH 314-6 K5 Protokoll der Senats- und Bürgerschaftskommission, S. 30.
[132] StA HH 314-6 K5 Protokoll der Senats- und Bürgerschaftskommission, S. 30 ff.
[133] StA HH 314-6 K5 Protokoll der Senats- und Bürgerschaftskommission, S. 33 f.

kammer kein Gewicht gehabt, wäre auch nicht mit einer so umfassenden Befassung mit dem Gutachten zu rechnen gewesen. Dass die Vorschläge trotz des teils erheblichen Widerspruchs Eingang in die Verhandlungen mit Preußen fanden, ist ein klarer Nachweis dafür, dass die Stimme der Handelskammer von herausgehobener Bedeutung war, selbst dann, wenn der Senat im Grunde Zweifel an bestimmten Positionen der Handelskammer hegte.

F. Die Verhandlungen zwischen Hamburg und Preußen

I. Vorbemerkungen

Die Verhandlungen in den Jahren 1867 und 1868 wegen der Begrenzung des hamburgischen Freihafengebiets sind protokolliert und veröffentlicht. Sie umfassen – anders als der Titel andeutet – jedoch nicht nur die Verhandlungen zur Begrenzung des Freihafengebiets, sondern überdies auch Verhandlungen in Bezug auf die Einrichtung eines Hauptzollamtes sowie die Zollvereinsniederlagen und die Kostenfrage. Die Verhandlungen begannen am 2. November 1867 und wurden im April beendet, wobei die Protokolle soweit ersichtlich nur bis zur Sitzung am 4. März 1868 als Manuskript veröffentlicht sind; die für die hiesige Untersuchung zentralen Fragen wurden aber bereits hier verhandelt.[134] Aus den Senatsprotokollen wiederum ergibt sich immerhin teilweise, welchen Gegenstand diese letzten Verhandlungstage hatten und es scheint sich hierbei lediglich um Präzisierungen der vorherigen Vereinbarungen gehandelt zu haben, oder jedenfalls um solche Verhandlungsgegenstände, die für den hiesigen Untersuchungsgegenstand der Rolle der Handelskammer nicht relevant sind. Namentlich handelte es sich hierbei um Gegenstände wie bspw. die vor allem im März behandelte Kostenfrage[135] oder die Eisenbahneinrichtungen[136] oder aber die provisorischen Regelungen bis zur Fertigstellung sämtlicher Einrichtungen[137].[138] Dies gilt umso mehr, als der Senat bereits im März 1868 Anträge an die Bürgerschaft zwecks Begrenzung des Freihafengebiets stellte, und hierin herausstellte, dass die Verhandlungen ihren vorläufigen Abschluss erreicht hätten und die Antragsstellung beim Bundesrat demnächst geschehen werde.[139] Auch ein weiterer Antrag des Senats an die Bürgerschaft bestätigt dieses Urteil, da in diesem lediglich von Verhandlungen in Bezug auf die – in den veröffentlichten Protokollen der Ver-

[134] StA HH 111-1 VII Lit. K no. 13 Vol. 1 Fasc. 2 Protokolle über die Verhandlungen wegen der Begrenzung des hamburgischen Freihafengebietes 1867–1868, S. 3/46.
[135] StA HH 111-1 102244 Senatsprotokolle 1868 Bd. I, S. 591/628.
[136] StA HH 111-1 102245 Senatsprotokolle 1868 Bd. II, S. 223 ff.
[137] StA HH 111-1 102245 Senatsprotokolle 1868 Bd. II, S. 224 ff.
[138] Vgl. insbesondere StA HH 111-1 102245 Senatsprotokolle 1868 Bd. II, S. 221 ff.
[139] Verhandlungen zwischen Senat und Bürgerschaft im Jahre 1868 (1869), S. 123 f./127 ff.

handlungen noch ungeklärte – Frage der Kostentragung für die Einrichtung die Rede ist.[140]

Hamburg wurde bei den Verhandlungen von Senator *Versmann* vertreten[141] und dieser überwiegend von dem Ober-Zoll-Inspektor *Hoffmann* unterstützt. Der Sekretär der Deputation für Handel und Schifffahrt *Hargreaves* führte das Protokoll. Preußen entsandte den geheimen Ober-Finanz-Rat *von Jordan* unter Assistenz des Büro-Vorstehers *Walther*.[142] Diese Protokolle werden im Folgenden im Hinblick darauf ausgewertet, ob sich den Äußerungen der hamburgischen Vertreter entnehmen lässt, dass die Auffassungen der Handelskammer hier Berücksichtigung fanden, sodass die Hauptthese eine weitere Unterstützung finden könnte. Zudem dienen sie dem Verständnis des Zustandekommens der einfachgesetzlichen Regelungen.

II. Analyse der Verhandlungen

Den Verhandlungsunterlagen lässt sich an mehreren Stellen entnehmen, dass die hamburgischen Vertreter mit der Auffassung der Handelskammer nicht nur vertraut waren, sondern sich diese jedenfalls in Teilen auch zu eigen machten. Dies zeigt sich bereits an den Protokollen des ersten Verhandlungstages: Die hamburgischen Vertreter machten hier bspw. deutlich, dass die Frage der Einrichtung eines neuen Bahnhofes in unmittelbarem Zusammenhang mit der Freihafenfrage bzw. der Begrenzung des Freihafengebietes stehe und es daher notwendig sei, hierüber in Verhandlungen zu treten.[143] Dies deckt sich mit dem Hinweis der Handelskammer im Rahmen der Beantwortung von Frage V. im Gutachten: Hier wurde gerade auf diesen engen Zusammenhang der Fragen hingewiesen.[144] Dass die hamburgischen Vertreter also hierauf aufmerksam machten, darf bereits als erstes Indiz dafür gewertet werden, dass das Gutachten der Handelskammer Berücksichtigung fand. Ebenso wurde an selbigem Tag darauf hingewiesen, dass auch eine Verlegung der Zollabfertigungsstelle in Wittenberge in Betracht käme und dieses nunmehr weiter elbabwärts eingerichtet werden solle. Hier wurde überdies angemerkt, dass die Einzelheiten dieser Frage auch im Hinblick auf die Zukunft Bergedorfs im Zollverein zu betrachten seien.[145] Genauso hatte die Handelskammer argumentiert: Auch diese wies nicht nur daraufhin, dass eine Ver-

---

[140] Verhandlungen zwischen Senat und Bürgerschaft im Jahre 1868 (1869), S. 127 ff.

[141] StA HH 111-1 102240 Senatsprotokolle 1867 Bd. III, S. 416 f.

[142] Vgl. exemplarisch StA HH 111-1 VII Lit. K no. 13 Vol. 1 Fasc. 2 Protokolle über die Verhandlungen wegen der Begrenzung des hamburgischen Freihafengebietes 1867–1868, S. 7.

[143] StA HH 111-1 VII Lit. K no. 13 Vol. 1 Fasc. 2 Protokolle über die Verhandlungen wegen der Begrenzung des hamburgischen Freihafengebietes 1867–1868, S. 3.

[144] Gutachten betreffend die künftigen Verhältnisse des hiesigen Freihafengebiets (1867), S. 14 ff.

[145] StA HH 111-1 VII Lit. K no. 13 Vol. 1 Fasc. 2 Protokolle über die Verhandlungen wegen der Begrenzung des hamburgischen Freihafengebietes 1867–1868, S. 3 f.

legung des Zollamts in Wittenberge in die Nähe des Hauptzollamtes notwendig werde, sondern beschäftigte sich jedenfalls auch am Rande mit der Frage, inwieweit das Amt verlegt werden müsste, wenn der Freihafen bis Bergedorf ausgedehnt würde.[146] Mag man auch annehmen, dass diese Gesichtspunkte auch unabhängig von der Handelskammer thematisiert worden wären, so können diese in der Gesamtschau mit weiteren Punkten die Arbeitsthese dennoch stützen.

Ein weiterer ausgesprochen wichtiger Aspekt war die Behandlung des sogenannten Grenzgebietes bzw. namentlich der Einrichtung von Fabriken in anzuschließenden Gebieten der Stadt Hamburg. Auch hierzu äußerten sich die hamburgischen Vertreter gegenüber den preußischen bereits am ersten Verhandlungstag dahingehend, dass man davon ausgehe, dass der Betrieb von Fabriken bzw. der Verkehr und das Gewerbe in den anzuschließenden Gebieten nicht durch Zollgesetze behindert würde.[147] Diese Befürchtung entspricht den Darlegungen der Handelskammer im Hinblick auf das Grenzgebiet: Hier führte sie ausführlich die Beschwerlichkeiten auf, die in den sogenannten Grenzgebieten zu erwarten wären. Exemplarisch sei etwa auf das Recht der Hausdurchsuchungen hinzuweisen.[148] In der Folge der Verhandlungen wurde dieser Aspekt auch wiederholt thematisiert: So stellte der preußische Vertreter später einmal fest, dass die Bestimmungen, welche von hamburgischer Seite für den Geschäftsbetrieb als so erschwerend angesehen würden, in der Praxis keineswegs Schwierigkeiten bereiten würden. Überdies einigte man sich darauf, dass die Erleichterungen nach § 44a Zollgesetz auf die angeschlossenen hamburgischen Gebietsteile anwendbar sei, wonach diese nach den örtlichen Verhältnissen bestimmt werden. Überdies sicherte er zu, dass die Erleichterungen bereits auf Grundlage einer allgemeinen Ermächtigung, aber jedenfalls durch besondere Verfügung des Finanzministers gewährt würden.[149] Indem die hamburgischen Vertreter also dahingehend ihren Wunsch aussprachen, verfolgten sie das unmissverständlich geäußerte Interesse der Handelskammer, die vor solchen Beschwerlichkeiten gewarnt hatte und eröffnete sich hier einen weiteren Verhandlungsspielraum. Insofern darf auch dahingehend konstatiert werden, dass die angeführten Bedenken der Handelskammer berücksichtigt wurden und Eingang in die Verhandlungen fanden.

Besonders hervorzuheben ist schließlich auch das bereits umfangreich dargelegte Interesse der Handelskammer, den Hammerbrook an den Zollverein anzuschließen. Wenngleich diese im Grunde selbst daran Zweifel hegte,[150] ob ein

[146] Gutachten betreffend die künftigen Verhältnisse des hiesigen Freihafengebiets (1867), S. 12 f.

[147] StA HH 111-1 VII Lit. K no. 13 Vol. 1 Fasc. 2 Protokolle über die Verhandlungen wegen der Begrenzung des hamburgischen Freihafengebietes 1867–1868, S. 5.

[148] Gutachten betreffend die künftigen Verhältnisse des hiesigen Freihafengebiets (1867), S. 5 f.

[149] StA HH 111-1 VII Lit. K no. 13 Vol. 1 Fasc. 2 Protokolle über die Verhandlungen wegen der Begrenzung des hamburgischen Freihafengebietes 1867–1868, S. 13.

[150] Gutachten betreffend die künftigen Verhältnisse des hiesigen Freihafengebiets (1867), S. 13.

solcher Anschluss realisierbar war, so belegte dennoch beinahe das gesamte Gutachten die Bedeutung dieses Ansinnens. In den Verhandlungsprotokollen heißt es hierzu:

„Zunächst glaubte der hamburgische Bevollmächtigte ein von Einzelnen der Hamburger Kaufmannschaft ausgegangenes Project nicht unerwähnt lassen zu dürfen, nämlich die Zollvereinsgrenze von dem Neben-Zollamte Schiffbeck ab dadurch bis unmittelbar an die Stadtgrenze Hamburgs zu führen, daß die südliche Hälfte des s.g. Hammerbook dem Zollvereine einverleibt werde. Dieses Project sei unter dem Gesichtspunkte entstanden, in diesen anzuschließenden hamburgischen Gebietstheile Geschäfte mit zollvereinsländischen Fabrikaten, namentlich mit Manufacturwaaren zu etablieren und für das Zollvereinsgebiet arbeitende Fabriken anzulegen.

Der preußische Bevollmächtigte hob die Schwierigkeit der Ausführung dieses Projectes hervor, welches eine ausgedehnte und schwer zu bewachende Grenze schaffe und deshalb nicht im Interesse einer Grenzregulierung sondern nur im Interesse derjenigen Gewerbetreibenden liegen könne, die in dem betreffenden Gebietstheile die Anlage von Geschäften und Fabriken beabsichtigen.“[151]

Diese Passage der Protokolle stellt also das Herzstück der Untersuchung in diesem Abschnitt dar. Sie beweist gleich mehrere Aspekte. Zum einen wird deutlich, dass die Interessen der Kaufmannschaft, vertreten durch die Handelskammer, offen kommuniziert wurden. *Versmann* kümmerte sich also um die Interessen der Handelskammer und nahm trotz einer bereits vorab absehbaren Ablehnung des Anliegens und seinen eigenen Zweifeln an dem Vorschlag[152] nicht davon Abstand, diese auch darzulegen. Wenngleich das Gewicht dieses Wunsches natürlich dadurch eingeschränkt wurde, dass der hamburgische Vertreter offenlegte, dass dieser von Einzelnen der Kaufmannschaft stammte. Zugunsten der Darstellung muss jedoch zugestanden werden, dass auch innerhalb der gemeinschaftlichen Kommission erhebliche Zweifel an der Auffassung der Handelskammer geltend gemacht wurden,[153] sodass die dahin gehende Einschränkung durchaus nachvollziehbar erscheint. Richtigerweise wies *Versmann* auch darauf hin, dass hiervon die Manufakturwarenhändler profitieren würden. Dass diese so zentrale Forderung dennoch den Weg in die offiziellen Verhandlungen mit Preußen fand – und das gleich am ersten Verhandlungstage – kann also als großer Erfolg im Sinne der Interessen der Handelskammer verstanden werden.

Zugleich beweist der Ausschnitt aber auch noch eine zweite wesentliche Erkenntnis: Es lag nicht an der mangelnden Bereitschaft des Senats, den Vorschlag der Handelskammer, den Hammerbrook anzuschließen, zu verfolgen. Dieser war zwar kritisch aber wohl noch ergebnisoffen.[154] Vielmehr war es Preußen,

[151] StA HH 111-1 VII Lit. K no. 13 Vol. 1 Fasc. 2 Protokolle über die Verhandlungen wegen der Begrenzung des hamburgischen Freihafengebietes 1867–1868, S. 5.

[152] S. dazu nochmals StA HH 314-6 K5 Protokoll der Senats- und Bürgerschaftskommission, S. 9 f.

[153] StA HH 314-6 K5 Protokoll der Senats- und Bürgerschaftskommission, S. 6 ff.

[154] S. dazu Abschnitt „Die Arbeit der gemeinschaftlichen Kommission“.

welches den Anschluss verhinderte. Denn der preußische Vertreter ging von einer schwierigen Grenzbewachung aus und sah überdies in dem Vorhaben die bloße Unterstützung von Partikularinteressen, wohingegen die Grenzziehung vielmehr im Interesse der Grenzregulierung stattzufinden habe.[155] Gleiches bestätigte sich auch in den folgenden Verhandlungen, als man hamburgischerseits etwa zugunsten einzelner Fabriken eine veränderte Grenzziehung bevorzugte und Preußen deutlich darauf verwies, dass derartige Partikularinteressen nicht berücksichtigungsfähig seien.[156] Insofern machte Preußen dem Vorhaben den Garaus. Zwar wäre es denkbar gewesen, dass *Versmann* hier auf die weiteren Vorteile einer entsprechenden Grenzziehung hinweist – was womöglich durchaus geschehen, aber nicht protokolliert ist – jedoch war die Position Preußens hier so eindeutig, dass auch ein weiterer Überzeugungsversuch wenig aussichtsreich erschien. Überdies teilten nach dem Protokoll auch die seitens des Senats zum Bericht aufgeforderten Techniker und Lokalbeamten mit, dass eine abweichende Grenzziehung im Sinne der Sicherheit und Bewachbarkeit am vorteilhaftesten wäre.[157] Hiermit wird das Gutachten der Deputation für Handel und Schifffahrt gemeint gewesen sein. Insofern dürfte die Auffassung Preußens auch *Versmann* nicht überrascht haben und bot daher keine Veranlassung, dahingehend weiter zu argumentieren.

Dass der hamburgische Vertreter im Anschluss hieran aussprach, dass der Eisenbahnhof wohl auf dem Grasbrook zu errichtet würde,[158] darf mithin ebenfalls nicht zwingend als Abkehr von der Position der Handelskammer gewertet werden, sondern ist vor dem Hintergrund zu sehen, dass der Wunsch derselben, den Bahnhof auf dem Hammerbrook zu platzieren, angesichts der Haltung Preußens nicht mehr weiter verfolgbar erschien. Aber auch hier wurde das von der Handelskammer angesprochene[159] Platzproblem auf dem Grasbrook bereits thematisiert, sodass jedenfalls in dieser Beziehung die Handelskammer mit den Bedenken durchdrang.[160]

Schließlich wurde auch das weitere – ebenfalls sehr bedeutende – Thema der Zollvereinsniederlagen angesprochen. Angesichts der unmissverständlichen Auffassung Preußens gegenüber dem Anschluss des Hammerbrooks konnte auch hier nicht mehr damit gerechnet werden, dass *Versmann* diesen Ort vor-

---

[155] StA HH 111-1 VII Lit. K no. 13 Vol. 1 Fasc. 2 Protokolle über die Verhandlungen wegen der Begrenzung des hamburgischen Freihafengebietes 1867–1868, S. 5.

[156] StA HH 111-1 VII Lit. K no. 13 Vol. 1 Fasc. 2 Protokolle über die Verhandlungen wegen der Begrenzung des hamburgischen Freihafengebietes 1867–1868, S. 9 und auch 17 f.

[157] StA HH 111-1 VII Lit. K no. 13 Vol. 1 Fasc. 2 Protokolle über die Verhandlungen wegen der Begrenzung des hamburgischen Freihafengebietes 1867–1868, S. 9.

[158] StA HH 111-1 VII Lit. K no. 13 Vol. 1 Fasc. 2 Protokolle über die Verhandlungen wegen der Begrenzung des hamburgischen Freihafengebietes 1867–1868, S. 5.

[159] Gutachten betreffend die künftigen Verhältnisse des hiesigen Freihafengebiets (1867), S. 15 f.

[160] StA HH 111-1 VII Lit. K no. 13 Vol. 1 Fasc. 2 Protokolle über die Verhandlungen wegen der Begrenzung des hamburgischen Freihafengebietes 1867–1868, S. 5.

schlug. Vielmehr sprach er sich wie schon in der Sitzung der gemeinschaftlichen Kommission für die Sternschanze als vorzugswürdigen Platz aus.[161] Hierbei hob er die Notwendigkeit liberaler Bestimmungen hervor. Wörtlich heißt es, dass dort

> „die freieste Bewegung in den Niederlageräumen nothwendig sei und deshalb die Interessen des Zollvereins lediglich durch eine Beaufsichtigung von Außen und Errichtung einer Abfertigungsstelle am Eingange Behufs der Abfertigung zur und aus der Niederlage zu wahren sein würden, während die Niederlageräume selbst und der Platz auf dem solche errichtet, durch eine Umfassungsmauer mit der nöthigen Schutzwehr zu versehen seien."[162]

Auch hiermit folgte *Versmann* der Forderung der Handelskammer, Zollvereinsniederlagen zur freien Wiederein- und -ausfuhr anzustreben.[163] Insofern darf auch dieser Aspekt als Erfolg unter der Prämisse des nicht erreichbaren Anschlusses des Hammerbrooks aufgefasst werden.

Die Sitzungen vom 21. Januar bis zum 30. selbigen Monats waren im Hinblick auf die Begrenzung des Freihafengebiets im Südosten der Stadt die relevantesten, da diese hier im Wesentlichen festgelegt wurden.[164] Dabei wurden einige Detailregelungen besprochen, die jedoch – abgesehen von den bereits erwähnten Zusagen im Hinblick auf das Grenzgebiet – für die hiesige Untersuchung überwiegend nur eine untergeordnete Relevanz haben. Der Vorschlag *Versmanns* in Bezug auf die Grenzziehung folgte hierbei nach den Protokollen den Ansichten der hamburgischen Techniker und Lokalbeamten, die zu einer Stellungnahme aufgefordert worden waren.[165] Die vorläufige Grenzziehung sollte – unter dem Vorbehalt der Zustimmung Berlins – auch im Senat gebilligt werden und man wollte zunächst darauf verzichten, die Bürgerschaft hierüber abstimmen zu lassen.[166]

Die Frage der Kosten der Zollämter sowie die Zollvereinsniederlagen wurden im Hinblick auf die grundsätzlichen Positionen zunächst am Verhandlungstag des 15. Februar 1868 behandelt. Zu dieser Frage hatte sich die Handelskammer in ihrem Gutachten zwar nicht geäußert, stellte jedoch in der gemeinschaftlichen Kommission fest, dass sie von einer Übernahme der Kosten durch den Bund ausgehe.[167] Diese Auffassung fand auch Niederschlag in den untersuchten Ver-

---

[161] StA HH 314-6 K5 Protokoll der Senats- und Bürgerschaftskommission, S. 9 f.

[162] StA HH 111-1 VII Lit. K no. 13 Vol. 1 Fasc. 2 Protokolle über die Verhandlungen wegen der Begrenzung des hamburgischen Freihafengebietes 1867–1868, S. 6.

[163] Vgl. Abschnitt „Nachdrücklicher Hinweis auf die Position" sowie Schreiben an Senat und an die Kaufleute, abgedruckt in: Zwanzig Gutachten in Bezug auf Hamburgs künftiges Verhältnis zum Zollverein (1867), S. VI/VIII.

[164] StA HH 111-1 VII Lit. K no. 13 Vol. 1 Fasc. 2 Protokolle über die Verhandlungen wegen der Begrenzung des hamburgischen Freihafengebietes 1867–1868, S. 8 ff.

[165] StA HH 111-1 VII Lit. K no. 13 Vol. 1 Fasc. 2 Protokolle über die Verhandlungen wegen der Begrenzung des hamburgischen Freihafengebietes 1867–1868, S. 9.

[166] StA HH 111-1 102244 Senatsprotokolle 1868 Bd. I, S. 207/240 ff.

[167] StA HH 314-6 K5 Protokoll der Senats- und Bürgerschaftskommission, S. 6.

handlungsprotokollen.[168] Hierbei wurde insbesondere auf die Behandlung Bremens verwiesen und seitens Hamburgs versucht, diese für sich nutzbar zu machen, während Preußen die Vergleichbarkeit abstritt.[169] Im Hinblick auf die Zollvereinsniederlagen verlangte Preußen etwa, dass die Bauten teils unmittelbar von den Benutzern hergestellt oder jedenfalls finanziert würden.[170]

Die Verhandlungen zu dem Hauptzollamt und den Zollvereinsniederlagen selbst – und nicht deren Kosten – wurden hingegen nicht protokolliert, sondern lediglich das Resultat derselben nach Anhörung von Sachverständigen und Begutachtung der Lokalitäten.[171] In der Senatssitzung legte *Versmann* dar, dass der Vorschlag einer Zollvereinsniederlage auf der Sternschanze „den Beifall des preußischen Bevollmächtigten"[172] gefunden hätte, wenngleich auch Gegenkonzessionen im Hinblick auf die Salzsteuer gefordert worden seien.[173] Auch hätte Hamburg die Kosten der Einrichtungen zu tragen.[174] Hierzu erklärte sich der Senat – unter bestimmten Voraussetzungen – dann jedenfalls in Teilen bereit und beabsichtigte ferner, das notwendige Gebiet zur Verfügung zu stellen.[175]

Beide Parteien konnten sich außerdem auch auf die Einrichtung eines Hauptzollamts in Hamburg verständigen und die Aufgaben wurden – beinahe wortwörtlich übereinstimmend – entsprechend der späteren gesetzlichen Regularien in den Verhandlungsprotokollen niedergeschrieben.[176] Im Hinblick auf die Örtlichkeit des Hauptzoll-Amtes kam man überein, dass dieses in der Nähe der Bahnhöfe gelegen sein solle. Auch die näheren Regularien für das – in dieser Untersuchung unberücksichtigte – Fahr-Post-Amt sowie die Zollabfertigung auf den Bahnhöfen wurden festgelegt.[177] Die Abwicklung der Elbschifffahrt sollte zwar noch in der Nähe der Stadt, jedoch nicht wie von der Handelskammer gewünscht auf dem Graasbrook,[178] sondern auf dem Entenwärder, östlich von Rothenburgsort, stattfinden.[179] Insofern wurde die Abfertigung zwar näher an

[168] StA HH 111-1 VII Lit. K no. 13 Vol. 1 Fasc. 2 Protokolle über die Verhandlungen wegen der Begrenzung des hamburgischen Freihafengebietes 1867–1868, S. 23 ff.

[169] StA HH 111-1 VII Lit. K no. 13 Vol. 1 Fasc. 2 Protokolle über die Verhandlungen wegen der Begrenzung des hamburgischen Freihafengebietes 1867–1868, S. 25.

[170] StA HH 111-1 VII Lit. K no. 13 Vol. 1 Fasc. 2 Protokolle über die Verhandlungen wegen der Begrenzung des hamburgischen Freihafengebietes 1867–1868, S. 26.

[171] StA HH 111-1 VII Lit. K no. 13 Vol. 1 Fasc. 2 Protokolle über die Verhandlungen wegen der Begrenzung des hamburgischen Freihafengebietes 1867–1868, S. 27 ff.

[172] StA HH 111-1 102244 Senatsprotokolle 1868 Bd. I, S. 243.

[173] StA HH 111-1 102244 Senatsprotokolle 1868 Bd. I, S. 244.

[174] StA HH 111-1 102244 Senatsprotokolle 1868 Bd. I, S. 373/437.

[175] StA HH 111-1 102244 Senatsprotokolle 1868 Bd. I, S. 455/584.

[176] StA HH 111-1 VII Lit. K no. 13 Vol. 1 Fasc. 2 Protokolle über die Verhandlungen wegen der Begrenzung des hamburgischen Freihafengebietes 1867–1868, S. 28.

[177] StA HH 111-1 VII Lit. K no. 13 Vol. 1 Fasc. 2 Protokolle über die Verhandlungen wegen der Begrenzung des hamburgischen Freihafengebietes 1867–1868, S. 28 ff.

[178] Gutachten betreffend die künftigen Verhältnisse des hiesigen Freihafengebiets (1867), S. 12.

[179] StA HH 111-1 VII Lit. K no. 13 Vol. 1 Fasc. 2 Protokolle über die Verhandlungen wegen der Begrenzung des hamburgischen Freihafengebietes 1867–1868, S. 31.

die Stadt gerückt und nicht nach Billwärder – wie zunächst seitens der Handelskammer befürchtet[180] – verlegt, jedoch war weiterhin eine Revision der Waren notwendig, wenngleich die Parteien vereinbarten, dass die Kapazitäten hierfür bei Bedarf von zwölf Kähnen zur selben Zeit auf das doppelte erweitert werden könnten.[181] Auch die Prognose der Handelskammer,[182] dass die Elbzölle abgeschafft würden, schlägt sich in der Forderung seitens *Versmann* in den Protokollen nieder, da die Verlegung der Abfertigung unter die Voraussetzung der Abschaffung dieser Zölle gestellt wurde[183].

Im Hinblick auf die Zollvereinsniederlagen enthalten die Protokolle ebenfalls eine wichtige Erkenntnis. Wie bereits dargestellt wurde, waren es insbesondere die Manufakturwarenhändler, die sich gegen den Freihafen ausgesprochen hatten. Dank der von der Handelskammer eingeholten und an den Senat weitergeleiteten Gutachten[184] wurde dies auch dem Senat bekannt. Die Handelskammer sprach sich in ihrem Anschreiben vor diesem Hintergrund für die Einrichtung von Zollvereinsniederlagen aus.[185] Diese sollten – wie sie mehrfach betonte[186] – so liberal wie möglich ausgestaltet werden. In Bezug auf die möglichst liberalen Regularien der Zollvereinsniederlagen führte der hamburgische Vertreter ferner aus:

> „In den Niederlagen selbst wird den dort in abgesonderten Räumen ihre Läger haltenden Geschäftsleuten und deren Angestellten, sowie den die Läger besuchenden meistens auswärtigen Einkäufern die freieste Bewegung gestattet, namentlich werden sämmtliche für die Lagerung, Behandlung, Theilung und Verpackung der Waaren erforderlichen Arbeiten von dem Niederleger selbst oder dessen Angestellten ausgeführt."[187]

Hiermit sollte eine zentrale Voraussetzung geschaffen werden, um den Manufakturwarenhandel zu erhalten. Oft wurde befürchtet, dass solche Arbeiten nicht durch die Händler selbst durchgeführt werden würde.[188] Auch die Bearbeitung der Waren im dargestellten Umfange sollte möglich sein, was ebenfalls eine große Bedeutung für die jeweils Betroffenen hatte und auch in dem untersuchten Gut-

[180] Gutachten betreffend die künftigen Verhältnisse des hiesigen Freihafengebiets (1867), S. 12.

[181] StA HH 111-1 VII Lit. K no. 13 Vol. 1 Fasc. 2 Protokolle über die Verhandlungen wegen der Begrenzung des hamburgischen Freihafengebietes 1867–1868, S. 31.

[182] Gutachten betreffend die künftigen Verhältnisse des hiesigen Freihafengebiets (1867), S. 10.

[183] StA HH 111-1 VII Lit. K no. 13 Vol. 1 Fasc. 2 Protokolle über die Verhandlungen wegen der Begrenzung des hamburgischen Freihafengebietes 1867–1868, S. 32.

[184] Vgl. das Schreiben an den Senat: SHWA, Safebestand der Commerzbibliothek, S/599 Protokolle 1866, S. 271.

[185] SHWA, Safebestand der Commerzbibliothek, S/599 Protokolle 1867, S. 271.

[186] Vgl. bspw. SHWA, Safebestand der Commerzbibliothek, S/599 Protokolle 1868, S. 51.

[187] StA HH 111-1 VII Lit. K no. 13 Vol. 1 Fasc. 2 Protokolle über die Verhandlungen wegen der Begrenzung des hamburgischen Freihafengebietes 1867–1868, S. 33.

[188] Vgl. StA HH 111-1 VII Lit. K no. 13 Vol. 1 Fasc. 2 Beleuchtung der 20 Gutachten der Freihafenpartei (1867), S. 5.

achten der Handelskammer wiederholt zum Ausdruck kam, indem diese möglichst keine Beschränkungen in den Zollvereinsniederlagen wünschten.[189] Später wurde die Möglichkeit der Verarbeitung im Hinblick auf die Zeugstoffe sogar noch erweitert, sodass diese zu Endprodukten weiterverarbeitet werden durften.[190] Auch im Hinblick auf die sonstigen Modalitäten – etwa die maximale Lagerzeit – war *Versmann* bestrebt, dass keine Beschränkungen Anwendung finden sollten. Gleiches galt auch im Hinblick auf die Waren als solche, wonach im Prinzip alle Gegenstände lagerfähig waren, die nicht aus Sicherheitsaspekten speziell ausgeschlossen wurden.[191] All diese Punkte zeigen, dass man tatsächlich versuchte, so wenige Beschränkungen wie nur möglich im Hinblick auf die Zollvereinsniederlagen zu etablieren und damit die Anforderungen der Handelskammer zu erfüllen.

Besonders bedeutend für die vorliegende Arbeit ist der Vermerk in den Protokollen, dass die Grundzüge „unter Theilnahme des Mitgliedes der hiesigen Handelskammer [...] Hinrichsen"[192] entwickelt worden waren. Mag man trotz aller zuvor dargelegten Nachweise für die Bedeutung der Handelskammer noch Zweifel hieran gehegt haben, so zeigt die Einbeziehung eines Handelskammermitglieds doch nachdrücklich, welches Gewicht der Stimme der Handelskammer in Hamburg zukam. Die preußische Seite zeigte sich mit diesen Vorschlägen sodann nur unter der Voraussetzung einverstanden, dass die Zollvereinsniederlagen tatsächlich als Zollvereinsgebiet angesehen würden.[193]

G. Weiteres Agieren im Hinblick auf die einfachgesetzliche Umsetzung

Nachdem die Handelskammer umfangreich in den Prozess der Kommissionsarbeit einbezogen worden war und sich die verschiedenen Ansichten auch in den Verhandlungen mit Preußen niedergeschlagen hatten, zeigte sich im Jahr 1868 im Hinblick auf die verschiedenen hier behandelten Punkte nur noch wenig Handlungsbedarf. Von der angesprochenen Vollzugskommission wurden die Verhand-

[189] Gutachten betreffend die künftigen Verhältnisse des hiesigen Freihafengebiets (1867), S. 8.

[190] S. zur ursprünglichen Regelung ohne diese Ausnahme SHWA, Safebestand der Commerzbibliothek, S/599 Protokolle 1868 Handelskammer Protokolle 1868 Anlage No. 260 Separatabdruck aus den Protokollen über die Verhandlungen wegen der Begrenzung des hamburgischen Freihafengebiets S. 9.

[191] StA HH 111-1 VII Lit. K no. 13 Vol. 1 Fasc. 2 Protokolle über die Verhandlungen wegen der Begrenzung des hamburgischen Freihafengebietes 1867–1868, S. 33.

[192] StA HH 111-1 VII Lit. K no. 13 Vol. 1 Fasc. 2 Protokolle über die Verhandlungen wegen der Begrenzung des hamburgischen Freihafengebietes 1867–1868, S. 33.

[193] StA HH 111-1 VII Lit. K no. 13 Vol. 1 Fasc. 2 Protokolle über die Verhandlungen wegen der Begrenzung des hamburgischen Freihafengebietes 1867–1868, S. 33.

lungsergebnisse nun umgesetzt, und zwar ohne große Änderungen.[194] Lediglich einzelne Fragen der genauen Organisation der Verwaltung blieben noch offen und wurden auch innerhalb der Handelskammer diskutiert. Im Hinblick auf das Hauptzollamt hingegen wurde die Handelskammer seitens des Senats im Oktober 1868 aufgefordert, explizit Stellung zu dem Gesetzesentwurf des Regulativs für das Abfertigungs-Verfahren bei dem zollvereinsländischen Haupt-Zoll-Amte zu Hamburg zu nehmen.[195] Diesem Ersuchen kam die Handelskammer auch nach, verwies jedoch auf die knappe zur Verfügung stehende Zeit.[196] Inhaltlich zeigte sich die Handelskammer im Prinzip einverstanden mit den ihr vorgelegten Regelungen und gab lediglich einige Hinweise bspw. auf ein redaktionelles Versehen.[197] Sie machte auch einige Verbesserungsvorschläge, die aber eher Bemerkungen als Forderungen waren. Die redaktionellen Hinweise wurden umgesetzt, die Verbesserungsvorschläge nicht.[198]

Dennoch zeigt auch dieser Ablauf erneut, dass die Handelskammer selbst bei der finalen Umsetzung im Sinne des Abfertigungs-Verfahrens konsultiert wurde, um ihre sachverständige Sichtweise zu hören.

H. Zwischenfazit

Der Vergleich zwischen Gutachten und Rechtslage hat ergeben, dass die Wünsche der Handelskammer weitestgehend nicht erfüllt wurden. Jedoch bestätigte sich, dass die Umsetzung nicht am Willen des Senats, sondern vielmehr an Preußen scheiterte.[199] Die Protokolle der Verhandlungen zur Begrenzung des hamburgischen Freihafengebietes beweisen nachdrücklich, dass die Positionen und Bedenken der Handelskammer vom Senat gehört und aufgenommen worden waren.[200] Außerdem stellte der hamburgische Vertreter gleich zu Beginn der Verhandlungen den Wunsch der Handelskammer nach der Einbeziehung des Hammerbrooks in den Zollverein dar. Alleine dieser Umstand zeigt, dass der Einfluss der Handelskammer auf die einfachgesetzliche Umsetzung nicht zu unterschätzen ist. Auch die weiteren herausgearbeiteten Anknüpfungspunkte stützen diesen Befund: Angefangen bei dem Zusammenhang zwischen der Errichtung des neuen

---

194 StA HH 111-1 102244 Senatsprotokolle 1868 Bd. I, S. 177 ff.

195 SHWA, Safebestand der Commerzbibliothek, S/599 Protokolle 1869 Anlage No. 348 Schreiben des Senats v. 9. Oktober.

196 SHWA, Safebestand der Commerzbibliothek, S/599 Protokolle 1868, S. 216.

197 SHWA, Safebestand der Commerzbibliothek, S/599 Protokolle 1868, S. 217.

198 Gesetzessammlung der Freien und Hansestadt Hamburg 1869, Bd. 5 (1870), S. 359 ff.; s. im Kontrast dazu SHWA, Safebestand der Commerzbibliothek, S/599 Protokolle 1869 Anlage No. 348 Schreiben des Senats v. 9. Oktober.

199 S. dazu StA HH 111-1 VII Lit. K no. 13 Vol. 1 Fasc. 2 Protokolle über die Verhandlungen wegen der Begrenzung des hamburgischen Freihafengebietes 1867–1868, S. 5.

200 S. dazu StA HH 111-1 VII Lit. K no. 13 Vol. 1 Fasc. 2 Protokolle über die Verhandlungen wegen der Begrenzung des hamburgischen Freihafengebietes 1867–1868, S. 5.

Bahnhofes[201] und dem Freihafengebiet, über die Frage der Zukunft einer Zollabfertigungsstelle in Wittenberge[202], bis hin zur Bedeutung des Grenzgebietes[203]. Gerade letzteres wurde ausführlich in dem Gutachten der Handelskammer thematisiert und fand ebenso umfangreich Eingang in die Verhandlungen mit Preußen. Schließlich lässt sich auch an der Behandlung der Zollvereinsniederlagen[204] ablesen, dass der hamburgische Vertreter das Gutachten der Handelskammer sowie die von der Handelskammer angeforderten und an den Senat weitergeleiteten Gutachten sorgfältig studiert hatte: Der Vertreter trat ebenso wie die Handelskammer für eine möglichst freie Bewegung innerhalb der Niederlagen ein und nannte sogar namentlich das Manufakturwarengeschäft als zentrale Profiteure derselben. Diese Erkenntnis wäre jedenfalls in der Tiefe aller Voraussicht nach ohne Lektüre der veröffentlichten Gutachten nicht ohne weiteres möglich gewesen. Auch die verschiedenen Handlungen wie Teilung, Verpackung etc. sollten nach Auffassung der hamburgischen Vertreter in den Zollvereinsniederlagen möglich sein, was ebenfalls Ausdruck der sorgfältigen Lektüre der veröffentlichten Gutachten ist, da die jeweiligen Gutachter darauf großen Wert legten.[205] Die Einbeziehung der Handelskammer[206] in die Vereinbarung über die Modalitäten der Zollvereinsniederlagen lässt sich ebenso als Nachweis für deren Bedeutung sehen.

Neben den Verhandlungen mit Preußen zeigt sich aber auch an den Protokollen der gemeinschaftlichen Kommission die Bedeutung der Handelskammer. Das bezeugt einerseits die bloße Anwesenheit der Handelskammer in einer so zentralen Kommission[207] und die Möglichkeit, die Positionen Hamburgs gemeinschaftlich festzulegen. Andererseits bestätigt es aber auch die inhaltliche Beteiligung: So wurde das Gutachten hier sehr umfassend vorgestellt und sodann ausführlich in der Kommission debattiert,[208] was schließlich auch dazu führte, dass es Eingang in die Verhandlungen mit Preußen fand. Außerdem ist davon auszugehen, dass die Handelskammer sich auch bei sämtlichen anderen Aspekten aktiv beteiligte. Jedoch kann dies nicht verifiziert werden, da es in den Protokollen keine Hinweise darauf gibt, welche Redebeiträge von welchen Mitgliedern stammten.

---

[201] StA HH 111-1 VII Lit. K no. 13 Vol. 1 Fasc. 2 Protokolle über die Verhandlungen wegen der Begrenzung des hamburgischen Freihafengebietes 1867–1868, S. 3.

[202] StA HH 111-1 VII Lit. K no. 13 Vol. 1 Fasc. 2 Protokolle über die Verhandlungen wegen der Begrenzung des hamburgischen Freihafengebietes 1867–1868, S. 3 f.

[203] StA HH 111-1 VII Lit. K no. 13 Vol. 1 Fasc. 2 Protokolle über die Verhandlungen wegen der Begrenzung des hamburgischen Freihafengebietes 1867–1868, S. 5.

[204] StA HH 111-1 VII Lit. K no. 13 Vol. 1 Fasc. 2 Protokolle über die Verhandlungen wegen der Begrenzung des hamburgischen Freihafengebietes 1867–1868, S. 6.

[205] S. dazu im Ganzen Abschnitt „Die Auswirkungen des Freihafens auf die einzelnen Branchen".

[206] StA HH 111-1 VII Lit. K no. 13 Vol. 1 Fasc. 2 Protokolle über die Verhandlungen wegen der Begrenzung des hamburgischen Freihafengebietes 1867–1868, S. 33.

[207] StA HH 314-6 K5 Protokoll der Senats- und Bürgerschaftskommission, S. 1.

[208] StA HH 314-6 K5 Protokoll der Senats- und Bürgerschaftskommission, S. 3 ff.

Zusammengefasst könnte man sagen, dass die Handelskammer nicht sonderlich erfolgreich war, wenn man lediglich auf das gesetzlich fixierte Ergebnis der Verhandlungen abstellt. Denn Preußen war zwar in der Freihafenfrage entgegenkommend, zeigte sich bei der einfachgesetzlichen Umsetzung jedoch weniger flexibel. Stellt man sich jedoch die Frage nach der Bedeutung/Rolle der Handelskammer in der gesamten Diskussion und insbesondere in Bezug auf die hamburgische Politik, so muss doch festgestellt werden, dass der Senat die Publikationen der Handelskammer und mithin auch die Positionen sehr genau studierte und in berücksichtigte. Und auch über das Gutachten hinaus wurde die Handelskammer bspw. bei der Frage der Zollvereinsniederlagen konsultiert und in die entscheidenden Prozesse – etwa durch Teilnahme an den Kommissionssitzungen – miteinbezogen.

Kapitel 10

Ergebnis

A. Hauptthese: Die Handelskammer als prägende Gestalt in der Debatte um den Freihafen

I. Die Rolle der Handelskammer in der Freihafenfrage

Die eingangs aufgestellte These, dass die Handelskammer in der Debatte um die Frage, ob Hamburg überhaupt ein Freihafen bleiben soll, als prägende Gestalt in der hamburgischen Politik gesehen werden kann, bestätigte sich durch die Untersuchung. Sie trug entscheidend dazu bei, dass der Antrag nach Art. 34 der Verfassung des Norddeutschen Bundes nicht gestellt wurde und Hamburg mit seinem wirtschaftlich bedeutenden Teil der Stadt außerhalb des Zollvereins blieb.

Im Gegensatz zum Senat war die Handelskammer bestrebt, das notwendige Tatsachenmaterial frühzeitig zusammenzutragen, um zu einer rechtzeitigen, fundierten Entscheidung in der Freihafenfrage zu gelangen.[1] Erst nachdem eine große Zahl von Gutachten bei der Handelskammer eingegangen waren und diese weit überwiegend für die Beibehaltung des Freihafens votierten, sprach man sich auch seitens der Handelskammer für den Freihafen aus.[2] Die Gutachten wurden dann Ende Dezember 1866 an den Senat weitergeleitet und diesem die eigene Position in aller Deutlichkeit mitgeteilt.[3] Mithin lagen dem Senat schon kurz nach Beginn der Gesandtenkonferenz die notwendigen wirtschaftlichen Informationen vor, wenngleich bereits zuvor informelle Gespräche zwischen der Handelskammer und dem Senat geführt wurden[4].

Dass dem Gutachtenmaterial und der Auffassung der Handelskammer bei der Positionierung des Senats ein besonderes Gewicht zukam, ergibt sich aus mehreren Gründen: Entgegen den eigenen öffentlichen Äußerungen des Senats[5] und der Rezeption in der Literatur[6] konnte gezeigt werden, dass auch innerhalb des Senats eine anfängliche Ungewissheit darüber bestand, ob eine Beibehaltung des Freihafenstatus überhaupt sinnvoll wäre.[7] Indem der Senat sein Festhalten am

---

[1] SHWA, Safebestand der Commerzbibliothek, S/599 Protokolle 1866, S. 205 f.

[2] SHWA, Safebestand der Commerzbibliothek, S/599 Protokolle 1866, S. 255..

[3] S. Abschnitt „Das Schreiben an den Senat".

[4] SHWA, Safebestand der Commerzbibliothek, S/599 Protokolle 1866, S. 235.

[5] StA HH 111-1 I Lit. T no. 1 Vol. 2b Senatsantrag v. 20.9.1867, S. 382.

[6] *Budach*, Hamburg und der Norddeutsche Bund (1935), S. 51.

[7] S. dazu ausführlich Abschnitt „Kapitel 8: Rezeption der Zollanschlussdiskussion in

Freihafen damit begründete, dass weder die Handelskammer noch die Bürgerschaft den Freihafen infrage stellten, sondern als entschieden betrachten,[8] räumte er selbst ein, dass das Votum der Handelskammer ganz entscheidend für ihn war. Denn im Umkehrschluss folgt aus dieser Aussage, dass der Senat auch den Zollanschluss intensiver debattiert hätte, wenn sich denn die Handelskammer anders positioniert hätte. Zudem ist zu berücksichtigen, dass das statistische Zahlenmaterial wohl unzureichend war, um eine Aussage im Hinblick auf die Freihafenfrage treffen zu können.[9] Deshalb war das von der Handelskammer eingeholte Gutachtenmaterial auch für den Senat erforderlich, damit dieser eine fundierte Einschätzung in der Freihafenfrage treffen konnte. Daraus folgt, dass der Auffassung der Handelskammer bzw. dem von ihr übersandten Material bereits deshalb eine prägende Rolle zukam und sie daher die Auffassung des Senats zugunsten des Freihafens entscheidend (mit-)bestimmte.

Dass die Handelskammer zusätzlich die repräsentativsten Gutachten, welche sich zugunsten des Freihafens aussprachen, veröffentlichen ließ,[10] nachdem die Zollanschlussbefürworter publizistisch tätig geworden waren und Teile der bei der Handelskammer eingegangenen Gutachten zugunsten des Zollanschlusses veröffentlicht hatten, stützt die These ebenfalls. Denn auch wenn der Senat nunmehr am Freihafen festhielt, so galt es dennoch, die Zollanschlussbefürworter nicht die argumentative Oberhand in der öffentlichen Debatte gewinnen zu lassen. Andernfalls hätte die Gefahr bestanden, dass der politische Druck auf den Senat, doch den Antrag nach Art. 34 zu stellen, gewachsen wäre. Hierzu hätte es ohne die Veröffentlichung der Gutachten zugunsten des Freihafens durchaus kommen können. Denn ebenso wie für Senat und Handelskammer musste es mangels hinreichenden Datenmaterials auch für die Bevölkerung zunächst eine Herausforderung gewesen sein, in der Freihafenfrage eine fundierte Auffassung zu finden. Indem die Handelskammer das Gutachten-Material in einem bedeutsamen Umfang veröffentlichte[11] und damit nicht nur die Gutachten zugunsten eines Zollanschlusses bekannt waren, trug sie sowohl zu einer weitgehenden Transparenz bei als auch zu einer Absicherung des Freihafens in der öffentlichen Debatte.

Im Reichstag hingegen hielt sich das gewählte Handelskammermitglied zurück. Angesichts der überzeugenden Reden der anderen Abgeordneten zugunsten des Freihafens sowie *Bismarcks* Unterstützung war jedoch nicht ernsthaft mit einer Ablehnung des Verfassungsentwurfs zu rechnen gewesen. Mithin bedurfte

---

Hamburg" sowie insbesondere auch StA HH 111-1 102234 Senatsprotokolle 1866 Bd. IV, S. 165 f./407.

[8] StA HH 111-1 I Lit. T no. 1 Vol. 2b Senatsantrag v. 20.9.1867, S. 382.

[9] S. dazu Abschnitt „Der Hamburger Handel im Allgemeinen"; *Lehmann*, Der Hamburger Freihafen von der Gründung des Norddeutschen Bundes bis zum Zollanschluss (1967), S. 30.

[10] SHWA, Safebestand der Commerzbibliothek, S/599 Protokolle 1867, S. 65.

[11] S. dazu Abschnitt „Publikation der eingeholten Gutachten".

es hier auch keiner größeren Aktivität, wenngleich die Handelskammerprotokolle belegen, dass *De Chapeaurouge* auch hierzu bereit gewesen wäre.

Nach alledem kann die Handelskammer Hamburg also als prägende Gestalt in der Freihafenfrage betrachtet werden.

II. Die Rolle der Handelskammer bei der einfachgesetzlichen Umsetzung

Auch die zweite Teil-These, dass die Handelskammer Hamburg bei der einfachgesetzlichen Umsetzung ebenfalls als prägende Gestalt betrachtet werden kann, bestätigt sich durch das untersuchte Material. Das gilt insbesondere im Hinblick auf die in dem Gutachten berücksichtigten Aspekte der Grenzziehung, des Hauptzollamts und der Zollvereinsniederlagen.

In dieser Frage wurde die Handelskammer erneut von sich aus tätig und beschäftigte sich bereits seit Ende April 1867 – mithin kurz nach der entscheidenden Sitzung des Reichstages vom 1. April 1867[12] – mit den notwendigen Einrichtungen; zu diesem Zwecke wurde sogar eine Subkommission eingesetzt.[13] Außerdem führte man bereits zu diesem Zeitpunkt Gespräche mit den Senatoren *Versmann* und *Kirchenpauer* und besprach die anstehende Grenzziehung.[14] Zudem wurden nochmals die betroffenen Geschäftszweige kontaktiert, um weiteres Material zu Fragen rund um die Zollvereinsniederlagen zu erhalten.[15] Insofern zeigt sich erneut, wie sorgfältig die Handelskammer vorging und wie früh sie sich mit Fragen beschäftigte, die erst einige Zeit später Relevanz entwickelten.[16] Denn erst im September 1867 erreichte sie dann die offizielle Aufforderung, ein Gutachten zu den einzelnen in Betracht kommenden Fragen zu erstellen.[17] Dass der Senat hier auf die Handelskammer zuging und diese konsultierte, verdeutlicht eindrücklich, dass er die Auffassung der Handelskammer schätzte und bei den eigenen Entscheidungen berücksichtigte.

Insofern ist es nur konsequent, dass die Handelskammer auch ein Mitglied in die eingesetzte Kommission entsandte, welche die finanziellen/wirtschaftlichen Auswirkungen des Anschlusses an den Norddeutschen Bund beurteilen sollte und hierbei auch zu einigen Fragen der einfachgesetzlichen Ausgestaltung – namentlich Grenzziehung und Zollvereinsniederlagen – Stellung bezog.[18] Auch wenn das primäre Anliegen der Handelskammer, den Hammerbrook an den Zollverein anzuschließen,[19] am Ende nicht umgesetzt wurde, so steht dies der

[12] Stenographischer Berichte über die Verhandlungen des Reichstages des Norddeutschen Bundes im Jahre 1867, Bd. 1 (1867), S. 487 ff.

[13] SHWA, Safebestand der Commerzbibliothek, S/599 Protokolle 1867, S. 87/100.

[14] SHWA, Safebestand der Commerzbibliothek, S/599 Protokolle 1867, S. 94 f.

[15] SHWA, Safebestand der Commerzbibliothek, S/599 Protokolle 1867, S. 105.

[16] S. dazu im Ganzen Abschnitt „Der Weg bis zum Gutachten«.

[17] StA HH 111-1 102240 Senatsprotokolle 1867 Bd. III, S. 418.

[18] S. dazu Abschnitt „Die Arbeit der gemeinschaftlichen Kommission".

[19] Vgl. nur Gutachten betreffend die künftigen Verhältnisse des hiesigen Freihafengebiets (1867), S. 3.

eingangs aufgestellten These keineswegs entgegen: Der Vorschlag der Handelskammer wurde nicht nur im übersandten Gutachten kommuniziert,[20] sondern war auch Gegenstand der Verhandlungen der gemeinschaftlichen Kommission. Der Umstand, dass der Vorschlag hier ausführlich debattiert wurde,[21] offenbart, welches Gewicht die Meinung der Handelskammer hatte. Denn andernfalls hätte man den Vorschlag schlicht *ad acta* gelegt, ohne weiter hierüber zu diskutieren. Zudem ließ der zuständige Senator erkennen, dass auch er den Anschluss des Hammerbrooks trotz des erheblichen Widerstandes in der Kommission nicht von vornherein ausschließen wollte.[22] Vielmehr lag es letztlich an Preußen, dass dieser Vorschlag keine Berücksichtigung fand, da der preußische Vertreter die Hineinziehung in den Zollverein kategorisch ablehnte.[23] Die Tatsache, dass der Senator das Anliegen trotz der zahlreichen Gegenstimmen in der gemeinschaftlichen Kommission oder gar eigener Zweifel an dem Vorschlag in den Verhandlungen mit Preußen vortrug, beweist die Bedeutung der Handelskammer zudem besonders deutlich. Dass diese gegenüber Preußen keine durchschlagende Überzeugungskraft hatte, ist in dieser Sache unbestritten, steht der prägenden Rolle in Hamburg jedoch nicht entgegen.

Die weiteren von der Handelskammer als besonders relevant hervorgehobenen und bereits in den Gutachten zugunsten des Freihafens angesprochenen Zollvereinsniederlagen fanden ausführliche Berücksichtigung. Schließlich kam es nicht nur zu der Einrichtung dieser Niederlagen, sondern auch die Bedeutung der möglichst freien Behandlung und Zugänglichkeit der dort gelagerten Waren wurde seitens des Senators in den Verhandlungen mit Preußen beachtet.[24] Gleiches gilt aber auch für die wichtige Frage des sogenannten Grenzbezirkes, welcher die Handelskammer in ihrem Gutachten ebenfalls eine besondere Bedeutung zumaß und die Notwendigkeit einer liberalen Regulierung hervorhob.[25] Auch dieser Aspekt schlug sich in den Verhandlungen mit Preußen nieder und der preußische Vertreter sicherte sogar umfangreiche Erleichterungen in dem Grenzbezirk zu.[26]

---

[20] Gutachten betreffend die künftigen Verhältnisse des hiesigen Freihafengebiets (1867), S. 3.

[21] Zur Debatte um das Gutachten StA HH 314-6 K5 Protokoll der Senats- und Bürgerschaftskommission, S. 3 ff.

[22] StA HH 314-6 K5 Protokoll der Senats- und Bürgerschaftskommission, S. 10.

[23] StA HH 111-1 VII Lit. K no. 13 Vol. 1 Fasc. 2 Protokolle über die Verhandlungen wegen der Begrenzung des hamburgischen Freihafengebietes 1867–1868, S. 5; StA HH 314-6 K5 Protokoll der Senats- und Bürgerschaftskommission, S. 13.

[24] StA HH 111-1 VII Lit. K no. 13 Vol. 1 Fasc. 2 Protokolle über die Verhandlungen wegen der Begrenzung des hamburgischen Freihafengebietes 1867–1868, S. 33.

[25] Gutachten betreffend die künftigen Verhältnisse des hiesigen Freihafengebiets (1867), S. 5 f.

[26] StA HH 111-1 VII Lit. K no. 13 Vol. 1 Fasc. 2 Protokolle über die Verhandlungen wegen der Begrenzung des hamburgischen Freihafengebietes 1867–1868, S. 13.

Waren dies wohl die wichtigsten Aspekte der einfachgesetzlichen Umsetzung, so wurden doch auch weitere in dem Gutachten der Handelskammer angesprochenen Punkte in den Verhandlungen mit Preußen berücksichtigt (so etwa der sachliche Zusammenhang zwischen der Errichtung eines neuen Bahnhofs und dem Freihafengebiet).[27] Zuletzt ist noch darauf hinzuweisen, dass die Handelskammer sogar in Bezug auf das Regulativ betreffs des Haupt-Zollamtes zu einer Stellungnahme aufgefordert wurde und hier erneut die Gelegenheit erhielt, ihren Vorstellungen Ausdruck zu verleihen.[28]

Mithin wurde die Handelskammer auch in den Prozess der einfachgesetzlichen Umsetzung des Freihafens umfangreich eingebunden und kann daher auch dahingehend als prägende Gestalt betrachtet werden.

B. Untergeordnete These I.: Die institutionellen Einflussmöglichkeiten der Handelskammer

Bereits die verfassungsrechtliche Stellung der Handelskammer ermöglichte es ihr, umfassend Einfluss auf die Behandlung der wirtschaftlich relevanten Themen zu nehmen. Aus diesem Grund bestätigt sich die untergeordnete These I. durch Analyse der Verfassung Hamburgs aus dem Jahr 1860 sowie dem einfachen Recht.

Die vier festen Sitze in der Bürgerschaft[29] sicherten der Handelskammer den unmittelbaren Zugang zu und Einfluss auf alle tagesaktuellen Themen. Die Bedeutung der Bürgerschaft war dabei zentral für Hamburg, da sie neben dem Senat das Gesetzgebungsorgan darstellte und nach Art. 6 der Verfassung von 1860 die Staatsgewalt Senat und Bürgerschaft gemeinschaftlich zustand.[30] Mag auch faktisch keine wirkliche Gleichberechtigung zwischen Senat und Bürgerschaft bestanden haben, so war sie immerhin für die Gesetzgebung tatsächlich gegeben.[31]

Den Einfluss der Handelskammer gewährleistete auch der Umstand, dass oftmals – ehemalige – Mitglieder der Handelskammer Mitglieder des Senats wurden.[32] Denn die Verfassung sah vor, dass mindestens sieben der 18 Senatoren aus

---

[27] S. Abschnitt „Die Verhandlungen zwischen Hamburg und Preußen".

[28] SHWA, Safebestand der Commerzbibliothek, S/599 Protokolle 1869 Anlage No. 348 Schreiben des Senats v. 9. Oktober.

[29] S. dazu Abschnitt „Wahl der Bürgerschaft" sowie Bekanntmachung No. 39 vom 5. Dezember 1866 betreffend Änderung der Anlage No. 2 zum Wahlgesetz vom 12. August 1859.

[30] S. dazu Abschnitt „Die Bürgerschaft"; ausführlich zur Art. 6 der Verfassung und den Hintergründen *v. Melle*, Das Hamburgische Staatsrecht (1891), S. 37 ff.

[31] S. dazu Abschnitt „Die Bürgerschaft"; vgl. auch *Studt/Olsen*, Hamburg, Die Geschichte einer Stadt (1951), S. 175.

[32] *Handelskammer Hamburg* (Hrsg.), Repräsentanten der Hamburger Wirtschaft 1850–1950 (1984), S. 17.

der Kaufmannschaft entstammen mussten.[33] Insofern bestand auch hier ein Einfallstor für die Handelskammer, um jedenfalls mittels ehemaliger Mitglieder Einfluss auf die Politik zu nehmen, was angesichts der herausragenden Bedeutung des Senats für die Gestaltung der Politik ebenfalls ein erheblicher Vorteil war.[34] Dass im Senat eine große Zahl an Kaufleuten vertreten sein musste, zeigt ebenfalls deutlich, welche maßgebliche Bedeutung die Kaufmannschaft allgemein – und damit auch der Vorstand der Kaufmannschaft, die Handelskammer – für die Politik hatte. Nicht zuletzt wird dies auch durch Art. 93 Verfassung 1860 verdeutlicht, welcher der Handelskammer die Aufgabe der Förderung des Handels zuschrieb.

Selbiges ergibt sich auch aus ihrem Recht, Mitglieder in die verschiedenen Deputationen zu entsenden. Hierzu zählten: Die Deputation für Handel und Schifffahrt, die Deputation für indirecte Steuern, die Deputation für das Post- und Telegraphenwesen, die Bank-Deputation und schließlich die Auswanderer-Deputation.[35] Je nach Deputation hatte die Handelskammer auch ein größeres oder kleineres Stimmgewicht.[36] Auf diese Weise konnte die Handelskammer also auch die Verwaltungstätigkeit in Hamburg aktiv mitbestimmen. Zudem stand den Deputationen nach Art. 79 Verfassung 1860 jeweils ein Senator vor,[37] sodass auf diesem Wege ebenfalls der Kontakt mit dem Senat hergestellt werden konnte, wenngleich dies nach § 45 Abs. 1 Bekanntmachung No. 38 v. 5. Dezember 1866 eigentlich nicht vorgesehen war.

Dass sie zudem einen Betrag von 25.000 Courant jährlich aus Staatsmitteln zur Verfügung hatte,[38] unterstreicht die Bedeutung der Handelskammer ein weiteres Mal. Gleiches gilt schließlich auch für den Umstand, dass sich die Handelskammer erfolgreich gegen das Vorhaben verteidigte, der Deputation für Handel und Schifffahrt einverleibt zu werden und ihre Selbständigkeit bewahrte.[39]

---

[33] S. dazu Abschnitt „Wahl und Zusammensetzung des Senats" sowie Art. 7 der Verfassung 1860; *v. Melle*, Das Hamburgische Staatsrecht (1891), S. 55.

[34] S. dazu Abschnitt „Die Zuständigkeit des Senats".

[35] § 44 Bekanntmachung No. 38 vom 5. Dezember 1866.

[36] S. Abschnitt „Die Handelskammer nach dem Änderungsgesetz aus dem Jahr 1866".

[37] Vgl. *Wiskemann*, Hamburg und die Welthandelspolitik von den Anfängen bis zur Gegenwart (1929), S. 191.

[38] § 43 Abs. 3 Bekanntmachung No. 38 vom 5. Dezember 1866.

[39] S. dazu Abschnitt „Die Auseinandersetzungen um das Änderungsgesetz".

C. Untergeordnete These II.: Die Handelskammer als Anhängerin des Freihandels

Die aufgestellte untergeordnete These II. bestätigt sich ebenfalls mit Blick auf die Untersuchung. Dass die Handelskammer prinzipiell den Lehren des Freihandels zugewandt war,[40] zeigt sich bereits daran, dass sie schon am 4. Oktober 1847 ein „Festmahl zu Ehren *Richard Cobdens* und zur Demonstration der hiesigen Kaufmannschaft für die Grundsätze des Freihandels“ veranstaltete.[41] Selbiges gilt aber auch für die konkreten Debatte um den Freihafen:

Besonders deutlich zeigt sich ihre Grundüberzeugung von den Freihandelstheorien etwa an dem Aufforderungsschreiben an die Kaufleute aus dem Jahre 1866.[42] Denn hier sprach die Handelskammer immer wieder von einem „liberalen Entrépôtsystem“[43], welches zu erstreben sei. Mithin forderte sie in Bezug auf diese Einrichtungen möglichst geringe gesetzliche Regularien, für den Fall, dass der Freihafenstatus aufgegeben werde. Überdies wandte sich die Handelskammer an dieser Stelle auch unmissverständlich gegen Differenzialzölle und ging sogar davon aus, dass es nunmehr nicht einmal mehr notwendig wäre, die Nachteile eines solchen Systems darzulegen.[44] Insofern scheint es unzweifelhaft, dass die Handelskammer derartige Handelsbeschränkungen ablehnte. Schließlich stellte die Handelskammer die sukzessive Zollabsenkung im Zollverein in dem Aufforderungsschreiben als „Fortschritt im Sinne der Handelsfreiheit“[45] dar, woraus sich ebenfalls die Positionierung zugunsten der Freihandelstheorie und der Abschaffung von Zöllen ableiten lässt.

Auch das Schreiben an den Senat, in welchem sich die Handelskammer erstmalig offen zu dem Freihafen bekannte, stützt dieses Ergebnis: So heißt es dort: „Die jetzige Sachlage läßt eine Umkehr auf dem bisher von Hamburg verfolgten Wege möglich freister Handelsbewegung nicht geboten erscheinen.“[46] Auch hier tritt deutlich zutage, dass die Handelskammer die freieste Handelsbewegung – also den Freihandel – als den richtigen Weg betrachtete und sich diesem anschloss. Schließlich bekannte sich die Handelskammer auch in ihrer Mitteilung

---

[40] Vgl. etwa auch *Baasch*, Die Handelskammer zu Hamburg 1665–1915, Bd. II. 1 (1915), S. 157.

[41] *Klein*, Dokumente zur Geschichte der Handelskammer Hamburg: herausgegeben von der Handelskammer Hamburg zu ihrem dreihundertjährigen Jubiläum am 19. Januar 1965 (1965), S. 92.

[42] S. dazu Abschnitt „Das Aufforderungsschreiben der Handelskammer vom 26. September 1866“.

[43] SHWA, Safebestand der Commerzbibliothek, S/599 Protokolle 1866 Anlage No. 363 S. 1 f.

[44] SHWA, Safebestand der Commerzbibliothek, S/599 Protokolle 1866 Anlage No. 363 S. 2.

[45] SHWA, Safebestand der Commerzbibliothek, S/599 Protokolle 1866 Anlage No. 363 S. 2.

[46] SHWA, Safebestand der Commerzbibliothek, S/599 Protokolle 1866, S. 271.

an den Kaufmanns-Konvent am 29. Dezember 1866 nochmals deutlich zum Freihandel. Sie erklärte, dass sie davon ausgehe, dass der Senat das übersandte Gutachtenmaterial „zur Abwehr etwa drohender Beschränkungen der freien Handelsbewegung“[47] verwenden werde. Auch verdeutlichte sie ihre Auffassung und ihre liberale Ausrichtung nochmals im Februar 1868, als sie erneut die Bedeutung der liberalen Bestimmungen etwa für Fabriken und möglichst große Zollrabatte hervorhob.[48] Abschließend ist auch der Jahresbericht aus dem Jahr 1866 erhellend, wo sie ihre freihändlerische Ausrichtung darlegt. Wörtlich heißt es dort:

> „Sie [die Handelskammer] wird trotz solchen Alters und bei neuem Namen hoffentlich auch künftig hinter keinem anderen der deutschen Handelsvorstände zurückbleiben, wo es gilt, Belästigungen oder Störungen der freien Handels- und Schifffahrts-Bewegung zu bekämpfen, zeitgemäße commercielle Fortschritte zu fördern, und in Allem eine durch das Vertrauen der Börse gesicherte lebensfrische Entwicklung zu bewahren.“[49]

Zweifellos gibt es zahlreiche Anknüpfungspunkte, um zu belegen, dass die Handelskammer Vertreterin des Freihandels war. Doch reichen bereits die hier gesichteten Unterlagen aus, um dieses Urteil jedenfalls in Bezug auf die untersuchungsgegenständliche Zeit und die Freihafendebatte als solche zu belegen.

D. Untergeordnete These III.: Die Ergebnisoffenheit der Handelskammer

Die untergeordnete These III. wird ebenfalls durch die vorliegende Untersuchung bestätigt. Die Handelskammer hatte, ebenso wie der Senat, zunächst noch keine eindeutige Position zugunsten des Freihafens oder des Zollanschlusses und diskutierte vielmehr ausführlich darüber.[50] Insofern zeigen bereits die internen Protokolle, dass die Handelskammer in dieser Frage ergebnisoffen war. Auch in dem Aufforderungsschreiben an die Kaufleute zeigte sie sich ergebnisoffen, sodass nicht der Vorwurf erhoben werden kann, die Handelskammer habe das Ergebnis der Umfrage bereits präjudiziert.[51] In dem Aufforderungsschreiben wurde beinahe der Eindruck vermittelt, dass die Freihafenbefürworter eine höhere Darlegungslast hätten, als die Zollanschlussbefürworter.[52] Erst nach der

[47] Mitteilung an den Kaufmanns-Konvent abgedruckt in: Zwanzig Gutachten in Bezug auf Hamburgs künftiges Verhältnis zum Zollverein (1867), S. VIII.

[48] S. dazu Abschnitt „Nachdrücklicher Hinweis auf die Position“ sowie SHWA, Safebestand der Commerzbibliothek, S/599 Protokolle 1868, S. 51.

[49] SHWA, Safebestand der Commerzbibliothek, S/599 Protokolle 1866 Anl. II. No. 29.

[50] S. dazu Abschnitt „Die interne Debatte um das Tätigwerden in der Freihafenfrage“; SHWA, Safebestand der Commerzbibliothek, S/599 Protokolle 1866, S. 205.

[51] S. dazu Abschnitt „Das Aufforderungsschreiben der Handelskammer vom 26. September 1866“.

[52] SHWA, Safebestand der Commerzbibliothek, S/599 Protokolle 1866 Anlage No. 363 S. 3.

Auswertung der Gutachten sprach sie sich schließlich für den Freihafen und gegen den Zollanschluss aus.[53] Zuvor befasste sie sich ganz konkret mit der Alternative eines Zollanschlusses, indem sie sogar nähere Informationen zu dann notwendigen Entrepots im Ausland einholte.[54]

Dieses Ergebnis wird durch die hiesige Untersuchung gestützt, ob das eingereichte Gutachtenmaterial bzw. das dargelegte statistische Zahlenmaterial es plausibel und nachvollziehbar erscheinen lassen, dass sich die Handelskammer zugunsten des Freihafens positionierte. Denn hätte das Gegenteil gezeigt werden können, wäre der Nachweis geliefert worden, dass die Handelskammer befangen war und die Gutachten bloß *pro forma* eingeholte hatte,[55] jedoch ein Zollanschluss nie ernsthaft in Erwägung gezogen worden war.

Es war wohl gar nicht möglich, anhand des statistischen Zahlenmaterials eine endgültige Aussage über die Vorzugwürdigkeit der Beibehaltung des Freihafens zu treffen, wenngleich wohl eine Tendenz zugunsten desselben auszumachen sein könnte.[56] Insbesondere im Hinblick auf das Exportgeschäft war das Material jedoch unzureichend.[57] Demgegenüber war das Material zum Import zwar eher aussagekräftig. Das Importgeschäft mit dem Zollverein wurde durch den Freihafen aber wohl nicht wesentlich beeinträchtigt, da Hamburg kaum Importzölle hatte und auf Seiten des Zollvereins kaum Exportzölle anfielen.[58] Die Importe aus anderen Ländern hingegen[59] wären im Falle eines Zollanschlusses dem Zollreglement des Zollvereins unterworfen, sodass es hiernach vorteilhafter für Hamburg erschien, den Freihafenstatus beizubehalten.

Die eingereichten Gutachten bestätigten diese bereits aus dem statistischen Zahlenmaterial abzuleitende Tendenz für den Freihafen bereits aufgrund der überwiegenden Zustimmung zum Freihafen, die aus den unterschiedlichsten Geschäftsbereichen kam. So sprachen sich 41 Gutachten mit 88 Unterschriften für den Freihafen aus und lediglich 14 Gutachten mit 16 Unterschriften dagegen.[60] Auch inhaltlich erschien die Argumentation nachvollziehbar, wenngleich dies bloß im Grundsatz und nicht aus detailliert ökonomischer Perspektive beurteilt werden kann.[61] Dies trifft vornehmlich auf die Entrepots zu: Diese waren für alle Betroffenen Händler mit erheblichen Beschwerlichkeiten verbunden, jedoch ist

[53] SHWA, Safebestand der Commerzbibliothek, S/599 Protokolle 1866, S. 255.

[54] SHWA, Safebestand der Commerzbibliothek, S/599 Protokolle 1866, S. 235.

[55] Die Einholung der Gutachten als „Propaganda Aktion" bewertend demgegenüber *Böhm*, in: Hamburg, Geschichte der Stadt und ihrer Bewohner (1982), S. 505.

[56] S. Abschnitt „Handelsstatistik".

[57] *Lehmann*, Der Hamburger Freihafen von der Gründung des Norddeutschen Bundes bis zum Zollanschluss (1967), S. 30.

[58] S. Zolltarif abgedruckt in: Gesetzessammlung der Freien und Hansestadt Hamburg 1868, Bd. 4, Abt. 3 (1869), S. 25 ff.

[59] *Lehmann*, Der Hamburger Freihafen von der Gründung des Norddeutschen Bundes bis zum Zollanschluss (1967), S. 31 f.

[60] SHWA, Safebestand der Commerzbibliothek, S/599 Protokolle 1866, S. 254.

[61] S. Abschnitt „Nachvollziehbarkeit der Entscheidung".

zu berücksichtigen, dass Waren wie Kaffee, Tabak, Spirituosen etc. einer sehr viel aufwändigeren Lagerung/Behandlung bedurften[62] als die Manufakturwaren. Manufakturwaren hingegen waren dahingehend leichter zu lagern und wurden im Vergleich von geringeren Beschwerlichkeiten betroffen.[63] Nach alledem war die Entscheidung der Handelskammer zugunsten des Freihafens daher nachvollziehbar

Zugunsten der Entscheidung der Handelskammer spricht schließlich auch, dass stets ungewiss war, in welche Richtung sich die Zollpolitik des Zollvereins entwickeln würde. Angesichts der aufkommenden Schutzzollpolitik in den 1870er Jahren[64] bot der Freihafen also eine Gewähr für den Freihandel unabhängig von politischen Entscheidungen des Bundes.

Auch die untergeordnete These III. wird mithin insbesondere durch eine Analyse der Gutachten, des statistischen Materials sowie der internen Protokolle bestätigt.

---

[62] S. dazu sehr ausführlich Abschnitt „Kapitel 6: Die wirtschaftliche Dimension der Freihafenfrage"; zu den Beschwerlichkeiten einzelner Waren exemplarisch Zwanzig Gutachten in Bezug auf Hamburgs künftiges Verhältnis zum Zollverein (1867), S. 117 ff./10 ff.; *Bueck*, Mittheilungen des Vereins zur Wahrung der gemeinsamen wirtschaftlichen Interessen in Rheinland und Westfalen 1881, S. 211 f.

[63] Zu den Manufakturwarenhändlern: *Verein für den Anschluss Hamburgs an den Zollverein* (Hrsg.), Neun Gutachten die künftige handelspolitische Stellung Hamburgs betreffend (1867), S. 57 f.

[64] Zur Schutzzollpolitik *Müller*, Die Auseinandersetzung über Hamburgs Zollanschluss an das Deutsche Reich 1833–1888 (1988), S. 63 f.; *Schmoeckel/Maetschke*, Rechtsgeschichte der Wirtschaft seit dem 19. Jahrhundert (2016), S. 463 ff.; *Osterhammel*, Zeitschrift der Bundeszentrale für politische Bildung 2018, S. 15.

Literaturverzeichnis

I. Archivarische Quellen

SHWA, Safebestand der Commerzbibliothek, S/599 Protokolle 1864
SHWA, Safebestand der Commerzbibliothek, S/599 Protokolle 1865
SHWA, Safebestand der Commerzbibliothek, S/599 Protokolle 1866
SHWA, Safebestand der Commerzbibliothek, S/599 Protokolle 1867
SHWA, Safebestand der Commerzbibliothek, S/599 Protokolle 1868
SHWA, Safebestand der Commerzbibliothek, S/599 Protokolle 1869
StA HH 111-1 102232 Senatsprotokolle 1866 Bd. II
StA HH 111-1 1022323 Senatsprotokolle 1866 Bd. III
StA HH 111-1 102234 Senatsprotokolle 1866 Bd. IV
StA HH 111-1 102240 Scnatsprotokollc 1867 Bd. II
StA HH 111-1 102240 Senatsprotokolle 1867 Bd. III
StA HH 111-1 102244 Senatsprotokolle 1868 Bd. I
StA HH 111-1 102245 Senatsprotokolle 1868 Bd. II
StA HH 111-1 I Lit. T No. 1 Vol. 2b Senatsantrag v. 20.9.1867
StA HH 111-1 I Lit. T No. 1 Vol 2b Vorläufiger Bericht der Kommission
StA HH 111-1 VII Lit. K No. 13 Vol. 1 Fasc. 2 Verein für Handelsfreiheit Jahresbericht 1864
StA HH 111-1 VII Lit. K No. 13 Vol. 1 Fasc. 2 Protokolle über die Verhandlungen wegen der Begrenzung des hamburgischen Freihafengebietes 1867–1868
StA HH 111-1 VII Lit. K No. 13 Vol. 1 Fasc. 2 Freihafen oder Zollverein
StA HH 111-1 VII Lit. K No. 13 Vol. 1 Fasc. 2 Liste der auf das Rundschreiben der Handelskammer eingegangenen Gutachten
StA 111-1 VII Lit. K No. 13 Vol. 1 Fasc. 2 Beleuchtung der 20 Gutachten der Freihafenpartei
StA HH 314-6 K5 Protokoll der Senats- und Bürgerschaftskommission
StA HH 314-6 K6 Bericht der Kommission

II. Weitere Quellen

Ambrosius, Gerold: Internationale Wirtschaftsbeziehungen, in: Ambrosius/Petzina/Plumpe (Hrsg.): Moderne Wirtschaftsgeschichte, Eine Einführung für Historiker und Ökonomen, München 1996
Baasch, Ernst: Die Handelskammer zu Hamburg 1665–1915, Bd. II. 2, Hamburg 1915
ders.: Die Handelskammer zu Hamburg 1665–1915, Bd. II. 1, Hamburg 1915
ders.: Geschichte Hamburgs 1814–1918, Bd. I, Stuttgart 1924

ders.: Geschichte Hamburgs 1814–1918, Bd. II, Stuttgart 1925
ders.: Geschichte des Hamburgischen Zeitungswesens von den Anfängen bis 1914, Hamburg 1930
Becker, Otto: Bismarcks Kampf um die Eingliederung der Hansestädte in die Zolleinheit, in: von Brändt/Koppe (Hrsg.): Städtewesen und Bürgertum als Geschichtliche Kräfte, Lübeck 1953
Bethusy-Huc, Viola: Interessenverbände in der agrarpolitischen Willensbildung, in: Schlotter (Hrsg.): Die Willensbildung in der Agrarpolitik, München 1971, 229 ff.
Böhm, Ekkehard: Anwalt der Handels- und Gewerbefreiheit, . Staat und Wirtschaft, Beiträge zur Geschichte der Handelskammer Hamburg, Hamburg 1981
ders.: Der Weg ins Deutsche Reich, in: Jochmann/Loose (Hrsg.): Hamburg, Geschichte der Stadt und ihrer Bewohner, Hamburg 1982
Bolland, Jürgen: Die Hamburgische Bürgerschaft in alter und neuer Zeit, Hamburg 1959
Brinkmann, Carl: Richard Cobden und das Manchestertum, Berlin 1924
Brinkmann-Herz, Dorothea: Entscheidungsprozesse in den Aufsichtsräten der Montanindustrie: Eine empirische Untersuchung über die Eignung des Aufsichtsrates als Instrument der Arbeitnehmermitbestimmung, Berlin 1972
Brühlmeier, Daniel: Die Rechts- und Staatslehre von Adam Smith und die Interessentheorie der Verfassung, Berlin 1988
Budach, Hildegard: Hamburg und der Norddeutsche Bund, Hamburg 1935
Bueck, Henry Axel: Bericht über den Besuch mehrerer Mitglieder des Vereins in Hamburg, Mittheilungen des Vereins zur Wahrung der gemeinsamen wirtschaftlichen Interessen in Rheinland und Westfalen 1881, 197–227
Cameron, Rondo: Geschichte der Weltwirtschaft, Von der Industrialisierung bis zur Gegenwart, Stuttgart 1992
Delius, Wolfram: Die Rechtsentwicklung zum heutigen Freihafen, Hamburg 1933
Die Reichstagsverhandlung über die Freihafenstellung der Hansestädte, Hamburg 1867
Doering, Detmar: Mythos Manchestertum, Ein Versuch über Richard Cobden und die Freihandelsbewegung anlässlich der 200. Wiederkehr des Geburtstages von Richard Cobden am 3. Juni 1804, Potsdam 2004
Duden: Die deutsche Rechtschreibung, Berlin 2017
Duden: Das große Wörterbuch der deutschen Sprache, Bd. 10, Mannheim, Leipzig, Wien, Zürich 1999
Eckardt, Hans Wilhelm: Privilegien und Parlament, Die Auseinandersetzungen um das allgemeine und gleiche Wahlrecht in Hamburg, 1980
Emmerich, Walter: Der Freihafen, Hamburg 1960
Engelberg, Ernst: Deutschland 1849–1871, Berlin 1959
Euchner, Walter: John Locke zur Einführung, Hamburg 2011
Fischer, Wolfram: Unternehmerschaft und Selbstverwaltung, Berlin 1964
Gesetze, welche zugleich mit der Verfassung der freien und Hansestadt Hamburg durch Senat und Bürgerschaft beschlossen und am 28. September 1860 publicirt sind, Hamburg 1860
Gesetzessammlung der Freien und Hansestadt Hamburg 1866, Bd. 1, Aufl. Hamburg 1867
Gesetzessammlung der Freien und Hansestadt Hamburg 1868, Bd. 4, Abt. 3, Hamburg 1869
Gesetzessammlung der Freien und Hansestadt Hamburg 1869, Bd. 5, Hamburg 1870
Gutachten betreffend die künftigen Verhältnisse des hiesigen Freihafengebiets, Hamburg 1867
Gutberlet, Ronald: Der Freihafen, Geschichte, Fakten und Geschichten, Hamburg 2000
Hahn, Hans-Werner: Geschichte des Deutschen Zollvereins, Göttingen 1984

Hamburger Handels Archiv (Hrsg.): Sammlung der auf Schifffahrt und Handel bezüglichen Hamburgischen Verträge, Verordnungen und Bekanntmachungen, welche in den Jahren 1867 und 1868 abgeschlossen oder erlassen sind, Hamburg 1867

dass. (Hrsg.): Kunstsinn und Kaufmannsgeist, Die Bau- und Kunstgeschichte der Handelskammer Hamburg, Hamburg 2005

dass. (Hrsg.): Wir handeln für Hamburg, 350 Jahre Handelskammer Hamburg, Kiel/Hamburg 2015

dass. (Hrsg.): Repräsentanten der Hamburger Wirtschaft 1850–1950, Hamburg 1984

Handelsstatistisches Bureau: Tabellarische Übersichten des Hamburgischen Handels im Jahre 1866, Hamburg 1867

Hansen, Theodor: Hamburg und die zollpolitische Entwicklung Deutschlands im 19. Jahrhundert, Hamburg 1913

Hermann, Adam: Der Einfluß der Industrie- und Handelskammern auf politische Entscheidungsprozesse, Frankfurt a. Main/New York 1979

ders.: Bausteine der Politik, Wiesbaden 2007

Holborn, Hajo: Reform und Restauration, Liberalismus und Nationalismus (1790 bis 1871), . Deutsche Geschichte in der Neuzeit, München 1970

Hübner, Max Oskar: Der Zollanschluß Hamburgs vom 15. Oktober 1888, Hamburg 1925

Jansen, Karl/Samwer, Karl: Schleswig-Holsteins Befreiung, Wiesbaden 1897

Jochmann, Werner: Handelsmetropole des Deutschen Reiches, in: Jochmann/Loose (Hrsg.): Hamburg: Geschichte der Stadt und ihrer Bewohner, Vom Kaiserreich bis zur Gegenwart, Hamburg 1986

Klein, Gottfried: Dokumente zur Geschichte der Handelskammer Hamburg: herausgegeben von der Handelskammer Hamburg zu ihrem dreihundertjährigen Jubiläum am 19. Januar 1965, Hamburg 1965

Lange, Karl: Bismarck und die norddeutschen Kleinstaaten im Jahre 1866, Berlin 1930

Lehmann, Rolf: Der Hamburger Freihafen von der Gründung des Norddeutschen Bundes bis zum Zollanschluss, Tübingen 1967

Mathies, Otto: Hamburgs Reederei 1814–1914, Hamburg 1924

Meinert, Wolfgang: Der Freihafen Hamburg, Eine Wirtschafts- und verkehrsgeographische Untersuchung, Hamburg 1974

Mommsen, Wolfgang J.: Das Ringen um den nationalen Staat, Die Gründung und der innere Ausbau des Deutschen Reiches unter Otto von Bismarck 1850 bis 1890, . Propyläen Geschichte Deutschlands, Berlin 1993

Müller, Claus: Die Auseinandersetzung über Hamburgs Zollanschluss an das Deutsche Reich 1833–1888, Freiburg (Schweiz) 1988

Nipperdey, Thomas: Deutsche Geschichte 1800–1866 : Bürgerwelt und starker Staat, München 2013

Osterhammel, Jürgen: Zur Geschichte des Freihandels, Zeitschrift der Bundeszentrale für politische Bildung 2018, 11–17

Philipp, Ferdinand: Bismarck Gespräche, Dresden 1928

Polzin, Monika: Die Reichsverfassung von 1871, in: Voigt (Hrsg.): Aufbruch zur Demokratie: die Weimarer Reichsverfassung als Bauplan für eine demokratische Republik, Baden-Baden 2020, 337–354

Postel, Rainer: Kaufmännische Selbstverwaltung in Geschichte und Gegenwart: Versammlung eines Ehrbaren Kaufmanns 1517–1992, Hamburg 1992

Protokolle und Ausschuß-Berichte der Bürgerschaft 1866, Hamburg o.J

Protokolle und Ausschuß-Berichte der Bürgerschaft 1867, Hamburg o.J

Protokolle der Deutschen Bundesversammlung vom Jahre 1866, Sitzung 1 bis 40, Frankfurt am Main 1866

Raico, Ralph: Die Partei der Freiheit, Studien zur Geschichte des deutschen Liberalismus, Stuttgart 1999

Rohgé, Eduard: Rückblick auf den Anschluß Hamburgs und Bremens an das deutsche Zollgebiet, Deutsche Zeit- und Streitfragen 1890

Sammlung der Verordnungen der freien Hanse-Stadt Hamburg seit 1814, Bd. 28, Verordnungen von 1859, Hamburg 1860

Schaal, Gary/Heidenreich, Felix: Einführung in die Politischen Theorien der Moderne, Bonn 2016

Schäfer, Udo: Die Hamburgische Verfassung von 1860: Wegmarke des Verfassungswandels, in: Frank/Brakmann [Hrsg.]: Aus erster Quelle: Beiträge zum 300-jährigen Jubiläum des Staatsarchivs der Freien und Hansestadt Hamburg, Hamburg 2013

Schmoeckel, Mathias/Maetschke, Matthias: Rechtsgeschichte der Wirtschaft seit dem 19. Jahrhundert, Tübingen 2016

Schön, C. A. W.: Ein Wort zur gegenwärtigen handelspolitischen Frage unserer Vaterstadt Hamburg, Hamburg 1867

Schönhoff, Hans-Georg: Hamburg im Bundesrat: Die Mitwirkung Hamburgs an der Bildung des Reichswillens 1867 – 1890, Hamburg 1967

Seelig, Gert: Hamburgisches Staatsrecht auf geschichtlicher Grundlage, Hamburg 1902

Seydel, Max: Commentar zur Verfassungs-Urkunde für das Deutsche Reich, Würzburg 1873

Smith, Adam: Der Wohlstand der Nationen, München 2018

Stammer, Otto: Verbände und Gesetzgebung, Köln/Oppladen 1965

Stein, Hans-Konrad: Interessenkonflikte zwischen Großkaufleuten, Handelskammer und Senat, Zeitschrift des Vereins für Hamburgische Geschichte 1978, 55–89

Stenographischer Berichte über die Verhandlungen des Reichstages des Norddeutschen Bundes, I. Legislaturperiode, Session 1867, Bd. II, Anlagen zu den Verhandlungen des Reichstages von Nr. 1–74, Berlin 1867

Stenographischer Berichte über die Verhandlungen des Reichstages des Norddeutschen Bundes im Jahre 1867, Bd. 1, Berlin 1867

Stenographischer Berichte über die Verhandlungen des Reichstages des Norddeutschen Bundes im Jahre 1867, Bd. 2, Berlin 1867

Stenographische Berichte über die Verhandlungen des Reichstages, V. Legislaturperiode, I. Session 1881/82, Berlin 1882

Studt, Bernhard/Olsen, Hans: Hamburg, Die Geschichte einer Stadt: mit einem historischen Verzeichnis von Straßen- und Ortsnamen und zahlreichen Zeichnungen und Photos, Hamburg 1951

Thieme, Werner: Konstitutionalismus in Hamburg. Die Verfassung von 1860, in: Albers/Asche/Gündisch/Seeler/Thieme (Hrsg.): Recht und Juristen in Hamburg, Köln 1999

Tilemann, Theodor: Die Hamburgische Bürgerschaft seit 1859, Langhoff 1892

Triebe, Benjamin: Boris Johnson sagt, der Brexit bringe eine Wunderwaffe: Freihäfen. Aber die müssen sich erst beweisen, https://www.nzz.ch/wirtschaft/brexit-und-freeports-freihaefen-fuer-grossbritanniens-wirtschaft-ld.1630870, zuletzt abgerufen am 25. September 2023

Tuch, Gustav: Die Sonderstellung der deutschen Freihäfen, Hamburg 1878

v. Eckardt, Julius Wilhelm Albert: Lebenserinnerungen, Leipzig 1910

v. Lehe, Erich/Ramm, Heinz/Kausche, Dietrich: Heimatchronik der Freien und Hansestadt Hamburg, Heimatchroniken der Städte und Kreise des Bundesgebietes, Köln 1967 *v. Melle, Werner*: Das Hamburgische Staatsrecht, Hamburg/Leipzig 1891

Verein für den Anschluss Hamburgs an den Zollverein (Hrsg.): Neun Gutachten die künftige handelspolitische Stellung Hamburgs betreffend, Hamburg 1867

Verhandlungen zwischen Senat und Bürgerschaft im Jahre 1862, Hamburg 1863

Verhandlungen zwischen Senat und Bürgerschaft im Jahre 1864, Hamburg 1865

Verhandlungen zwischen Senat und Bürgerschaft im Jahre 1866, Hamburg 1867

Verhandlungen zwischen Senat und Bürgerschaft im Jahre 1868, Hamburg 1869

Wiskemann, Erwin: Hamburg und die Welthandelspolitik von den Anfängen bis zur Gegenwart, Hamburg 1929

Wohlwill, Adolf: Bürgermeister Petersen, Hamburg 1900

ders.: Die hamburgischen Bürgermeister Kirchenpauer, Petersen, Versmann, Hamburg 1903

ders.: Aus drei Jahrhunderten der Hammburgischen Geschichte (1648–1888), Hamburg 1897

Wolffson, Isaak: Handbuch des öffentlichen Rechts der Gegenwart in Monographien, Bd. 3, Halbbd. 2, Abth. 3: Das Staatsrecht des Deutschen Reiches und der deutschen Staaten, II.: Das Staatsrecht der Freien und Hanse-Städte Hamburg, Lübeck, Bremen, Freiburg i. B./Tübingen 1884

Zeitner, Jurdith: Die Beeinflussung des europäischen Gesetzgebungsprozesses durch Lobbying, Würzburg 2015

Zwanzig Gutachten in Bezug auf Hamburgs künftiges Verhältnis zum Zollverein, Hamburg 1867

Sachregister